tomato TV 방송용 교재

**기본서 반영
최신 개정판**

합격으로 가는 하이패스

토마토패스

보험심사역

공통부문

FINAL 핵심정리+실전모의고사

경영학박사 신현철 편저

저자직강 동영상강의 www.tomatopass.com

예문에듀 EDU

머리말

보험심사역 자격시험은 보험업계에서 가장 폭넓은 내용을 다루는 수준 높은 자격증으로 알려져 있습니다. 아마도 본 시험을 준비하는 수험생들은 보험업계에 관심이 있거나 아니면 이미 업계에 종사하고 있는 분들일 수도 있습니다. 작금의 세상은 인공지능, 빅데이터 등 4차 산업혁명이 시작되면서 금융산업 또한 디지털 기술과 결합하여 패러다임이 전환됨에 따라 많은 사람들이 혼돈과 불확실성의 시대를 맞이하고 있습니다. 이러한 가운데 금융업 중에 보험이라는 화두에 관심을 가지게 된 수험생 여러분의 혜안을 높이 평가합니다.

아무리 패러다임이 변한다 하더라도 위험이란 다른 종류의 위험으로 대체되며 존재할 수 밖에 없고 과거의 위험이 사라지면 새로운 위험이 나타나게 되는 바 보험업의 미래는 어둡지 않을 것으로 생각됩니다. 더욱이 보험업의 특성상 한 번 종사하게 되면 전문성이 쌓이게 되어 독립적인 보험전문가, 기업위험컨설턴트 등 다양한 미래설계가 가능하다는 점은 은행, 증권 등의 타 업종과 다른 장점이 될 것입니다.

더욱 중요한 것은 수험생 여러분들이 보험관련 직무 속에서 어떠한 커리어 패스(career path)를 밟아가야 하는지에 대한 구체적인 액션플랜입니다. 필자는 그 첫 단계가 보험심사역 자격의 취득이라 생각합니다. 본 자격시험은 보험의 전반적인 이론과 실무를 다루고 있을 뿐만 아니라 보험계리사, 손해사정사, 보험중개사 등의 타 자격시험 합격의 기초가 될 수 있어 자신의 미래설계에도 도움이 될 수 있다는 특징이 있습니다.

수험생들의 시험합격 및 커리어관리를 위하여 다음과 같은 관점에서 본서를 집필하였습니다.

첫째, 방대한 내용을 숙지하기 위해서는 정확한 개념적 구조가 필요하므로 이를 만들기 위하여 이론요약, 핵심지문, 출제예상문제, 모의고사의 순서로 본서를 구성하였습니다.

둘째, 보험심사역 자격시험 합격은 물론이고 타 자격증 취득에 도전을 위한 디딤돌이 되어야 하기 때문에, 보험설계사, 손해사정사, 보험중개사, 보험심사역의 기출문제를 풍부하게 반영하였습니다.

셋째, 보험심사역의 명칭에 걸맞게 언더라이터 관점에서의 이론 및 실무를 담았을 뿐만 아니라 보험산업 전반에 어떠한 역할도 감당할 수 있도록 내용을 구성하였습니다.

최종적으로 시험을 합격하기 위해서는 우선 본서의 이론 및 문제를 반복 학습함으로써 보험의 전반적인 개념적 구조를 확실하게 습득하고, 실전모의고사를 통하여 실전대응능력을 키운다면 합격의 고지는 그리 멀지 않을 것으로 생각됩니다.

모든 일이 그러하듯 본서가 세상에 나오는 데 도움을 주신 고마운 분들이 있습니다. 본서를 집필하는 데 도움을 주신 예문에듀 관계자분들, 어려움 속에서도 묵묵히 응원해주는 가족, 그리고 늘 정신적으로 도움을 주는 친구들, 모두에게 진심으로 감사를 드립니다.

마지막으로 수험생 여러분의 합격을 진심으로 기원합니다!

편저자 신현철

시험안내

보험심사역 소개

손해보험을 개인보험과 기업보험으로 구분해 분야별 전문 언더라이터 자격을 인증·부여하는 자격제도

보험심사역 시험제도

■ 시험 자격 및 시험 방법

- 응시자격 : 응시자격에는 특별한 제한을 두지 않음
  ※ 관련 업무 분야 : 보험회사, 유관기관, 공제기관, 재보험사, 보험중개회사, 손해사정법인 등 손해보험업무 및 영업관련 종사자, 기타 응시 희망자
- 시행주기 : 시험 상반기 및 하반기 / 연 2회 시행
- 시험 시행 지역 : 서울, 부산, 대구, 대전, 광주(전국 5개 지역)
- 시험 방법 : 필기시험, 선택형(4자 선다형)

■ 시험 자격 및 시험 방법

- 응시원서 접수 : 응시원서 접수는 별도 공지하는 응시원서 접수기간에만 가능하며, 보험연수원 홈페이지(www.in.or.kr)를 통해 개별 온라인 접수
- 응시수수료 납부 및 환불
  - 응시수수료 납부 : 공통 및 전문부문 동시 응시 : 60,000원 / 공통부문과 전문부문 중 1부문 개별 응시 : 40,000원
  - 응시수수료 환불 : 접수기간 중 취소 시 수수료 전액 환불 / 접수기간 이후~시험 전일까지 취소 시 반액 환불함
    [시험일 전일까지만 취소 가능, 시험 실시 이후(시험실시일 포함)에는 환불하지 않음]
- 합격자 결정 방법
  - 시험은 부문별로 구분하여 채점

부분합격	공통부문 합격, 전문부문 합격
최종합격	공통부문과 전문부문을 모두 합격

  - 각 부문(공통/전문)합격자는 시험과목별 과락(40점 미만)과목 없이 각 부문별 평균 60점 이상
    부분합격의 유효기간은 부분 합격 후 연속되는 1회의 시험 응시까지임
  - 각 자격(개인/기업보험심사역)별 최종합격자가 다른 자격시험에 응시할 경우 공통과목은 면제

보험심사역 시험과목

• 개인보험심사역(APIU)

구분	시험과목	문항수	배점	시험시간
공통부문 (5개 과목)	1. 손해보험 이론 및 약관해설	20	100	1교시 : 120분 (09:00~11:00)
	2. 보험법	20	100	
	3. 손해보험 언더라이팅	20	100	
	4. 손해보험 손해사정	20	100	
	5. 손해보험 회계 및 자산운용	20	100	
	소계	100	500	
휴식시간(11:00~11:30)				
전문부문 (4개 과목)	1. 장기 · 연금보험	25	100	2교시 : 120분 (11:30~13:30)
	2. 제3보험	25	100	
	3. 자동차보험	25	100	
	4. 개인재무설계	25	100	
	소계	100	400	
	합계	200	900	

• 기업보험심사역(ACIU)

구분	시험과목	문항수	배점	시험시간
공통부문 (5개 과목)	1. 손해보험 이론 및 약관해설	20	100	1교시 : 120분 (09:00~11:00)
	2. 보험법	20	100	
	3. 손해보험 언더라이팅	20	100	
	4. 손해보험 손해사정	20	100	
	5. 손해보험 회계 및 자산운용	20	100	
	소계	100	500	
휴식시간(11:00~11:30)				
전문부문 (4개 과목)	1. 재산보험	25	100	2교시 : 120분 (11:30~13:30)
	2. 특종보험	25	100	
	3. 배상책임보험	25	100	
	4. 해상보험	25	100	
	소계	100	400	
	합계	200	900	

합격후기

제25회 개인보험심사역 합격후기 - 강※기

1. 취득 동기

저는 보험회사에 취업하기 위해 보험을 공부하면서 신체손해사정사 2차 불합격 후 다른 보험과 관련된 자격증을 취득하기 위해 보험심사역이라는 시험을 알게 되었고 응시하기로 마음먹었습니다.

2. 토마토패스 인터넷 강의를 선택한 이유

개인보험심사역의 과목을 알지도 못한 상태에서 어떤 강의로 공부할지 고민하였습니다. 그중 네이버 카페에서 토마토 패스에 대한 추천글을 보게 되었습니다. 토마토패스 환급반을 신청하면 돈이 아까워서라도 공부를 더 많이 하게 될 것 같아 선택하였습니다.

3. 공부 방법

신체손해사정사 발표 후 강의를 결제하였는데 공부시간이 시험날까지 촉박했습니다. 하루에 강의를 최대한 들으면서 개념을 정립하고 강의에서 키워드를 기억하려고 노력하였고 그 뒤 개념서와 예상문제를 다시 한 번 보면서 부족하였던 부분을 정리하였습니다. 시험 전날에는 모르는 내용을 적고 무조건 기억해야 하는 부분을 한 번에 볼 수 있게 정리하였습니다.

4. 합격 팁

회계 공부를 처음 하다 보니 새로운 지식을 습득하는 것이 많이 어려웠습니다. 그래도 다른 과목은 보험과 관련돼서 이해가 가긴 했는데 시험을 볼 때까지 완전히 이해하지 못하였지만 그냥 강사님께서 외우라고 하는 것만 외우고 계속 반속해서 읽었습니다. 기대도 안 한 상태에서 합격 결과를 확인하였고 결국 합격하였습니다. 책만 사서 공부를 할까 강의를 들을까 고민하였지만 결국 강의를 통해 배운 내용이 지식에 남아 합격하였다고 생각합니다. 강의를 신청해서 강사님이 중요하다는 내용을 체크하고 모르거나 중요한 내용을 반복해서 보다 보면 시험에 합격하실 것입니다.

개인보험심사역 합격후기 - 황*빈

1. 취득 동기

저는 보험관련 전공도, 경력이 있는 것도 아니지만 손해사정사라는 직업에 매력을 느껴 보험업에 종사하기를 희망하는 취준생입니다. 보험 전공 학생들과 관련 실무자가 많이 취득하는 자격증이 무엇이 있을지 찾아보았습니다. 그 결과 개인 보험심사역을 뒤늦게 알게 되었고 10월 시험까지 한 달 반이라는 길지 않은 시간이 남아있어 부랴부랴 정보를 서치하기 시작했습니다.

2. 토마토패스 인터넷 강의를 선택한 이유

각종 카페와 블로그의 정보들을 취합한 결과 토마토패스의 강의를 듣고 합격했다는 후기가 많았습니다 손해사정사 1차 를 합격한 베이스가 있다면 보험심사역 취득도 그리 어렵지 않을 거란 얘기가 많아서 호기롭게 환급반 신청을 하고 강의 를 듣기 시작했습니다.

3. 공부기간 및 방법, 토마토패스 장점

공통부문 5과목, 전문부문 4과목의 방대한 양을 공부해야 했습니다. 하루에 인강 4~5개는 들으려고 노력했던 것 같습 니다. 강사님들이 초심자 수준에서도 무난히 수강할 수 있을 만큼 설명해주셨고 교재도 깔끔하고 괜찮아 안심할 수 있었 습니다. 이 글을 보시는 여러분들은 하루에 복습까지 철저히 하시면 한 달 안에 무난하게 합격하실 수 있지 않을까 생각 합니다. 그리고 모의고사는 되도록 꼭 풀어보시길 바랍니다. 비록 실제 시험과는 차이가 있으나 개념 되짚기에는 상당히 좋다고 느꼈습니다.

4. 합격 팁

보험심사역은 다른 자격시험과는 달리 기출문제가 제공되지 않습니다. 교재에 수록된 모의고사는 결국 예상문제에 불과한 것이죠. 하지만 이 시험은 100점을 맞아야 하는 시험이 아닙니다. 과목당 40점, 평균 60점만 맞으면 붙는 시험입니다. 도저히 이해가 되지 않는 부분은 과감하게 버리시길 권합니다. 공통, 개인부문 각각 한 과목에서 과락점수를 간신히 넘었 지만 타 과목에서 만회했기에 좋은 결과를 얻을 수 있었습니다. 총 9과목이라는 엄청난 양을 훑어보아야 했기에 인강없이 독학을 했더라면 스스로 중도 하차하지 않았을까 생각이 듭니다. 토마토패스 강의를 수강하시길 추천드립니다.

이 책의 구성

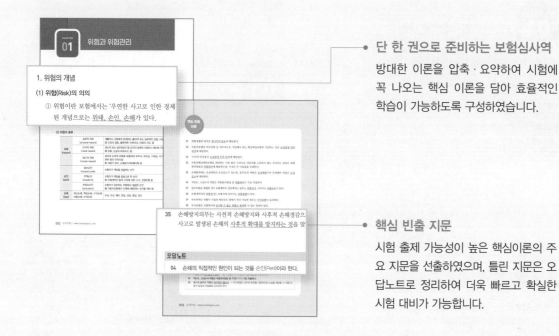

단 한 권으로 준비하는 보험심사역
방대한 이론을 압축·요약하여 시험에 꼭 나오는 핵심 이론을 담아 효율적인 학습이 가능하도록 구성하였습니다.

핵심 빈출 지문
시험 출제 가능성이 높은 핵심이론의 주요 지문을 선출하였으며, 틀린 지문은 오답노트로 정리하여 더욱 빠르고 확실한 시험 대비가 가능합니다.

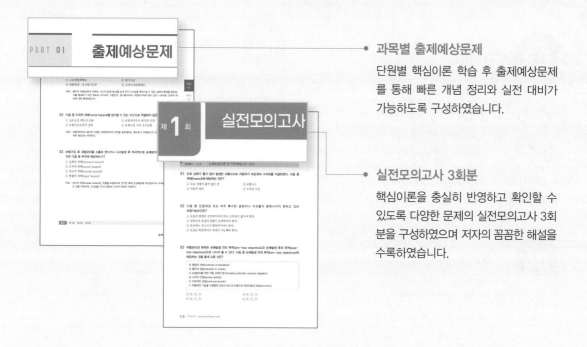

과목별 출제예상문제
단원별 핵심이론 학습 후 출제예상문제를 통해 빠른 개념 정리와 실전 대비가 가능하도록 구성하였습니다.

실전모의고사 3회분
핵심이론을 충실히 반영하고 확인할 수 있도록 다양한 문제의 실전모의고사 3회분을 구성하였으며 저자의 꼼꼼한 해설을 수록하였습니다.

CONTENTS
목차

PART 01

손해보험이론 및 약관

합격으로 가는 하이패스
토마토패스

위험과 위험관리

1. 위험의 개념

(1) 위험(Risk)의 의의

① 보험에서는 위험을 '우연한 사고로 인한 경제적 손해의 발생 가능성'으로 정의하며, 위험과 관련된 개념으로는 위태, 손인, 손해가 있다.

② 위태(hazard) : 특정한 사고로 인하여 발생할 수 있는 손해의 가능성을 새롭게 창조하거나 증가시키는 상태이다. → 물리적 위태를 '실체적 위태', 정신적 위태를 '기강적 위태'라고 한다.

③ 손인(peril) : 손해의 원인(=사고)으로서, 화재, 폭풍우, 지진 등이 있다.

④ 손해(loss) : 손실, 멸실, 훼손 등을 말한다. 손해의 유형으로는 재산손해, 책임손해, 수익손해, 비용손해, 인적손해 등이 있다.

(2) 위험의 종류

위태 (hazard)	실체적 위태 (physical hazard)	재물이나 사람에게 존재하는 물리적 또는 실체적인 성질, 사정, 상황 예 도로의 결빙, 불완전한 브레이크, 산림의 건조 등
	도덕적 위태 (moral hazard)	정신적 또는 심리적 요인 등 갖가지 잠재적 사정이나 태도에 기인하는 위험 예 방화, 손실의 허위보고 등
	정신적 위태 (morale hazard)	광의의 도덕적 위태에 포함되며 부주의, 무관심, 기대심, 사기저하, 풍기문란 등의 인적 사정 예 차량키 방치, 손해방지의무불이행 등
손인 (peril)	담보손인 (insured perils)	보험자가 책임을 부담하는 손인
	면책손인 (exceptions)	보험자가 책임을 면하기로 한 손인 예 보험계약자 등의 고의에 의한 사고, 전쟁위험 등
	부담보손인 (exclusions)	보험자가 담보하는 위험에서 제외한 손인 예 자동차보험에서 산재에 해당하는 손인을 제외 등
손해 (loss)	재산손해, 책임손해, 수익손해, 비용손해, 인적손해	손실, 손상, 훼손, 일실, 상실, 멸실, 감소

2. 면책손인 및 비담보손인

(1) 면책손인 및 비담보손인의 의의

① 보험사고의 범위에서 제외시키는 것을 비담보손인, 보험사고의 원인과 관련하여 보험자의 책임을 면제하는 것을 면책손인이라고 한다.

② 어디까지가 면책손인이고 어디까지가 비담보손인에 해당하는가는 명확하지 않다.

(2) 책임면제사유(면책손인)와 담보손인제외사유(비담보손인)를 두는 이유

① 담보의 필요성이 낮아 보험계약에 포함할 경우 보험료만 인상시키는 경우

② 도덕적 위태를 증가시켜 보험의 대상으로 할 수 없다고 판단되는 경우

③ 다른 종류의 보험에서 주로 취급하는 담보일 경우

3. 도덕적 위험

(1) 도덕적 위험의 의의

① 도덕적 위험은 협의로는 도덕적 위태를, 광의로는 정신적 위태까지도 포함한다.

② 고의성이 있는 도덕적 위태는 면책이며, 고의성이 없는 정신적 위태는 부책이다.

(2) 도덕적 위험의 영향

① 보험자에 미치는 영향 : 인위적인 사고 유발로 대수의 법칙과 수지상등원칙이 깨지게 되고 보험경영이 불가능해진다.

② 보험계약자에 미치는 영향 : 보험료 상승으로 선량한 보험계약자의 권익이 침해된다.

③ 사회에 미치는 영향 : 보험에 대한 인식이 저해되고 사회적인 범죄가 증가한다.

(3) 도덕적 위험의 발생유형

사기적인 초과 · 중복보험의 체결, 고지 · 통지의무 위반, 보험사고 날조 · 조작, 보험금 과다청구 등

(4) 도덕적 위험의 방지대책

① 계약체결 시 대책	② 계약체결 후의 대책
• 보험계약의 승낙제도 → 계약심사 강화 • 보험인수요건 강화 • 보험사고의 객관적 확정 효과 → 이미 발생 또는 발생할 수 없는 계약을 무효화 • 고지의무 부여	• 위험 변경 · 증가 통지의무 • 위험유지의무 부여 • 고의 · 중과실손해에 대한 면책(손해보험)

PART 01

PART 02

PART 03

PART 04

PART 05

PART 06

PART 07

③ 손해보험의 대책(이득금지원칙 실현)	④ 인보험의 대책
• 선의 초과보험의 보험금 감액 • 사기의 초과 · 중복보험 무효화 • 피보험이익이 없는 계약은 무효 • 중복보험의 연대비례주의 및 통지의무 부여 • 수 개의 책임보험에서 중복보험규정 준용 • 기평가보험에서 사고발생 시의 가액 적용 • 보험자대위 및 신구교환공제	• 타인의 사망보험에서 그 타인의 서면동의주의 • 15세 미만자 등을 피보험자로 하는 사망보험의 무효화

⑤ 기타 대책 : 보험업계 간의 공동전산망 구축, 손해사정 업무 강화, 홍보활동 강화, 보험범죄대책반 운영 등

4. 보험사기방지 특별법 신설(2016. 9. 시행)

① 보험사기의 정의 : 보험사고의 발생, 원인 또는 내용에 관하여 보험자를 기망하여 보험금을 청구 하는 행위이다.

② 특별법 지위 : 보험사기행위의 조사 · 방지 · 처벌에 관해서는 타 법률에 우선하여 적용한다.

③ 보험사기범의 형량 : 10년 이하의 징역 또는 5천만원 이하의 벌금형(형법은 2천만원), 상습범에는 50% 가중처벌하며, 미수범도 처벌한다.

④ 보험회사에 대한 제재 강화 : 근거 없는 보험금지급의 '지체, 거절, 삭감'을 금지하며, 이를 위반 시 건당 최고 1천만원의 과태료를 부과한다.

5. 보험사기의 예방과 적발에 필요한 정보

(1) 보험계약 인수 시 정보

① 계약자정보 : 언더라이팅 과정에서 보험계약자의 사고경력, 보험가입경력, 보험금 청구이력, 신용 상태, 소득수준, 직업의 안정성 등의 정보를 입수하여 분석한다.

② 계약정보 : 어떻게 해서 계약을 체결하였는지, 비정상계약은 아닌지, 보험기간 중 담보내용을 추 가하는 등 계약이 변경되지는 않았는지 등을 자세히 검토한다.

(2) 손해발생 시 정보

① 사고에 대한 정보 : 사고시간, 장소, 사고경위, 목격자 유무, 피해규모와 부상수준, 사고 후 조치 내용 등의 정보를 초동조사를 통해 입수하여 확인한다.

② 보험금청구 관련 정보 : 보험청구서를 검토하여 문제병원이나 수리업자가 개입되지 않았는지, 보 험금 청구목록과 경찰조서와는 차이가 없는지 등을 조사한다.

6. 위험의 선택과 역선택

(1) 선택과 역선택의 비교

위험의 선택	위험의 역선택
• 보험계약자가 청약 시 제시한 위험을 보험자가 선택, 인수하여 보험계약을 체결하는데 이것을 <u>위험의 선택</u>이라 함 • 위험선택의 주체는 <u>보험자</u>	• 보험계약자가 보험자에게 불리한 사고발생 가능성이 높은 위험을 자진하여 선택, 보험에 가입하는 것을 <u>위험의 역선택</u>이라 함 • 위험역선택의 주체는 <u>보험계약자</u>

(2) 역선택이 존재하는 이유

어느 일방만 위험을 아는 정보의 비대칭 때문이다.

(3) 역선택이 보험시장에 미치는 영향

역선택이 발생하면 공평부담의 원칙과 수지상등의 원칙이 무너져 선량한 계약자 및 보험자가 피해를 받는다.

(4) 역선택의 방지방법

① 보험계약자와 피보험자에게 고지의무를 부과한다.
② 보험자의 언더라이팅을 강화한다.
③ 보험자의 손해사정업무를 강화한다.

7. 순수위험과 투기위험

순수위험	투기위험
대수의 법칙이 적용됨	대수의 법칙이 적용되기 어려움
이익 가능성이 없고 손실 가능성만 있음	손실 가능성과 이익 가능성이 함께 있음
위험이 사회 전반에 미침	위험이 일부 사람에게만 미침
범위를 한정할 수 없음	범위를 한정할 수 있음
전조 없이 우발적으로 발생함	통상전조를 수반함
위험을 제어하기 어려움	위험 제어가 가능함
공통점 : 위험 발생에 대한 불확실성을 가지고 있음	

8. 보험가입 가능요건(Insurable risk)

• 다수의 동질적 위험 → 대수의 법칙을 적용하기 위해 필요
• 우발적 사고 위험 → 고의로 야기되는 손실은 도덕적 위험이 증가
• 명확하고 측정 가능한 손실 → 손실이 측정 가능해야 금전적 보상이 가능
• 충분히 크지만 대재난이 아닌 손실 → 전쟁, 지진 등과 같은 대재난 손실은 면책
• 확률적으로 측정 가능한 위험 → 보험료 산출을 필요로 함
• 경제적 부담이 가능한 보험료 → 가입자가 경제적으로 부담할 수 있을 정도의 보험료

PART 01

PART 02

PART 03

PART 04

PART 05

PART 06

PART 07

9. 위험보편의 원칙과 위험개별의 원칙

① 위험보편의 원칙 : 보험사고의 원인이 무엇이든 문제 삼지 않고 일정한 사고가 발생한 경우에는 보험사고가 발생하였다고 하는 원칙(→ 화재보험에 적용)
② 위험개별의 원칙 : 보험사고의 원인을 한정하는 원칙(위험을 하나하나 열거하는 열거책임주의)

TOPIC 02 ｜ 위험관리

1. 위험관리의 의의

위험을 발견하고 그 발생빈도나 심도를 분석하여 가능한 한 최소의 비용으로 손실 발생의 역효과를 최소화하기 위한 제반 활동이다.

2. 위험관리의 목적

손실발생 전의 목적	손실발생 후의 목적
• 경제적 목표 달성 • 불안의 경감 • 의무규정의 충족	• 존속 • 영업의 가능성 • 수익의 가능성 • 지속적인 성장 • 사회적 책임의 수행

3. 위험에 대한 대비방법

(1) 위험관리기법

① 손실통제(고빈도 저심도)	② 위험회피(고빈도 고심도)
손실의 빈도를 줄이는 손실예방, 사고가 난 후 손실의 심도를 줄이는 손실감소를 포함 예 손실예방기법 → 음주운전 예방활동, 손실감소기법 → 건물 내 방화문이나 스프링클러 설치	• 가장 완벽하고 용이한 위험관리기법 • 목적을 포기하거나 비효율적 수단으로 대체 예 자동차사고를 피하기 위해 자동차를 타지 않는 것
③ 위험보유(저빈도 저심도)	④ 위험전가(저빈도 고심도)
우발적 손실을 자신이 부담하는 것 예 저빈도, 저심도의 위험에 가장 적합	사적계약(보험계약 등)을 통해 경제적 책임 또는 법적 책임을 상대방에게 전가하는 것 예 보증계약, 임대차계약, 하도급계약 등

⑤ 위험분리(→ 4가지 위험관리기법에 '위험분리'를 추가하기도 함)
　㉠ 복제와 격리로 구분
　㉡ 복제는 컴퓨터 자료 등을 복사하여 별도 장소에 보관하는 방법이고, 격리는 위험물질이나 보관 물품을 따로 수용하는 방법

(2) 위험전가와 위험결합

① <u>보험계약자</u>는 보험료를 지급하고 자신의 위험을 보험자에게 전가하고, <u>보험자</u>는 전가받은 위험을 결합한다.

② 개개인이 전가한 위험을 전체적으로 결합해서 대수의 법칙에 입각한 위험에 대해 보상 가능해진다.

4. 위험관리 프로세스

위험의 발견과 확인 → 위험의 분석과 평가 → 위험관리기법의 선택 → 위험관리 수행 및 수정

5. 자가보험

(1) 자가보험의 의의

보험방식(통계적 방식으로 금액산출)을 이용하여 기업의 위험을 보유하는 것이다.

(2) 자가보험의 요건

① 대수의 법칙이 적용을 위해 다수의 동질적 위험이 있어야 한다.

② 손실액 지불을 위한 재정적 준비가 되어야 한다.

(3) 자가보험의 장단점

장점	단점
• 보험가입 시의 부가보험료를 절감 • 보험료의 유보로 유동성과 투자이익에 도움 • 위험관리 관심이 높아 사고 예방 효과 • 보험사에서 거절하는 위험도 관리 가능	• 사고율 예측이 어긋나거나 예상하지 못한 대형사고가 발생할 경우 재정적 위험에 직면 • 보험가입 시 얻을 수 있는 혜택을 상실(안전점검 등)

6. 종속보험회사(Captive) : 일종의 보험자회사

(1) 종속보험회사의 의의

자가보험의 한 방법으로 기업이나 단체가 자신의 위험을 담보하기 위하여 자회사 형태로 설립한 보험회사이다.

(2) 종속보험회사의 설립형태

① 순수캡티브 : 순수하게 모기업의 위험만을 취급하는 캡티브

② 이익캡티브 : 모기업위험을 포함하여 다른 기업위험들도 담보하여 이익을 추구하는 캡티브

③ 단체캡티브 : 단체 또는 협회 회원들이 공통으로 가지는 위험을 담보하는 캡티브

PART
01

PART
02

PART
03

PART
04

PART
05

PART
06

PART
07

(3) 종속보험회사의 장단점

장점	단점
• 보험가입 시의 부가보험료 절감 • 다른 기업 위험인수로 이익창출에 도움 • 용이한 재보험가입 및 재보험료 절감 • 보험사에서 거절하는 위험도 관리 가능 • 타국 소재 물건의 보험가입 가능	• 모기업에 대한 재정 부담(설립비용 등) • 경영관리비용 등 운영상의 부담 • 대형사고 시 재무적 어려움에 직면

참고 용이한 재보험가입 및 재보험료 절감의 이유

- 재보험은 회사 간의 거래가 일반적이므로 자가보험보다 캡티브가 재보험가입에 유리하다.
- 캡티브가 재보험출재를 하는 경우 재보험출재수수료를 돌려받으므로 비용이 절감되는 것이다.

핵심 빈출 지문

| 위험과 위험관리

01 불완전한 브레이크, 산림의 건조, 도로의 결빙과 같이 인간의 행위와 관계없이 손해발생 가능성을 새롭게 만들어 내거나 증가시키는 자연적인 조건을 <u>물리적 위태</u>라고 한다.

02 졸음운전과 같이 고의성은 없으나 무관심이나 부주의로 인해 손해발생을 방관하는 태도는 <u>정신적 위태</u>이다.

03 고의방화나 강도처럼 고의로 사고의 빈도가 강도를 증가시키는 태도를 <u>도덕적 위태</u>라 한다.

04 손해의 직접적인 원인이 되는 것을 <u>위태(Hazard)</u>라 한다.

05 보험자의 담보에서 제외한 손인을 <u>비담보손인</u>, 책임을 면하기로 한 손인을 <u>면책손인</u>이라 하지만, 부담보손인과 면책손인은 명확하게 구분되지 않는다.

06 우연한 사고로 인해 발생하는 경제적 가치의 상실을 <u>손해(Loss)</u>라 한다.

07 '담뱃불에 의한 화재가 발생하여 건물이 소실되었다'에서 손인은 <u>화재</u>이며, 손해는 <u>건물의 소실</u>이다.

08 위태에서 고의성이 있으면 <u>도덕적 위태</u>이며 <u>보험자 면책</u>이고, 고의성이 없으면 <u>정신적 위태</u>이며 <u>보험자 부책</u>이다.

09 손해보험에서 고지의무 부여는 보험계약체결 <u>전 단계</u>의 대책이고, 고의, 중과실사고에 대해서 면책으로 하는 것은 보험계약체결 <u>후 단계</u>의 대책이다.

10 도덕적 위험을 방지하는 손해보험차원의 대책에는 <u>보험자대위</u>, <u>신구교환공제</u>, <u>중복보험 연대비례주의</u>, <u>사기의 초과보험의 무효</u> 등이 있다.

11 일부보험의 비례주의는 <u>가입자 간의 형평성</u>을 고려한 것이다.

12 보험사기방지특별법에서, 보험사기범에 대한 형량은 '<u>10년</u> 이하의 징역 또는 <u>5천만원</u> 이하의 벌금'이다.

13 보험사기방지특별법에서, 보험상습범은 <u>50%</u>의 가중처벌하며 <u>미수범</u>도 처벌한다.

14 위험선택의 주체는 <u>보험계약자</u>이고, 위험 역선택의 주체는 <u>보험자</u>이다.

15 역선택 방지를 위해 법률상 <u>보험계약자</u>, <u>피보험자</u>, <u>이들의 대리인</u>에게 고지의무를 부여한다.

16 <u>순수위험</u>은 자연상태에서 또는 경제활동의 필수적인 결과로서 내재한 위험이며 보험으로 담보할 수 있는 위험이다.

17 순수위험은 위험발생의 불확실성이 있으나, 투기위험은 위험발생의 <u>불확실성이 없다</u>.

18 순수위험은 전조없이 우발적으로 발생하지만 투기위험은 <u>전조가 있다</u>.

19 '손실의 빈도와 심도'가 보험료를 산출할 수 있을 만큼 정확하게 계산될 수 있어야 한다는 것은 보험가입 가능요건 중 '<u>확률적으로 측정 가능한 위험</u>'에 해당한다.

20 화재보험의 경우 발화의 원인을 묻지 않고 화재로 인한 손해 그 자체에 대해서 보상을 하는 데, 이를 <u>위험보편의 원칙</u>이라 한다.

21 위험개별의 원칙은 <u>열거주의 담보</u>에 해당된다.

22 자동차보험의 의무보험 등 의무적으로 가입해야 하는 배상책임보험에 가입하는 것은 <u>손실발생 전의</u> <u>목적</u>에 해당한다.

23 '수익의 안정성'은 <u>손실발생 후의 목적</u>에 해당된다.

24 자동차배상책임보험을 회피하는 가장 좋은 수단으로 자동차를 소유하지 않는 것이라는 관점은 위험 관리방법상 <u>위험회피</u>에 해당하는데, 이것은 큰 비효율을 초래한다.

25 손해통제에는 손실예방과 손실감소가 있는데, 음주운전 예방은 <u>손실예방</u>이며 안전벨트 착용은 <u>손실</u> <u>감소</u>에 해당한다.

26 저빈도, 고심도의 위험은 위험관리방법 중 <u>위험회피</u>가 가장 적절하다.

27 일부보험을 체결한 경우 보험계약자 입장에서는 일부는 <u>위험전가</u>, 나머지는 <u>위험보유</u>가 된다.

28 보험계약자의 <u>위험전가</u>는 보험자에 있어서는 <u>위험결합</u>이 된다.

29 부보하려는 위험이 기업의 예산규모 내에서 처리 가능한 경우는 <u>자가보험</u>이 유리하다.

30 자가보험은 보험회사에 <u>전가할 수 없는 위험</u>도 관리할 수 있는 장점이 있다.

31 자가보험은 보험료에 포함되어 있는 사업비를 지출하지 않아 <u>경제적으로 유리</u>하지만 대형위험에 노 출되어 <u>재무적 안정성을 해할 수도</u> 있다.

32 자가보험은 자체적으로 운영하는 보험이므로, 대수의 법칙의 적용이 <u>요구되지 않는다</u>.

33 캡티브 중 모기업의 위험만 인수하면 <u>순수캡티브</u>, 타 기업의 위험도 인수할 경우 <u>이익캡티브</u>가 된다.

34 재보험가입의 용이성 측면과 재보험료 절감 차원에서 회사형태인 <u>캡티브</u>가 자가보험의 형태보다 더 유리하다.

35 손해방지의무는 사전적 손해방지와 사후적 손해경감으로 구성되지만, 상법상의 손해방지의무는 보험 사고로 발생된 손해의 <u>사후적 확대를 방지하는 것</u>을 말한다.

오답노트

04 손해의 직접적인 원인이 되는 것을 손인(Peril)이라 한다.

14 위험선택의 주체는 보험자이고, 위험 역선택의 주체는 보험계약자이다.

17 위험발생의 <u>불확실성이 없다</u>. → 순수위험과 투기위험에서 불확실성은 공통점이다.

26 저빈도, 고심도의 위험은 위험관리방법 중 위험전가가 가장 적절하다.

32 대수의 법칙의 적용이 <u>요구되지 않는다</u>. → 자가보험도 대수의 법칙을 이용하므로 손실을 예상할 수 있을 만 큼의 동질의 위험들을 요건으로 한다.

손해보험의 개요

PART
01

PART
02

PART
03

PART
04

PART
05

PART
06

PART
07

| TOPIC | 01 | 손해보험의 의의 및 기본원리 |

1. 손해보험의 의의

(1) 손해보험의 의의

보험사고 발생 시 손해가 생기면 생긴 만큼 손해액을 산정하여 보험금을 지급하는 보험이다.

(2) 손해보험의 분류

분류기준	분류
보험금의 지급 및 사정방법	손해보험, 정액보험
보험의 목적	물보험, 인보험
보험계약법	손해보험, 인보험
보험업법	손해보험, 생명보험, 제3보험

2. 손해보험의 원리

① 위험의 분담원칙 : 동질위험을 안고 있는 다수의 경제단위가 하나의 위험집단을 구성해서 각자가 갹출한 보험료에 의해 구성원의 일부가 입은 손해를 보상한다.

② 위험대량의 원칙(대수의 법칙) : 대수의 원칙에 따른 사고발생 확률이 잘 적용되어 합리적 경영이 이루어지려면 위험이 대량으로 모여서 하나의 위험단체를 구성해야 한다. → 단체성의 특성을 가진다.

③ 급부 · 반대급부 균등의 원칙(→ 보험가입자 개개인의 관점) : '급부'는 보험계약자가 내는 보험료이고, '반대급부'는 보험사로부터 받는 보험금에 대한 기대치이다. 즉, 각자가 부담하는 보험료는 평균지급보험금에 사고발생 확률을 곱한 금액과 같다.

④ 수지상등의 원칙(→ 보험가입자 전체의 관점) : 보험사의 수입보험료 총액과 사고 시 지급하는 지급보험금 총액이 같아져야 한다.

⑤ 이득금지의 원칙 : 손해보험의 가입목적은 손해의 보상에 있으므로 피보험자는 보험사고 발생 시 실제로 입은 손해만을 보상받아야 하며 그 이상의 보상을 받아서는 안 된다.

3. 손해보험의 기능

① 경제적 불안정을 제거 및 경감 → 보험을 통한 위험의 전가
② 피해자 보호 → 의무배상책임보험을 통해 피해자 보호
③ 신용의 보완 → 보증보험 등을 통한 개인의 신용보완
④ 종업원의 복지 → 종업원을 위한 단체상해보험 가입
⑤ 판매촉진과 소비자서비스 → 생산물배상책임, 시설물배상책임 등을 활용한 소비자 보호
⑥ 방재에의 기여 → 안전사고예방운동 등을 통한 방재기능

TOPIC 02 　손해보험계약의 특성

불요식 낙성계약	형식을 요하지 않고, 계약자의 청약과 보험자의 승낙으로 보험계약 성립
유상쌍무계약	계약자는 보험료지급의무, 보험자는 보험금지급의무를 부담하는 쌍무계약
상행위	상법은 보험을 영업적 상행위로 규정(상법 제46조 제17호)
부합계약	보험자가 작성한 보험계약에 계약자가 일방적으로 따를 수밖에 없는 방식
사행계약	투자비용에 비해 산출물이 훨씬 큰 사행성을 띤 계약
계속적 계약	보험기간 동안 계약의 효력이 지속되는 계약이므로 해지개념이 발생
독립계약	보험계약 자체가 독립된 하나의 계약
최대선의계약	신의성실의 원칙보다 더 큰 최대선의를 요구하는 계약

TOPIC 03 　손해보험계약의 요소

1. 보험계약관계자

손해보험의 경우		인보험의 경우		
보험계약자	피보험자	보험계약자	피보험자	보험수익자
보험자와 계약당사자	피보험이익의 주체이며 보험금청구권자	보험자와 계약당사자	생명이나 신체에 관하여 보험에 부쳐진 대상	보험금청구권자

2. 피보험이익과 보험의 목적

① 피보험이익(보험계약의 목적) : 보험사고 발생 시 잃어버릴 염려가 있는 이익을 말한다. → 1억원 가치의 건물소유자는 1억원을 잃을 염려가 있는 피보험이익을 보험에 가입한다.
② 보험의 목적 : 보험사고 발생의 객체가 되는 물건, 재산을 말한다.

3. 보험료, 보험가입금액, 보험가액 등

보험료	보험사가 사고발생 시 책임을 부담하는 대가로 보험가입자가 내는 돈
보험가입금액	보험사가 보상하기로 약정한 최고보상한도액
보험가액	법률상 보상의 최고한도액(→ 피보험이익의 평가액)
보험기간	보험회사가 위험에 대해 책임을 지는 기간(→ 위험기간 또는 책임기간)
보험사고	보험계약상 보험사의 보험금지급책임을 구체화시키는 사고 예 사망보험의 사망, 손해보험의 화재 등

PART
01

PART
02

PART
03

PART
04

PART
05

PART
06

PART
07

01 보험계약법(상법)은 보험업을 손해보험과 인보험으로 구분한다.

02 손해보험과 정액보험으로 구분하는 것은 사정방법에 의한 분류이다.

03 손해보험의 기본원리 중, 급부 · 반대급부 균등의 원칙은 보험가입자 개인의 관점이라면, 수지상등의 원칙은 보험가입자 전체의 관점이다.

04 보험사기가 많으면 수지상등의 원칙에 입각하여 보험료가 상승하게 되고 결국 선의의 다른 보험계약자가 피해를 보게 된다.

05 피보험이익이 없는 계약의 무효, 대위권의 인정, 신구교환공제 등은 손해보험의 기본원리 중 이득금지의 원칙을 지키기 위한 것이다.

06 보증보험을 활용할 경우 채무자의 신용을 보완하여 거래를 촉진할 수 있는데, 자동차책임보험, 가스배상책임보험 등 의무배상책임보험제도는 피해자의 보호에 더 큰 의미가 있다.

07 보험료의 선지급이 없어도 계약자의 청약과 보험자의 승낙으로 보험계약은 유효하게 성립하는데 이는 보험계약의 법적 성질 중 부합계약에 대한 설명이다.

08 손해보험에서, '피보험이익이 없는 계약은 무효'로 하는 것은 보험계약의 사행성의 문제점을 차단하기 위한 것이다.

09 보험은 단체성의 특성을 갖기 때문에 부합계약의 성격을 띠게 된다.

10 보험자에게 보험약관의 교부, 설명의무가 주어지는 것은 보험계약이 부합계약이기 때문이다.

11 보험계약은 계속계약의 특성 때문에, 보험기간 중도에 계약이 종료하게 되더라도 특수한 경우를 제외하고 주로 해지와 실효에 의해 장래에 한하여 효력을 상실하도록 하고 있다.

12 보험계약에서 최대선의의 원칙을 구현하기 위한 예로써 '고지의무와 통지의무 부여, 손해방지의무 부여, 사기로 인한 초과 · 중복보험의 무효, 고의 · 중과실 사고로 인한 손해를 면책' 등이 있다.

13 보험자와 보험계약자를 이해관계자, 피보험자와 보험수익자를 보험계약당사자라고 한다.

14 손해보험의 피보험자는 피보험이익의 주체이며, 인보험의 피보험자는 보험에 부쳐진 자를 말한다.

15 보험수익자는 인보험에만 인정되는 계약의 요소이며, 피보험이익은 손해보험에서만 인정된다.

16 보험의 목적은 손해보험에서는 물건이나 재산이, 인보험에서는 생명이나 신체가 된다.

17 도난보험에서 보험목적의 도난으로 인한 금전적 손실을 보험계약의 목적이라 한다.

18 손해액산정의 기초가 되며, 전부보험 · 일부보험 · 초과보험을 판정하는 기초가 되는 것은 보험가액(피보험이익의 평가액)이다.

19 보험가입금액은 법률상 보상의 최고한도액이고, 보험가액은 약정상 보상의 최고한도액이다.

20 보험계약의 목적은 피보험이익을 말하고, 보험가액은 피보험이익의 평가액을 말한다.

오답노트

07 보험료의 선지급이 없어도 계약자의 청약과 보험자의 승낙으로 보험계약은 유효하게 성립하는데 이는 보험 계약의 법적 성질 중 불요식 낙성계약에 대한 설명이다.

13 보험자와 보험계약자를 보험계약당사자, 피보험자와 보험수익자를 이해관계자라고 한다.

19 보험가액은 법률상 보상의 최고한도액이고, 보험가입금액은 약정상 보상의 최고한도액이다.

손해보험경영

TOPIC 01 손해보험경영의 원칙

1. 손해보험경영의 3대 원칙 (암기) 대동분

위험대량의 원칙	대수의 법칙상 가능한 한 많은 계약을 모집
위험동질성의 원칙	위험이 동질적인 계약을 많이 모아야 함
위험분산의 원칙	위험의 종류나 지역적인 분포가 편중되지 않아야 함 예 재보험(수직적 분산), 공동보험 Ⅰ(수평적 분산), 지역적 인수제한 등

2. 기타 손해보험경영의 원칙

보험료 적정의 원칙	보험료의 수입과 보험금 그리고 사업비의 지출이 균등
보험급여 적정의 원칙	보험금지급의 합리적이고 신속한 절차로 보험가입자를 보호
투자다양화의 원칙	수익성, 안전성, 유동성, 공익성

3. 감독법규상 손해보험회사의 형태

보험업법상 보험회사	특별법으로 설치·운영
• 주식회사(→ 우리나라 모든 보험회사) • 상호회사(→ 우리나라에 없음) • 외국보험회사 국내지점	신협, 새마을금고, 자동차공제조합 등

4. 손해보험의 주요업무 (암기) 언재보자

① 언더라이팅업무
② 재보험업무
③ 보험금지급업무
④ 자산운용업무

5. 손해보험료의 구성 및 요율산정

(1) 손해보험료의 구성

영업보험료(총보험료)			
순보험료		부가보험료	
위험보험료	저축보험료	사업비	보험회사 이윤
사고보험금지급 재원	만기보험금지급 재원	영업수수료, 인건비, 물건비	–

(2) 요율산정의 3원칙 (암기) 공적비

공정성	보험계약자 간에 부당한 차별이 없는 요율
적정성	보험자의 재무건전성을 크게 해하지 않을 정도의 요율
비과도성	보험금 및 그 밖의 급부에 비하여 지나치게 높지 않은 요율

TOPIC 02   손해보험의 형태

사고발생객체기준	물보험	재산보험, 이익보험, 책임보험, 보증보험
	인보험	생명보험, 상해보험, 질병보험
운영주체기준	공보험	산재보상보험법, 선원보험법, 군인보험법 등
	사보험	영리보험, 상호보험(우리나라 없음)
손해전보& 약정금액기준	손해보험	화재보험, 운송보험, 해상보험, 책임보험, 자동차보험 등
	정액보험	생명보험, 상해보험(정액보험+부정액보험)
위험전가기준	원보험	보험계약자로부터 최초로 인수한 보험
	재보험	계약상 책임의 일부 또는 전부를 타 보험자에게 전가시키는 보험
기업&가계기준	기업보험	해상보험, 화재보험, 운송보험, 재보험 등
	가계보험	주택화재보험, 가정생활보험 등
강제여부기준	임의보험	영리보험의 대부분
	강제보험	법률상 강제적 공적보험&정책상 강제적 사적보험(자동차보험 등)
위험발생장소 기준	육상 · 해상 · 항공보험	주로 기업보험이 해당

PART 01

PART 02

PART 03

PART 04

PART 05

PART 06

PART 07

Ⅰ 손해보험경영

01 손해보험경영의 3대 원칙은 <u>위험대량의 원칙</u>, <u>위험동질성의 원칙</u>, <u>위험분산의 원칙</u>이다.

02 공동보험의 개념 중 위험분산의 원칙과 관련된 것은 <u>Coinsurance Ⅰ</u>이다.

03 <u>보험료적정의 원칙</u>은 보험료의 총액을 넘어서지 않는 보험금의 지급, 즉 수지상등원칙을 말한다.

04 손해보험의 투자사업에는 4가지 요소인 <u>수익성, 안전성, 유동성, 공익성</u>이 필요하다.

05 우리나라의 보험사는 <u>모두 주식회사</u>이며, 상호보험회사는 존재하지 않는다.

06 신협, 새마을금고, 자동차공제조합은 <u>보험업법상</u>의 보험회사이다.

07 손해보험회사의 주요업무로는 <u>언더라이팅, 재보험, 보험금지급, 자산운용</u>이 있다.

08 '보험요율이 보험계약자 간에 부당하게 차별적이지 않아야 한다'는 보험요율산정 3원칙 중 <u>공정성</u>에 해당한다.

09 보험요율산정 3원칙 중에서, 보험회사의 재무건전성과 가장 관련이 있는 것은 <u>적정성</u>이다.

10 사고보험금 지급의 재원이 되는 순보험료는 <u>위험보험료</u>이다.

11 상법(보험계약법)상 분류인 인보험은 <u>생명보험, 상해보험, 질병보험</u>을 말한다.

12 정액보험성과 부정액보험성의 양면을 모두 지니고 있는 보험은 <u>생명보험</u>이다.

13 원보험이 생명보험인 경우 이를 위한 재보험은 책임보험의 일종으로 <u>손해보험</u>이 된다.

14 해상보험은 <u>사보험, 임의보험, 원보험, 기업보험</u>으로 분류된다.

15 자동차보험 책임보험은 <u>사보험, 강제보험, 원보험, 가계보험</u>으로 분류된다.

16 상법상 불이익변경금지의 원칙이 필요하지 않은 보험에는 <u>해상보험, 운송보험, 재보험</u>이 있다.

17 순보험료는 <u>위험보험료</u>와 <u>부가보험료</u>로 구성된다.

오답노트

06 신협, 새마을금고, 자동차공제조합은 특별법으로 설치·운영된다.

12 정액보험성과 부정액보험성의 양면을 모두 지니고 있는 보험은 상해보험이다.

17 순보험료는 위험보험료와 저축보험료로 구성된다.

CHAPTER 04 보험증권

PART
01

PART
02

PART
03

PART
04

PART
05

PART
06

PART
07

| TOPIC | 01 | 보험증권의 법적성질 |

1. 보험증권의 의의

보험증권은 보험계약이 체결되었음을 확인해 주는 하나의 증표이다.

2. 법적 성질

요식증권성	• 그 요식성은 어음, 수표에 있어서와 같이 엄격한 것은 아님 • 증권에 법정사항의 기재를 생략하여도 보험증권의 효력에 영향은 없음 • 보험계약은 불요식이지만, 보험증권은 <u>요식증권</u>
증거증권성	증권의 기재가 계약성립, 내용에 대한 추정력을 갖지만 확정적 유효는 아님
면책증권성	고의 · 중과실이 없는 한 증권제시자에게 보험금지급 시 보험자책임을 면함
유가증권성	해상 · 적하보험에서만 제한적으로 인정된다는 <u>일부긍정설</u>이 통설

| TOPIC | 02 | 보험증권의 교부의무 |

1. 의의

① 보험자는 보험계약이 성립되고 계약자가 보험료를 납부하면 <u>지체 없이</u> 교부하여야 한다.
② 보험증권교부의무 위반 시의 효과 : 증거증권에 불과하므로 교부의무를 위반한다 해도 계약의 성립이나 <u>효력에는 영향을 미치지 않는다</u>(→ 약관의 교부 · 설명의무와 비교).

2. 보험증권교부의무가 면제되는 경우

① 보험계약자가 보험료의 전부 또는 최초의 보험료를 지급하지 않은 경우
② 기존의 보험계약을 연장하거나 변경한 경우(증권에 그 사실을 기재함으로써 교부에 갈음)

3. 이의약관의 효력

보험계약당사자는 보험증권의 교부가 있은 날로부터 일정한 기간 내에 한하여 그 증권내용의 정부에 관한 이의를 할 수 있음을 약정할 수 있다. 이 기간은 <u>1월을 내리지 못한다</u>(상법 제641조). 즉, 이의를 제기할 수 있는 기간을 <u>1개월 이상</u>으로 하여야 한다.

4. 보험증권의 재교부청구

① 보험증권을 멸실 또는 현저하게 훼손한 때에는 보험계약자는 보험자에 대하여 증권의 재교부를 청구할 수 있다. 그 증권작성의 비용은 <u>보험계약자의 부담</u>을 원칙으로 한다(상법 제642조).

② 보험증권은 유상증권성이나 상환성을 가지는 것이 아니므로 보험증권이 멸실된 경우에도 <u>보험금 청구가 가능</u>하다.

핵심 빈출 지문

┃ 보험증권

01 보험계약은 불요식 낙성계약이지만 보험증권은 <u>약한 요식성</u>이 있다.

02 보험증권은 보험료를 납부하지 않는 경우가 아닌 한, <u>지체 없이</u> 보험증권을 교부해야 한다.

03 보험증권의 교부의무 위반 시에는 <u>3개월 내로 보험계약을 취소</u>할 수 있다.

04 보험증권에 관한 이의를 제기할 수 있는 기간을 보험증권을 교부한 날로부터 2주일 이내로 정한 약관은 <u>무효</u>이다.

05 보험증권이 분실, 멸실 또는 훼손된 경우 <u>제권판결을 받아야</u> 재발급이 가능하다.

오답노트

03 <u>3개월 내로 보험계약을 취소</u>할 수 있다. → 교부의무위반에 대한 특별한 규정이 없다.

05 <u>제권판결을 받아야</u> 재발급이 가능하다. → 보험증권은 유가증권이 아니라 증거증권이어서 체권판결이 필요 없다.

CHAPTER 05 보험약관

TOPIC 01 보험약관의 개요

1. 보험약관의 종류

보통보험약관	미리 정해진 일반적이고 표준적인 계약조항
특별보통보험약관	보통보험약관에 보충적으로 세부적인 약관을 필요로 하는 경우
특별보험약관	보통보험약관의 내용을 변경 · 추가 또는 배제하는 약정을 하는 경우

2. 약관의 구속력에 대한 학설(우리나라 판례는 의사설을 택하고 있음)

의사설(계약설)	규범설
계약당사자 간에 약관을 계약내용으로 한다는 합의를 한 것이므로 구속력이 있다고 보는 견해	약관은 관청의 감독을 받으며 그 자체로 규범이므로, 약관 내용을 몰랐어도 당사자를 구속한다는 견해

3. 약관의 변경과 소급적용

① 보험계약이 체결된 이후에 보험자가 약관을 변경한 경우, 신약관은 구약관에 의해 체결된 보험계약에 영향을 미치지 않는다.

② 신약관이 보험계약자의 이익보호에 필요하다고 인정될 경우 구약관에도 장래에 향하여 변경된 약관의 효력이 미치게 할 수 있다(→ 이를 약관의 '상대적 강행규정'이라 함).

4. 약관의 규정내용

- 보험회사의 보험금지급사유
- 보험계약의 무효원인
- 보험회사의 면책사유
- 보험회사의 의무의 범위 및 그 의무이행의 시기
- 보험계약자나 피보험자의 의무불이행에 대하여 받는 손실
- 보험계약의 전부 또는 일부의 해지원인과 해지한 경우의 당사자의 권리의무
- 보험계약자, 피보험자, 보험수익자가 이익이나 잉여금의 배당을 받을 권리의 유무와 범위

5. 표준약관

표준약관은 구속력이 있는 하나의 약관이 아니며 보험사는 표준약관들을 토대로 각종 상품의 약관을 만든다.

TOPIC 02 | 보험약관규제

1. 규제의 종류

입법적 규제	• 불이익변경금지(상법 제663조) : 당사자 간의 특약이 있다 해도 보험계약자, 피보험자, 보험수익자에게 불이익하게 변경 불가 → 기업보험에는 적용 안 됨 • 약관의 교부 · 설명의무(상법 제663조의3)
행정적 규제	• 보험업 허가 시 약관 제출 및 약관 변경 시 금융위원회 신고 • 공정거래위원회는 추상적 심사, 약관의 효력유무를 심사
사법적 규제	• 약관의 해석을 통해 간접적으로 보험사업을 규제 • 법원은 구체적 심사, 당사자의 권리의 존부 · 범위까지 심사(→ 최종적 판단)

2. 보험약관의 이해도 평가

(1) 평가대행기관

① 금융위원회는 보험소비자의 약관이해도를 평가하기 위한 평가대행기관을 지정할 수 있으며 현재의 대행기관은 보험개발원이다.

② 연 2회 이상 평가대행기관의 홈페이지에 평가 결과를 공시해야 한다.

(2) 평가방법

보험종목별 대표상품을 선정하여 '명확성, 평이성, 간결성'을 평가한다.

TOPIC 03 | 보험약관의 해석원칙

1. 약관규제법상의 원칙

개별약정우선의 원칙	사업자와 고객이 달리 합의한 사항은 약관에 우선
신의성실의 원칙	약관은 신의성실에 따라 공정하게 해석되어야 함
통일적해석의 원칙	고객에따라 다르게 해석되어서는 아니 됨
작성자불이익의 원칙	불명확한 경우 고객에게 유리하게 해석됨(→ 최종적 해석원칙)

PART 01
PART 02
PART 03
PART 04
PART 05
PART 06
PART 07

2. 약관의 기타 해석원칙

POP원칙	평범하게(Plain), 통상적으로(Ordinary), 통속적으로(Popular) 해석
약관 전체로서 해석원칙	문서전체를 먼저 고려하고 당사자가 처리하고 있는 목적을 고려
효력유지적 축소해석원칙	계약자에 불이익한 경우 전체 무효가 아닌 부분에 한정한 무효
합리적 기대의 원칙	전문가가 아닌 보통의 평균적인 시민이 이해하는 바와 같이 해석
동종제한의 원칙	총괄적 문언해석은 앞에 나열된 것과 동종 유사한 것으로 제한
수기문언우선의원칙	손으로 쓴 문언이 우선 적용(수기문언>첨가문언>인쇄문언)

TOPIC 04 보험약관의 교부설명의무

1. 보험약관의 교부설명의무의 의의

① 약관의 교부·설명의무(상법 제638조의3) : 보험자는 보험계약을 체결할 때에 보험계약자에게 보험약관을 교부하고 그 약관의 중요 내용을 설명하여야 한다.

② 약관의 교부·설명의무 이행시기 : 상법은 '보험계약을 체결할 때'로 규정하지만, 생명보험 표준약관(2010년 개정약관)에서는 '계약청약 시'로 시기를 명확히 규정하였다.

③ 약관의 교부·설명의무 의무자는 보험자, 보험대리점, 보험설계사, 보험중개사이고, 입증책임자도 보험자이다.

2. 설명해야 할 내용과 설명하지 않아도 되는 내용

① 설명해야 할 내용 : 보험가입자의 이해관계와 중대한 관련이 있는 사항을 계약자가 이해할 수 있도록 설명해 주어야 할 의무를 말한다.

② 설명하지 않아도 되는 내용
  ㉠ 가입자가 이미 잘 알고 있는 사항
  ㉡ 거래상 일반적으로 널리 알려진 사항
  ㉢ 설명을 하였더라도 보험계약이 체결되었으리라고 인정되는 사항
  ㉣ 이미 법령에 의해 정하여진 사항

3. 의무위반의 효과

① 약관의 교부·설명의무 위반(상법 제638조의3) : 보험자가 약관의 교부·설명의무를 위반한 경우 보험계약자는 보험계약이 성립한 날로부터 3개월 이내에 그 계약을 취소할 수 있다. **암기** 약성3취

② 3개월 이내에 계약자가 취소권을 행사하지 않을 경우 : 판례는 3개월 이내에 보험계약자가 취소권을 행사하지 않을 경우 다시 약관규제법이 석용되어 보험자가 당해 약관을 계약의 내용으로 주장할 수 없다고 판시하였다.

01 표준적인 보험약관에 세부사항을 추가할 때 사용되는 약관은 <u>특별보통보험약관</u>이다.

02 <u>가입자가 이미 잘 알고 있는 사항, 거래상 일반적으로 널리 알려진 사항, 설명을 하였더라도 보험계약이 체결되었으리라고 인정되는 사항, 이미 법령에 의해 정하여진 사항</u>들에 대해서는 보험약관을 설명하지 않아도 된다.

03 보통보험약관의 내용을 변경·추가하거나 또는 삭제가 필요한 약관으로서 부합계약의 성격이 없는 약관은 <u>특별보험약관</u>이다.

04 명시적이든 묵시적이든 계약당사자가 약관의 내용을 포함하기로 하고 계약을 진행하였으므로 구속력이 있다고 보는데, 이는 <u>의사설</u>의 입장이고, 약관 내용을 몰랐어도 당사자를 구속한다는 것은 약관의 <u>규범설</u>의 입장이다.

05 보험약관에 대한 규제 중 <u>사법적 규제</u>에 해당하는 것은 불이익변경금지의 원칙, 약관의 교부·설명의 원칙이다.

06 불이익변경금지의 예외가 되는 보험은 <u>기업보험</u>이다.

07 생명보험 표준약관상 보험약관의 교부·설명의무를 부담하는 때는 <u>보험계약이 성립하는</u> 때이다.

08 보험자가 약관의 교부설명의무를 위반할 경우에는 보험계약이 <u>성립</u>한 날로부터 <u>3개월</u> 내로 계약을 <u>취소</u>할 수 있다.

09 보험업의 허가를 받고자 할 경우 보험약관을 포함한 신청서류를 금융위에 제출해야 하고, 보험약관의 변경 시에도 금융위에 사전 신고를 해야 하는 바, 이는 보험약관에 대한 <u>행정적 규제</u>에 해당된다.

10 약관에 대한 공정거래위원회의 결정과 법원 판결이 일치하지 않을 경우, <u>법원 판결을 우선</u>한다.

11 보험약관의 심사에 있어서 공정거래위원회의 심사는 <u>추상적 심사</u>이고 법원의 심사는 <u>구체적 심사</u>를 의미한다.

12 현재 우리나라의 보험약관 이해도를 평가하는 대행기관은 <u>보험연수원</u>이다.

13 사업자와 고객이 약관의 내용과 다르게 합의한 사항이 있다면 그 합의사항은 약관에 우선한다는 것은 <u>개별약정우선의 원칙</u>이다.

14 계약당사자 각자가 기도한 목적이나 의사를 고려하지 않고, 평균적 이해 가능성을 기준으로 보험단체 전체의 이해관계를 고려하여 객관적, 획일적으로 해석해야 한다는 것은 <u>통일적 해석의 원칙</u>이다.

15 보험약관의 일반적 해석원칙을 모두 적용해도 여전히 약관해석이 명백하지 않은 경우 그 문언의 의미를 보험자에게 불리하게 해석한다는 것이 <u>작성자불이익의 원칙</u>이다.

16 약관규제법상 보험약관의 해석원칙 중 최종적으로 해석되는 원칙은 <u>통일적 해석의 원칙</u>이다.

17 POP원칙이란 약관을 <u>평범하게, 통상적으로, 통속적으로</u> 해석하는 원칙을 말한다.

18 약관해석의 원칙에서 <u>수기문언</u>이 <u>첨가문언</u>에 우선하고, 첨가문언이 <u>인쇄문언</u>에 우선한다.

19 총괄적 문언해석은 앞에 나열된 것과 <u>동종 유사한</u> 것으로 제한한다는 해석원칙은 <u>동종제한의 원칙</u>이다.

20 판례상 3개월 이내에 보험계약자가 취소권을 행사하지 않을 경우 다시 <u>약관규제법이 적용</u>되어 보험자가 당해 약관을 계약의 내용으로 주장할 수 없다.

오답노트

05 보험약관에 대한 규제 중 입법적 규제에 해당하는 것은 불이익변경금지의 원칙, 약관의 교부·설명의 원칙이다.

07 생명보험 표준약관상 보험약관의 교부·설명의무를 부담하는 때는 보험계약을 청약하는 때이다.

12 현재 우리나라의 보험약관 이해도를 평가하는 대행기관은 보험개발원이다.

16 약관규제법상 보험약관의 해석원칙 중 최종적으로 해석되는 원칙은 작성자불이익의 원칙이다.

금융위원회의 설치 등에 관한 법률

CHAPTER 06

PART
01

PART
02

PART
03

PART
04

PART
05

PART
06

PART
07

TOPIC 01 금융위원회, 증권선물위원회, 금융감독원

1. 금융위원회

(1) 금융위원회의 의의

① 국무총리 산하의 회의체 행정기관으로서 금융기관에 대한 실질적 최고감독기구이다.

② 금융감독원의 상위기관으로 금융감독원을 지시, 감독하는 업무를 맡고 있다.

(2) 금융위원회의 구성

위원장	1인	국무총리의 제청으로 대통령이 임명
부위원장	1인	위원장의 제청으로 대통령이 임명
위원	7인	• 기획재정부 차관 • 금융감독원장 • 예금보험공사 사장 • 한국은행 부총재 • 금융위원회 위원장이 추천하는 금융전문가 2인 • 대한상공회의소 회장이 추천하는 경제계대표 1인
합계	9인	–

(3) 금융위원회의 운영

① 회의는 3인 이상의 위원의 요구가 있는 때 또는 단독으로 위원장이 소집한다.

② 의결방법 : 재적의원 과반수의 출석과 출석의원 과반수의 찬성으로 의결한다.

2. 증권선물위원회, 금융감독원

① 증권선물위원회 : 자본시장의 불공정거래조사 등을 위해 금융위원회 산하에 증권선물위원회를 둔다.

② 금융감독원 : 금융위원회 또는 증권선물위원회의 지시를 받아 금융기관에 대한 검사, 감독업무 등을 수행하기 위해 무자본 특수법인의 금융감독원을 설치한다.

3. 금융위원회, 증권선물위원회, 금융감독원의 주요업무

금융위원회	증권선물위원회	금융감독원
• 금융정책 및 제도에 관한 사항 • 금융기관 설립, 합병 등의 인허가에 관한 사항 • 자본시장 관리 · 감독에 관한 사항 • 금융기관 감독 · 검사 · 제재에 관한 사항	• 자본시장의 불공정거래 조사 • 기업회계기준, 회계감리에 관한 업무 • 금융위 소관 사무인 시장 관리 · 감독에 대한 사전심의 • 금융위로부터 위임받은 업무	• 금융기관의 업무 및 재산상황에 대한 검사 • 검사결과에 따른 제재 • 금융위원회 및 소속기관에 대한 업무지원

TOPIC 02　금융분쟁조정위원회

1. 의의

금융기관과 예금자 등 금융수요자 기타 이해관계인 사이에 발생하는 금융관련분쟁의 조정에 관한 사항을 심의, 의결하기 위하여 금융감독원에 금융분쟁조정위원회를 두고 있다.

2. 구성 및 의결

① 위원장 1인을 포함하여 35인 이내의 위원으로 구성된다.
② 매 회의 시마다 6인 이상 10인 이하의 위원을 구성한다. 해당 조정안건과 이해관계가 있는 위원은 제척된다.
③ 의결방법은 구성원 과반수의 출석과 출석위원 과반수의 찬성으로 의결한다.

3. 분쟁의 조정

① 조정절차 : 조정신청 → 합의권고 → 조정위원회에 회부(신청을 받은 날로부터 30일 이내) → 심의 · 의결(회부일로부터 60일 이내) → 조정안 작성 → 조정안 수락 → 재판상 화해
② 조정위원회에 회부하지 않아도 되는 사항 : 이미 법원에 제소된 사건, 분쟁조정대상으로 적합하지 않다고 인정되는 경우 등
③ 조정의 중지 : 언제라도 당사자 중 일방이 소를 제기할 경우는 조정절차가 중단된다.

5. 시효의 중단

① 분쟁조정의 신청은 시효중단의 효력이 있다.
② 중단된 시효는 양 당사자가 조정안을 수락한 경우 또는 분쟁조정이 이루어지지 아니하고 조정절차가 종료된 경우에 새롭게 진행된다.

6. 소송과의 관계

① 소송절차의 중지 : 조정이 신청된 사건에 대해 소(訴)가 제기된 경우, 그 수소법원은 조정이 있을 때까지 소송절차를 중지할 수 있다(금소법 제41조 제1항).

② 조정절차의 중지 : 조정위원회는 소송절차가 중지되지 아니하는 경우에는 해당 사건의 조정절차를 중지하여야 한다.

③ 동종·유사사건에 대한 처리 : 조정위원회는 조정이 신청된 사건과 동일한 원인으로 다수인이 관련되는 동종·유사 사건에 대한 소송이 진행 중인 경우에는 조정위원회의 결정으로 조정절차를 중지할 수 있다.

7. 소액분쟁사건에 대한 특례

'일반금융소비자가 신청한 사건일 것&주장하는 권리나 이익의 가액이 2천만원 이하의 소액사건일 것'의 요건을 모두 충족하는 분쟁사건에 대해서는, 조정이 진행 중인 상황에서 조정안을 제시받기 전에는 어느 일방이 소(訴)를 제기할 수 없다.

TOPIC 03 | 감독

1. 재무건전성기준의 유지

① 지급여력비율은 100분의 100 이상을 유지할 것

② 대출채권 등 보유자산의 건전성을 정기적으로 분류하고 대손충당금을 적립할 것

③ 보험회사의 위험, 유동성 및 재보험의 관리에 관하여 금융위원회가 정한 기준을 충족할 것

2. 공시의무 : 재무 및 손익에 관한 공시, 보험계약에 관한 비교·공시 등

(1) 보험계약에 관한 비교공시

보험료, 보험금, 보장위험, 공시이율 등 보험계약에 관한 사항은 보험협회를 통해서 비교공시를 할 수 있도록 한다.

(2) 보험상품공시위원회

① 의의 : 보험협회가 실시하는 보험상품의 비교공시에 관한 중요사항을 심의·의결하는 기관이다.

② 구성 : 위원회는 위원장 1인을 포함하여 9인의 위원으로 구성되고 임기는 2년이다.

　　㉠ 보험회사 상품 담당 임원 또는 선임계리사 2인

　　㉡ 판사, 검사 또는 변호사 자격이 있는 사람 1인

　　㉢ 소비자단체에서 추천하는 사람 2인

　　㉣ 보험에 관한 학식과 경험이 풍부한 사람 1인

③ 의결 : 재적의원과반수의 출석으로 개의하고 출석의원 과반수의 찬성으로 의결한다.

PART 01

PART 02

PART 03

PART 04

PART 05

PART 06

PART 07

3. 상호협정의 인가

① 의의 : 보험회사가 그 업무에 관한 공동행위를 하기 위하여 다른 보험회사와 협정을 체결하는 것을 의미한다.
② 인가 : 상호협정 체결뿐 아니라, 변경이나 폐지의 경우에도 <u>금융위원회의 인가</u>를 받아야 한다.
③ 현재 시행 중인 상호협정 : 생명보험 2개와 손해보험 6개를 포함하여 총 8개이다.
④ 금융위원회는 상호협정의 체결 · 변경 또는 폐지의 인가를 하거나 협정에 따를 것을 명하려면 공정거래위원회와 협의해야 한다.

4. 정관변경의 보고

보험회사는 정관을 변경한 경우에는 변경한 날부터 <u>7일 이내</u>에 금융위원회에 알려야 한다.

5. 기초서류의 신고

① 작성의무 : 보험회사는 취급하려는 보험상품에 관한 기초서류를 작성해야 한다.
② 기초서류 : <u>사</u>업방법서, 보험<u>약</u>관, 보험료 및 <u>책</u>임준비금산출방법서   **암기** 사약책
③ 기초서류 신고의무 : 판매개시일 <u>30일 전</u>까지 사전에 <u>금융위</u>에 신고해야 한다.
④ 기초서류에 대한 확인 : 기초서류 중 '보험료 및 책임준비금산출방법서'에 대해서는 기초서류 신고 시 보험개발원 또는 보험계리업자의 검증확인서를 받도록 할 수 있다.
⑤ 기초서류에 관한 자료제출 요구 : 금융위원회는 보험계약자 보호를 위해 필요할 경우 보험회사에 대하여 취급하고 있는 보험상품의 기초서류에 관한 자료 제출을 요구할 수 있다.

6. 보고사항 → 사유발생일로부터 <u>5일 이내</u> 보고사항

① 상호나 명칭을 변경한 경우
② 본점의 영업을 중지하거나 재개한 경우
③ 최대주주 변경
④ 대주주의 의결권 있는 지분 중 100분의 1 이상의 변동
⑤ 보험회사의 업무수행에 중대한 영향을 미치는 경우

7. 금융위원회의 명령권

금융위원회의조치	보험계약자 등의 권익을 위해 업무집행방법의 변경 등의 조치를 명령
기초서류의 변경 또는 사용정지 명령	보험계약자의 이익과 회사의 경영건전성을 해칠 우려가 있는 경우 기초서류의 변경 또는 사용정지 명령
보험금 지급불능 등에 대한 조치	보험계약자 등의 이익을 해칠 우려가 있는 경우 보험계약체결 제한, 보험금의 전부 또는 일부의 지급정지 등의 조치를 명령
보험회사에 대한 제재	6개월 이내의 영업의 일부정지 또는 전부정지 명령

보고 및 자료제출 명령	공익 또는 보험계약자 등을 보호하기 위하여 주주현황, 그 밖에 사업에 관한 보고 또는 자료제출을 명령

8. 금융위원회의 금융회사에 대한 제재

보험업법 등의 규정 · 명령 · 지시를 위반한 경우	부정한 방법으로 보험업의 허가를 받은 경우
• 6개월 이내의 영업의 일부정지 • 해당 위반행위에 대한 시정명령 • 임원의 해임권고 · 직무정지 • 회사에 대한 주의 · 경고 또는 그 임직원에 대한 주의 · 경고 · 문책의 요구 → 금융감독원장의 업무	• 6개월 이내의 영업의 전부정지 • 청문을 거쳐 보험업의 허가를 취소

> **참고** **부정한 방법으로 보험업허가를 받은 경우**
>
> • 거짓이나 그 밖의 부정한 방법으로 보험업의 허가를 받은 경우
> • 허가의 내용 또는 조건을 위반한 경우
> • 영업의 정지기간 중에 영업을 한 경우
> • 해당 위반행위에 대한 시정명령을 이행하지 아니한 경우

PART 01

PART 02

PART 03

PART 04

PART 05

PART 06

PART 07

▶ TOPIC 04 | 보험조사협의회

1. 의의

금융위원회의 조사업무를 효율적으로 수행하기 위해 금융위원회에 보건복지부, 금융감독원, 보험관련기관 및 단체 등으로 구성되는 보험조사협의회를 둘 수 있다(보험업법 제163조 제1항).

2. 구성

① 보험조사협의회는 15인 이내의 위원으로 구성한다.
② 의장은 위원 중에 호선하고 협의회 위원의 임기는 3년이다.

3. 기능

① 조사업무의 효율적 수행을 위한 공동대책 수립
② 조사한 정보의 교환에 관한 사항 및 기타 조사지원에 관한 사항

4. 운영

재적위원 과반수 출석&출석위원 과반수의 찬성으로 의결한다.

1. 의의

손해보험계약의 제3자가 보험사고로 입은 손해에 대한 보험금의 지급을 보험업법이 정하는 바에 따라 보장하여야 한다(보험업법 제165조).

2. 손해보험회사의 제3자 보험금지급보장의무

① 대상 : 법령에 의해 가입이 강제되는 손해보험계약으로서 대통령령으로 정하는 손해보험에만 적용된다(→ 주로 배상책임보험이 해당).
② 자동차보험(단, 법인계약은 제외)은 책임보험뿐 아니라 임의보험 부분도 포함된다.

3. 지급불능의 보고

손보사의 지급불능이 발생할 경우 손해보험협회의 장에게 보고한다.

4. 손해보험회사의 출연

① 손해보험협회로부터 출연금 납부통보를 받은 날로부터 1개월 이내에 납부해야 한다.
② 출연금액 = 목표기금 × $\left(\dfrac{\text{해당 보험사의 수입보험료와 책임준비금의 산술평균액}}{\text{손보사 전체의 수입보험료와 책임준비금의 산술평균액}} \right)$

5. 보험금의 지급 등

① 보험금 지급 : 손해보험협회의 장은 지급불능의 보고를 받는 경우 금융위원회의 확인을 거쳐 손해보험계약의 제3자에게 보험금을 지급해야 한다(보험업법 제169조 제1항).
② 자금의 차입 : 손해보험협회는 손해보험계약의 제3자에게 보험금을 지급하기 위하여 필요한 경우 금융위원회의 승인을 받아 자금을 차입할 수 있다.
③ 구상권 : 손해보험협회는 제3자에게 보험금을 지급한 경우에는 해당 손해보험회사에 대하여 구상권을 가진다(보험업법 제173조).

01 금융위원회의 당연직위원 4인은 <u>기획재정부 차관, 한국은행 부총재, 금융감독원 원장, 예보공사 사장</u>이다.

02 금융위원회 회의는 <u>3인 이상의 위원의 요구</u>가 있는 때 또는 단독으로 위원장이 소집한다.

03 금융기관의 설립과 합병, 영업양수도 등에 대한 인허가에 관한 사항은 <u>금융위원회의 업무</u>이다.

04 자본시장의 불공정거래 조사는 <u>증권선물위원회의 업무</u>이며, 금융기관에 대한 업무 및 재산상황에 대한 검사는 <u>금융감독원의 업무</u>이다.

05 금융분쟁조정위원회에 조정안건이 접수되면 <u>6인 이상 10인 이하</u>의 위원으로 조정위원회를 구성한다.

06 조정신청을 받은 날로부터 <u>30일 이내</u>에 위원회에 회부하며, 회부된 날로부터 <u>60일 이내</u>에 심의·의결해야 한다.

07 금융분쟁조정위원회의 조정안을 수락하더라도, 이에 불복할 경우 소를 제기할 수 <u>있다</u>.

08 금융분쟁조정위원회에 조정을 신청하고 회부가 되면, 기존 소멸시효의 <u>시효가 중단된다</u>.

09 금융분쟁조정위원회에 조정이 회부된 사건에 대해 소(訴)가 제기된 경우, 그 수소법원은 금융소비자 보호를 위하여 해당 소송절차를 <u>중지할 수 있다</u>.

10 금융분쟁조정위원회에 조정이 회부된 소액분쟁사건(일반금융소비자&2천만원 이하의 사건)에 대해서는, 조정의 양 당사자 중 어느 일방이 소(訴)를 제기할 수 <u>없다</u>.

11 보험회사는 상품의 비교공시에 필요한 자료를 <u>보험협회</u>에 제공해야 한다.

12 보험상품의 비교공시에 관한 중요사항을 심의하고 의결하는 기관은 <u>보험조사협의회</u>이다.

13 상호협정 <u>체결</u>뿐 아니라, <u>변경이나 폐지</u>의 경우에도 금융위원회의 인가를 받아야 한다.

14 금융위는 상호협정의 체결과 변경, 폐지의 인가를 내거나 협정에 따를 것을 명하려면 사전에 <u>공정거래위원회</u>와 협의해야 한다.

15 새로운 상품을 도입할 경우 보험회사는 보험상품에 관한 기초서류를 작성해야 하며, 기초서류를 판매 개시일 <u>30일 전</u>까지 사전에 <u>금융위</u>에 신고해야 한다.

16 기초서류라 함은 <u>사업방법서, 보험약관, 보험료 및 책임준비금산출방법서</u>를 말한다.

17 금융위원회는 기초서류 중 '보험료 및 책임준비금 산출방법서'에 대해서는 <u>보험요율산출기관(보험개발원)</u>의 검증확인서를 첨부하도록 할 수 있다.

18 보험회사가 준수할 재무건전성기준 중 지급여력비율은 <u>100분의 50 이상</u>을 유지해야 한다.

19 금융위가 기초서류의 변경을 명하고 그에 따라 기초서류가 변경된 경우, 변경된 내용이 보험계약자나 피보험자 등에 필요하다고 인정된다면 <u>이미 체결된 보험계약</u>에 대해서도 <u>장래</u>에 한해 그 변경의 효력이 인정된다.

20 부정한 방법으로 보험업 허가를 받았거나 허가 내용이나 조건을 위반한 경우, 영업정지기간에 영업을 한 경우에는 <u>6개월 이내의 영업의 전부정지</u>를 명할 수 있다.

21 청문을 거쳐 보험업의 허가를 취소할 수 있는 사유는 <u>부정한 방법으로 보험업 허가를 받은 경우</u>이다.

22 보험회사에 대한 제재에 있어서 '임직원에 대한 문책의 요구'는 그 제재권자가 금융감독원이며, 6개월 이내의 영업의 전부정지나 허가 취소는 <u>금융위원회</u>가 제재권자이다.

23 최대주주의 변경은 변경일로부터 <u>5일</u> 이내에 금융위에 보고해야 한다.

24 금융위원회의 조사를 효율적으로 수행하기 위하여 금융위원회와 보건복지부, 금융감독원, 보험관련 기관 및 단체로 구성되는 <u>보험조사협의회</u>를 둘 수 있다.

25 보험조사협의회 위원의 임기는 <u>3년</u>이며, 협의회장은 위원 중에 <u>호선</u>한다.

26 손해보험사의 지급 불능이 발생할 경우 <u>손해보험협회</u>에 보고해야 한다.

27 손해보험사는 손해보험협회로부터 출연금의 납부를 통지받은 날로부터 <u>1개월 이내</u>에 손해보험협회에 출연금을 납부해야 한다.

28 손해보험회사가 제3자 보호규정에 의해 협회에 출연하는 금액은 '개별 손해보험회사의 수입보험료와 책임준비금의 <u>산술평균액</u>을 전체 손해보험회사의 수입보험료와 책임준비금의 <u>산술평균액</u>으로 나눈 비율'로 적용하여 산정한다.

29 손해보험협회의 제3자에 대한 보험금지급의무 이행은 출연금의 범위 내에서만 해당되는 것이므로 보험금 지급을 위한 <u>차입은 할 수 없다</u>.

30 손해보험협회가 제3자에게 보험금을 지급한 후 손해보험회사에 대한 별도의 <u>구상권</u>을 행사한다.

오답노트

07 소를 제기할 수 <u>있다</u>. → 조정안 수락은 재판상 화해의 효력이어서 소를 제기할 수 없다.

12 보험상품의 비교공시에 관한 중요사항을 심의하고 의결하는 기관은 보험상품공시위원회이다.

18 보험회사가 준수할 재무건전성기준 중 지급여력비율은 100분의 100 이상을 유지해야 한다.

29 보험금 지급을 위한 <u>차입은 할 수 없다</u>. → 금융위의 승인을 얻어 차입을 할 수 있다.

보험관계단체 등

PART
01

PART
02

PART
03

PART
04

PART
05

PART
06

PART
07

TOPIC 01   보험협회 vs 보험요율산출기관

구분	보험협회	보험요율산출기관(보험개발원)
의의	보험사 상호 간 업무질서유지 등을 위한 비영리사단법인	보험료의 합리적 · 공정한 산출과 보험 관련 정보의 효율적 관리를 위한 금융위 인가기관
업무	• 보험회사 간의 건전한 업무질서유지 • 보험상품의 비교공시 업무 • 정부로부터 위탁받은 업무	• 손해보험요율의 산출, 검증 및 제공 • 보험 관련 정보 수집과 제공 및 통계 작성 • 보험에 대한 조사 및 연구

TOPIC 02   보험계리사 vs 손해사정사

1. 보험계리사

(1) 보험계리사와 손해사정사의 독립

보험회사의 공공성과 합리성을 제고하고자 보험회사로부터 보험계리에 관한 업무와 손해사정에 관한 업무를 독립시켜야 할 필요성이 있다.

(2) 선임계리사의 업무수행 독립성

① 선임계리사의 업무를 공정하게 수행할 수 있도록 하는 것을 말한다.

② 자격요건 : 선임계리사는 보험계리 업무에 10년 이상 종사한 경력이 있어야 한다.

③ 선임절차 : 선임계리사는 이사회결의로 선임하며, '선임 후 보고'하고 '해임 전 신고'한다. → 타 보험회사의 선임계리사는 당해 보험회사의 선임계리사로 선임 불가하다.

④ 해임의 제한 : 선임계리사를 선임한 경우에는 선임일이 속한 사업연도의 다음 연도부터 연속되는 3사업연도가 끝나는 날까지 해임할 수 없다. → 선임계리사의 해임신고를 할 때에는 그 해임사유를 제출하여야 하며, 금융위는 해임사유에 대해 해당 선임계리사의 의견을 들을 수 있다.

2. 손해사정사

(1) 손해사정사의 의의

보험사고에 따른 손해액 및 보험금의 사정에 관한 업무를 담당하는 일정한 자격을 갖춘 자를 의미한다.

(2) 손해사정사의 구분

재물손해사정사, 차량손해사정사, 신체손해사정사, 종합손해사정사

(3) 손해사정사 시험

① 손해사정사가 되기 위해서는 금융감독원장이 실시하는 시험에 합격하고 일정기간 실무수습기간을 거친 후 금융위원회에 등록해야 한다(→ 실무수습기간은 6개월).

② 1차 시험과 2차 시험이 있으며, 보험회사나 화재보험협회 등에서 손해사정업무에 5년 이상 종사한 자는 1차 시험이 면제된다.

③ 감독원장이 인정하는 외국의 손해사정사 자격을 가진 자는 국내에서도 그 자격을 인정하는 것으로 되어 있으나, 현재 감독원장이 인정하는 나라는 없다.

참고	금융위원회에 등록

- 손해사정사, 보험계리사, 보험중개사의 등록업무 → 금융감독원장에 위탁
- 보험설계사, 보험대리점의 등록업무 → 보험협회에 위탁

Ⅰ 보험관계단체 등

01 보험회사는 <u>상호 간의 업무질서 유지</u>와 보험업 발전에 기여하기 위해 <u>보험협회</u>를 법인으로 설립할 수 있다.

02 보험상품의 비교, 공시업무는 <u>보험협회</u>의 업무이다.

03 보험료산출기관은 업무와 관련하여 보험회사로부터 <u>수수료를 받을 수 있다.</u>

04 보험료산출기관은 순보험요율의 산출을 위해 필요한 경우 교통법규를 위반한 개인정보 및 질병에 관한 통계를 법원명령 등의 절차 없이도 해당 기관의 장으로부터 <u>제공받을 수 있다.</u>

05 보험관련 정보수집 및 제공, 통계의 작성은 <u>보험협회</u>의 업무이다.

06 보험계리사란 보험수리에 관한 전문적인 지식을 갖춘 자로서, 보험계리사가 되기 위해서는 <u>금융감독원장</u>이 실시하는 시험에 합격하고 일정기간의 실무수습을 마친 후 금융위원회에 등록해야 한다.

07 기초서류의 내용 및 보험계약에 따른 배당금의 계산 등이 정당한지의 여부를 검증하고 이를 확인하는 보험계리사로서 선임된 자를 <u>선임계리사</u>라 한다.

08 선임계리사는 <u>이사회결의</u>를 통해서 선임한다.

09 보험회사는 타 보험사의 선임계리사를 중복하여 선임할 수 <u>있다.</u>

10 선임계리사를 선임한 경우에는 선임일이 속한 사업연도의 다음 사업연도부터 연속하는 <u>3개</u> 사업연도가 끝나는 날까지는 그 선임 계리사를 해임할 수 없다.

11 선임계리사는 업무수행의 결과를 이사회에 보고해야 하며, 그 결과에 위반한 내용이 있을 경우는 <u>금융위원회</u>에 보고해야 한다.

12 금융위원회는, 보험계리사나 손해사정사의 직무태만과 부적절한 행위가 인정될 경우 <u>6개월 이내</u>의 기간을 정하여 업무정지를 명하거나 해임할 수 있다.

13 외국의 손해사정사 자격을 가진 자는 국내에서도 그 자격을 인정하는 것이 원칙이나, 현재 감독원장이 인정하는 나라는 <u>없다.</u>

오답노트

05	보험관련 정보수집 및 제공, 통계의 작성은 보험요율산출기관의 업무이다.
09	보험회사는 타 보험사의 선임계리사를 중복하여 선임할 수 없다.

출제예상문제

01 다음 중 물리적 위태(physical hazard)를 통제하기 위한 제도로 적절한 것은?

① 소손해면책제도   ② 대기기간

③ 위험변경 · 증가통지의무   ④ 고의사고면책제도

해설 | 물리적 위태(실체적 위태)는 사고의 발생 가능성을 높이거나 손실을 확대시킬 수 있는 실체적 환경을 말하며, 이를 통제하기 위한 제도로 고지의무, 위험변경 · 증가통지의무, 위험유지의무 등이 있다. 나머지는 도덕적 위태에 대한 통제방법이다.

02 다음 중 도덕적 위태(moral hazard)를 방지할 수 있는 수단으로 적절하지 않은 것은?

① 실손보상 제도의 운용   ② 보험계약자의 해지권 인정

③ 보험인수요건의 강화   ④ 손해사정 시의 조사 강화

해설 | 보험계약자의 해지권 인정은 보험계약자의 권익을 옹호해주는 제도로서 보험회사가 도덕적 위태를 방지하기 위한 제도와는 무관하다.

03 보험가입 후 위험관리를 소홀히 한다거나 사고발생 후 적극적으로 손해방지활동을 하지 않는 것은 다음 중 무엇에 해당하는가?

① 실체적 위태(physical hazard)   ② 도덕적 위태(moral hazard)

③ 정신적 위태(morale hazard)   ④ 법률적 위태(legal hazard)

해설 | 정신적 위태(morale hazard)는 위험을 보험회사로 전가한 후에 손실예방에 무관심하거나 주의를 기울이지 않는 것을 의미하며, 고의성을 가지고 행하는 도덕적 위태와 구분된다.

04 다음 중 손인(peril)에 해당하는 것은?

① 악천후   ② 지진

③ 어두운 계단   ④ 흡연

해설 | 손해의 원인(=사고)으로서 화재, 폭풍우, 지진 등이 있다. 니미지는 위태에 해딩한다.

PART
01

PART
02

PART
03

PART
04

PART
05

PART
06

PART
07

05 아래 보기 중 도덕적 위태(moral hazard)를 경감 또는 예방할 수 있는 원칙을 모두 고른 것은?

> ⓐ 수지상등의 원칙　　　　　　　　ⓑ 피보험이익의 원칙
> ⓒ 대위의 원칙　　　　　　　　　　ⓓ 위험보편의 원칙

① ⓐ, ⓑ　　　　　　　　　　　　② ⓐ, ⓓ

③ ⓑ, ⓒ　　　　　　　　　　　　④ ⓒ, ⓓ

해설 | 피보험이익의 원칙, 대위의 원칙이 도덕적 위험의 방지대책이다.

　　　도덕적 위험의 방지대책(손해보험의 관점에서 이득금지원칙 실현)
　　　• 선의 초과보험의 보험금 감액
　　　• 사기의 초과 · 중복보험 무효화
　　　• 피보험이익이 없는 계약은 무효
　　　• 중복보험의 연대비례주의 및 통지의무 부여
　　　• 수 개의 책임보험에서 중복보험규정 준용
　　　• 기평가보험에서 사고발생 시의 가액 적용
　　　• 보험자대위 및 신구교환공제

06 다음은 보험과 복권을 비교한 설명이다. 옳지 않은 것은?

① 보험은 기존의 리스크 전가이고, 복권은 새로운 리스크 창출이다.

② 보험은 사전적 확률에 근거하고, 복권은 사후적 확률에 근거한다.

③ 보험과 복권 모두 사행성 계약으로 분류된다.

④ 보험과 복권 모두 객관적 리스크로 볼 수 있다.

해설 | 보험은 <u>사후적</u> 확률에 근거하고, 복권은 <u>사전적</u> 확률에 근거한다.

07 보험 가능 리스크(insurable risk)의 요건 중 보험수요자 입장에서 보험이 효율적인 리스크관리 수단이 되기 위한 조건은?

① 한정적인 손실

② 손실의 우연성

③ 측정 가능한 손실발생 확률

④ 심도가 크고 손실발생 확률이 낮은 리스크

해설 | 보험수요자 입장에서 보험이 효율적인 리스크관리 수단이 되기 위한 조건은 심도가 크고 손실발생 확률이 낮은 리스크의 경우이다.

정답 　01 ③　02 ②　03 ③　04 ②　05 ③　06 ②　07 ④

08 다음 보험 가능 리스크(insurable risk)의 요건 중 피보험이익의 원칙과 가장 관련이 깊은 것은?

① 다수의 동질적 리스크   ② 손실의 우연성

③ 확정 가능한 손실 규모   ④ 측정 가능한 손실 발생 확률

해설 | 피보험이익은 피보험자 및 보험계약자가 보험목적에 대하여 가지는 경제적 이해관계를 말하는데, 경제성(금액으로 산정할 수 있어야 함), 적법성, 확정성(보험사고 발생 시 확정할 수 있어야 함)이 있어야 한다.

09 다음 중 보험 가능한 위험(insurable risk)의 요건과 가장 거리가 먼 것은?

① 금전적인 가치로 측정할 수 있는 손실

② 손실의 발생 시기나 발생 그 자체가 우연적인 것

③ 합리적으로 예견할 수 있을 정도로 다수이고 동질적인 것

④ 우연적이며 발생확률이 낮고 손실의 심도가 크지 않은 위험

해설 | 발생확률이 낮고 손실의 심도가 크지 않은 위험은 보험을 통한 위험의 전가보다는 위험을 보유하는 것이 더 나은 전략이다.

10 역선택(adverse selection) 문제의 발생시점과 발생원인을 순서대로 바르게 배열한 것은?

	발생시점	발생원인
①	보험계약 체결 이후	숨겨진 행동
②	보험계약 체결 시점	숨겨진 행동
③	보험계약 체결 이후	숨겨진 속성
④	보험계약 체결 시점	숨겨진 속성

해설 |

구분	발생시점	발생원인
역선택	보험계약 체결 시점(사전적 정보)	숨겨진 속성 (정보 비대칭)
도덕적 해이	보험계약 체결 이후(고의 사고)	숨겨진 행동(사기 보험금청구)

11 민영보험과 사회보험의 공통적인 특징으로 옳지 않은 것은?

① 우연한 사고로 인한 경제적 필요의 충족을 목적으로 한다.

② 다수 경제주체의 결합을 요건으로 한다.

③ 역선택의 문제가 발생한다.

④ 고의적 사고의 발생과 같은 도덕적 위태의 문제가 존재한다.

해설 | 강제보험 성격의 사회보험은 역선택의 문제가 발생하지 않는다.

PART 01

12 다음 중 보험사기 특별법에 대한 설명으로 적절하지 않은 것은?

PART 02

① 보험사기에 관해서 타 법률에 우선 적용한다.

② 미수범에게는 관용을 베풀어 처벌하지 않는다.

PART 03

③ 형량은 10년 이하의 징역 또는 5천만원 이하의 벌금형이다.

④ 상습범에는 50% 가중처벌한다.

PART 04

해설 | 보험사기방지 특별법(2016. 9. 시행)은 보험사기행위의 조사 · 방지 · 처벌에 관해서는 타 법률에 우선하여 적용하며, 상습범에는 50% 가중처벌하고, 미수범도 처벌한다.

PART 05

13 다음 중 순수위험(pure risk)에 대한 설명으로 옳지 않은 것은?

PART 06

① 손실의 가능성과 함께 이익의 가능성도 내포된 위험으로 정의된다.

② 일반적으로 대수의 법칙을 쉽게 적용할 수 있어 손실의 정도를 미리 예측할 수 있다.

PART 07

③ 순수위험은 없던 위험을 인위적으로 새로이 만들어 냄으로써 존재하게 된 것이 아니라 위험자체가 이미 존재해 있는 위험을 말한다.

④ 순수위험은 일반적으로 인적위험, 재산위험, 배상책임위험으로 분류된다.

해설 | 손실의 가능성과 함께 이익의 가능성도 내포된 위험은 투기위험이다.

순수위험과 투기위험
- 순수위험 : 이익의 가능성은 없고 손실이 가능성만 존재하는 위험을 말한다.
- 투기위험 : 이익과 손실이 가능성이 함께 공존하는 위험을 말한다.

14 다음 중 순수리스크(pure risk)에 해당하지 않는 것은?

① 코로나19로 인한 사망 리스크

② 지구온난화에 따른 기후변화 리스크

③ 황사로 인한 대기오염 리스크

④ 환율 급변동에 따른 투자 리스크

해설 | 순수리스크는 이익의 발생 가능성이 없이 손해만을 발생시키는 리스크를 말하며, ①, ②, ③이 순수리스크에 해당한다. 환율 급변동에 따른 투자 리스크는 투기리스크에 해당한다.

15 다음은 위험결합(risk pooling) 개념으로서 보험을 정의한 것이다. (   ) 안에 들어갈 용어들을 순서대로 바르게 짝지은 것은?

> 보험이란 단순히 말해서 위험의 결합으로 (   )을 (   )으로 전환시키는 사회적 제도라고 할 수 있다. 즉, 보험은 다수의 동질적 위험을 한 곳에 모으는 위험결합을 통해서 가계나 기업의 (   )을 (   )로 대체하는 제도라고 할 수 있다.

① 불확실성, 확실성, 실제손실, 평균손실

② 확실성, 불확실성, 실제손실, 평균손실

③ 확실성, 불확실성, 평균손실, 실제손실

④ 불확실성, 확실성, 평균손실, 실제손실

해설 | 위험의 결합으로 불확실성을 확실성으로, 실제손실을 평균손실로 전환한다.

16 다음 중 대수의 법칙에 따른 분산효과의 설명으로 옳은 것은?

① 분산효과는 위험단위 간 상관계수가 0이어야 발생한다.

② 분산효과를 통해 예측의 신뢰도가 높아진다.

③ 분산효과는 개별 위험단위의 표준편차 감소를 가져온다.

④ 분산효과는 평균손실 감소를 가져온다.

해설 | 통계적 위험관리를 통해 포트폴리오의 신뢰구간 내에서 위험 예측이 가능하다
① 분산효과는 위험단위 간 상관계수가 1에서 −1로 갈수록 커진다.
③ 분산효과는 집단 위험단위의 표준편차 감소를 가져온다.
④ 분산효과는 실제손실 감소를 가져온다.

17 다음 리스크관리과정의 각 단계를 순서대로 바르게 열거한 것은?

> ㉮ 리스크의 평가(evaluating the risk)
> ㉯ 리스크관리기법의 실행(implementing the program)
> ㉰ 리스크관리기법의 선택(selecting techniques for handling risk)
> ㉱ 리스크의 인식(identifying the risk)

① ㉮ → ㉯ → ㉰ → ㉱
② ㉮ → ㉱ → ㉰ → ㉯
③ ㉱ → ㉮ → ㉰ → ㉯
④ ㉱ → ㉮ → ㉯ → ㉰

해설 | 위험의 발견과 확인 → 위험의 분석과 평가 → 위험관리기법의 선택 → 위험관리 수행 및 수정

18 위험관리자는 위험관리기법을 선택함에 있어서 손해의 빈도(frequency)나 심도(severity)를 동시에 고려해야 한다. 위험의 종류를 손해의 빈도와 심도의 크기에 따라 아래 그림의 4가지 형태로 분류할 때 각각의 위험의 종류에 따른 최적의 위험처리방법으로 가장 적절하게 짝지어진 것은?

위험의 종류	손실의 빈도수(빈도)	손실의 규모(심도)
A	적다	작다
B	많다	작다
C	적다	크다
D	많다	크다

① A-손실통제, B-위험보유, C-위험전가, D-위험회피
② A-손실통제, B-위험전가, C-위험보유, D-위험회피
③ A-위험보유, B-손실통제, C-위험회피, D-위험전가
④ A-위험보유, B-손실통제, C-위험전가, D-위험회피

해설 | 위험종류별 위험처리방법은 다음과 같다.
- A : 저빈도 저심도 → 위험보유
- B : 고빈도 저심도 → 손실통제
- C : 저빈도 고심도 → 위험전가
- D : 고빈도 고심도 → 위험회피

PART 01
PART 02
PART 03
PART 04
PART 05
PART 06
PART 07

정답 ▶ 14 ④ 15 ① 16 ② 17 ③ 18 ④

19 리스크관리기법에 대한 다음 설명 중 올바르지 않은 것은?

① 건물 내 개인용 전열기 사용금지는 손실예방에 해당한다.

② 건물 내 스프링클러 설치는 손실예방에 해당한다.

③ 건물 내 소화기 비치는 손실경감에 해당한다.

④ 건물 공사 시 내연자재 사용은 손실경감에 해당한다.

해설 | 건물 내 스프링클러 설치는 손실감소(경감)에 해당한다.

　　　손실통제(고빈도 저심도)
　　　손실의 빈도를 줄이는 손실예방, 사고가 난 후 손실의 심도를 줄이는 손실감소를 포함
　　　예 손실예방기법 → 음주운전 예방활동, 손실감소기법 → 건물 내 방화문이나 스프링클러 설치

20 보험계약자가 보험계약을 해지하는 것은 아래의 위험관리방법 중 어디에 해당하는가?

① 위험보유　　　　　　　　　　② 손실통제

③ 위험회피　　　　　　　　　　④ 위험이전

해설 | 보험계약의 해지는 위험전가를 포기하는 것으로서 보험계약자가 직접 위험을 보유하는 효과를 가지게 된다.

21 다음 손실통제(loss control) 활동 중 손실감소(loss reduction)에 해당하는 것은?

① 안전교육　　　　　　　　　　② 금연과 금주

③ CCTV 설치　　　　　　　　　④ 에어백 설치

해설 | 자동차 에어백 설치는 손실감소 방법이다.

　　　손실통제(고빈도 저심도)
　　　• 손실예방 : 손실의 빈도를 줄이는 것
　　　　예 안전교육, CCTV 설치, 음주운전 예방활동 등
　　　• 손실감소 : 사고가 난 후 손실의 심도를 줄이는 것
　　　　예 건물 내 방화문이나 스프링클러 설치, 자동차 에어백 설치 등

22 다음과 같은 속성의 리스크를 관리할 때 사용할 수 있는 리스크관리 기법으로 가장 적절한 것은?

> • 최악의 손실이 미미한 수준이다.
> • 손실발생 빈도가 낮다.

① 리스크회피(risk avoidance) ② 리스크보유(risk retention)
③ 손실감소(loss reduction) ④ 보험(insurance)

해설 | 저빈도외 저심도인 경우 위험을 감당할 수 있으므로 리스크보유(risk retention) 전략을 취한다

PART
01

PART
02

PART
03

PART
04

PART
05

PART
06

PART
07

23 다음에서 설명하는 보상책임에 관한 원칙은?

> • 손해의 결과에 대하여 선행하는 위험이 면책위험이 아닐 경우 보험자는 면책을 주장할 수 없다.
> • 화재보험에서 발화의 원인을 불문하고 그 화재로 인하여 보험목적물에 손해가 생긴 때에는 보험자는 그 손해를 보상할 책임이 있다.
> • 일반화재보험에서 폭발손해 자체는 화재로 인한 것이든 아니든 면책이지만, 폭발로 발생한 화재손해에 대해서는 보험자의 책임이 발생한다.

① 위험보편의 원칙 ② 위험개별의 원칙
③ 우선효력의 원칙 ④ 분담주의 원칙

해설 | • 위험보편의 원칙 : 보험사고의 원인이 무엇이든 문제삼지 않고 일정한 사고가 발생한 경우에는 보험사고가 발생하였다고 하는 원칙(→ 화재보험에 적용)
• 위험개별의 원칙 : 보험사고의 원인을 한정하는 것(위험을 하나하나 열거하는 열거책임주의)

24 다음 위험관리의 목적 중 손해발생 후의 목적(postloss objectives)으로 옳은 것은?

① 사고발생의 우려와 심리적 불안의 경감 ② 영업활동의 지속
③ 손실방지를 위한 각종 규정의 준수 ④ 사고발생 가능성의 최소화

해설 | 영업활동의 지속이 손해발생 후의 목적에 해당하며, 나머지는 손해발생 전의 목적에 해당한다.

손해발생 후의 목적(postloss objectives)
• 존속
• 영업의 가능성
• 수익의 가능성
• 지속적인 성장
• 사회적 책임의 수행

정답 | 19 ② 20 ① 21 ④ 22 ② 23 ① 24 ②

25 다음 중 위험보유의 형태라 할 수 없는 것은?

① 공제조항(deductible clause)　　　② 자가보험(self-insurance)

③ 캡티브보험(captive insurance)　　④ 타보험조항(other insurance)

해설 | 타보험조항(other insurance)은 동일한 보험의 목적 전부 또는 일부를 담보하는 유효한 보험계약이 2개 이상 존재할 경우 <u>다른 보험과의 손해액을 분담하는 방법</u>을 미리 약정한 조항을 말한다.

26 다음 중 자가보험(self-insurance)의 장점으로 적절하지 않은 것은?

① 보험료를 구성하는 부가보험료 등 보험경비를 절약할 수 있다.

② 보험기금의 재투자로 인한 추가이득이 가능하다.

③ 위험보유에 따른 심리적인 부담으로 위험관리 활동이 촉진될 수 있다.

④ 대재해 등 심도가 큰 위험에 대비하기 위하여 적합한 방식이다.

해설 | 대재해 등 심도가 큰 대형사고가 발생할 경우 재정적 위험에 직면하게 된다.

　자가보험의 장단점
　• 보험가입 시의 부가보험료를 절감
　• 보험료의 유보로 유동성과 투자이익에 도움
　• 위험관리 관심이 높아 사고 예방 효과
　• 보험사에서 거절하는 위험도 관리 가능

27 다음 중 캡티브 보험사(captive insurer) 설립의 이점으로 거리가 먼 것은?

① 재보험료를 절감할 수 있다.

② 부가비용(loading)을 절감할 수 있다.

③ 모기업의 재정적인 부담을 줄일 수 있다.

④ 부가수입에 대한 투자를 통하여 투자수익을 창출할 수 있다.

해설 | 설립비용 등 모기업에 재정적인 부담을 증가시킬 수 있다.

　캡티브 보험사(종속보험회사)의 장점
　• 보험가입 시의 부가보험료를 절감
　• 다른 기업 위험인수로 이익 창출에 도움
　• 용이한 재보험가입 및 재보험료 절감
　• 보험사에서 거절하는 위험도 관리 가능
　• 타국 소재 물건의 보험가입 가능

28 다음은 손해보험의 기준에 따른 분류이다. 가장 올바른 것은?

① 보험계약의 목적에 따른 분류 → 물보험, 인보험

② 사정방법에 따른 분류 → 실손보험(손해보험), 정액보험

③ 보험계약법에 따른 분류 → 손해보험, 생명보험, 제3보험

④ 보험업법에 따른 분류 → 손해보험, 인보험

해설 | ① 보험의 목적에 따른 분류 → 물보험, 인보험
③ 보험계약법에 따른 분류 → 손해보험, 인보험
④ 보험업법에 따른 분류 → 손해보험, 생명보험, 제3보험

PART 01

PART 02

29 다음 중 손해보험상품과 생명보험상품에 대한 설명으로 옳지 <u>않은</u> 것은?

① 손해보험은 실손보상원리를 중시한다.

② 생명보험은 보험계약법상 인보험으로 분류한다.

③ 생명보험은 정액보험의 성격을 가진다.

④ 손해보험은 인명손실을 보상하지 아니한다.

PART 03

PART 04

해설 | 요건이 충족되면 특약으로 피보험자의 사망을 보장할 수 있다.
질병사망보장 특약의 요건
• 보험 만기 : <u>80세 이하</u>일 것
• 보험금액의 한도 : 개인당 <u>2억원 이내</u>일 것
• 만기 시에 지급하는 환급금은 납입보험료 합계액의 <u>범위 내</u>일 것

PART 05

PART 06

PART 07

30 보험계약은 다른 계약과 마찬가지로 일반계약법에 근거를 둔 법적 계약이지만, 다른 계약과는 구별되는 여러 가지 특징들을 갖고 있다. 다음 중 보험계약의 특성으로 옳지 <u>않은</u> 것은?

① 불요식 낙성계약　　　　　　　　② 편무계약

③ 부합계약　　　　　　　　　　　　④ 사행계약

해설 | 보험계약이 체결되면 보험계약자는 보험료를 납부해야 하고 보험자는 우연한 사고발생 시 보험금을 지급해야 하는 <u>유상 · 쌍무계약</u>이다. 편무계약이란 계약의 당사자 중 어느 한쪽만 채무를 부담하는 계약을 말한다.

31 보험계약의 최대선의성의 원칙이 손해보험 계약상에 구현된 제도라고 할 수 없는 것은?

① 보험자대위

② 손해방지경감의무

③ 사기로 인한 중복보험 시 보험계약의 무효

④ 고지의무제도와 위험변경 증가 시 통지의무

해설 | 보험자대위는 손해보험에서 이득금지의 원칙을 실현하기 위한 방식이다.

최대선의성의 원칙
- 정의 : 보험계약 시 보험의 당사자에게 다른 일반계약보다 더 높은 정직성과 선의 또는 신의성실을 요구한다.
- 고지의무, 계약체결 후 위험변경·증가의 통지의무, 손해방지경감의무, 사기로 인한 초과·중복보험 시 보험 계약의 무효 규정, 고의·중과실 면책에서 최대선의성의 원칙이 요구된다.

32 어떤 보험상품에서 p=보험료, q=보험금액, m=보험가입자의 수, n=보험사고 발생건수라 할 때, 급부·반대급부균등의 원칙을 표현한 것으로 옳은 것은?

① pq=mn

② np=mq

③ $p = \dfrac{n}{m} \times q$

④ $p = \dfrac{m}{n} \times q$

해설 | 보험계약자 관점에서 급부(보험료)와 반대급부(보험금)가 같아야 한다는 원칙으로 보험료는 보험금액과 사고발 생확률의 곱이다.
- 보험료=보험금액×사고발생확률
- 사고발생확률=보험사고발생 건수/보험가입자 수

33 다음의 보험요율 산정원칙 중 보험회사의 재무건전성과 가장 관련이 있는 것은?

① 충분성(adequacy)

② 비과도성(non-excessiveness)

③ 안정성(stability)

④ 공정 차별성(fair discrimination)

해설 | 충분성(적정성)에 대한 설명이다.

요율산정의 3원칙 (암기) 공적비

공정성	보험계약자 간에 부당한 차별이 없는 요율
적정성	보험자의 재무건전성을 크게 해하지 않을 정도의 요율
비과도성	보험금 및 그 밖의 급부에 비하여 지나치게 높지 않은 요율

34 다음에서 설명하는 보험증권의 법적 성격은?

> 보험자는 보험금 등의 급여를 지급함에 있어 보험증권 제시자의 자격 유무를 조사할 권리는 있으나 의무는 없다. 그 결과 보험자는 보험증권을 제시한 사람에 대해 악의 또는 중대한 과실이 없이 보험금 등을 지급한 때에는 증권 제시자가 권리자가 아니라 하더라도 그 책임을 부담하지 않는다.

① 유가증권성   ② 상환증권성
③ 증거증권성   ④ 면책증권성

해설 | 보험자는 보험증권을 제시한 사람에 대해 악의 또는 중대한 과실이 없이 보험금 등을 지급한 때에는 증권 제시자가 권리자가 아니라 하더라도 면책이 된다는 것은 '면책증권성'을 말한다.

보험증권의 법적 성질

요식증권성	• 그 요식성은 어음, 수표에 있어서와 같이 엄격한 것은 아님 • 증권에 법정사항의 기재를 생략하여도 보험증권의 효력에 영향이 없음 • 보험계약은 불요식이지만, 보험증권은 요식증권임
증거증권성	증권의 기재가 계약성립, 내용에 대한 추정력 갖지만 확정적 유효는 아님
면책증권성	고의 · 중과실 없는 한 증권제시자에게 보험금 지급 시 보험자책임을 면함
유가증권성	해상 · 적하보험에서만 제한적으로 인정된다는 일부긍정설이 통설

35 다음 중 보험증권에 대한 설명으로 옳지 않은 것은?

① 보험증권은 증거증권에 불과해 보험계약당사자의 의사와 계약체결 전후의 사정을 고려해 보험계약의 내용을 인정할 수 있다.
② 보험계약 당사자는 보험증권 교부가 있은 날로부터 일정한 기간 내에 한하여 증권 내용의 정부(正否)에 관한 이의를 제기할 수 있다.
③ 기존 보험계약을 연장하거나 변경하는 경우 보험자는 기존 보험증권에 그 사실을 기재함으로써 보험증권의 교부를 갈음할 수 있다.
④ 상법상 보험자는 보험계약이 성립한 경우 최초 보험료의 수령 여부와 관계없이 보험계약자에게 보험증권을 지체 없이 교부해야 한다.

해설 | 보험계약자가 보험료의 전부 또는 최초의 보험료를 지급하지 않은 경우 보험증권교부의무가 <u>면제된다</u>.

PART
01

PART
02

PART
03

PART
04

PART
05

PART
06

PART
07

36 다음은 약관에 대한 설명이다. 옳지 않은 것은?

① 보통보험약관에 보충적으로 세부적인 약관을 필요로 할 때 특별보통보험약관을 이용한다.

② 보통보험약관의 내용을 변경·추가 또는 배제하는 약정을 할 때 특별보험약관을 이용한다.

③ 해상보험, 운송보험 등 기업보험에 주로 활용되는 보험약관은 특별보험약관이다.

④ 약관의 구속력에 대한 학설은 우리나라 판례의 경우 규범설을 택하고 있다.

해설 | 약관의 구속력에 대한 학설은 우리나라 판례의 경우 <u>의사설(계약설)</u>을 택하고 있다.

약관의 구속력에 대한 학설

의사설(계약설)	규범설
계약당사자 간에 약관을 계약내용으로 한다는 합의를 한 것이므로 구속력이 있다고 보는 견해	약관은 관청의 감독을 받으며 그 자체로 규범이므로, 약관 내용을 몰랐어도 당사자를 구속한다는 견해

37 다음은 보험약관의 이해도 평가에 대한 내용이다. 옳지 않은 것은?

① 금융위원회는 평가대행기관을 지정할 수 있다.

② 현재의 평가대행기관은 보험연수원이다.

③ 연 2회 이상 평가대행기관의 홈페이지에 평가 결과를 공시해야 한다

④ 평가방법은 보험종목별 대표상품을 선정하여 '명확성, 평이성, 간결성'을 평가한다.

해설 | 현재의 평가대행기관은 <u>보험개발원</u>이다.

38 다음은 약관의 교부·설명의무에 대한 설명이다. 적절하지 않은 것은?

① 이행시기는 생명보험약관에 '계약청약 시'로 규정하였다.

② 약관의 교부·설명의무의 입증책임자는 보험자이다.

③ 가입자가 이미 잘 알고 있는 사항일지라도 이행해야 한다.

④ 위반 시 계약자는 보험계약이 성립한 날로부터 3개월 이내에 그 계약을 취소할 수 있다.

해설 | 가입자가 이미 잘 알고 있는 사항은 설명하지 않아도 된다.
약관의 교부·설명의무에서 설명하지 않아도 되는 내용
• 가입자가 이미 잘 알고 있는 사항
• 거래상 일반적으로 널리 알려진 사항
• 설명을 하였더라도 보험계약이 체결되었으리라고 인정되는 사항
• 이미 법령에 의해 정하여진 사항

39 다음 중 보험증권 문언 내용이 상호 모순, 충돌하는 경우에 그 해석과 적용의 효력이 우선하는 순서 대로 나열한 것은?

① 인쇄 문언 → 타자 및 스탬프 문언 → 수기 문언
② 타자 및 스탬프 문언 → 수기 문언 → 인쇄 문언
③ 수기 문언 → 타자 및 스탬프 문언 → 인쇄 문언
④ 수기 문언 → 인쇄 문언 → 타자 및 스탬프 문언

해설 | 수기 문언이 인쇄 문언에 우선하고, 인쇄된 문언 간에는 첨가된 문언이 우선한다.

PART
01

40 보험증권 해석의 주요한 일반 원칙들 가운데 아래 두 가지 설명에 적합한 해석원칙의 명칭이 바르게 짝지어진 것은?

> • (가) : 보험증권의 해석원칙 중에서 가장 기본이 되는 원칙으로서, 이와 같은 기본원칙에 대하여 다른 모든 해석원칙은 이를 확인하기 위한 보조원칙에 불과하다.
> • (나) : 보험증권의 해석에 관한 일반적인 모든 원칙을 적용한 후에도 보험증권에 관하여 아직도 애매한 문제가 존재하는 경우 최종적으로 적용되는 해석원칙이다.

	(가)	(나)
①	합리적인 해석의 원칙	문맥에 의한 의미제한의 원칙
②	계약당사자 의사 우선의 원칙	문서작성자 불이익의 원칙
③	보험증권 전체로서의 해석	원칙통상적 의미의 원칙
④	수기문언 우선의 원칙	계약당사자 의사 우선의 원칙

해설 | 약관규제법상의 원칙

개별약정 우선의 원칙	사업자와 고객이 달리 합의한 사항은 약관에 우선한다.
신의성실의 원칙	약관은 신의성실에 따라 공정하게 해석되어야 한다.
통일적 해석의 원칙	고객에 따라 다르게 해석되어서는 아니 된다.
작성자 불이익의 원칙	불명확한 경우 고객에게 유리하게 해석된다(→ 최종적 해석원칙).

PART 02
PART 03
PART 04
PART 05
PART 06
PART 07

정답 36 ④ 37 ② 38 ③ 39 ③ 40 ②

41 다음은 금융위원회에 대한 설명이다. 적절하지 않은 것은?

① 국무총리 산하의 합의체 의결기관으로서 9인으로 구성되어 있다.

② 3인 이상의 위원의 요구가 있거나 또는 위원장이 단독으로 회의를 소집할 수 있다.

③ 금융위의 의결은 재적위원 과반수의 출석과 출석위원 과반수의 찬성으로 의결한다.

④ 금융위원회의 소관사무에는 금융에 관한 정책 및 제도에 관한 사항, 금융업에 대한 인허가에 관한 사항, 자본시장의 불공정거래조사 등이 있다.

해설 | 금융에 관한 정책 및 제도에 관한 사항, 금융업에 대한 인허가에 관한 사항은 금융위원회의 소관사무이지만 자본시장의 불공정거래조사는 <u>증권선물위원회</u>의 소관업무이다.

42 다음은 금융감독원 내에 설치되는 금융분쟁조정위원회에 대한 설명이다. 옳지 않은 것은?

① 금융감독원장은 분쟁조정의 신청을 받은 때에는 관계당사자에게 그 내용을 통지하고 합의권고를 할 수 있다.

② 금융감독원장은 분쟁조정의 신청을 받은 날로부터 30일 이내에 조정위원회에 회부해야 하며, 조정위원회는 회부받은 날로부터 60일 이내에 이를 심의하여 조정안을 작성해야 한다.

③ 조정위원회의 회의는 조정위원회 위원장이 소집하며, 조정위원장이 지명하는 7인 이상 11인 이하의 조정위원회 회원으로 구성한다.

④ 당사자가 조정안을 수락할 경우 당해 조정안은 재판상의 화해를 지니는데, 당사자 중 일방은 추후에 조정안에 불복하는 소송제기를 할 수 없음을 의미한다.

해설 | 조정위원회의 회의는 조정위원회 위원장이 소집하며, 조정위원장이 지명하는 <u>6인 이상 10인</u> 이하의 조정위원회 회원으로 구성한다.

43 다음 중 금융위원회의 소관사무에 해당하지 않는 것은?

① 금융에 관한 정책 및 제도에 관한 사항

② 금융기관 감독 및 검사, 제재에 관한 사항

③ 기업회계의 기준 및 회계감리에 관한 업무

④ 자본시장의 관리, 감독 및 감시 등에 관한 사항

해설 | 기업회계의 기준 및 회계감리에 관한 업무는 증권선물위원회의 소관사무이다.

금융위원회와 증권선물위원회의 소관사무

금융위원회	증권선물위원회
• 금융정책 및 제도에 관한 사항 • 금융기관 설립, 합병 등의 인허가에 관한 사항 • 자본시장 관리·감독에 관한 사항 • 금융기관 감독·검사·제재에 관한 사항	• 자본시장의 불공정거래 조사 • 기업회계기준, 회계감리에 관한 업무 • 금융위 소관 사무인 시장 관리·감독에 대한 사전심의 • 금융위로부터 위임받은 업무

44 다음은 금융위원회 등에 관한 설명이다. 옳지 않은 것은?

① 금융위원회는 국무총리 산하의 회의체 행정기관이며, 9명의 위원으로 구성된다.
② 자본시장의 불공정거래 조사 및 금융기관의 업무 및 재산상황에 대한 검사는 증권선물위원회의 업무이다.
③ 금융분쟁조정위원회의 조정안을 수락하는 경우 재판상 화해의 효력이 발생하며, 이후는 어떠한 경우에도 법적 다툼은 할 수 없다.
④ 금융위원회는 상호협정의 체결, 변경 또는 폐지를 명하거나 그 협정에 따를 것을 명하려면 미리 공정거래위원회와 협의해야 한다.

해설 | 자본시장의 불공정거래 조사는 증권선물위원회의, 금융기관의 업무 및 재산상황에 대한 검사는 금융감독원의 업무이다.

45 다음은 상호협정에 대한 설명이다. 옳지 않은 것은?

① 상호협정을 체결할 경우 금융위의 사전 인가를 받아야 한다.
② 타 보험사와 공동의 업무를 진행하기 위해 타 보험사와 체결하는 협정을 말한다.
③ 현재 시행 중인 보험사 간의 상호협정은 생명보험보다 손해보험사가 더 많다.
④ 금융위는 상호협정의 체결, 변경 및 폐지의 인가를 내거나 협정에 따를 것을 명하려면 보험조사협의회와 협의해야 한다.

해설 | 공정거래위원회와 협의해야 한다.

PART
01

PART
02

PART
03

PART
04

PART
05

PART
06

PART
07

정답 ▶ 41 ④ 42 ③ 43 ③ 44 ② 45 ④

46 보험업법의 규정이나 명령을 위반하는 경우 금융위원회가 보험회사에 취할 수 있는 제재에 해당하지 않는 것은 어느 것인가?

① 6개월 이내의 영업의 전부정지

② 회사에 대한 주의 또는 경고

③ 임직원에 대한 주의, 경고, 문책의 요구

④ 위반명령에 대한 시정명령

해설 | 6개월 이내의 영업의 일부정지 명령이다. 6개월 이내의 영업의 전부정지의 명령은 '보험업법의 규정위반'보다 더 엄중한 위반에 해당하는 <u>부정한 방법으로 보험업허가를 받은 경우</u>'에 해당한다.

금융위원회의 금융회사에 대한 제재

보험업법 등의 규정명령지시를 위반한 경우	부정한 방법으로 보험업의 허가를 받은 경우
• 6개월 이내의 영업의 일부정지 • 해당 위반행위에 대한 시정명령 • 임원의 해임권고 · 직무정지 • 회사에 대한 주의 · 경고 또는 그 임직원에 대한 주의 · 경고 · 문책의 요구 → <u>금융감독원장의 업무</u>	• 6개월 이내의 영업의 전부정지 • 청문을 거쳐 보험업의 허가를 취소

47 다음은 손해보험계약의 제3자 보호에 관한 내용이다. 빈칸에 들어갈 내용은 무엇인가?

> 손해보험회사는 (   )로부터 출연금 납부통보를 받은 날로부터 (   ) 이내에 출연금을 납부해야 한다.

① 손해보험협회, 1개월　　　　　　　② 손해보험협회, 2개월

③ 금융감독원, 1개월　　　　　　　　④ 금융감독원, 2개월

해설 | 손해보험회사는 <u>손해보험협회</u>로부터 납부통보를 받은 날로부터 <u>1개월</u> 이내에 해당 출연금을 <u>손해보험협회</u>에 납부해야 한다(금융감독원이 아님에 유의).

48 손해보험회사는 보험계약의 제3자가 보험사고로 입은 손해에 대한 보험금의 지급을 보험업법이 정하는 바에 따라 보장해야 한다. 다음 중 보장 대상 손해보험계약이 아닌 것은?

① 가스사고배상책임보험　　　　　　② 의무보험인 자동차보험

③ 임의보험인 자동차보험　　　　　　④ 법인이 계약자인 손해보험계약

해설 | 손해보험회사의 제3자에 대한 보험금지급보장의무를 말한다. 법령에 따라 <u>가입이 강제되는 손해보험계약</u>(자동차보험은 임의보험도 포함)을 대상으로 한다. 단, <u>법인</u>을 보험계약자로 하는 손해보험계약은 <u>제외</u>된다.

49 다음은 보험 관련 기관의 역할에 대한 설명이다. 옳지 않은 것은?

① 보험상품공시위원회은 보험협회가 실시하는 보험상품의 비교, 공시에 관한 중요사항을 심의 · 의결하는 기관이다.

② 보험조사협의회는 금융위원회의 보험조사업무를 효율적으로 수행하기 위해 보건복지부, 금융 감독원, 생보협회장, 손보협회장, 보험개발원장 등으로 구성된 기관이다.

③ 보험연수원은 보험회사 상호 간의 업무질서를 유지하고 보험업의 발전에 기여하기 위한 사단법 인이며, 보험상품의 비교공시 업무 등을 수행하는 기관이다.

④ 보험개발원은 보험회사가 적용할 수 있는 순보험요율을 산출하여 금융위원회에 신고하는 민법 상 사단법인이다.

해설 | <u>보험협회</u>는 보험회사 상호 간의 업무질서를 유지하고 보험업의 발전에 기여하기 위한 사단법인이며, 보험상품 의 비교공시 업무 등을 수행하는 기관이다.

PART 01

PART 02

PART 03

PART 04

PART 05

PART 06

PART 07

50 다음 중 보험료산출기관의 업무에 속하지 않는 것은?

① 순보험요율의 산출, 검증 및 제공

② 보험상품의 비교, 공시 업무

③ 보험 관련 정보의 수집, 제공 및 통계의 작성

④ 보험에 대한 조사, 연구

해설 | 보험상품의 비교, 공시 업무는 보험협회의 업무이다. 보험협회의 업무는 다음과 같다.
- 보험사 간의 건전한 업무질서의 유지
- 보험상품의 비교, 공시 업무
- 보험설계사나 보험대리점의 금융위 등록 업무

정답 46 ① 47 ① 48 ④ 49 ③ 50 ②

MEMO

PART **02**

보험법

보험계약법

보험계약 개요

1. 보험계약의 성립

(1) 보험계약의 성립

① 낙성계약으로서 보험계약자의 청약과 보험자의 승낙에 의해 성립한다.

② 보험자의 승낙만 있으면 계약이 성립하므로 '최초보험료 지급이나 보험증권의 교부' 등은 계약성립 요건이 아니다(불요식).

(2) 청약철회

① 소비자가 일정 기간 내에 손해배상책임 없이 계약을 취소할 수 있는 권리이다.

② '보험증권을 교부한 날로부터 15일 이내'에 아무 조건 없이 청약을 철회할 수 있다. 다만, 청약일로부터 30일이 경과하면 청약철회를 할 수 없다.

③ 청약철회 시 3일 내로 납입보험료를 전액 반환해야 하며, 3일 초과 시 이자를 가산하여 반환해야 한다.

(3) 낙부의 통지

① 보험청약 · 최초보험료의 지급 → 30일 내 낙부의 통지를 해야 한다.

② 보험자가 30일 내에 낙부의 통지를 게을리한 때에는 승낙한 것으로 본다(→ 승낙의제).

③ 보험계약법에서 낙부의 통지는 발송주의를 택하고 있다(발송기준을 적용함).

※ 예시 : 30일째 되는 날에 보험자가 거절통보를 하고 31일째 되는 날에 보험계약자에게 도달이 되는 경우에는 낙부의 통지를 한 것이므로 승낙의제가 되지 않는다.

(4) 승낙 전 보험사고

① 보험청약 · 최초보험료를 지급받은 경우 승낙 전 보험사고 발생 시 보험자는 그 청약을 거절할 사유가 없는 한 보험계약상의 책임을 진다.

② 승낙 전 사고에 대한 보험자책임은 계약의 성립을 요건으로 발생하는 책임이 아니므로 '계약상의 책임'이 아니라 '법정책임'이다.

③ 승낙 전 사고에 대한 보험금지급 발생요건

  ㉠ 보험계약의 청약이 유효해야 함

ⓛ 보험료의 전부 또는 일부(초회보험료)가 지급되었어야 함

ⓒ 보험자가 청약을 거절할 사유가 없었어야 함

ⓔ 인보험의 진단계약의 경우 진단을 받았어야 함

④ 보험계약 부활의 경우에도 승낙 전 보험사고의 규정이 준용된다. 즉, 부활승낙 전 사고가 발생하면 보험자가 부활청구를 거절할 사유가 없는 한 보험금지급책임을 진다.

2. 타인을 위한 보험

(1) 의의

보험계약자와 보험금을 수령하는 자(인보험보험수익자, 손해보험피보험자)가 다른 경우 '타인을 위한 보험'이라 한다.

자기를 위한 보험계약	보험계약자와 보험금청구권자가 동일한 계약
타인를 위한 보험계약	보험계약자와 보험금청구권자가 서로 다른 계약
자기의 생명의보험계약	보험계약자와 보험금청구권자가 동일한 인보험계약
타인의 생명의 보험계약	보험계약자와 보험금청구권자가 서로 다른 인보험계약

(2) 타인을 위한 보험의 성립요건('타인의 생명보험'보다 요건이 완화됨)

① 계약당사자 간 타인을 위한 보험계약인 것에 대한 의사의 합치가 있어야 한다. → 그러나 '합치(합의)'는 묵시적이라도 무방한데, 이는 보험계약을 체결하는 시점에서 타인(피보험자 또는 보험수익자)의 존재를 추정할 수 있으면 보험계약 성립이 가능함을 말한다.

② 타인을 확정하는 것은 계약 성립 전은 물론, 계약 성립 후 보험사고 발생 전에 정해도 무방하다. → 보험계약체결 시점에서는 타인의 존재 자체를 추정할 수 있으면 되고, 타인을 확정하는 것은 보험사고 발생 전까지 확정하면 된다.

③ 타인은 반드시 구체적으로 명시하지 않아도 되며, 피보험자나 보험수익자와의 관계로 표시해도 무방하다.

④ 불특정의 타인을 위한 보험도 성립한다(보험수익자를 특정인이 아닌 '법정상속인'으로 하는 경우).

(3) 보험계약체결 시 타인의 위임여부

① 보험계약자가 그 계약체결에 관한 권한을 타인으로부터 위임을 받았는가 아닌가는 묻지 않는다.

> **참고** '타인을 위한 보험' VS '타인의 생명보험'
>
> 피보험자가 타인인 사망보험계약에서는 타인의 서면동의 없이는 보험계약체결이 불가하므로 '타인을 위한 보험'은 '타인의 생명보험'에 비해 보험계약체결이 용이하다.

② 손해보험계약의 경우 타인의 위임이 없을 경우 보험계약자가 이를 보험자에게 고지하여야 하고 고지하지 않는다면 타인의 보험자에 대항력은 인정되지 않는다.

PART 01
PART 02
PART 03
PART 04
PART 05
PART 06
PART 07

(4) 타인을 위한 보험계약의 해지권

① 보험사고가 발생하기 전에 보험계약자는 <u>언제든지</u> 계약을 해지할 수 있다.

② 타인을 위한 보험계약에서는 보험계약자가 <u>타인의 동의를 얻지 못하거나 보험증권을 소지하지 못하면</u> 해당 계약을 해지할 수 <u>없다</u>.

(5) 보험계약자 · 피보험자 · 보험수익자의 지위

보험계약자	의무	보험료지급의무, 고지의무, 통지의무, 위험유지의무, 손해방지의무
	권리	보험계약해지권, 보험료반환청구권, 보험료감액청구권, 보험증권교부청구권
피보험자 · 보험수익자	의무	고지의무, 위험유지의무, 보험사고발생 시 통지의무, 손해방지의무, 보험료지급의무(예외적)
	권리	보험금지급청구권

① 보험계약해지권 : 타인을 위한 보험계약을 해지하기 위해서는 '<u>타인의 동의를 받거나, 보험증권을 소지하고 있어야</u>' 가능하다.

② 고지의무는 상법상 '보험계약자와 피보험자 또는 이들의 대리인'에게 부과한다.

③ 위험유지의무는 상법상 '보험계약자, 피보험자'뿐만 아니라 '<u>보험수익자</u>'에게도 부과한다.

④ 손해방지의무는 원칙적으로 손해보험계약에만 해당한다.

3. 소급보험

(1) 의의

계약 전의 어느 시기(時期)를 보험기간의 시기(始期)로 하는 보험계약을 체결할 수 있다(상법 제643조).

(2) 효과

① 소급보험은 계약 성립을 전제로, 청약 전 사고에 대하여, <u>주관적 무지의 요건을 충족할 때</u> 보험자가 책임을 진다.

② 주관적 무지는 '<u>청약 전 사고에 대해서 당사자 쌍방과 피보험자가 이를 모르고 있을 경우</u>'를 말하며, 이 경우는 보험사고가 청약 전에 이미 발생하였음에도 불구하고 보험계약이 성립한다.

(3) 효용

통신기술이 발전되지 않았던 과거에 <u>해상보험의 경우</u> 계약체결 시점에서 보험사고 여부를 확인할 수 없으므로 'lost or not lost(멸실여부를 불문하고)'의 조건으로 약정하게 되었다. → 현재 거의 이론상의 보험으로 사장된 보험이며, 전문직업배상책임보험에서 주로 활용된다.

(4) 소급보험 VS 승낙 전 사고책임 비교

소급보험의 보험사고(계약상책임)	승낙 전 보험사고(법정책임)
• 계약성립을 전제로 청약 전 사고를 보상 • 계약성립을 전제로 소급책임 발생 • 이미 발생 사고는 주관적 무지를 요건으로 보상	• 청약이후 책임개시 • 계약성립(승낙) 전 사고로 담보 • 이미 발생한 사고는 무효

01 보험자의 승낙만 있으면 계약이 성립하므로 '<u>최초보험료 지급이나 보험증권의 교부</u>' 등은 계약성립요 건이 아니다.

02 보험자가 <u>30일</u> 이내에 낙부의 통지를 발송하지 않은 경우는 보험 계약이 승낙된 것으로 <u>간주</u>한다.

03 보험증권을 받은 날로부터 <u>30일</u> 이내에 아무런 조건 없이 청약을 <u>철회</u>할 수 있다.

04 승낙 전 보험사고에 대한 보험자책임은 아직 계약이 성립되기 전이므로 법정책임에 해당한다.

05 부활청구 후 30일 이내에 낙부의 통지가 없는 가운데 보험사고가 발생하였다면 <u>승낙 전 보험사고의 규정</u>을 준용하여 보험금을 지급한다.

06 '보험계약자가 남편, 피보험자 부인, 보험수익자 남편'인 경우 보험계약은 '<u>타인의 생명보험 계약</u>'이고, '보험계약자가 남편, 피보험자 남편, 보험수익자 부인'인 경우 보험계약은 '<u>타인을 위한 보험계약</u>'이다.

07 '보험계약자가 남편, 피보험자 부인'인 손해보험계약은 '<u>타인을 위한 보험</u>'이다.

08 '타인을 위한 계약'을 체결하기 위해서는 피보험자의 <u>서면동의</u>로 계약체결이 가능하다.

09 '타인을 위한 계약'을 체결하기 위해서는 타인(피보험자)의 존재는 <u>계약성립 후 보험사고 전까지</u> 정해도 된다.

10 타인의 위임이 없이 타인을 위한 보험계약을 체결할 때, 이를 고지하지 않는다면 보험계약이 <u>해지되지 는 않지만</u>, 보험사에 대한 타인의 대항력이 인정되지 않는다.

11 타인을 위한 보험계약은 보험계약자가 <u>타인의 동의를 받지 못하거나 보험증권을 소지하지 못하면</u> 해 당 계약을 해지할 수 없다.

12 고지의무는 <u>보험계약자, 피보험자</u>에게 부과되고, 위험유지의무는 <u>보험계약자, 피보험자, 보험수익자</u> 에게 부과된다.

13 소급보험은 청약 전에 사고가 이미 발생하였다 해도 계약관련자들이 이를 알지 못할 경우에는 보험계 약이 성립하는데 이를 <u>주관적 우연성의 요건</u>이라 한다.

14 'Lost or not lost'는 청약시점에서 보험목적의 멸실여부를 불문하고 <u>보험계약이 성립</u>될 수 있음을 말 하는 것이다.

15 소급보험은 <u>계약 성립을 전제로 청약 전 사고를 보상</u>하지만, 승낙 전 보험사고는 보험계약 성립 전의 사고를 보상한다.

오답노트

03 보험증권을 받은 날로부터 15일 이내에 아무런 조건 없이 청약을 철회할 수 있다.

08 '타인을 위한 계약'을 체결하기 위해서는 피보험자의 묵시적 합의만으로도 계약이 체결이 가능하다.

1. 특별위험소멸 시 보험료감액청구

① 보험계약의 당사자가 특별한 위험을 예기하여 보험료를 정한 경우에 보험기간 중 그 예기한 위험이 소멸한 때에는, 보험계약자는 이후의 보험료감액을 청구할 수 있다.

② 보험료감액은 '보험료불가분의 원칙'에 따라 보험료기간(보험료산출의 기본단위)이 끝난 후의 장래의 기간에 대해서만 청구가 가능하다.

2. 보험사고와 보험계약의 해지

(1) 보험사고의 의의

보험계약에서 보험자의 보험금지급 책임을 구체화시키는 우연한 사고를 말한다.

(2) 보험사고의 요건 **알기** 우발특대

> • 보험사고는 우연해야 함
> • 보험사고는 발생가능성이 있는 것이어야 함
> • 보험사고는 사고 범위가 특정되어야 함
> • 보험사고는 대상이 있어야 함

※ 보험사고의 요건으로 적법성을 들기도 하나, 보험사고 자체가 적법해야 하는 것은 아니며 피보험이익이 법의 보호를 받을 수 있으면 된다.

(3) 우연성에 대한 예외

① 보증보험의 경우 보험계약자(채무자)의 고의사고의 경우에도 피보험자(채권자)에게 보험금이 지급될 수 있다.

② 생명보험의 경우 일정기간(약관상 2년)이 경과한 후의 자살에 대해서 일반사망보험금을 지급한다. 단, 일정기간이 경과하지 않더라도 자유로운 의사결정을 할 수 없는 상태에서의 자살은 보험금이 지급된다.

(4) 보험사고의 규정방식

열거위험방식	• 약관에 열거한 위험에 대해 보상하는 방식 • 화재보험, 도난보험 등
포괄위험방식	• 약관에 열거한 면책위험을 제외하고 모두 보상하는 방식 • 상해보험, 자동차보험, 근재보험
절충담보방식	• 약관상 담보위험을 열거한 후 마지막에 기타 우연한 사고를 담보한다고 규정하는 방식 • 기계보험, 건설공사보험 등

(5) 보험사고 후의 보험계약 해지

사고발생 전	사고발생 전의 경우는 언제든지	해지 가능
	타인을 위한 보험계약의 경우는 타인의 동의를 얻지 아니하거나 보험증권을 소지하지 아니하면	해지 불가능
사고발생 후	보험가입금액이 복원되는 보험의 경우	해지 가능
	보험가입금액이 감액되는 보험의 경우	해지 불가능

> **참고**   **보험계약해지**
>
> 보험가입금액이 복원되는 보험의 경우 해지는 가능하다. 단, 미경과보험료의 반환은 없기 때문에 해지의 실익이 없다.

3. 보험료지급과 지체의 효과

(1) 최초보험료 및 계속보험료 부지급

최초보험료 부지급	• 보험계약자는 계약체결 후 지체 없이 보험료의 전부 또는 제1회 보험료를 납부해야 함 • 보험계약체결 후 2개월 동안 제1회 보험료가 납입되지 않으면 계약은 해제됨
계속보험료 부지급	• 계속보험료(제1회 보험료 이후의 보험료)가 약정한 시기에 지급되지 않은 경우, 보험자는 일정기간을 정하여 보험계약자에게 최고하고 최고기간 내에 계속보험료가 지급되지 않으면 계약을 해지할 수 있음 → 해지가 되면 계약은 실효됨 • 계속보험료의 2회 이상 보험료 부지급으로 계약이 효력을 잃은 것을 '실효약관'이라고 함

(2) 보험계약의 해제 및 해지

① 해제는 보험자의 일방적인 의사표시로 처음부터 보험계약이 존재하지 않았던 것으로 만드는 법률행위이다.

② '해제의제'의 인정 : 보험계약체결 후 2개월 동안 최초보험료의 납부가 없을 경우 그 계약은 해제된 것으로 본다.

③ 해지는 장래에 한하여 계약의 효력을 상실시키는 법률행위이다.

4. 보험계약의 실효와 부활

(1) 실효

실효는 장래에 한하여 계약의 효력이 소멸되는 상태를 말한다.

보험계약자에 의한 실효	• 임의해지 : 보험사고 발생 전에는 언제든지 계약을 해지할 수 있음 • 보험자 파산 시 계약자에 의한 해지 : 보험자 파산 후 3개월 내로 보험계약자는 계약을 해지할 수 있음
보험자에 의한 실효	• 계속보험의 부지급 : 계속보험료를 2회 이상 납입하지 않은 경우 • 고지의무 위반 • 위험의 현저한 변경 · 증가 시 : 통지의무 이행 또는 통지의무 위반 • 고의 또는 중과실로 위험이 현저하게 변경 · 증가된 경우 : 위험유지의무 위반이 됨

PART 01
PART 02
PART 03
PART 04
PART 05
PART 06
PART 07

(2) 보험계약의 부활

① 인정이유 : 보험계약자가 새로운 계약 체결 시 부가보험료 발생, 연령 증가로 보험료가 증가하거나 가입 자체가 어려울 수 있다.

② 부활요건

> • 계속보험료의 부지급으로 인한 해지계약이어야 함 → 고지의무 위반 등으로 해지된 계약은 부활할 수 없음
> • 해지환급금이 지급되지 않은 상태이어야 함
> • 보험계약자의 청구와 보험자의 승낙이 있어야 함 → 부활청구일로부터 30일 내로 보험자가 승낙하지 않으면 승낙의제로 간주됨

③ 부활 전 사고에 대한 보상책임 : 승낙 전 보험사고의 규정을 준용한다. 즉, 부활을 거절할 사유가 없는 한 보험자가 보상책임을 진다.

④ 부활계약의 고지의무 : 보험계약자는 고지의무를 새롭게 부담한다.

(3) 계약순연부활제도

① 인정이유 : '연체보험료와 약정이자'의 납입 없이 실효된 기간만큼 보험기간을 늦추어 계약을 부활하는 제도로, 이는 연체보험료의 부담을 경감시켜 보험계약자의 부담을 덜고 보험자도 계약유지를 더 용이하게 할 수 있다는 장점이 있다.

② 계약순연부활제도를 적용할 수 없는 계약 (암기) 이과가세

> • 이미 보험금지급 사유가 발생한 계약
> • 과거에 계약순연부활을 한 계약
> • 순연된 계약일 시점에서 순연 후 계약의 가입이 불가능한 계약
> • 세제관련계약으로 계약의 순연으로 각종 세제혜택 대상에서 제외되는 계약

01 보험계약자는 계약체결 후 지체 없이 보험료의 전부 또는 제1회 보험료를 지급해야 하며, 보험계약자가 이를 지급하지 아니하는 경우에는 다른 약정이 없는 한 계약이 성립 후 <u>2개월</u>이 경과하면 그 계약은 <u>해제</u>된 것으로 본다(상법 제650조).

02 최초보험료의 부지급으로 계약은 해제될 수 있으며, 계속보험료의 부지급으로 계약은 <u>해지</u>될 수 있다.

03 유효하게 성립된 보험계약이 <u>해지</u>라는 법률적 행위를 통해 보험계약의 효력이 장래에 한하여 상실되는 것을 <u>실효</u>라고 한다.

04 계속보험료를 최고기간까지 보험계약자가 납입하지 않을 경우에는 보험자가 <u>해지</u>할 수 있으며, 이 경우 보험계약의 효력은 <u>장래에 한하여</u> 소멸된다.

05 고지의무 위반은 보험자의 <u>해지사유</u>이며, 고지의무로 해지된 계약은 <u>부활신청을 할 수 없다</u>.

06 부활청구일로부터 <u>15일</u> 이내로 보험자의 승낙이 없으면 부활 승낙으로 간주된다.

07 이미 부활한 계약은 계약순연부활과 달리 추가적인 <u>부활청구를 할 수 있다</u>.

08 부활청약 시 고지의무는 <u>면제된다</u>.

오답노트

06 부활청구일로부터 30일 이내로 보험자의 승낙이 없으면 부활 승낙으로 간주된다.

08 부활청약 시 고지의무는 신계약에 준하여 새롭게 부과된다.

1. 고지의무

(1) 고지의무와 통지의무의 의의

보험계약 체결 전(→ 고지의무)	보험계약 체결 후(→ 통지의무)
보험계약체결 시 중요한 사항을 고지하여야 하고, 고의 또는 중과실로 불고지 또는 부실고지를 하지 말아야 할 의무(상법 제651조)	위험이 현저하게 변경·증가된 경우 지체없이 보험자에게 통지를 하여야 할 의무(상법 제651조)

(2) 고지의무의 법적성질

고지의무를 이행하지 않으면 보험자가 계약을 해지할 수 있으므로, 이에 대한 불이익을 받지 않기 위한 보험계약자의 자기의무이다(즉, 고지의무는 손해배상의무가 아니라 자기의무 또는 간접의무).

(3) 고지의무의 당사자

고지의무자	고지수령자
보험계약자, 피보험자 및 이들의 대리인 (보험수익자는 고지의무자가 아님)	보험자, 보험대리점, 인보험의 보험의 (보험설계사, 보험중개사는 고지수령자 아님)

(4) 고지의무의 내용

① 고지의 시기		고지의무는 '계약성립 시까지' 이행해야 함
② 고지의 방법		방법제한이 없으며 서면 또는 구두 모두 가능
③ 고지사항	중요한 사항	보험인수여부와 보험요율을 결정함에 영향을 미칠 만한 사실
	중요사항의 추정	청약서상의 질문사항은 중요한 사항으로 추정

④ 간주와 추정의 구분

간주(의제)규정	추정규정
• 신계약 또는 부활계약 청약 시의 '30일 승낙의제'(상법 제638조의2) • 보험목적양도 시 자동차보험의 사후승인에서 '10일 승낙의제'(상법 제726조의4)	• 청약서상의 질문사항은 고지의무상의 '중요한 사항'으로 추정(상법 제651조의2) • 보험목적양도 시 권리와 의무는 양수인에게 포괄승계하는 것으로 추정(상법 제679조)

(5) 고지의무 위반의 요건

계약성립 시 아래 요건을 둘 다 갖추어야 한다.

객관적 요건	주관적 요건
중요한 사실에 관한 고지의무자의 불고지 또는 부실고지가 있어야 함	불고지 또는 부실고지가 고의 또는 중과실로 인한 것이어야 함

결론적으로, 계약자 또는 피보험자의 '고의나 중과실로 인한 불고지 또는 부실고지'가 있어야 한다.

- 고의로 인한 불고지나 부실고지 : 고지를 해야 한다는 당위성을 인식하면서도 묵비를 하거나 허위진술을 하는 경우
- 중과실로 인한 불고지나 부실고지 : 현저한 부주의로 고지대상의 중요성을 인식하지 못하거나 잘못 판단한 경우

(6) 고지의무 위반의 효과

① 해지권의 행사
  ㉠ 고지의무 위반이 있으면 보험자는 보험계약을 해지할 수 있음(이 해지권은 형성권으로 보험자는 보험계약자나 그 대리인에게 <u>일방적인 의사표시</u>로 행사)
  ㉡ 보험자의 계약해지권은 '고지의무의 위반사실을 안 때'로부터 행사가 가능하며, 보험사고의 발생 전후를 불문함(해지권의 특칙 적용)

② <u>해지권의 특칙</u>(상법 제655조, 계약해지와 보험금청구권)
  ㉠ 해지는 장래에 한해서 그 효력을 상실시키는 것이며, 따라서 보험자의 보상책임은 해지행사 이후부터 면하게 됨. 이것이 고지의무 위반으로 인한 해지에도 적용된다면, 계약의 해지 전에 발생한 <u>고지의무 위반 사고에 대해서도 보험자가 보상을 해야</u> 하므로 문제가 발생함
  ㉡ 따라서, <u>보험계약자측의 보험료지급의무 위반, 고지의무 위반, 위험의 현저한 변경증가의 통지의무 위반, 고의중과실로 인한 위험의 현저한 변경 증가</u> 등으로 인한 보험사고 발생의 경우, 보험자의 보상책임을 소급하여 면제가 되도록 하는데, 이를 '<u>해지권의 특칙</u>'이라 함. 단, 해당 보험사고가 고지의무 위반과 관련이 없는 사고임을 피보험자가 입증할 경우는 보상을 함

③ 해지권의 제한 : 아래의 경우 고지의무 위반을 이유로 해지권을 행사할 수 없다.
  ㉠ 보험자가 계약체결 당시 고지의무 위반 사실을 <u>알았거나 중대한 과실로 알지 못한</u> 경우
  ㉡ 제척기간이 경과(상법 제651조) : 보험자가 고지의무 위반 사실을 <u>안 날로부터 1개월</u> 또는 <u>계약체결일로부터 3년</u>이 경과한 경우

④ 해지권의 포기 : 해지권은 형성권(명시적 또는 묵시적인 의사표시가 있어야 법률행위가 성립)이므로, 보험자의 판단에 의해 포기할 수도 있다.

(7) 고지의무 위반에 대한 학설

상법 단독적용설	• 상법만 단독으로 적용하는 경우 • 계약체결일로부터 <u>3년</u>까지 해지 가능(상법 제651조) • 보험계약자에게 유리
민법상 중복적용설	• 상법과 민법을 중복해서 적용하는 경우(대법원 판례) • 법률행위일로부터 10년까지 해지 가능(민법 제146조) • 보험자에게 유리
절충설	• 일반적으로 상법 적용, 사기의 경우 민법과 상법을 중복적용하는 경우 • 사기계약의 경우 '안 날로부터 5년 이내'에 계약취소가 가능 • 통설로 인정

PART
01

PART
02

PART
03

PART
04

PART
05

PART
06

PART
07

2. 통지의무

(1) 통지의무의 법적성질

① 고지의무와 마찬가지로 법률상 직접의무가 아닌 <u>간접의무</u>이다(손해배상의무를 부담하는 직접의 무가 아니라 보험금청구권을 유지하기 위한 간접의무).

② 통지의무 중에는 간접의무가 아닌 <u>진정의무</u>도 있다(→ <u>보험사고발생통지의무</u>는 직접적 의무인 진정의무이다).

(2) 위험의 현저한 변경 · 증가 시 통지의 시기, 방법 및 통지의무

통지의 시기		통지의무자가 사실을 안 때에는 지체 없이 통지해야 함
통지의 방법		방법제한이 없으며 서면 또는 구두 모두 가능함
통지의무	이행 시	통지일로부터 <u>1개월 이내</u>에 보험료의 증액을 청구하거나 <u>계약을 해지</u>할 수 있음(이행 시에도 보험계약 해지 가능함에 주의)
	위반 시	그 사실을 안 날로부터 <u>1개월 이내</u>로 계약을 해지할 수 있음

(3) 통지의무로 인한 계약해지 시 그 효과

고지의무 시 계약해지와 마찬가지로 '<u>해지권의 특칙</u>' 적용한다.

(4) 보험사고발생의 통지의무

① 의의 : 보험계약자, 피보험자, 보험수익자는 보험사고 발생을 안 때에는 지체 없이 보험자에게 그 통지를 발송하여야 한다.

② 법적성질 : 보험사고 발생의 통지의무는 보험금청구를 위한 전제조건이며 보험자에 대한 간접의 무가 아닌 <u>진정의무</u>이다.

② 통지의 시기와 방법 : 보험사고의 발생을 안 때에는 <u>지체 없이</u> 보험자에게 통지하여야 하며, 그 통지방법은 제한이 없으며 <u>구두나 서면을 구분하지 않는다</u>.

③ 사고발생통지의무 위반의 효과 : 사고발생통지를 게을리함으로써 손해가 증가된 경우에는 보험자 는 그 증가분에 대한 손해에 대해서는 면책이다.

(5) 기타의 통지의무

중복보험 또는 병존보험에서의 통지의무	이득금지원칙을 준수하기 위한 의무임
보험목적 양도 시의 통지의무	보험목적의 양도인 또는 양수인은 보험자에게 지체 없이 그 사실을 통지하여야 함
배상책임보험에서의 통지의무	피보험자가 제3자로부터 배상청구를 받았을 때 지체 없이 보험자에게 통지하여야 함
선박미확정의 적하예정보험에서의 통지의무	통지의무를 해태한 때 보험자는 그 사실을 안 날로부터 1개월 이내에 계약을 해지할 수 있음

3. 위험유지의무

(1) 위험의 현저한 변경·증가 시의 통지의무와 위험유지의무의 비교

구분	통지의무	위험유지의무
의의	위험이 현저하게 변경되거나 증가된 경우, 보험자에게 통지해야 할 의무	고의 또는 중과실로 위험이 현저하게 변경 또는 증가시키지 않을 의무
당사자	보험계약자, 피보험자	보험계약자, 피보험자, 보험수익자

(2) 위험유지의무 위반의 효과

보험자는 그 사실을 안 날로부터 1개월 이내에 보험료의 증액을 청구하거나 계약을 해지할 수 있다.

4. 통지의무위반의 효과

1개월 이내에 보험료 증액 또는 계약해지 ○	• 위험유지의무 위반 • 위험의 현저한 변경·증가 시의 통지의무 이행
1개월 이내에 계약해지 ○	• 위험의 현저한 변경·증가 시의 통지의무 불이행 • 보험목적양도 시의 통지의무 불이행 • 선박미확정의 적하예정보험에서의 통지의무 불이행
계약해지 × (암기) 중병사	• 중복보험에서의 통지의무 불이행 • 병존보험에서의 통지의무 불이행 • 사고발생의 통지의무 불이행

PART
01

PART
02

PART
03

PART
04

PART
05

PART
06

PART
07

01 보험사고가 발생하기 전이라면, <u>보험계약자</u>는 언제든지 계약을 해지할 수 있다.

02 보험계약자는 중요사항의 고지에 관하여, 보험계약 체결 전에는 <u>고지의무</u>, 계약체결 후에는 <u>통지의무</u>를 부담한다.

03 고지의무를 이행하지 않으면 보험자가 계약을 해지할 수 있으므로, 고지의무는 이에 대한 불이익을 받지 않기 위한 보험계약자의 <u>자기의무</u>이다. 즉, 고지의무는 손해배상의무가 아니라 <u>자기의무 또는 간접의무</u>이다.

04 <u>보험대리점</u>은 고지수령권자이고 보험설계사와 보험중개사는 고지수령권자는 아니다.

05 고지의무는 <u>계약의 성립 시</u>까지 이행해야 한다.

06 청약서상의 질문사항은 고지의무대상으로서 중요한 사항으로 <u>간주</u>한다.

07 고지의무 위반은 <u>객관적 요건과 주관적 요건</u>을 모두 충족해야 성립한다.

08 고지의무 위반으로 인한 해지의 경우 해지의 특칙이 적용되므로 보험자의 책임은 <u>소급해서 면제</u>된다.

09 해지권의 특칙이 적용되지 않는 경우는 <u>계속 보험료 부지급</u>으로 인한 해지의 경우이다.

10 보험자가 고지의무 위반 사실을 안 날로부터 <u>1개월</u>, 또는 계약체결일로부터 <u>3년</u>이 경과한 경우는 해당 계약을 해지할 수 없다.

11 고지의무 위반에 대한 상법, 민법의 적용여부에 따른 3가지 학설 중 보험계약자에게 제일 유리한 것은 <u>상법 단독적용설</u>이며, 통설로 인정되는 것은 <u>절충설</u>이다.

12 보험금지급 사유가 발생하지 않고 책임개시일로부터 2년이 경과하면 보험자의 계약해지권을 행사할 수 없는데 이는 <u>상법</u>의 규정이다.

13 통지의무를 이행하면 통지일로부터 1개월 이내에 <u>보험료의 증액</u>을 청구할 수 있으며 계약 <u>해지</u>는 가능하며, 통지의무 해태 시에는 그 사실을 안 날로부터 1개월 내에 보험계약을 <u>해지</u>할 수 있다.

14 <u>사고발생통지의무, 중복보험 또는 병존보험</u>의 통지의무를 위반할 경우 보험계약을 해지할 수 없다.

15 보험계약자와 피보험자의 <u>책임 없는 사유</u>로 위험이 현저하게 변경되거나 증가된 경우는 통지의무가 부과되고, 보험계약자와 피보험자의 <u>고의 또는 중과실</u>로 인해 위험이 현저하게 변경되거나 증가된 경우에는 바로 위험유지의무를 위반한 것이 된다.

16 위험유지의무위반을 <u>통지</u>할 경우 1개월 이내에 보험료의 증액을 청구할 수 있다.

17 위험의 현저한 변경 · 증가 시의 통지의무 이행 시와 <u>위험유지의무 위반 시</u> 그 사실을 안 날로부터 1개월 이내에 보험료의 증액을 청구하거나 계약을 해지할 수 있다.

오답노트

06 청약서상의 질문사항은 고지의무대상으로서 중요한 사항으로 추정한다.

12 보험금지급 사유가 발생하지 않고 책임개시일로부터 2년이 경과하면 보험자의 계약해지권을 행사할 수 없는데 이는 생명보험 표준약관상의 규정이다.

16 위험유지의무는 통지의 의무가 없다.

1. 보험사고와 보험자책임

(1) 일반규정

우리나라 상법은 보험사고가 보험계약자 또는 피보험자나 보험수익자의 고의 또는 중대한 과실로 생긴 때에는 보험자는 보험금액을 지급할 책임이 없다(상법 제659조).

(2) 고의ㆍ중과실 사고와 보험자책임

① 여기에서 '고의'는 미필적 고의도 포함된다. 일정한 결과 발생을 인식하면서도 해당 행위를 직접 하는 것을 '확정적 고의', 용인하는 것을 '미필적 고의'라고 한다.

② 인보험의 경우에는 생명보험, 상해보험, 질병보험 모두 고의사고에 대해서만 면책이다(→ 즉, 중과실사고는 손해보험과 달리 보상함).

(3) 고의ㆍ중과실사고의 면책요건

① 고의ㆍ중과실과 보험사고 간의 상당인과관계가 존재함을 보험자가 입증해야 한다. → 원칙적으로 능동적 행위를 말하지만 상당인과관계가 있는 부작위(不作爲)도 면책이 된다.

② 고의ㆍ중과실의 행위주체는 상법상 보험계약자, 피보험자, 보험수익자이다.

2. 상대적 면책사유와 절대적 면책사유

① 보험사고가 전쟁 기타의 변란으로 인하여 생긴 때에는 당사자 간에 다른 약정이 없으면 보험자는 보험금액을 지급할 책임이 없다(상법 제660조).

② 상대적 면책 : 당사자 간의 약정에 의해 보험자가 보상책임을 질 수도 있는 면책을 말하며, 보험료할증으로 인수 가능하다.

③ 절대적 면책 : 고의적인 사고 등과 같이 공서양속에 반하거나 보험의 본질상 인정할 수 없는 면책을 말하며, 보험료 할증으로도 인수할 수 없다.

1. 재보험

(1) 재보험의 의의

① 재보험이란 보험자가 보험계약자 또는 피보험자와 계약을 체결하여 인수한 보험의 일부 또는 전부를 다른 보험자에게 넘기는 것으로 보험기업 경영에 중요한 역할을 한다.

② 재보험은 손해보험에 속한다(원보험계약이 생명보험계약이라도 손해보험이 됨). → 생명보험의 재보험은 손해보험이 되지만 보험업법의 예외규정에 의해 생명보험회사도 생명보험의 재보험을 영위할 수 있다.

> **참고** 재보험의 출재와 수재
>
> • 원보험사가 재보험사에 위험의 일부를 맡기는 것을 출재(出再)라고 한다.
> • 재보험사 입장에서 원보험사의 책임을 인수하는 것을 수재(受再)라고 한다.

(2) 재보험계약의 독립성

① 원보험자는 원보험료의 지급이 없음을 이유로 재보험료의 지급을 거절할 수 없다.
② 재보험자는 재보험료의 지급이 없다고 해서 재보험자가 직접 원보험계약자에게 재보험료의 지급을 청구할 수 없다.
③ 원보험계약자는 원보험자로부터 보상을 못 받는다고 해서 재보험자에게 직접 보험금을 청구할 수 없다.

(3) 재보험의 기능

위험분산	양적 분산 · 질적 분산 · 장소적 분산 → 위험률이 높은 보험종목에 대한 출재는 질적 분산에 해당
원보험사의 인수능력 확대	대규모 리스크에 대한 인수능력 제공
경영의 안정화	재난적 손실로부터 원보험사업자 보호
신규보험상품 개발 촉진	신상품의 손해율 추정을 위한 경험통계 작성기간 동안 재보험 활용

(4) 재보험의 종류

① 절차상 차이(거래 유형)에 따른 분류

임의재보험	의의	가장 오래된 재보험이며, 각계약마다 재보험 출재 여부를 결정
	장점	원보험자가 계약별로 보유와 출재를 자유롭게 결정
	단점	재보험처리의 시간과 사무비용의 부담이 큼
특약재보험	의의	원보험자와 재보험자 간에 담보조건에 대해 미리 특약을 체결하여 특약에 따라 약정기간 중 계속적 · 자동적으로 재보험을 처리
	장점	임의재보험에 비해 사무비용 및 시간이 절감될 뿐만 아니라 자동출재되므로 원보험 인수에 상당히 유리
	단점	원보험자 입장에서 매 계약에 대한 자유재량권이 없음

PART
01

PART
02

PART
03

PART
04

PART
05

PART
06

PART
07

② 책임분담방법의 차이에 따른 분류

비례적 재보험 (출재와 수재를 정해진 비율에 따라 배분)		비비례적 재보험 (출재와 수재를 정함에 있어 비례성이 없음)	
비례재보험특약(Quota Share Treaty)		초과손해액재보험특약(XOL, Excess of loss)	
장점	미리 정한 비율로 출재를 하므로 재보험자의 입장에서 역선택 가능성이 작음	장점	대손해의 발생 가능성이 있는 누적위험을 누적금액으로 담보하는 데 적절함. 태풍, 홍수, 지진 등 자연재해를 대상으로 함
단점	출재사 입장에서 우량, 불량물건을 구분관리하기 어려움	단점	원보험자 입장에서 적정수준의 보유금액을 결정하기 어려움
초과액재보험특약(Surplus treaty)		초과손해율재보험특약(Stop loss cover)	
장점	원보험자 보유기회가 늘어나 출재보험료가 절감(선박보험 등 대형계약에 적합)	장점	일정기간의 누적손해율>예정손해율일 때 그 초과율에 해당하는 금액을 보상. 우박보험, 농작물보험 등 천재지변을 대상으로 함
단점	재보험자 입장에서는 소규모위험에 대한 수재기회가 적어 위험평준화가 어려움	단점	원보험자 입장에서 적정수준의 보유비율을 산출하기 어려움

2. 소멸시효와 제척기간

(1) 제도의 비교

구분	제척기간	소멸시효
의의	권리의 존속기간으로서, 존속기간 내에 권리를 행사하지 않으면 권리가 소멸됨	권리의 행사기간으로서, 행사기간 내에 권리를 행사하지 않으면 권리가 소멸됨
목적	조속한 권리관계의 확정	일정한 사실상태가 영속할 때 이를 정당한 것으로 믿는 사회일반의 신뢰보호
중단제도	중단제도 없음	중단제도 있음
공통점	법질서의 안정을 위하여 일정기간이 경과하면 권리를 소멸시킴	

(2) 소멸시효의 기산점

① 민법상 소멸시효의 기산점은 권리를 행사할 수 있는 때로부터이다(→ 상법상 시효의 기산점에 대한 규정이 없으므로).

② 보험금청구권의 소멸시효 기산점은 보험사고의 발생을 안 때로 보는 것이 통설이다.

(3) 보험계약에서의 소멸시효

3년(→ 보험계약자의 권리)	2년(→ 보험자의 권리)
보험금청구권, 보험료반환청구권, 적립금반환청구권	보험료청구권

(4) 보험계약에서의 제척기간

고지의무 위반 시 해지권의 제척기간	계약을 체결한 날로부터 3년
통지의무 이행 및 위반 시 해지권	그 사실을 안 날로부터 1개월
위험유지의무 위반 시 해지권	그 사실을 안 날로부터 1개월
약관의 교부 · 설명의무 위반 시 취소권	보험계약 성립일로부터 3개월
보험자 파산 시 해지권	보험자의 파산선고 후 3개월
선박미확정의 적하예정보험에서 통지의무 위반 시 해지권	그 사실을 안 날로부터 1개월

(5) 소멸시효의 중단과 정지

구분	소멸시효의 중단	소멸시효의 정지
의의	중단사유가 발생되면 지금까지의 진행된 시효가 무효가 되고, 시효가 새롭게 시작	정지사유가 발생되면 일정기간 소멸시효의 진행을 멈추고 나머지 기간을 진행
사유	청구, 압류, 가압류, 가처분, 승인	혼인관계가 종료된 때로부터 6개월

3. 불이익변경금지의 원칙

(1) 의의

① 당사자 간의 특약을 통해 보험계약자 또는 피보험자나 보험수익자의 불이익으로 변경하지 못한다 (상법 제663조).

② 특약은 특별약관만을 의미하는 것이 아니고 일반적인 '당사자 간의 특별한 약정의 의미'로 사용되어졌다.

③ 불리하게 변경한 약관의 효력은 <u>변경된 약관조항만 무효가 되며</u> 기존의 약관 전체가 무효가 되는 것은 아니다.

(2) 법적성질

① 보험계약은 부합계약성을 띠고 있으므로 보험계약자를 보호하는 차원의 규정이다.

② 보험계약자에게 불리한 것은 금지(강행규정)하고, 보험계약자에게 유리한 것은 유효하므로 상대적 강행규정이다.

(3) 적용배제

보험자에 비해 열등한 지위에 있는 생명보험, 상해보험, 주택화재보험 등 가계보험에 적용되며, 대등한 교섭력으로 계약을 체결하는 해상보험, 재보험 등의 기업보험에는 동 규정이 적용되지 않는다.

PART 01

PART 02

PART 03

PART 04

PART 05

PART 06

PART 07

01 손해보험에서 고의·중과실사고는 보험자 면책이나, 인보험에서는 <u>고의사고만</u> 면책이다. 여기서 고의는 <u>미필적 고의를 포함하는</u> 개념이다.

02 소멸시효와 제척기간은 일정기간 내에 권리를 행사하지 않으면 권리가 소멸된다는 점에서는 동일하나, 소멸시효에는 <u>중단제도가 있다는</u> 것이 다르다.

03 고지의무 위반의 경우 보험자는 계약체결일로부터 3년이 경과할 경우 보험계약을 해지할 수 없는데 이는 <u>소멸시효가 만료</u>되었기 때문이다.

04 보험금청구권은 사고발생을 안 날로부터 <u>3년</u>이며 이는 <u>소멸시효</u>에 해당되며, 고지의무를 위반한 경우 보험계약체결일로부터 <u>3년</u>이 지나면 보험계약을 해지할 수 없는데 이는 <u>제척기간</u>이다.

05 재보험은 일반적으로 손해보험으로 분류되지만, 예외적으로 생명보험회사도 <u>생명보험의 재보험을 영위</u>할 수 있다.

06 각 계약마다 재보험의 출재여부를 결정하므로 원보험자가 보유와 출재를 자유롭게 결정할 수 있으나 시간과 사무비용의 부담이 있는 출재방식은 <u>임의재보험</u>방식이다.

07 특약재보험에서 미리 정한 비율대로 출재를 하므로 수재사의 입장에서는 원보험자의 역선택 가능성이 줄어든다는 장점이 있는 것은 <u>초과액재보험특약</u>이다.

08 특약재보험에서 누적금액을 초과하는 위험을 출재하면서 태풍이나 홍수 등 자연재해위험을 관리하기 좋은 재보험출재방식은 <u>초과손해액재보험특약</u>이다.

09 비례적 재보험에는 <u>비례재보험특약, 초과액재보험특약</u>이 있고 비비례적 재보험에는 <u>초과손해액 재보험특약, 초과손해율재보험특약</u>이 있다.

10 보험계약자 등의 불이익변경금지조항(상법 제663조)이란 보험약관의 내용을 당사자 간의 특약을 통해 보험계약자 등에게 <u>불리하게 변경하지 못한다는</u> 것을 의미한다.

11 보험계약을 체결함에 있어 '보험계약자 등에 불리하게 변경한 약관조항'이 있을 경우는, <u>변경된 약관조항만 무효</u>가 되며 기존의 약관 전체가 무효가 되는 것은 아니다.

오답노트

03 고지의무 위반의 경우 보험자는 계약체결일로부터 3년이 경과할 경우 보험계약을 해지할 수 없는데 이는 제척기간이 만료되었기 때문이다.

07 특약재보험에서 미리 정한 비율대로 출재를 하므로 수재사의 입장에서는 원보험자의 역선택 가능성이 줄어든다는 장점이 있는 것은 비례재보험특약이다.

1. 피보험이익

(1) 피보험이익의 의의

① 손해의 전제로서 피보험자는 보험의 목적에 대하여 어떠한 이익을 가지고 있어야 하는데 이익을 '피보험이익(보험사고 발생 시 잃어버릴 염려가 있는 이익)'이라 한다.

② '보험의 목적'은 보험에 부쳐지는 대상(예 건물)을 말하며, '보험계약의 목적'은 피보험이익을 말한다.

(2) 피보험이익의 요건 암기 경적확

경제성	• 경제적 가치를 가지는 것으로서 금전으로 산정할 수 있는 이익이어야 함 • 감정적 이익이나 주관적 이익 등은 피보험이익이 될 수 없음
적법성	• 선량한 풍속 기타의 사회질서에 반하지 않는 적법한 것이어야 함 • 당사자의 선의나 악의를 묻지 않고 객관적인 표준에 따라 결정되어야 함
확정성	• 피보험이익은 반드시 현존이익일 필요는 없으나 보험사고 시에는 반드시 확정될 수 있는 이익이어야 함

(3) 피보험이익의 기능

① 보험자의 책임범위가 결정된다. → 보험가액은 보험자의 법률상 최고보상한도액이다.

② 전부보험, 일부보험, 중복보험, 초과보험의 판정기준이 된다. → 일부보험의 경우 '보험가입금액의 보험가액에 대한 비율'로 보상한다.

③ 실손보상의 원칙의 실현이 가능하다. → 손해보험에서 피보험이익이 없는 계약은 무조건 무효이다.

④ 보험계약의 동일성 여부를 판단하는 기준이 된다.

　　※ 보험계약의 동일성판단 사례 : 동일한 보험목적인 건물에 대해서 건물주는 화재보험에 가입을 하고, 건물의 임차인은 임차자배상책임보험에 가입을 한 경우, 동일한 보험목적(건물)에 대해 2개의 다른 보험계약이 성립하게 된다. 이것은 피보험이익이 다르기 때문에 가능하다.

(4) 인보험의 피보험이익

① 인보험에서는 피보험이익을 인정하지 않는다(상법 제668조). → 생명과 신체는 금전평가가 불가하다.

② 청구권대위나 손해방지의무는 상해보험에서 예외가 인정되지만, 피보험이익을 인정하지 않는 것은 예외가 없다.

PART 01

PART 02

PART 03

PART 04

PART 05

PART 06

PART 07

2. 보험가액

(1) 보험가액의 의의

① 피보험이익의 값, 즉, 손해보험에 있어서 <u>피보험이익을 금전으로 평가한 금액</u>을 말한다.

② 피보험자의 손해에 대한 보험자의 보상책임은 <u>보험가액을 한도</u>로 한다.

(2) 보험가액과 보험가입금액 비교

보험가액(→ 피보험이익의 가액)	보험가입금액(→ 보험금액)
법률상 최고보상한도액	약정상 최고보상한도액

(2) 배상책임보험에서의 보험가액

① 책임보험의 보상대상은 피보험자 자신의 손해가 아니라 <u>제3자에게 입힌 손해</u>이다.

② 제3자에 입힐 손해를 예측할 수 없으므로 원칙적으로 배상책임보험에서는 보험가액이 존재하지 않으므로 <u>보상한도액으로 보상</u>한다. → 단, 보관자배상책임보험은 유형자산을 보험의 목적으로 하므로 <u>보험가액이 존재</u>한다.

(3) 보험가액의 평가 : 미평가보험 VS 기평가보험

구분	미평가보험	기평가보험
가액 결정	보험사고가 발생한 때와 곳의 가액으로 평가	당사자 간에 <u>미리 협의</u>하여 보험가액을 결정
가액 기재	보험증권에 보험가액을 기재하지 않음	보험증권에 합의한 협정보험가액을 기재함 → 평가보험증권 또는 기평가보험증권이라 함
특징	<u>사고발생 시의 가액으로 평가</u>하기 때문에 가장 합리적이나 분쟁 발생 가능성이 있음	보험가액평가에 따른 당사자 간의 <u>분쟁을 미연에 방지</u>할 수 있음

(4) 기평가보험과 실손보상의 원칙

① 기평가보험의 협정보험가액(기평가금액)이 보험가액의 시가보다 클 경우 피보험자에게 이득이 발생할 수 있다.

② 상법에서는 이를 방지하기 위해 기평가금액이 사고발생 시의 가액을 <u>현저히</u> 초과하는 경우에는 기평가금액을 무시하고 다시 사고발생 시의 가액을 보험가액으로 한다.

3. 보험가액불변경주의

① 의의 : 운송보험과 해상보험처럼 보험기간이 짧은 경우 보험가액의 변동 정도가 크지 않으므로 전 보험기간에 걸쳐 고정적인 보험가액을 적용하는 것을 말한다.

② 적용대상 : 운송보험, 선박보험, 적하보험, 희망이익보험 등

01 보험에 부쳐지는 대상을 <u>보험의 목적</u>이라 하고, 보험사고 발생 시 피보험자가 얻을 수 있는 경제상의 이해관계를 <u>보험계약의 목적(피보험이익)</u>이라 말한다.

02 피보험이익의 가액을 <u>보험가액</u>이라 하며 초과보험, 전부보험, 일부보험을 판정하는 기준이 된다.

03 집안에서 가보로 이어져 오는 고서화로 객관적인 평가가 어렵다면, <u>경제성</u>에 위배되어 피보험이익의 대상이 될 수 없다.

04 복권에 당첨될 수 있는 금액은 <u>적법성</u>에 위배되어 피보험이익이 될 수 없다.

05 보험계약의 동일성 여부를 판단하는 기준은 피보험이익인데, 이는 동일한 보험목적이라도 피보험이익이 다르면 <u>복수의 보험계약이 가능</u>하기 때문이다.

06 배상책임보험은 그 성질상 보험가액이 존재할 수 없지만 <u>보관자배상책임</u>은 예외이다.

07 손해보험의 대원칙인 이득금지원칙을 충분히 지키는 것은 <u>미평가보험</u>이다.

08 보험사고 시 보험가액에 대한 분쟁을 피하고 신속하게 손해액을 평가 · 보상할 수 있으며 보험가액 산정에 따른 비용 절감이 가능한 것은 <u>기평가보험</u>이다.

09 기평가금액이 사고발생 시의 가액보다 클 경우에는, 이득금지원칙을 실현하는 차원에서 사고발생 시의 가액을 보험가액으로 한다. 그렇지 않은 경우는 약간의 초과이득이 발생할 수도 있다.

10 운송보험과 해상보험처럼 보험기간이 짧은 경우 보험가액의 변동 정도가 크지 않으므로 전 보험기간에 걸쳐 고정적인 보험가액을 적용하는 것을 <u>보험가액불변경주의</u>라고 한다.

오답노트

04	복권에 당첨될 수 있는 금액은 확정성에 위배되어 피보험이익이 될 수 없다.
09	기평가금액이 사고발생 시의 가액보다 클 경우에는 → 현저하게 클 경우에만 가능하다.

1. 보험금액과 보험가액과의 관계에 따른 보험의 분류

초과보험&중복보험	전부보험	일부보험
보험금액＞보험가액	보험금액＝보험가액	보험금액＜보험가액

2. 초과보험

(1) 초과보험의 의의

① 초과보험이란 보험금액이 보험가액을 초과하는 경우를 말한다.

② 이는 보험계약체결 당시에 발생할 수도 있고 계약 이후 물가의 하락으로 발생할 수도 있다.

(2) 초과보험의 요건

① 보험금액이 보험가액을 현저하게 초과해야 한다.

② 초과보험 여부를 결정하는 보험가액의 산정 시기는 평가가 필요한 때이다.

(3) 초과보험의 효과

선의	• 보험금액이 보험가액을 현저하게 초과하는 경우 보험자 또는 보험계약자는 보험료와 보험금액의 감액 청구 가능 • 보험금의 감액은 소급할 수 있으나 보험료의 감액은 장래에 대해서만 가능
악의	• 초과보험계약이 보험계약자의 사기로 체결된 때에는 그 계약 전체가 무효 • 보험자는 그 사실을 안 날까지의 보험료 청구 가능(악의의 계약자 응징)

3. 전부보험과 일부보험

(1) 의의

전부보험(보험금액＝보험가액)과 일부보험(보험금액＜보험가액) → 이득금지원칙에 해당하지 않으므로, 상법상 규제가 없다.

(2) 일부보험의 효과

① 비례부담의 원칙 : 보험자는 보험금액의 보험가액에 대한 비율에 따라 보상할 책임을 진다. → 이득금지원칙의 실현목적이 아닌 피보험자 간의 형평성 유지 목적이다.

② 제1차 위험보험특약 : 일부보험의 경우 특약으로 보험사고 발생 시 보험금액 범위 내에서 실손해액 전액을 보상한다는 뜻을 정할 수 있다.

※ 예시 : 일부보험 및 제1차 위험보험특약 보상액

보험가액＝1억원, 보험가입금액＝5천만원, 손해액＝4천만원인 경우

• 일부보험 보상액 → 4천만원×(5천만원÷1억원)＝2천만원

• 제1차 위험보험특약 부가 시 → 보상액보험가입금액 5천만원 한도 내에서 손해액 4천만원

4. 중복보험

(1) 중복보험의 의의

① 동일한 피보험이익과 동일한 사고에 대하여 수인과 수 개의 보험계약이 체결된 경우, 보험금액의 총액이 보험가액을 초과한 보험계약을 중복보험이라 한다.

② 보험금액의 총액이 보험가액을 초과하지 않은 보험계약을 병존보험이라 한다.

③ 공동보험은 수인의 보험자가 하나의 보험목적에 공동으로 보험을 인수하는 것으로 계약자체가 하나라는 점에서 중복보험과 구분된다.

(2) 중복보험의 요건 <u>암기</u> 피보기초보

> • 동일한 피보험이익 → 동일한 보험목적이라도 피보험이익이 다르면 별개의 보험
> • 동일한 보험사고
> • 보험기간의 중복 → 부분적으로나마 보험기간이 중복되어야 함
> • 보험금액의 합이 보험가액을 초과
> • 수인의 보험자 존재 → 수 개의 보험계약이 수인의 보험자와 체결

(3) 중복보험의 효과

① 연대비례주의(→ 우리나라는 연대비례주의를 택함) : 각 보험자는 보험가입금액(보험금액)의 한도 내에서 연대책임을 지며, 각 보험자의 보상금액은 각자의 보험금액의 비율에 따른다. 즉, 연대주의에 비례주의를 첨가한 것이다.

참고	중복보험의 보상방식		
우선주의	**비례주의**	**연대주의**
동시의 경우 각 보험금액 비율에 따르고, 이시의 경우 앞의 보험자가 먼저 부담하고 부족분은 뒤의 보험자가 부담함	동시, 이시를 구별하지 않고 각 보험자는 각 보험금액의 비율에 따라 보상책임을 짐	각 보험자가 보험금액을 한도로 하여 연대책임을 짐
	우리나라는 '연대비례주의'를 택함(상법 제672조)	

② 사기로 인한 중복보험은 사기로 인한 초과보험과 마찬가지로 계약무효이며, 보험자는 그 사실을 안 때까지의 보험료를 징구할 수 있다(상법 제672조 제3항).

③ 동일한 보험계약의 목적과 동일한 사고에 대해 수 개의 보험계약(→ 중복보험 또는 병존보험)을 체결하는 경우 보험자에게 각 보험계약의 내용을 통지해야 한다(상법 제672조 제2항). → 현재의 병존보험이 미래에 물가의 하락으로 보험가액이 하락하면 중복보험으로 변할 수 있으므로 계약체결 시 중복보험과 병존보험에 대해 통지의무가 부과된다.

④ 보험계약자가 보험자 1인에 대한 보험금청구권을 포기한 경우, 다른 보험자의 권리의무에 영향을 미치지 아니한다(상법 제673조)(→ 피보험자가 특정 보험자와 통모를 방지하기 위해).

PART 01
PART 02
PART 03
PART 04
PART 05
PART 06
PART 07

(4) 중복보험의 보상방법

   ① 보험가입금액 안분방식 → 중복보험계약의 지급보험금 계산방식이 <u>동일</u>한 경우에 적용한다.

      ⊙ 타보험 약관조항에서 <u>비례책임조항</u>이라고 함

      ⓛ 각 보험자가 분담할 손해액은 '각 보험금액의 총보험금액에 대한 비율'에 따라 안분함

   ② 독립책임액방식 → 중복보험계약의 지급보험금 계산방식이 <u>다른</u> 경우에 적용한다.

      ⊙ 타보험 약관조항에서 <u>책임한도분담조항</u>이라고 함

      ⓛ 먼저 각각의 계약에 대하여 다른 계약이 없는 것으로 가정하여 각 보험자의 보상액을 계산함 → 독립책임액

      ⓒ 독립책임액의 합이 보험가액을 초과할 때에는 각 보험자는 '각 독립책임액의 비율'로 손해액을 안분함

보험계약법

01 보험가액이 보험가입금액보다 크면 <u>일부보험</u>이고, 보험가입금액이 보험가액보다 크면 <u>초과보험 또는</u> <u>중복보험</u>이다.

02 초과보험 여부를 결정하는 보험가액의 산정시기는 매년 말이다.

03 사기로 인해 <u>초과보험 또는 중복보험</u>이 체결된 경우는 계약은 무효가 되며, 보험자는 그 사실을 안 날 까지의 <u>보험료를</u> 징구한다.

04 초과보험은 보험계약체결 후 <u>물가의 변동</u>으로도 발생할 수 있다.

05 장기화재보험에 가입(공동비율 60%가 적용됨), 보험가액 1억원, 보험 가입금액 6천만원, 손해액 2천 만원일 경우 보험자 지급금액은 <u>2천만원</u>이다.

06 중복보험이 되기 위한 요건의 하나로서 <u>보험기간은</u> 동일해야 한다.

07 중복보험에서 보험자 1인에 대한 권리의 포기는 다른 보험자의 권리·의무에 <u>영향을 미치지 아니한다.</u>

08 우리나라의 중복보험 보상방식은 연대주의에 비례주의가 첨가된 <u>연대비례주의</u>이다.

09 배상책임보험에서는 일반적으로 보험가액이 <u>존재하지 않지만, 예외가 있다.</u>

10 수 개의 배상책임보험에 가입할 경우 <u>중복보험의 규정</u>을 준용한다.

11 중복보험을 안분할 때 비례보상약관에서 비율을 정하는 방식은 <u>보험가입금액 안분방식과 독립책임액</u> <u>방식</u>이 있다.

12 중복보험의 보상방식에서 먼저 각각의 계약에 대하여 다른 계약이 없는 것으로 가정하여 각 보험자의 보상액을 계산한 금액을 <u>독립책임액</u>이라 한다.

오답노트

02	초과보험 여부를 결정하는 보험가액의 산정시기는 평가가 필요한 때이다.
06	<u>보험기간은 동일해야 한다.</u> → 중복되는 기간이 있으면 충분하다.

1. 수 개의 책임보험

(1) 의의

수 개의 책임보험이란 동일한 피보험이익에 대해 동일한 사고를 담보하는 배상책임보험이 여러 개 체결된 경우를 말한다.

(2) 필요성

① 배상책임보험에는 보험가액이 없으므로 중복보험이 발생하지 않는다.
② 따라서, 상법상의 중복보험에 관한 규정도 적용할 수 없는 문제가 발생한다.
③ 이 문제를 보완하기 위해 '수 개의 책임보험(상법 제725조의2)'이 필요한 것이다.

(3) 수 개의 책임보험의 효과

중복보험에 관한 규정의 준용이 가능하다(비례연대주의, 통지의무, 사기로 인한 수 개의 책임보험, 보험자 1인에 대한 권리의 포기 등).

2. 보험의 목적 등

① 보험의 목적은 보험에 붙여지는 대상을 말하며, 보험계약의 목적(피보험이익)은 그 보험의 목적에 대해 피보험자가 갖는 경제적 이해관계를 말한다.
② 보험에 붙여지는 대상이 물건이냐 사람이냐에 따라 물보험과 인보험으로 구분된다.

3. 보험목적의 성질, 하자, 자연소모로 인한 손해

① 의의 : 보험목적의 성질, 하자, 자연소모에 대해서는 우연성이 없으므로 면책이다(상법 제678조).
② 보험목적의 성질로 인한 손해는 면책이다(→ 곡물인 경우 자연건조에 의한 중량의 감소 등).
③ 보험목적의 하자로 인한 손해는 면책이다(→ 설계상의 하자, 구조상의 하자 등).
④ 보험목적을 사용하면서 자연발생적으로 발생하는 자연소모(wear and tear)에 따른 손해는 면책이다(→ 타이어 마모, 기계소모품의 파손 등). → 단, 자연소모로 인하여 유발된 사고는 우연성이 있으므로 담보(부책)가 된다.

1. 보험목적의 양도

(1) 보험목적 양도의 의의

① 보험기간 중 피보험자가 보험에 가입된 물건을 계약에 의해 타인에게 양도하는 것 말한다(→ 대표적으로 보험의 목적을 매매 또는 증여로 양도하는 것).

② 상속, 합병 등 권리의무가 포괄적으로 승계되는 경우는 보험목적의 양도가 아니다.

③ 보험목적 양도는 <u>소유권의 변동</u>을, 보험목적 이전은 <u>장소의 변동</u>을 말한다.

(2) 보험목적양도에 대한 규정

① 피보험자가 보험의 목적을 양도한 때에는, 양수인은 보험계약의 권리와 의무를 승계한 것으로 추정한다(상법 제679조).

② 보험목적이 양도되면 피보험이익이 소멸하여 양도 시점에 보험계약이 종료되므로 보험목적물이 일시적 무보험상태에 놓이게 된다. 상법 제679조는 이 문제를 개선하기 위한 것이다.

(3) 보험목적 양도 시 권리 · 의무의 승계요건

> • 양도대상이 <u>유효한 보험계약</u>이어야 함
> • 보험목적의 <u>물권적 이전</u>이 있어야 함 → 채권적 이전은 양도대상이 아님
> • 보험목적이 <u>물건(物件)</u>이어야 함 → 전문직업배상책임보험은 물건이 아님
> • 보험목적의 양도는 <u>유상, 무상을 불문함</u>

(4) 보험목적의 양도효과

① 양수인은 보험목적의 양수와 함께 보험계약상의 <u>권리 · 의무를 승계</u>한 것으로 추정한다.

② 승계하는 권리와 의무

승계하는 권리	승계하는 의무
보험금청구권, 보험료반환청구권, 보험계약해지권 등	보험료지급의무, 손해방지의무, 위험의 변경증가 통지의무, 보험사고발생 시의 통지의무 등

③ 보험목적의 양도효과가 적용되지 <u>않는</u> 경우(→ 물건이어야 함에 주의)

인보험	보험의 목적이 피보험자의 생명 또는 신체이므로 양도 불가
전문직업배상책임보험	의사, 변호사 등이 그 지위에서 생기는 책임에 관한 보험계약
상속이나 회사의 합병	상법상 보험목적의 양도에 권리 · 의무 포괄적 승계는 포함 안 됨

(5) 자동차보험과 선박보험에서의 특칙(→ 자동차 운행자와 선박 운항자가 누구인가에 따라서 위험이 매우 크게 변경되기 때문에 특칙을 규정)

자동차보험(상법 726조의4)	선박보험(상법 703조의2)
• 자동차 양도 시 양수인은 보험자의 <u>승낙을 얻는 경우에</u> <u>한하여</u> 권리와 의무를 승계 • 보험자가 양수인의 통지일로부터 <u>10일 이내에</u> 낙부통지를 하지 않으면 '승낙의제'가 적용됨	• 선박이 양도된 때 보험자의 <u>동의가 없으면</u> 보험계약은 <u>종료됨</u>

2. 손해방지의무

(1) 손해방지의무의 의의

① 손해보험계약에 있어서 보험계약자와 피보험자는 <u>보험사고가 발생한 경우에 손해의 방지와 경감을 위하여 노력해야 한다</u>(상법 제680조).

② 손해방지의무는 공익적 측면에서 인정되며 손해방지의무을 이행하지 않아 늘어난 손해는 우연성을 결여한 것으로 볼 수 있다.

(2) 손해방지의무의 범위

① 손해방지의무를 지는 자 : 보험계약자와 피보험자 그리고 이들의 법정대리인

② 손해방지의무의 존속기간(손해보험약관) : <u>보험사고가 생긴 것을 안 때로부터 손해방지 가능성이 소멸한 때까지</u>(보험사고가 발생하여 <u>손해가 발생할 것이라는 것을 안 때</u>로 해석함)

③ 사고 자체를 막아야 하는 것은 이 의무에 포함되지 않는다.

④ 손해방지의무의 방법과 노력의 정도 : 그 상황에서 손해방지를 위하여 <u>일반적으로 기대되는 방법</u>이면 된다(손해방지의무에서 요구되는 주의의 정도는 보험에 부보되지 않은 자기재산에 대해 취할 정도의 주의).

(3) 손해방지의무 위반효과

손해보험약관에서는 경과실로 인한 손해방지의무위반의 경우에는 보험금을 지급하고, <u>중과실 또는 고의의 경우에만</u> 보험금지급책임(증가된 손해)을 면제한다.

(4) 손해방지비용의 보상

① 손해방지를 위하여 보험계약자 등이 부담하였던 필요 또는 유익한 비용과 보상액이 <u>보험금액을 초과한 경우라도</u> 보험자가 이를 부담한다(상법 제680조).

② <u>일부보험</u>의 경우는 손해방지비용은 <u>보험금액의 보험가액에 대한 비율에 따라서</u> 보험자가 부담하고 잔액은 피보험자가 부담한다.

(5) 인보험에서의 손해방지의무

① 현행 법률상 인보험에서의 손해방지의무는 인정되지 않는다.

② 예외적으로 상해보험에서는 제한적인 범위 내에서 손해방지의무를 인정한다.

　　예 정당한 사유 없이 피보험자가 치료를 게을리하여 증가된 손해는 보상하지 않음

01 보험의 목적의 성질, 하자 또는 자연소모로 인한 손해는 보험자가 이를 보상할 책임이 없다.

02 야적한 석탄에서 자연발화가 되어 인근 건물에 화재가 발생하였다면 자연발화된 석탄에 대한 손해는 보험자 면책이며, 건물의 화재손해는 보험자 부책이다.

03 보험목적을 양도하여 권리의무가 승계되기 위해서는 보험목적이 물건이어야 하고, 물권적 이전이어야 한다.

04 보험목적을 양수한 양수인은 보험계약상의 권리·의무도 포괄승계되는 것으로 추정한다. 이에 대한 예외가 적용되는 보험은 자동차보험 및 선박보험이다.

05 자동차보험에서 보험자가 양수인의 통지를 받은 날로부터 30일 이내에 승낙하지 않으면 승낙한 것으로 본다.

06 선박보험은 보험자가 사전승인을 하지 않으면 자동종료된다는 점에서 자동차보험의 양도요건보다 더 엄격하다.

07 손해보험에서 손해방지의무를 부담하는 자는 보험계약자, 피보험자, 보험수익자이다.

08 손해방지비용은 보험자에게 필요한 유익비용이므로 전부보험일 경우 손해방지비용 전부를 보상하지만, 일부보험은 비율에 따라 비례적으로 보상한다.

09 손해방지의무를 해태한 경우에는 의무부담자의 경과실인 경우는 보상하지만, 중과실인 경우는 보험자 면책이 된다.

10 손해방지의무는 손해보험에만 적용되므로 인보험에서는 일반적으로 적용되지 않지만 상해보험에서 제한적으로 인정된다.

오답노트

05 자동차보험에서 보험자가 양수인의 통지를 받은 날로부터 10일 이내에 승낙하지 않으면 승낙한 것으로 본다.

07 손해보험에서 손해방지의무를 부담하는 자는 보험계약자, 피보험자, 이들의 대리인이다.

1. 보험목적에 대한 보험자대위(목적물대위 또는 잔존물대위)

(1) 목적물대위의 의의

① 보험목적의 전부가 멸실한 경우에 보험금액의 전부를 지급한 보험자는 그 목적에 대한 <u>피보험자의 권리를 취득한다</u>(상법 제681조).

② 보험목적에 대해 갖는 권리를 '목적물대위 또는 잔존물대위'라고 하며, 제3자에 대한 권리는 '청구권대위'라고 한다.

(2) 인정이유

피보험자가 보험금액도 받고 잔존물에 대한 가치까지 갖는다면 부당한 이득을 안겨주는 것이 되므로 보험자가 잔존물대위를 행사한다(이득금지원칙의 실현).

(3) 목적물대위의 요건

> • 보험목적의 전부멸실 → 잔존물이 가치가 남아있어도 무시할 수 있을 정도면 전부멸실
> • 보험자가 보험금액의 전부를 지급 → <u>일부보험</u>은 보험금액의 보험가액에 대한 비율을 지급

※ 예시 : 일부보험의 보험금 지급액 및 잔존물대위권
보험가액=1억원, 보험가입금액=5천만원, 손해액=4천만원, 잔존물가액=2천만원인 경우
• 보험금 지급액 → 4천만원×(5천만원÷1억원)=<u>2천만원</u>
• 취득하는 잔존물대위권 → 2천만원×(5천만원÷1억원)=<u>1천만원</u>

(4) 목적물대위의 효과

① 목적물대위의 요건이 충족되면 피보험자의 의사표시가 없어도 권리가 이전된다.
② 보험금액을 전부 <u>지급한 때</u>에 권리가 이전된다.
③ 보험자는 대위권을 포기할 수 있다.
④ 일부보험에서도 비례주의를 적용하여 대위권을 취득한다.
⑤ 대위권의 소멸시효는 없다(→ 요건 충족 시 상법상 당연히 인정되는 권리이므로).

2. 제3자에 대한 보험자대위(청구권대위)

(1) 청구권대위의 의의

손해가 제3자의 행위로 발생한 경우 피보험자는 제3자에 직접 손해배상을 청구하는 것보다 보험자에게 보험금을 청구하고, 보험자는 지급한 보험금액의 범위 내에서 제3자에 대한 <u>보험계약자 또는 피보험자의 권리</u>를 취득한다.

(2) 인정이유

피보험자가 보험금액도 받고 제3자에 대한 손해배상청구권까지 갖는다면 이중의 이득을 보게 되므로 보험자가 청구권대위를 행사한다(→ 이득금지원칙의 실현).

(3) 청구권대위의 요건

- 제3자에 의한 손해의 발생 → 제3자의 불법행위, 채무불이행, 공동해손처분과 같은 적법행위로 인한 손해 포함
- 보험자가 보험금액을 지급 → 보험금액 일부만 지급해도 지급 범위 내 대위권이 인정된다는 점에서 목적물대위와 상이

(4) 청구권대위의 효과

① 요건 충족 시 계약자 또는 피보험자의 권리가 보험자에게 당연히 이전된다.

② 지급한 보험금의 한도 내에서 제3자의 권리를 취득한다.

③ 피보험자가 가지는 제3자에 대한 청구권을 보존할 수 있도록 권리보존행사의무 및 서류제출 등의 기타 협력의무를 부과한다(→ 목적물대위와 차이점).

④ 보험금지급 전에 피보험자가 제3자로부터 손해배상을 받는 경우 보험금을 감액하여 지급하며, 보험금지급 후에 피보험자가 취득한 권리를 임의처분하면 불법행위로 인한 손해배상청구 대상이 된다.

(5) 인보험에서의 보험자대위

인보험에서는 보험자대위를 인정하지 않는다(상법 제729조). 단, 상해보험의 경우 당사자 간 약정이 있는 경우 피보험자의 권리를 해하지 않는 범위 내에서 그 권리를 대위할 수 있다(상법 제729단서).

(6) 일부보험의 경우 보험자의 청구권대위의 행사범위(3가지 학설)

절대설	• '보험자 우선설'이라고 한다. • 보험자는 보험금을 지급한 한도 내에서 우선적으로 대위권을 행사한다.
상대설	• '청구권 비례설'이라고 한다. • 손해배상자력에 보험금액의 보험가액에 대한 비율을 곱하여 결정한다.
차액설	• '피보험자 우선설'이라고 한다. • 피보험자의 손해를 우선 보전해주고 남은 금액에 한해 보험자가 대위권을 행사한다. • 판례는 차액설(피보험자 우선설)을 따른다.

※ 예시 : 3가지 학설에 따른 보험자의 대위권행사금액

보험가액=1억원, 보험가입금액=5천만원, 손해액=1천만원, 제3자손해배상자력=7백만원인 경우
- 절대설 : 보험금 지급액 1천만원×(5천만원÷1억원)=5백만원, 지급한 5백만원을 대위권행사
- 상대설 : 7백만원×(5천만원÷1억원)=3백 5십만원을 대위권행사
- 차액설 : 7백만원−(1천만원−5백만원)=5백만원을 대위권행사

PART
01

PART
02

PART
03

PART
04

PART
05

PART
06

PART
07

01 잔존물(목적물)대위의 2가지 요건은 <u>전부멸실, 보험금액의 전부지급</u>이다.

02 상법상 잔존물대위의 요건이 충족되면 피보험자의 <u>의사표시가 없어도</u> 권리가 이전되므로 소멸시효가 <u>없다</u>.

03 보험자가 잔존물대위권을 취득하는 시기는 <u>보험사고가 발생한 때</u>이다.

04 청구권대위의 2가지 요건은 <u>제3자에 의한 손해발생, 보험자가 보험금의 일부를 지급</u>이다.

05 청구권대위는 잔존물대위와는 달리 보험금액의 <u>일부를 지급</u>해도 인정된다.

06 피보험자에게 권리보존행사의무가 부과되는 것은 <u>잔존물대위</u>이다.

07 보험자가 청구권대위권을 취득하는 시점은 '보험자가 피보험자에게 보상할 <u>보험금액의 일부를 지급한 때</u>'이다.

08 보험자의 청구권대위는 요건 충족 시 민법상 <u>양도절차 없이</u>도 인정된다.

09 인보험에서는 일반적으로 청구권대위가 인정되지 않으나 <u>제한적으로 상해보험에서</u> 당사자 간의 약정이 있는 경우 청구권대위가 인정된다.

10 일부보험의 경우 청구권대위의 행사범위에 대한 학설 중 피보험자의 손해를 우선 보전해주고 남은 금액에 한해 보험자가 대위권을 행사하는 것은 <u>차액설</u>이다.

오답노트

03 보험자가 잔존물대위권을 취득하는 시기는 보험금 전부를 지급한 때이다.

06 피보험자에게 권리보존행사의무가 부과되는 것은 청구권대위이다.

1. 집합보험과 총괄보험

① 보험의 분류 : 보험의 <u>객체수</u>에 따라 <u>개별보험과 집합보험</u>으로 분류하며, 집합보험은 그 객체의 <u>특정 여부</u>에 따라 <u>특정보험과 총괄보험</u>으로 분류한다.

② 집합보험 : 집합된 물건을 일괄하여 보험의 목적으로 한 때에는 피보험자의 가족과 사용인의 물건도 보험의 목적에 포함된 것으로 한다(상법 제686조).

③ 총괄보험 : 보험의 목적에 속한 물건이 보험기간 중에 수시로 교체된 경우에도 보험사고의 발생 시에 현존하는 물건은 보험의 목적에 포함된 것으로 한다(상법 제687조).

2. 예정보험

(1) 예정보험의 의의

① 보험계약 내용의 일부가 보험계약체결 당시 확정하지 않은 보험이며, 주로 해상보험(특히 적하보험)에서 활용된다(→ 보험계약내용이 모두 확정된 것은 확정보험계약이라 함).

② 예를 들면, 화물적재선박을 나중에 통보할 것(통지의무 부담)을 전제로 하여 지금 보험계약을 체결하는 것이다(→ 선박미확정 적하보험).

(2) 성질 및 효용

① 예정보험은 '보험계약의 예약'이 아니며 계약이 이미 성립된 <u>독립된 보험계약</u>이다.

② 내용이 확정되지 않아도 신속한 보험계약체결이 가능하므로 편리하다.

(3) 선박미확정 적하보험

① 통지의무 부담 : 예정보험은 미확정된 내용에 대해 추후 통지의무를 부담한다.

② 통지의무 해태 시 : 보험자는 그 사실을 안 날로부터 1개월 이내에 계약해지를 할 수 있다.

3. 보험위부

(1) 보험위부의 의의

① 위부는 보험목적물이 <u>추정전손</u>일 경우 피보험자가 보험목적에 갖는 일체의 권리를 보험자에게 귀속시키고, 해당 금액을 보험금으로 지급해 줄 것을 요청하는 의사표시이다(→ <u>해상보험 특유의 제도</u>).

② 위부제도의 도입으로 소유권에 대한 분쟁을 방지하고 피보험자에게 전손보험금을 청구하도록 함으로써 신속히 보험관계를 정리할 수 있도록 한다.

PART 01
PART 02
PART 03
PART 04
PART 05
PART 06
PART 07

(2) 법적성질

① 보험위부는 특별한 요식을 필요치 않는 불요식의 법률행위이다.

② 보험자의 승낙을 필요로 하지 않는 단독행위이고 일방적으로 의사표시로 법률효과를 가져오므로 형성권에 해당한다.

(3) 위부의 원인(상법 710조) → '추정전손'이라 한다.

- 피보험자가 보험사고로 인하여 자기의 선박 또는 적하의 점유를 상실하여 이를 회복할 가능성이 없거나 회복하기 위한 비용이 회복하였을 때의 가액을 초과하리라고 예상될 경우
- 선박이 보험사고로 인하여 심하게 훼손되어 이를 수선하기 위한 비용이 수선하였을 때 가액을 초과하리라고 예상될 경우
- 적하가 보험사고로 인하여 심하게 훼손되어서 이를 수선하기 위한 비용과 그 적하를 목적지까지 운송하기 위한 비용과의 합계액이 도착하는 때의 적하의 가액을 초과하리라고 예상될 경우

(4) 선박의 행방불명(상법 제711조)

① 선박의 존부가 2개월간 분명하지 아니한 때에는 '전손으로 추정'한다(추정전손과 다름).

② 추정전손이 아니므로 위부를 할 수 없고 즉시 보험금청구가 가능하다.

(5) 위부의 요건

- 피보험자가 위부를 하고자 할 때에는 보험자에게 위부의 통지를 발송해야 함
- 보험목적 전부에 대해 위부를 해야 함(단, 위부의 원인이 보험목적의 일부에 대하여 생긴 때에는 그 일부에 대해서만 위부 가능함)
- 다른 보험계약내용 등을 통지해야 함

(6) 위부의 효과

위부승인의 경우	위부불승인의 경우
• 피보험자는 위부원인을 증명할 필요 없음 • 보험자가 위부 승인 후에 쌍방 간에 위부에 대한 이의를 제기할 수 없음	보험자가 위부를 불승인할 경우 피보험자가 위부의 원인을 증명하지 않으면 보험금액의 지급을 청구하지 못함

(7) 잔존물 대위와의 차이점

구분	잔존물대위	보험위부
통지유무	전손과 전부지급이라는 법정요건만 충족하면 잔존물에 대한 권리를 자동으로 취득	위부원인에 해당되는 사고가 있을 때 피보험자의 의사표시에 의하여 보험의 목적에 대한 자기의 권리를 보험자에게 이전시킨 후 보험금 지급을 청구할 수 있음
목적물가액이 지급보험금보다 많을 경우	전손의 성질상 목적물가액이 지급보험금보다 큰 경우가 발생하기 어려움	목적물가액이 지급보험금을 보다 클 경우 보험자는 과실의 전부를 소유

4. 배상책임보험

(1) 배상책임보험의 의의

① 배상책임보험은 보험기간 중 피보험자가 사고로 인해 제3자에게 배상책임을 지는 경우에 이를 보상하기로 약정한 손해보험의 일종이다.

② 배상책임보험은 제3자에 대한 법률상 손해배상책임으로 한정하고 당사자 간의 약정에 의해 증가되는(즉, 계약상의 가중책임) 배상책임손해는 보상하지 않는다.

③ 배상책임보험의 사회적 기능 : 피보험자를 경제적 파탄으로부터 구제하고, 피해자를 보호한다.

(2) 배상책임보험의 특징

- 중과실사고의 보상 → 대부분의 손해보험은 고의 · 중과실의 경우 면책
- 입증책임의 전환 → 입증책임을 피해자에서 가해자로 전환하는 경향
- 가입의 강제 → 특별법으로 가입이 강제되는 경우가 많음
- 보험가액의 부존재 → 타인에대한 배상은 보험가액으로 평가불가(예외 : 보관자배상책임보험)
- 초과, 중복, 일부보험의 불성립 → 판정기준인 보험가액이 없음
- 보험의목적 → 특정물건이 아니라 피보험자의 전재산

(3) 배상책임보험의 사회적 기능확대를 위한 보험제도

의무보험제도, 피해자직접청구권, 무과실책임주의의 등장 등이 있다.

5. 피해자 직접청구권

(1) 피해자 직접청구권의 의의

제3자는 피보험자가 책임을 질 사고로 입은 손해에 대하여 보험금액의 한도 내에서 보험자에게 직접 보상을 청구할 수 있다(상법 제724조).

(2) 피해자 직접청구권의 인정이유

피보험자(가해자)가 청구한 보험금이 피해자에게 전달되지 않음으로써 피해자의 보호기능이 이행되지 않는 것을 방지하기 위한 것이다(→ 1993년 1월 상법개정으로 모든 책임보험에 피해자 직접청구권을 인정하게 됨).

(3) 피해자 직접청구권의 법적 성질

손해배상청구권설	보험금청구권설
보험자가 피보험자의 손해배상채무를 병존적으로 인수한 것이라는 견해	보험자는 보험계약에 의하여 제3자에 대한 법률상의 배상책임을 부담하는 것이므로, 이에 근거한 직접청구권은 보험계약에 의해 제약받는 보험금청구권이라는 견해
판례에서는 일관되게 손해배상청구설을 취하고 있음	

PART 01

PART 02

PART 03

PART 04

PART 05

PART 06

PART 07

(4) 직접청구권과 보험금청구권과의 관계

독립성	피보험자의 보험금청구권과는 독립적 관계
배타성	피해자 보호를 위한 법적조치이므로 다른 보험금청구권보다 우선됨
강행성	강행규정이므로 보험약관에서 계약자에게 불이익하게 변경되면 무효

(5) 직접청구권과 항변권

① 보험자는 피보험자가 그 사고에 관하여 가지는 항변으로서 피해자에게 대항할 수 있다. 즉 손해배상책임의 유무, 과실상계, 손익상계 등으로 피해자의 직접청구권에 대항할 수 있다.

② 보험자는 보험계약자 또는 피보험자에 대한 보험계약상 항변으로 피해자에게 대항할 수 있다. 즉 계약상의 하자, 면책사유 등으로 피해자의 직접청구권에 대항할 수 있다.

(6) 보험자의 통지의무

피해자로부터 직접청구를 받은 때에는 지체 없이 피보험자에게 통지해야 한다(이중보상을 막기 위해).

(7) 피보험자의 협조의무

보험자의 요구가 있을 때 서류제출 또는 출석하여 협조해야 한다.

6. 배상책임보험의 소송비용

(1) 의의

배상책임보험에서 소송비용이란 민사소송법상 소송비용만을 의미한다.

(2) 소송비용의 보상한도(국문영업배상책임보험)

① 소송비용 중 인지대와 변호사비용은 보상한도액 내에 해당하는 금액만 보험에서 지급한다.

② 그 외의 소송비용은 보상한도액에 불구하고 보험에서 전액 지급하도록 규정한다.

TOPIC 12 | 인보험

1. 타인의 생명보험

(1) 타인의 생명보험의 의의

① 타인의 생명보험이란 보험계약자가 자기 이외의 제3자를 피보험자로 하여 그의 생사를 보험사고로 하는 생명보험계약이다.

② 상대되는 개념은 보험계약자와 피보험자가 동일한 자기의 생명보험이다.

(2) 타인의 생명보험에서 피보험자의 동의

서면동의 필요(보험계약 체결 시까지)	서면동의 예외
• 타인을 피보험자로 한 사망보험계약 • 보험계약으로 생긴 권리를 피보험자가 아닌 자에게 양도하는 경우 • 보험계약자가 보험수익자를 지정 · 변경하는 경우(피보험자의 서면동의 필요)	단체가 규약에 따라 구성원의 전부 또는 일부를 피보험자로 하는 생명보험계약을 체결하는 경우 서면동의 생략 가능(상법 제735조의 3)

표준약관에서는 피보험자의 서면동의는 언제든지 장래를 향하여 철회될 수 있는데, 만약 철회되면 보험계약은 해지됨

(3) 15세 미만자 등을 피보험자로 하는 사망보험계약의 금지(상법 제732조)

① 15세 미만자, 심신상실자 또는 심신박약자의 사망을 보험사고로 한 보험계약은 무효로 한다.

② 단, 심신박약자가 보험계약을 체결하거나 단체보험의 피보험자가 될 때에 의사능력이 있는 경우에는 그러하지 아니하다.

③ 보험계약 체결시점에는 15세 미만이었는데 보험사고 발생시점에 15세 이상이 되더라도 동 보험계약은 무효이다.

(4) 중과실로 인한 보험사고

① 일반적인 손해보험계약 → 고의, 중과실사고에 대해서 모두 면책이다.

② 사망보험계약(생명보험, 상해보험) → 중과실사고에 대하여 보상한다.

2. 상해보험

① 상해보험계약의 의의 : 보험자가 피보험자의 신체의 상해에 관한 보험사고가 생길 경우 보험금액의 지급 또는 기타의 급여를 할 것을 약정하는 인보험계약이다.

② 겸업금지의 예외 : 제3보험(상해보험, 질병보험, 간병보험)은 생명보험 또는 손해보험과 겸영이 가능하다(생명보험과 손해보험 간에는 겸영이 불가).

③ 생명보험 규정의 준용 : 상법 제732조를 제외하고는 모두 생명보험의 규정을 준용한다.

생명보험의 경우(상법 제732조 적용 ○)	상해보험의 경우(상법 제732조 적용 ×)
만 15세 미만자 등을 피보험자로 하는 사망보험계약은 무효	만 15세 미만자 등을 피보험자로 하는 상해보험계약은 유효

PART 01

PART 02

PART 03

PART 04

PART 05

PART 06

PART 07

┃ 보험계약법

01 창고 안의 물건이 수시로 교체되는 경우에 이용되는 보험은 <u>총괄보험</u>이다.

02 예정보험의 통지의무를 이행하지 않을 경우 보험자는 그 사실을 안 날로부터 <u>1개월 이내</u>에 보험료의 증액 청구 없이 보험계약을 <u>해지할 뿐</u>이다.

03 2개월 이상 행방불명된 선박에 대해서 현실전손으로 보험청구를 하여 전손보험금을 지급받았다. 만약 이후에 선박이 다시 출현한다면 보험자는 지급보험금반환청구가 아니라 그 선박에 대하여 <u>잔존물대위권을 행사</u>한다.

04 보험위부를 할 경우에는 보험목적에 <u>전부</u>에 대해서만 해야 한다.

05 잔존물대위는 <u>보험자의 권리</u>이고, 보험위부의 청구는 <u>보험계약자의 권리</u>이다.

06 보험위부의 경우 보험목적물의 가액이 지급보험금을 상회할 수 있는데, 가액이 지급보험금을 초과할 경우 그 초과금액은 <u>보험자에 귀속</u>된다.

07 대부분의 손해보험은 고의·중과실에 면책이나, 배상책임보험은 <u>중과실을 보상</u>한다.

08 배상책임보험은 일반 손해보험과 달리 보험가액이 존재하지 않는데, 이에 대한 예외로 <u>보관자배상책임보험</u>은 보험가액이 존재한다.

09 배상책임보험의 보험의 목적은 <u>피보험자의 전재산</u>이고, 피해자에 보호에 중점을 두고 있다.

10 피해자직접청구권의 법적성질은 독립성, 배타성, 강행성인데, 피해자가 피보험자의 협조 없이도 보험금을 청구할 수 있다면 이것은 <u>독립성</u>을 의미한다.

11 타인의 사망보험계약에서 보험수익자를 지정·변경하는 경우 피보험자의 <u>서면동의를 반드시</u> 받아야 한다.

12 보험계약 체결시점에는 15세 미만이었지만, 보험사고 발생시점에서 15세 이상이 되었다면 <u>보험금을 지급하여야 한다</u>.

13 15세 미만자, 심신상실자, 심신박약자를 피보험자로 하는 <u>상해 보험은 유효</u>하다.

오답노트

04 보험목적에 <u>전부</u>에 대해서만 해야 한다. → 일부에 한해서 위부가 가능하다.

12 보험계약 체결시점에서는 15세 미만이었지만, 보험사고 발생시점에서 15세 이상이 되었다면 보험금을 지급하지 않아도 된다.

CHAPTER
02
보험업법

PART
01

PART
02

PART
03

PART
04

PART
05

PART
06

PART
07

TOPIC 01 | 총칙

1. 보험법

(1) 보험계약법과 보험업법의 이원적 체계

보험계약법	보험업법
• 보험계약자와 보험자의 계약관계를 규율하는 법(상법 제4편 보험편) → 협의의 보험법 • 손해보험과 인보험으로 구분	• 보험사업에 관한 규제와 감독을 목적으로 하고 있는 보험사업감독에 관한 기본법 • 생명보험업, 손해보험업, 제3보험업으로 구분

(2) 보험업법의 체계

법	시행령	시행규칙	감독규정	시행세칙
국회 제정	대통령령	국무총리령	금융위원회	금융감독원
생명보험 또는 자동차보험 등의 표준약관은 시행세칙에 포함되어 있음				

2. 보험업법의 특성

① 성격 : 공공적인 성격이 있는 보험업을 적절하게 규제, 감독하기 위한 상법의 특별법적 성격이다.

② 공법적 성격과 사법적 성격이 병합된 혼합법률이다.

공법적 성격	사법적 성격
• 보험사업의 실질적 감독규정 • 보험사업의 허가 등	• 보험사인 주식회사의 주주자격 제한 • 주식의 배당제한, 상장주식평가 등 • 상호회사의 조직 · 운영에 관한 규정 등

3. 보험업의 적용범위

보험계약법	보험업법
보험자와 보험계약자의 권리의무를 규정한 법이므로, 민영사업자와 각종 공제 등 모든 형태의 보험업자에게 적용됨(단, 공보험은 제외)	민영사업자에 대한 감독법규이므로 보험회사와 상호회사, 외국보험사 국내지점을 감독함

4. 보험업에 대한 감독

공시주의	직접감독이 아닌 공시를 통한 이해관계자들의 자율감독
준칙주의	준수해야 할 기준을 제시하고, 기준에 부합하지 않을 경우에만 감독
실질적 감독주의	• 공공의 이익보호를 감안하여 허가에서 운영까지 실질적인 감독 • 우리나라를 포함하여 대부분의 나라에서 채택

5. 보험업법의 제정목적

① 보험업을 경영하는 자의 건전한 경영도모
② 보험계약자, 피보험자, 그 밖의 이해관계인의 권익보호
③ 보험업의 건전한 육성과 국민경제의 균형 있는 발전에 기여

6. 보험업법상 용어의 정리

(1) 전문보험계약자와 일반보험계약자

전문보험계약자	일반보험계약자
• 전문성, 자산규모 등에 비추어 보험계약의 내용을 이해하고 이행할 능력이 있는 자 • 한국은행, 금융기관, 시중은행, 상장법인(→ 원하면 일반보험계약자로 전환 가능) 등	전문보험계약자가 아닌 자

(2) 보험회사의 최대주주, 주요주주, 자회사

최대주주	본인과 그 특수관계자가 보유한 지분이 가장 많은 자
주요주주	• 지분율이 <u>10% 이상</u>인 자 • 지분율과 관계없이 사실상의 영향력을 행사하는 자
자회사	보험회사가 다른 회사의 의결권 있는 지분을 <u>15% 초과</u>하여 보유할 경우의 그 다른 회사
대주주	<u>최대주주</u>와 <u>주요주주</u>를 포함하는 개념

7. 보험계약의 체결

(1) 보험계약의 체결

누구든지 보험회사(민영보험사, 상호회사, 외국보험사 국내지점)가 아닌 자와 보험계약을 체결하거나 중개 또는 대리를 할 수 없다(보험업법 제3조). → 위반 시 1천만원 이하의 과태료가 부과된다.

(2) 예외(국내영업을 허가받지 않은 외국보험사와 직접 계약을 체결하는 경우)

① 외국보험회사와 생명보험계약, 적하보험계약, 항공보험계약 등을 체결하는 경우
② 국내에서 취급되지 않는 보험종목을 외국보험회사와 체결하는 경우

③ 국내에서 취급되는 보험종목에 대해 <u>3곳 이상</u>의 보험회사로부터 거절되어 외국회사와 계약을 체결하는 경우

④ 외국에서 계약체결하고 보험기간이 지나기 전에 국내에서 그 계약을 지속시키는 경우

⑤ 기타 보험회사와 계약체결이 곤란한 경우로서 금융위의 승인을 받은 경우

PART
01

PART
02

PART
03

PART
04

PART
05

PART
06

PART
07

ㅣ 보험업법

01   보험자와 보험계약자 간의 계약관계를 규율하는 법은 <u>보험계약법</u>이며, 보험사업에 관한 규제 및 감독을 목적으로 하는 법은 <u>보험업법</u>이다.

02   보험업법은 상사특별법규로서 <u>상법에 우선</u>하여 적용되는데, 보험업법에서 말하는 보험업이란 <u>생명보험, 손해보험, 제3보험</u>이다.

03   보험회사는 주식회사이므로 주식회사에 대한 배당제한 등의 규제를 받는데 이는 보험업법의 <u>공법적</u> 성격을 말한다.

04   보험업을 영위하는 사업자 중 <u>민영사업자만이</u> 보험업법의 감독을 받는다.

05   직접감독이 아닌 공시를 통해 보험의 이해관계자들이 스스로 자신의 이익을 보호하도록 유도하는 감독방법을 <u>공시주의</u>라고 하는데, 우리나라는 <u>실질적 감독주의</u>를 택하고 있다.

06   국내에서 취급되는 보험종목에 대해 <u>3곳 이상</u>의 보험회사로부터 거절되어 외국회사와 계약을 체결하는 것은 보험업법상 가능하다.

07   의결권이 있는 발생주식총수의 <u>10% 이상</u>을 보유하고 있는 자를 <u>최대주주</u>라고 한다.

08   보험회사의 자회사라 함은 보험회사가 해당 자회사의 의결권 있는 지분총수의 <u>15%</u>를 초과하여 보유하고 있는 경우를 말한다.

오답노트

03   보험회사는 주식회사이므로 주식회사에 대한 배당제한 등의 규제를 받는데 이는 보험업법의 사법적 성격을 말한다.

07   의결권이 있는 발생주식총수의 10% 이상을 보유하고 있는 자를 주요주주라고 한다.

1. 보험업 허가 개요

(1) 보험업의 허가

회사별 설립허가가 아닌 <u>보험종목별 허가</u>를 말한다.

(2) 보험업의 보험종목

생명보험업	생명보험, 연금보험
손해보험업	화재보험, 해상보험, 자동차보험, 보증보험, 재보험, 책임보험, 기술보험, 권리보험, 도난보험, 유리보험, 동물보험, 원자력보험, 비용보험, 날씨보험
제3보험업	상해보험, 질병보험, 간병보험

(3) 제3보험과 재보험에 대한 허가

제3보험업 허가로 간주되는 경우	재보험에 대한 허가로 간주되는 경우
생명보험이나 손해보험의 보험종목의 전부(보증보험, 재보험 제외)에 관하여 보험종목별로 금융위의 허가를 받은 경우 → 제3보험의 허가를 받은 것으로 봄	'생명보험, 손해보험, 제3보험'에 해당하는 보험종목별로 금융위의 허가를 받은 경우 → 해당 보험종목의 재보험 허가를 받은 것으로 봄

(4) 신설 보험종목의 허가에 대한 특칙

생명보험이나 손해보험의 보험종목의 전부에 관하여 보험종목별로 금융위의 허가를 받은 경우 → <u>신설되는 보험종목에 대한 허가</u>를 받은 것으로 본다.

2. 보험업의 허가를 받을 수 있는 자

주식회사	우리나라의 모든 민영보험회사
상호회사	현재 우리나라에는 상호회사가 존재하지 않음
외국보험회사	보험종목별로 금융위원회의 허가를 받은 '외국보험회사 국내지점'은 보험업법상의 보험회사로 간주

3. 허가신청 시 첨부서류

- 정관
- 업무시작 후 3년간의 사업계획서
- 기초서류(보험종목별 사업방법서, 보험약관, 보험료 및 책임준비금) → 절차 간소화를 위해 기초서류 3가지 중에는 '<u>보험종목별 사업방법서</u>'만 첨부

PART
01

PART
02

PART
03

PART
04

PART
05

PART
06

PART
07

4. 보험업 허가의 4가지 요건

① 최소자본금 또는 기금을 보유할 것
② 사업계획이 타당하고 건전할 것
③ 전문인력과 물적시설을 충분히 갖출 것 → 보험사업 중 계속 유지해야 할 요건
④ 충분한 출자능력과 재무건전성을 갖출 것

5. 예비허가

① 본 허가 전에 예비허가를 신청할 수 있다.
② 신청을 받은 금융위는 2개월 이내에 심사하여 예비허가 여부를 통지하여야 한다. → 총리령으로 정하는 바에 따라 그 기간을 연장할 수 있다.
③ 예비허가를 받은 자가 예비허가의 조건을 이행한 후에 본허가 신청을 하면 허가해야 한다.

6. 보험종목별 자본금 또는 기금

보험종목	보험종목별 최저자본금	전체경영 시 자본금
생명보험	생명보험 200억원, 연금보험 200억원	300억원 이상
손해보험	보증보험 300억원, 재보험 300억원, 자동차보험 200억원, 해상보험 150억원, 화재보험 100억원, 책임보험 100억원, 기술 · 권리보험 50억원	300억원 이상
제3보험	상해보험 100억원, 질병보험 100억원, 간병보험 100억원	300억원 이상

① 보험종목의 전부를 영위하려는 경우 보험회사는 최소자본금 300억원 이상을 납입함으로써 보험 업을 시작할 수 있다.
② 보험종목의 일부만을 취급하고자 할 경우 50억원(기술 · 권리보험) 이상의 자본금 또는 기금을 납 입하여야 한다.
③ 2개 이상의 보험종목을 영위하고자 할 경우 각각의 최소자본금 또는 기금을 합한 금액으로 하되, 그 합계가 300억원이 넘는 경우 300억원으로 한다.
④ 외국보험회사 국내지점의 영업기금은 30억원 이상으로 한다.

> **참고** **통신판매전문보험회사**
> • 통신판매전문보험회사라 함은 총 계약건수 및 수입보험료의 90% 이상을 전화, 우편, 인터넷 등 통신수단 을 이용하여 모집하는 보험회사를 말한다.
> • 통신판매전문보험회사의 경우 일반 보험회사 최소자본금 또는 기금의 2/3 이상의 금액을 납입함으로써 보험업을 시작할 수 있다.

7. 보험업의 겸영가능 요건

구분	생명보험 일부	손해보험 일부	제3보험 일부	생명보험 전부	손해보험 전부	제3보험 전부
연금저축 · 퇴직연금	○	×	×	○	○	×
요건 갖춘 질병사망	×	×	×	×	○	×
제3보험	×	×	×	○	○	×
각각 재보험	○	○	○	○	○	○

① 생명보험업과 손해보험업은 겸영할 수 없다.

② 연금저축, 퇴직연금은 '손해보험종목의 일부를 영위하는 보험회사', '제3보험만을 영위하는 보험회사'는 겸영할 수 없다.

③ 연금은 생명보험의 주된 상품이므로 <u>생명보험 일부의 경우 허용</u>하고, 질병사망보장(요건을 갖출 경우 특약으로만 가능)은 <u>손해보험의 보험종목 전부를 영위하는 회사</u>만 허용한다.

> **참고**   질병사망보장 특약의 요건
>
> • 보험만기는 <u>80세 이하</u>일 것
> • 보험금액의 한도는 개인당 <u>2억원 이내</u>일 것
> • 만기 시에 지급하는 환급금은 납입보험료 합계액의 <u>범위</u> 내일 것

④ 제3보험은 생명보험이나 손해보험의 보험종목 <u>전부를 영위하는 보험회사</u>만 겸영 가능하다.

⑤ 각각의 재보험은 생명보험이나 제3보험의 일부를 영위해도 <u>겸영 가능</u>하다.

8. 보험회사의 겸영업무와 부수업무

① 업무신고 : 그 업무를 시작하려는 날의 <u>7일 전까지</u> 금융위원회에 신고해야 한다.

② 겸영업무와 부수업무의 종류

겸영업무	부수업무
집합투자업, 투자자문업, 투자일임업, 신탁업, 외국환업무, 퇴직연금사업자업무, 유동화자산관리업무, 전자자금이체업, 신용정보관리업 등	보험회사의 경영건전성과 계약자보호를 저해하지 않는 업무를 부수업무로 영위할 수 있음

9. 외국보험회사의 국내사무소

① 국내사무소 설치 : 외국보험회사가 국내 보험시장에 관한 <u>조사 및 정보수집</u>을 위해 국내사무소를 설치하려는 경우 <u>30일 이내에 금융위원회에 신고</u>해야 한다.

② 금지행위

　㉠ 보험업을 경영하는 행위

　㉡ 보험계약의 체결을 중개하거나 대리하는 행위

③ 법 위반의 경우 : 6개월 이내의 기간을 정하여 업무정지 또는 사무소 폐쇄

PART 01

PART 02

PART 03

PART 04

PART 05

PART 06

PART 07

01 보험업을 경영하려는 자는 <u>보험회사별</u>로 금융위원회의 허가를 받아야 한다.

02 생명보험이나 손해보험의 보험종목의 <u>전부</u>를 영위하는 자는 제3보험의 허가를 받은 것으로 보고, 신설보험종목에 대해서는 <u>허가를 받은 것</u>으로 본다.

03 생명보험의 보험종목 일부를 허가를 받는 자는 해당 보험종목의 <u>재보험 허가를 받은 것</u>으로 본다.

04 금융위원회에 보험업 허가신청 시 첨부하는 서류는 <u>정관, 3년치 사업계획서, 기초서류</u>이다.

05 허가신청을 받은 금융위는 조건부허가를 붙일 수 있으며, 만일 예비허가에 붙은 조건을 이행하고 본허가 신청 시 금융위는 <u>허가해야</u> 한다.

06 예비허가를 신청받은 금융위는 <u>2개월 이내</u>로 예비허가의 가부를 통지해야 하는데, 필요할 경우 <u>총리령</u>으로 그 기간을 연장할 수 있다.

07 하나의 보험종목을 영위하고자 할 경우 최소자본금은 <u>50억원</u>이다.

08 질병보험을 영위하고자 할 경우 납입해야 하는 최소자본금은 <u>100억원</u>이다.

09 화재보험과 해상보험의 2종목을 영위하고자 할 경우 <u>250억원</u>(=100억+150억)의 자본금을 납입해야 한다.

10 자동차보험과 재보험을 영위하고자 할 경우 500억(=200억+300억)이지만, 300억원 이상의 경우는 <u>300억원</u>의 자본금만 납입하면 된다.

11 외국보험회사 국내지점의 영업기금은 <u>30억원</u> 이상으로 한다.

12 통신판매전문보험회사란 통신수단으로 모집하는 계약이 총 계약 건수 및 수입보험료의 <u>90% 이상</u>인 회사를 말한다.

13 통신판매전문보험회사가 보험종목의 전부를 영위하는 보험업을 시작하기 위해서는 보험회사 자본금의 <u>2/3 이상</u>을 납입해야 한다.

14 연금저축보험이나 퇴직연금은 손해보험의 일부 영위회사, 제3보험 영위회사의 경우 겸영할 수 없다.

15 제3보험을 겸영할 수 있는 보험회사는 생명보험의 전부 영위회사, 손해보험의 전부 영위회사이다.

16 국내 보험회사가 겸영업무를 영위하고자 할 때에는 그 업무를 시작하려는 날의 <u>7일 전</u>까지 금융위원회에 신고해야 한다.

17 외국보험회사가 국내 보험시장에 관한 <u>조사 및 정보수집</u>을 위해 국내사무소를 설치하려는 경우 <u>7일</u> <u>이내에 금융위원회에 신고</u>해야 한다.

오답노트

01 보험업을 경영하려는 자는 보험종목별로 금융위원회의 허가를 받아야 한다.

17 외국보험회사가 국내 보험시장에 관한 조사 및 정보수집을 위해 국내사무소를 설치하려는 경우 30일 이내에 금융위원회에 신고해야 한다.

보험회사

1. 주식회사

(1) 주식회사의 의의

주식회사는 주주의 출자에 의한 자본을 가지고, 자본은 균일한 단위인 주식에 의하여 분할되며, 주주는 그가 인수한 주식의 인수가액을 한도로 회사에 대해서만 책임(→ 주주의 유한책임)을 지는 회사를 말한다.

(2) 이익배당요건

① 배당가능이익이 있어야 한다.
② 주총에서 재무제표승인과 보통결의의 절차가 필요하다.
③ 주주가 보유한 주식수에 따라 배당을 지급한다(주주평등원칙).

(3) 자본감소

① 자본감소의 종류

실질적 자본감소(유상감자)	형식적 자본감소(무상감자)
금원을 주주에게 반환	장부상 감소

② 자본감소의 절차 : 주주총회의 특별결의가 필요하며, 실질적 자본감소(유상감자)의 경우 미리 금융위원회의 승인을 받아야 한다.

주총 보통결의	주총 특별결의
출석 과반수&전체의 1/4 이상	출석의 2/3 이상&전체의 1/3 이상

③ 자본감소 시의 채권자보호절차 : 자본감소에 이의가 있는 자에게 이의를 제출할 수 있는 1개월 이상의 기간을 두어 공고해야 한다. → 만일, 이의제기 기간 중 이의제기를 한 보험계약자가 '이전될 보험계약자 수의 10%를 초과하거나 그 보험금액이 이전될 보험금액의 10%를 초과하는 경우'에는 보험계약을 이전하지 못한다.

(4) 조직변경

① 의의 : 회사가 법인격의 동일성을 유지하면서 그 법률상의 조직을 변경하여 다른 종류의 회사로 전환하는 것을 말한다.
② 절차 : 주식회사는 주총의 특별결의를 거쳐 상호회사로 조직을 변경할 수 있다. 이때 상호회사는 그 기금을 반드시 300억원 이상으로 할 필요가 없다.
③ 조직변경 효과 : 주식회사의 보험계약자 → 상호회사의 사원

2. 상호회사

(1) 상호회사의 의의

보험업법에 의해 설립되는 사단법인(우리나라는 아직 상호회사가 없음)이다.

(2) 주식회사와 상호회사의 비교

구분	주식회사	상호회사
근거법	상법	보험업법
구성원	주주	사원(보험계약자)
법적성질	영리법인	비영리법인
의사결정기관	주주총회	사원총회
자본	자본금	기금
손익귀속	주주	사원(보험계약자)
보험관계	불특정다수	보험계약을 체결하면 사원관계성립

(3) 상호회사의 설립

① 상호회사의 기금은 반드시 금전으로 납입되어야 한다.

② 상호회사는 100명 이상의 사원으로서 설립하며, 회사설립 후 사원이 100명에 미달된다고 하여 해산사유가 되지는 않는다.

(4) 사원의 권리와 의무

권리	의무
• 공익권 : 회사의 운영에 참가할 것을 목적 • 자익권 : 경제적 이익을 받는 것을 목적	• 유한책임 : 사원의 책임은 보험료를 납입한 총액한도에서 부담 • 간접책임 : 채권자에 대한 채무의 책임을 직접 부담하는 것이 아님

(5) 사원관계의 발생

설립 시 사원이 되는 경우	설립 후 사원이 되는 경우
• 발기인으로서 사원이 되는 경우 • 발기인이 아닌 자가 입사청약서 2부로 지원하여 사원이 되는 경우(→ 입사청약서로 사원에 지원하는 것은 설립 시 사원이 되고자 하는 경우에 한함)	• 보험계약에 의하는 경우 • 주식회사에서 상호회사로 변경 • 보험회사(주식회사)의 계약이 상호회사로 이전되는 경우 • 합병으로 존속 또는 설립되는 회사가 상호회사인 경우

(6) 상호회사의 기관

① 상호회사의 최고의결기관으로 사원총회가 있다.

② '이사, 이사회, 대표이사, 감사'를 두고 있는 것은 주식회사와 동일하다.

(7) 상호회사의 계산

① 손실보전준비금 : 손실보전을 위해 잉여금의 일부를 손실보전준비금으로 적립한다.

② 기금이자지급제한 : 손실이 있을 경우 손실보전 후에 기금이자의 지급이 가능하다.

③ 기금상각적립금 : 기금을 상각 시 담보력감소 방지 그 금액을 적립해야 한다.

(7) 사원의 퇴사

① 정관에서 정한 사유의 발생

② 보험관계의 소멸

③ 상호회사 사원의 사망(상속인이 지분을 승계하여 사원이 됨)

(8) 회사의 해산 및 청산

해산결의	청산절차
사원총회의 **특별결의**	• 해산결의 후 <u>청산절차 이행</u> • 단, 합병 · 파산 시에는 청산절차 없음

3. 외국보험회사 국내지점

① 금융위원회의 허가를 받아 국내에서 보험업의 경영을 하는 외국보험회사의 국내지점을 '외국보험회사 국내지점'이라 하며 <u>보험업법상의 보험회사</u>로 간주된다(보험업법 제4조 제6항).

② 여기에서 외국보험회사란 '대한민국 이외의 국가의 법령에 따라 설립되어 대한민국 이외의 국가에서 보험업을 경영하는 자를 말한다(보험업법 제2조 제8호).

③ 외국보험회사 국내지점의 허가취소 사유

㉠ 합병이나 영업양도로 영업권이 소멸된 경우

㉡ 휴업이나 영업중단 시

㉢ 위법행위로 인해 외국감독기관으로부터 6개월 이내의 영업전부정지를 당한 경우 등 → 외국보험회사 국내지점에 대한 청문을 거쳐 보험업의 허가를 취소할 수 있다.

④ 국내자산 보유의무

국내자산 보유의무	잔무처리자
국내에서 모집한 보험계약의 <u>책임준비금과 비상위험준비금 이상의 자산을 국내에서 보유</u>해야 함	잔무처리자(허가취소 시 선임)는 잔무에 관한 재판상 또는 재판 외의 모든 행위를 할 권리를 가짐

PART 01

PART 02

PART 03

PART 04

PART 05

PART 06

PART 07

01 자본감소를 하기 위해서는 사전에 <u>금융위원회의 승인</u>을 받아야 하며, <u>주주총회의 특별결의</u>를 해야 한다.

02 보험회사가 자본감소결의를 한 다음에는 이의제기를 할 수 있는 기간을 <u>1개월</u> 이상으로 하여 공고해야 한다.

03 이의를 제기한 보험계약자가 이전될 보험계약자 총수의 <u>10분의 1</u>을 초과하거나 그 보험금액이 이전될 <u>보험금 총액의 10분의 1</u>을 초과하는 경우에는 보험계약을 이전하지 못한다.

04 주식회사가 상호회사로 조직을 변경할 경우 주식회사에 대한 해산과 청산절차를 <u>밟아야 한다</u>.

05 주식회사는 주총의 특별결의를 거쳐 <u>상호회사로 조직을 변경</u>할 수 있는데, 이때 상호회사는 그 기금을 반드시 300억원 이상으로 할 <u>필요가 없다</u>.

06 상호회사의 기금은 반드시 금전으로 <u>납입하여야 한다</u>.

07 상호회사는 <u>100명 이상</u>의 사원으로서 설립하며, 설립 후 사원이 100명에 <u>미달</u>된다고 하여 해산사유가 <u>되지는 않는다</u>.

08 상호회사의 기관으로는 <u>사원총회</u>, 이사, 이사회, 대표이사, 감사를 두고 있는데 이는 사원총회를 제외하면 주식회사와 동일하다.

09 상호회사의 사원은 채권자에 대한 <u>간접채무부담</u>을 진다.

10 상호회사에서는 보험계약을 체결하면 사원이 되고 보험계약관계가 소멸되면 사원의 지위에서 <u>퇴사</u>하게 된다.

11 상호회사의 사원이 사망하면 그 상속인이 <u>지분을 상속</u>한다.

12 사원총회에서 상호회사의 해산을 결의하면 청산절차가 <u>필요 없다</u>.

13 외국보험회사 국내지점이 합병이나 영업양도로 영업권이 소멸될 경우 <u>자동</u>으로 보험업의 허가가 취소된다.

14 외국보험회사 국내지점은 국내에서 모집한 보험계약으로부터 적립한 책임준비금 상당의 자산을 <u>국내에서 보유</u>해야 한다.

오답노트

04	주식회사가 상호회사로 조직을 변경할 경우 주식회사에 대한 해산과 청산절차를 면제한다.
13	외국보험회사 국내지점이 합병이나 영업양도로 영업권이 소멸될 경우 청문을 거쳐 보험업의 허가가 취소된다.

1. 모집종사자

(1) 보험모집을 할 수 있는 자

모집을 할 수 있는 자	모집을 할 수 없는 자
판매조직 : 보험설계사, 보험대리점, 보험중개사, 보험회사 임직원(영업직원, 일반직원 모두 포함)	보험회사 임직원 중 모집불가인 자 → 대표이사, 사외이사, 감사, 감사위원

(2) 모집종사자의 권리 및 업무 비교

구분	보험설계사	보험대리점	보험중개사
보험료협상권	×	×	○
보험료수령권	○^{주1}	○	×
계약체결대리권	×	○	×
고지수령권	×	○	×
회사전속여부	△(교차모집)	△(복수위촉)	×
보험사의 배상책임	○	○	×

주1 : 보험자가 작성한 영수증을 보험계약자에게 교부할 경우 보험료수령권 인정

(3) 등록업무의 위탁(등록은 모두 금융위원회)

보험설계사	보험대리점	보험중개사
보험협회	보험협회	금융감독원장
보험계리사, 손해사정사, 보험중개사는 금융감독원에서 등록실무 담당		

(4) 보험설계사의 교차모집 : 교차모집을 하고자 하는 자는 서류를 보험협회에 제출

① '생명보험+제3보험'의 전속설계사 : 1개의 손해보험회사를 위한 교차모집 가능
② '손해보험+제3보험'의 전속설계사 : 1개의 생명보험회사를 위한 교차모집 가능
③ 생명보험 또는 손해보험의 전속설계사 : 1개의 제3보험을 위한 교차모집 가능

(5) 영업보증금

보험대리점(보험회사를 대리하여 계약을 체결하는 자)		보험중개사(독립적으로 보험계약 체결을 중개알선하는 자)	
개인	법인	개인	법인
1억원 이내	3억원 이내	1억원 이상	3억원 이상

① 보험대리점의 영업보증금은 1~3억원 이내에서 보험회사와 협의해서 결정하며, 보험중개사의 영업보증금은 1~3억원 이상에서 총리령으로 결정한다.

② 금융기관보험대리점, 금융기관보험중개사는 <u>영업보증금 예탁의무가 면제</u>된다.

③ 보험중개사는 보험회사 임직원이 될 수 <u>없으며</u>, '보험설계사, 보험대리점, 보험계리사, 손해사정사'
의 업을 겸영할 수 없다.

(6) 금융기관보험대리점의 영업기준

① '금융기관'은 보험대리점 또는 보험중개사로 등록할 수 있다. → 금융기관이라 함은 은행, 투자매
매업자 또는 투자중개업자, 상호저축은행, 특수은행(산업은행, 중소기업은행, 농협은행), 신용카
드업자, 농협 단위조합(특수은행 중 수출입은행과 수협이 제외됨)을 말한다.

② 금융기관보험대리점의 보험상품 모집제한

모집 가능한 생명보험 상품	모집 가능한 손해보험 상품
• 개인저축성보험 • 신용생명보험 • 개인보장성보험은 제3보험 주계약에 한해 허용(저축 성특약 불가, 질병사망특약 불가)	• 개인연금 • 장기저축성보험 • <u>주택화재보험</u> • 상해보험 • 종합보험 • 신용손해보험 • 개인<u>장기</u>보장성보험은 제3보험 주계약에 한해 허용(저 축성특약 불가, 질병사망특약 불가)

2. 보험모집에 있어서의 준수사항

(1) 모집질서확립

① 보험료를 받지 않고 <u>영수증을 선발행할 수 없다</u>.

② 분납보험료의 경우 납입유예기간 이후에 결제되는 <u>어음을 영수할 수 없다</u>.

③ 보험료를 영수한 경우 소속보험회사가 발행한 영수증을 발급해야 한다. 단, <u>신용카드 또는 금융기
관이체</u>로 보험료를 영수한 경우에는 <u>영수증 발급을 생략</u>할 수 있다.

④ 자기가 모집한 계약을 타인이 모집한 것으로, 타인의 모집계약을 자기가 모집한 계약으로 처리할
수 없다.

⑤ 보험계약자 등의 실지명의가 아닌 명의로 보험계약을 임의로 작성하여 청약할 수 없다.

(2) 보험안내자료

필수기재사항	기재금지사항
• 보험회사의 상호나 명칭 • 보험가입에 따른 권리의무에 관한 사항 • 보험약관에서 정하는 보장, 보험금지급 제한 • 해약환급금에 관한 사항 • 예금자보호에 관한 사항 • 기타 대통령령으로 정한 사항	• 자산과 부채에 관한 사항 중 금융위에 제출한 서류와 서 로 <u>다른 내용</u> • 장래의 이익의 배당 또는 잉여금의 분배에 대한 <u>예상</u>에 관한 사항 • 위 내용들을 방송 등을 통해 불특정다수인에게 알리는 경우

(3) 설명의무

① <u>일반보험계약자</u>에게 보험을 판매할 경우 설명의무가 부과된다.

② 설명의무를 이행하고 일반보험계약자가 이해하였음을 서명이나 녹취 등의 방법으로 확인받고 보관해야 한다.

(4) 적합성의 원칙(→ <u>변액보험계약</u>에서 적합성이 준수되어야 함)

① 고객의 상황을 파악하여 고객에게 가장 적합한 금융상품판매를 권유하는 것을 말한다. → Know Your Customer Rule

② 일반보험계약자의 연령, 보험가입목적, 재산상황 등을 파악하여 일반보험계약자의 유형에 적합하지 않은 상품을 권유하면 안 된다.

(5) 중복계약체결 확인의무

모집하고자 하는 보험계약과 동일한 위험을 보장하는 보험계약이 있는지의 여부, 즉 보험계약의 중복여부를 확인해야 한다(2011년 시행령).

(6) 통신판매 관련 준수사항

① 통신수단을 통해 보험계약을 모집하는 자는 다른 사람의 평온한 생활을 침해하는 방법으로 모집할 수 없다.

② 통신판매계약은 청약철회 및 계약 내용의 확인 또는 계약해지 시에도 통신수단을 이용할 수 있도록 해야 한다.

(7) 보험계약의 체결 또는 모집에 관한 금지행위

① 보험계약의 부당소멸 금지 → <u>승환계약 금지</u>

  ㉠ 기존 보험계약이 소멸된 날로부터 <u>1개월</u> 이내에 새로운 보험계약을 청약하게 하거나, 새로운 보험계약을 청약한 날로부터 <u>1개월</u> 이내에 기존 보험계약을 소멸하게 하는 경우

  ㉡ 기존 보험계약이 소멸된 날로부터 <u>6개월</u> 이내에 새로운 보험계약을 청약하게 하거나, 새로운 보험계약을 청약하게 한 날로부터 <u>6개월</u> 이내에 기존 보험계약을 소멸하게 하는 경우로서, 해당 보험계약자 등에게 기존 보험계약과 새로운 <u>보험계약의 보험기간 및 예정 이자율 등 대통령령으로 정하는 중요한 사항을 비교하여 알리지 않은</u> 경우

  ㉢ 위 규정을 위반하여 기존 보험계약을 소멸시킨 경우 그 보험계약이 소멸한 날로부터 6개월 이내에 소멸된 보험계약의 부활을 청구하고 새로운 보험계약은 취소할 수 있다.

② 실제 명의인이 아닌 자의 보험계약을 모집하거나 실제 명의인의 동의가 없는 보험계약을 모집하는 행위

③ 보험계약자 또는 피보험자의 자필서명을 직접 받지 않고 임의로 하는 행위

④ 다른 모집종사자의 명의를 이용하여 보험계약을 모집하는 행위

⑤ 보험계약자 또는 피보험자와의 금전대차의 관계를 이용하여 보험계약자 또는 피보험자로 하여금 보험계약을 청약하게 하는 행위

PART 01

PART 02

PART 03

PART 04

PART 05

PART 06

PART 07

⑥ 정당한 이유 없이 장애인의 보험가입을 거부하는 행위

⑦ 보험계약의 청약철회 또는 계약해지를 방해하는 행위

(8) 특별이익의 제공금지(아래의 행위 금지)

① 금품제공금지[→ Min(최초보험료 1년치의 10%, 3만원) 이하는 제공 가능]

② 기초서류에서 정한 사유가 아닌 보험료할인 또는 수수료의 지급

③ 기초서류에서 정한 보험금액보다 많은 보험금액의 지급을 약속하는 행위

④ 보험계약자나 피보험자를 위한 보험료의 대납 및 대출금이자의 대납

⑤ 제3자에 대한 청구권대위행사의 포기

(9) 자기계약의 금지

① 보험대리점 또는 보험중개사가 자기 또는 자기를 고용하고 있는 자를 보험계약자 또는 피보험자로 하는 보험계약(자기계약)을 모집하는 것을 금지한다(보험업법 제101조 제1항).

② 자기계약의 보험료누계액이 해당 보험대리점 또는 보험중개사가 모집한 보험료의 50%를 초과하게 된 경우 자기계약을 주된 목적으로 한 것으로 본다(보험업법 제101조 제2항).

3. 모집을 위탁한 보험회사의 배상책임

① 보험회사는 자사의 임직원, 보험설계사 또는 보험대리점이 모집 중에 보험계약자에게 손해를 입힌 경우 해당 손해에 대해서 배상책임을 진다(→ 단, 상당한 주의의무를 이행하였다면 면책).

② 책임의 성질 : 보험자가 아래의 책임으로 배상책임을 이행하였을 때는 보험설계사나 임직원 등에 구상권을 행사할 수 있다.

무과실에 가까운 책임	무과실책임
보험설계사 · 보험대리점	임직원
보험회사에게 임직원에 대한 책임을 좀 더 엄격하게 적용	

㉠ 보험자가 책임을 면하기 위해서 상당한 주의의무를 이행하였음을 보험자가 입증해야 함

㉡ 보험자는 보험중개사에 대해서는 무과실책임 또는 무과실에 가까운 책임을 지지 않음

③ 보험설계사나 보험대리점의 손해배상책임에 보험계약자 등의 책임사유도 경합된다면, 그 과실 정도에 따라 과실상계되어야 한다.

핵심 빈출
지문

| 보험업법

01 보험회사 임직원 중 보험모집을 할 수 없는 자는 <u>대표이사, 사외이사, 감사, 감사위원</u>이다.

02 보험설계사는 <u>보험료수령권, 고지수령권, 계약체결권, 보험료협상권</u>이 모두 없다.

03 보험대리점은 보험료협상권을 제외한 <u>보험료수령권, 고지수령권, 계약체결권</u>이 있다.

04 보험중개사는 <u>보험료협상권과 계약체결권</u>만 있고 나머지 모집상의 권리는 없다.

05 보험설계사와 보험대리점, 보험중개사는 모두 <u>금융위원회</u>에 등록하고 등록의 위탁업무는 보험설계사 · 보험대리점은 <u>보험협회</u>에서, 보험중개사는 <u>금융감독원장</u>에서 한다.

06 생명보험회사 또는 제3보험을 전업으로 하는 보험회사에 소속된 보험설계사는 <u>1개의 손해보험회사</u>를 위한 교차모집이 허용된다.

07 법인보험대리점은 영업보증금을 <u>3억원</u> 이내에서 협의로 결정하며, 법인보험중개사는 영업보증금을 <u>3억원 이상의 금액을 총리령</u>으로 정한다.

08 보험중개사는 보험회사 임직원이 될 수 없으며, 보험설계사나 보험대리점의 업을 <u>겸영할 수 없다</u>.

09 금융기관보험대리점을 할 수 없는 자는 특수은행 중 <u>수출입은행과 수협</u>이다.

10 금융기관보험대리점이 보장성보험을 모집하기 위해서는 <u>제3보험 주계약</u>에 한해서 가능하다.

11 방카슈랑스는 주택화재보험은 모집할 수 있으나, <u>일반화재보험계약</u>은 모집할 수 <u>없다</u>.

12 모집종사자는 신용카드로 보험료를 지급받은 경우에도 영수증을 <u>발급해야 한다</u>.

13 보험회사는 보험안내자료에 자산과 부채에 관한 사항을 금융위에 제출한 서류와 <u>다르게 기재할 수 없다</u>.

14 설명의무는 전문보험계약자가 아닌 <u>일반보험계약자</u>를 대상으로 이행되어야 한다.

15 보험계약에서 적합성이 준수되어야 하는 것은 <u>변액보험</u>이다.

16 통신판매계약이라도 청약철회 및 계약 내용의 확인 또는 계약해지 시에는 통신수단을 <u>활용할 수 있다</u>.

17 기존 보험계약이 소멸된 날로부터 <u>6개월 이내</u>에 새로운 보험계약을 청약하게 하거나 새로운 보험계약을 청약한 날로부터 <u>6개월 이내</u>에 기존 보험계약을 소멸케 하는 행위로서, 해당 보험계약자 또는 피보험자에게 그 <u>중요한 사항을 비교하여 알리지 않는 행위</u>는 금지된다.

18 보험계약체결 시 최초 1년간 납입되는 <u>보험료의 10%와 3만원 중 적은 금액</u>을 초과하지 않는 금액은 제공 가능하다.

19 보험대리점이나 보험중개사가 모집한 <u>자기계약의 누계액</u>이 해당 보험대리점 또는 보험중개사가 모집한 보험료의 <u>50%</u>를 초과할 경우 금지대상이 된다.

20 보험대리점이 모집행위에 있어서 불법행위를 하여 보험계약자에 게 손해배상 책임을 졌을 때, 보험회사는 <u>무과실에 가까운 책임</u>으로서 보험자가 책임을 부담한다.

21 보험회사가 보험의 모집활동과 관련하여 무과실에 가까운 책임을 지는 대상은 <u>보험설계사, 보험대리점, 보험중개사</u>이다.

22 일반보험계약자는 보험의 증권을 받은 날로부터 <u>15일 이내</u>에 아무런 조건 없이 청약철회를 할 수 있지만, 청약한 날로부터 <u>30일</u>이 초과하면 어떠한 경우라도 청약철회는 불가하다.

오답노트

04 보험중개사는 보험료협상권만 있고 나머지 모집상의 권리는 없다.

12 모집종사자는 신용카드로 보험료를 지급받은 경우에는 영수증을 발급할 필요가 없다.

21 보험회사가 보험의 모집활동과 관련하여 무과실에 가까운 책임을 지는 대상은 <u>보험설계사, 보험대리점, 보험중개사</u>이다. → 보험중개사는 독립된 조직이므로 해당이 되지 않는다.

PART
01

PART
02

PART
03

PART
04

PART
05

PART
06

PART
07

01 다음의 보험계약의 성립에 관한 설명으로 옳지 않은 것은?

① 보험계약은 당사자 일방이 약정한 보험료를 지급하고 재산 또는 생명이나 신체에 불확정한 사고가 발생한 경우에 상대방이 일정한 보험금이나 그 밖의 급여를 지급할 것을 약정함으로써 효력이 생긴다.

② 보험계약은 낙성 쌍무, 유상, 불요식 계약이라는 특성 외에 사행계약적 성격과 선의 계약적 성격도 가지고 있다.

③ 보험자는 일정한 경우 승낙 전 보험사고에 대해 보험계약상의 책임을 진다. 나아가 인보험계약의 피보험자가 신체검사를 받아야 하는 경우에 그 검사를 받지 아니한 경우에도 보험계약상의 책임을 부담한다.

④ 보험계약자의 청약에 대해 보험자는 승낙할지 여부를 자유롭게 결정할 수 있는 것이 원칙이다.

해설 | 보험자가 보험계약자로부터 보험계약의 청약과 함께 보험료 상당액의 전부 또는 일부를 받은 경우에 그 청약을 승낙하기 전에 보험계약에서 정한 보험사고가 생긴 때에는 그 청약을 거절할 사유가 없는 한 보험자는 보험계약상의 책임을 진다. 그러나 인보험계약의 피보험자가 신체검사를 받아야 하는 경우에 그 검사를 받지 아니한 때에는 보험계약상의 책임을 부담하지 않는다(상법 제638조의2 제3항).

02 보험계약에 대한 설명 중 옳지 않은 것은?

① 소급보험계약에서는 보험기간이 보험계약기간보다 장기이다.

② 승낙전 보호제도가 적용될 경우 보험기간이 보험계약기간보다 장기이다.

③ 장래보험계약에서는 보험기간과 보험계약기간이 반드시 일치하여야 할 필요가 없다.

④ 소급보험계약에서는 초회보험료가 납입되기 전에도 청약 이전 사고에 대해서 보상할 책임이 있다.

해설 | 소급보험은 보험계약 성립 이전의 어느 시기부터 보험기간이 시작되는 것으로 약정한 것이며, 최초보험료의 납입을 보험자의 책임개시의 요건으로 한다. 단, 최초보험료 지급이 없어도 책임을 개시한다는 당사자 간의 특약이 있으면 문제가 없다.

03 보험계약 당사자 간에 다음과 같은 약정이 있는 경우에 현행 상법상 그 효력을 인정할 수 없는 것은?

① 보험가액의 일부를 보험에 붙였으나 보험자가 보험가액의 한도 내에서 그 손해를 보상하기로 약정한 경우

② 인보험 계약의 보험금을 분할하여 지급하기로 약정한 경우

③ 보험자의 책임개시 시기를 최초 보험료의 지급을 받은 때보다 5일 전으로 약정하는 경우

④ 보험계약자의 고지의무 위반이 있는 경우 보험자가 이를 안 날로부터 20일 내에 한하여 보험계약을 해지할 수 있는 것으로 약정하는 경우

해설 | 보험가액의 일부를 보험에 붙인 경우에는 보험자는 보험금액의 보험가액에 대한 비율에 따라 보상할 책임을 진다. 그러나 당사자 간에 다른 약정이 있는 때에는 보험자는 보험금액의 한도 내에서 그 손해를 보상할 책임을 진다(상법 제674조).
② 보험금은 당사자 간의 약정에 따라 분할하여 지급할 수 있다(상법 제727조 제2항).
③ 보험자의 책임은 당사자 간에 다른 약정이 없으면 최초의 보험료의 지급을 받은 때로부터 개시한다(상법 제656조). 즉 다른 약정(보험료의 지급을 받은 때로부터 5일 전)이 있으면 이에 따른다.
④ 보험계약 당시에 보험계약자 또는 피보험자가 고의 또는 중대한 과실로 인하여 중요한 사항을 고지하지 아니하거나 부실의 고지를 한 때에는 보험자는 그 사실을 안 날로부터 1월 내에, 계약을 체결한 날로부터 3년 내에 한하여 계약을 해지할 수 있다(상법 제651조).

04 다음의 빈칸에 들어갈 용어를 순서대로 옳게 나열한 것은?

> 보험계약자는 계약체결 후 지체없이 보험료의 전부 또는 제1회 보험료를 지급하여야 하며, 보험계약자가 이를 지급하지 아니하는 경우에는 다른 약정이 없는 한 계약성립 후 (   )이 경과하면 그 계약은 (   )된 것으로 (   ).

① 2월, 해제, 본다

② 2월, 해지, 추정한다

③ 1월, 해제, 추정한다

④ 1월, 해지, 본다

해설 | 보험계약자는 계약체결 후 지체없이 보험료의 전부 또는 제1회 보험료를 지급하여야 하며, 보험계약자가 이를 지급하지 아니하는 경우에는 다른 약정이 없는 한 계약성립 후 2월이 경과하면 그 계약은 해제된 것으로 본다(해제의제, 상법 제650조 제1항).

05 다음 중 보험약관의 교부, 설명의무에 관한 설명으로 옳지 않은 것은?

① 보험약관은 계약의 상대방이 계약내용을 선택할 수 있는 자유를 제약하는 측면이 있다.

② 보험약관은 보험자가 일방적으로 작성한다는 측면 등을 고려하여 입법적, 행정적, 사법적 통제가 가해진다.

③ 보험계약이 체결되고 나서 보험약관의 개정이 이루어진 경우 그 변경된 약관의 규정이 당해 보험계약에 적용되는 것이 당연한 원칙이다.

④ 상법에 의하면 보험자가 보험약관의 교부, 설명의무를 위반한 경우에는 보험계약자는 보험계약이 성립한 날부터 3개월 이내에 그 계약을 취소할 수 있다.

해설 | 보험계약이 일단 그 계약 당시의 보통보험약관에 의하여 유효하게 체결된 이상 그 보험계약관계에는 계약 당시의 약관이 적용되는 것이고, 그 후 보험자가 그 보통보험약관을 개정하여 그 약관의 내용이 상대방에게 불리하게 변경된 경우는 물론 유리하게 변경된 경우라고 하더라도 당사자가 그 개정약관에 의하여 보험계약의 내용을 변경하기로 하는 취지로 합의하거나 보험자가 구 약관에 의한 권리를 주장할 이익을 포기하는 취지의 의사를 표시하는 등의 특별한 사정이 없는 한 개정 약관의 효력이 개정 전에 체결된 보험계약에 미친다고 할 수 없다(대법원 판결).

06 다음 중 상법상 보험약관의 교부 · 설명의무에 대한 기술로 옳은 것은?

① 보험자는 보험계약을 체결할 때에 피보험자에게 보험약관을 교부하고, 그 약관의 중요한 내용을 설명하여야 한다.

② 보험계약자의 고지의무나 통지의무도 보험자가 설명하여야 한다.

③ 보험자가 보험계약자의 대리인과 보험계약을 체결하는 경우에는 그 대리인에게 보험약관을 설명하는 것으로 충분하다.

④ 약관의 내용이 보험계약자에게 불리한 경우에는 그 내용이 이미 법령에 규정된 사항을 구체적으로 부연하는 정도에 불과한 경우라 할지라도 보험자의 설명의무는 면제되지 않는다.

해설 | 보험약관의 설명의무의 상대방은 반드시 보험계약자 본인에 국한되는 것이 아니라, 보험자가 보험계약자의 대리인과 보험계약을 체결할 경우에는 그 대리인에게 보험약관을 설명함으로써 족하다(대법원 판결).
　① 보험자는 보험계약을 체결할 때에 보험계약자에게 보험약관을 교부하고, 그 약관의 중요한 내용을 설명하여야 한다(상법 제638조의3 제1항).
　② 보험계약자의 고지의무나 통지의무는 보험자에게 알리는 보험계약자 측의 의무이다.
　④ 보험계약자에게 불리한 경우에도 그 내용이 이미 법령에 규정된 사항을 구체적으로 부연하는 정도에 불과한 경우라면 보험자의 설명의무가 인정된다고 볼 수가 없다(대법원 판결).

PART
01

PART
02

PART
03

PART
04

PART
05

PART
06

PART
07

07 보험자의 약관설명의무에 관한 설명 중 틀린 것은? (다툼이 있는 경우 대법원 판례에 의함)

① 보험자가 보험계약자의 대리인과 보험계약을 체결할 경우에는 그 대리인에게 보험약관을 설명하는 것으로 충분하고 보험계약자에게까지 설명해야 하는 것은 아니다.

② 보험자는 약관의 내용 전부를 설명해야 하는 것은 아니고, 그 중요한 내용만을 설명하면 된다.

③ 보험계약자나 그 대리인이 보험약관의 내용을 잘 알고 있는 경우에는 보험자는 설명의무를 지지 않는다.

④ 약관의 내용이 보험계약자에게 불리한 것인 경우에는, 그 내용이 법령에 이미 규정되어 있는 것이더라도 보험자는 설명해야 한다.

해설 | 보험계약자에게 불리한 경우에도 그 내용이 이미 법령에 규정된 사항을 구체적으로 부연하는 정도에 불과한 경우라면 보험자의 설명의무가 인정된다고 볼 수 없다(대법원 판결).

08 보험적립금 반환의무에 관한 설명으로 옳은 것은?

① 보험적립금 반환의무는 고지의무 위반으로 계약이 해지된 경우에는 적용되지 아니한다.

② 보험적립금 청구권은 2년의 시효로 소멸한다.

③ 계속 보험료의 지급 지체로 보험계약이 해지된 경우에는 보험자는 보험수익자를 위하여 적립한 금액을 보험계약자에게 지급하여야 한다.

④ 보험계약자의 고의로 인한 보험사고의 경우에도 보험자는 보험적립금 반환의무를 부담한다.

해설 | ③은 상법 제736조 제1항의 내용이다.
　　　① 보험적립금 반환의무는 고지의무 위반으로 계약이 해지된 경우(상법 제651조)에도 적용된다(상법 제736조 제1항).
　　　② 적립금의 반환청구권은 3년간 행사하지 아니하면 시효의 완성으로 소멸한다(상법 제662조).
　　　④ 보험사고가 보험계약자의 고의 또는 중대한 과실로 인하여 생긴 때에는 보험적립금 반환의무를 부담하지 않는다(상법 제736조 제1항, 단서).

09 보험금 청구권은 (　　)년간, 보험료 또는 적립금의 반환청구권은 (　　)년간, 보험료 청구권은 (　　)년간 행사하지 아니하면 시효의 완성으로 소멸한다. (　　)에 들어갈 숫자를 차례대로 옳게 기술한 것은?

① 3, 3, 2　　　　　　　　　　　　　② 2, 2, 1

③ 3, 2, 2　　　　　　　　　　　　　④ 2, 2, 3

해설 | 보험금청구권은 3년간, 보험료 또는 적립금의 반환청구권은 3년간, 보험료 청구권은 2년간 행사하지 아니하면 시효의 완성으로 소멸한다(상법 제662조).

10 다음은 보험계약의 부활에 관한 설명이다. 옳지 않은 것은?

① 부활계약을 새로운 계약으로 볼 경우 보험계약자는 고지의무를 부담하게 된다.

② 보험계약의 부활이 되기 위해서는 보험계약이 해지된 후 해지환급금이 지급되지 않아야 한다.

③ 보험계약의 부활은 계속보험료의 지급지체로 인하여 보험계약이 해지되거나 고지의무 위반으로 인하여 보험계약이 해지된 경우에 한하여 인정된다.

④ 보험계약자는 보험계약이 해지된 후 일정한 기간 내에 연체보험료에 약정이자를 붙여 보험자에게 지급하고 계약의 부활을 청구할 수 있다.

해설 | 보험계약의 부활은 기존계약이 계속보험료의 부지급으로 인해 상법 제650조 제2항(계속보험료가 약정한 시기에 지급되지 아니한 때에는 보험자는 상당한 기간을 정하여 보험계약자에게 최고하고 그 기간 내에 지급되지 아니한 때에는 그 계약을 해지할 수 있다)에 따라 최고의 절차를 거쳐 해지된 경우만 인정된다.

11 다음 중 계약순연부활을 적용할 수 없는 계약에 해당하지 않는 것은?

① 이미 보험금지급사유가 발생한 계약

② 과거에 이미 부활한 계약

③ 가입연령을 초과하여 순연이 불가한 계약

④ 세제와 관련된 계약으로 계약순연 시 세제혜택의 대상에서 제외되는 계약

해설 | 과거에 이미 부활한 계약이 아니라 과거에 계약순연부활을 한 계약이다.

12 고지의무에 관하여 우리 상법이 채택한 것은?

① 고지의무 이행 방법으로 수동적 답변의무

② 고지의무 위반의 효과로서 비례감액주의

③ 고지의무자에 피보험자 포함

④ 보험수익자에 대한 해지의 의사표시도 유효

해설 | 고지의무자는 보험계약자와 피보험자이며, 대리인에 의하여 체결되는 경우 그 대리인도 포함한다(상법 제646조).
① 상법상 고지의무제도는 질문표에 대하여 응답하기만 하면 되는 수동적 답변의무뿐만 아니라 중요한 사항을 적극적으로 고지하는 의무도 포함한다.
② 아직 우리 상법에는 도입되지 않고 있다.
④ 계약해지의 의사표시도 보험계약자 또는 그의 상속인(그들의 대리인 포함)에게 하여야 하며, 보험수익자에 대하여 한 계약해지의 의사표시는 효력이 없다.

PART 01

PART 02

PART 03

PART 04

PART 05

PART 06

PART 07

정답 07 ④ 08 ③ 09 ① 10 ③ 11 ② 12 ③

13 보험계약법상 고지의무에 대한 설명으로 옳지 않은 것은?

① 고지의무는 간접의무에 해당한다.

② 고지의무를 위반한 경우에 보험자는 그 이행을 강제할 수 없다.

③ 고지의무를 위반한 경우에 보험자는 손해배상청구권을 행사할 수 있다.

④ 고지의무를 위반한 경우에 보험자는 보험계약을 해지할 수 있다.

해설 | 고지의무는 피보험자나 보험계약자가 해지에 의한 불이익을 피하기 위하여 부담하는 일종의 <u>간접의무</u>이다. 따라서 고지의무를 위반한 경우 보험자가 그 이행을 강제하거나 불이행에 대하여 손해배상을 청구할 수 있는 것이 아니라 단지 보험계약을 해지할 수 있을 뿐이다.

14 다음은 통지의무에 관한 설명이다. 올바르지 않은 것은? (다툼이 있는 경우 판례에 의함)

① 보험기간 중에 보험계약자, 피보험자나 보험수익자가 사고발생의 위험이 현저하게 변경 또는 증가된 사실을 안 때에는 지체 없이 보험자에게 통지하여야 한다.

② 보험기간 중에 보험계약자, 피보험자 또는 보험수익자의 고의 또는 중대한 과실로 인하여 사고발생의 위험이 현저하게 변경 또는 증가된 때에는 보험자는 그 사실을 안 날로부터 1월 내에 보험료 증액 등을 청구할 수 있다.

③ 위험변경증가는 일정상태의 계속적 존재를 전제로 하고, 일시적 위험의 증가에 그친 경우에는 통지의무를 부담하지 아니한다.

④ 화재보험에서 근로자들이 폐업신고에 항의하면서 공장을 상당기간 점거하여 외부인의 출입을 차단하고 농성하는 행위는 현저한 위험변경증가로 본다.

해설 | 보험기간 중에 보험계약자 또는 피보험자가 사고발생의 위험이 현저하게 변경 또는 증가된 사실을 안 때에는 지체 없이 보험자에게 통지하여야 한다(위험변경증가 통지의무, 상법 제652조 제1항). 따라서 보험수익자는 해당되지 않는다.
② 보험계약자, 피보험자 또는 보험수익자의 '위험유지의무' 위반이다(상법 제653조).
③ 일시적으로 위험이 증가되는 경우는 약관에서 말하는 '위험의 현저한 증가'에 포함되지 않으므로 통지의무를 부담하지 아니한다(대법원 판결).
④ 피보험회사 근로자들이 회사의 폐업신고에 항의하면서 공장을 상당기간 점거하여 외부인의 출입을 차단하고 농성하는 행위가 화재 보험약관상 실효사유인 보험목적건물에 대한 점유의 성질의 변경 또는 그에 영향을 줄 수 있는 사정의 변경이 있는 경우에 해당한다(대법원 판결).

15 다음은 보험기간 중 위험증가 등에 관한 기술이다. 옳지 않은 것은?

① 보험기간 중에 피보험자가 사고 발생의 위험이 현저하게 변경된 사실을 안 때에는 지체 없이 보험자에게 통지하여야 한다.

② 통지의무 해태 시 보험자는 일정한 기한 내에 계약을 해지할 수 있다.

③ 보험자가 위험변경의 통지를 받은 때에는 계약을 해지할 수 없다.

④ 보험기간 중에 보험수익자의 중대한 과실로 인하여 사고발생의 위험이 현저하게 증가된 경우 보험자는 보험료의 증액을 청구할 수 있다.

해설 | ③ 보험자가 위험변경증가의 통지를 받은 때에는 1월 내에 보험료의 증액을 청구하거나 계약을 해지할 수 있다 (상법 제652조 제2항).

16 다음은 보험자의 면책사유에 관한 설명이다. 옳지 않은 것은?

① 면책사유에는 법정면책사유와 약정면책사유가 있다.

② 담보배제사유는 보험자가 보험계약에서 인수하지 않은 위험을 가리킨다는 점에서 면책사유와 구별된다.

③ 보험사고가 전쟁 기타의 변란으로 인하여 생긴 때에는 다른 약정이 있더라도 보험자는 보험금액을 지급할 책임이 없다.

④ 면책사유란 보험자가 보상책임을 지기로 한 보험사고가 발생하였으나 일정한 원인으로 보험자가 면책되는 경우 그 원인을 말한다.

해설 | 상법 제660조에서 보험사고가 전쟁 기타의 변란으로 인하여 생긴 때에는 당사자 간에 다른 약정이 없으면 보험자는 보험금액을 지급할 책임이 없다고 규정되어 있다. 만약 이와 다른 약정이 있으면 보험자는 보험금액을 지급할 책임을 지게 된다(임의규정).

PART 02

PART 03

PART 04

PART 05

PART 06

PART 07

17 다음의 ( )에 들어갈 기간이 순서대로 알맞게 짝지어진 것은?

> ㉠ 보험금지급에 대한 약정기간이 없는 경우 보험자는 보험사고의 통지를 받은 후 지체없이 지급할 보험
> 금액을 정하고 그 정하여진 날부터 ( ) 내에 피보험자 또는 보험수익자에게 보험금액을 지급하여야
> 한다.
> ㉡ 보험자가 보험계약자로부터 보험계약의 청약과 함께 보험료 상당액의 전부 또는 일부의 지급을 받은 때
> 에는 ( ) 내에 그 상대방에 대하여 낙부의 통지를 발송하여야 한다.
> ㉢ 보험자가 보험기간 중 보험계약자로부터 사고발생 위험의 현저한 변경증가에 대한 통지를 받은 때에는
> ( ) 내에 보험료의 증액을 청구하거나 계약을 해지할 수 있다.
> ㉣ 보험자가 파산의 선고를 받은 때에 보험계약자가 계약을 해지하지 않고 ( )이 경과한 때에는 그 보
> 험계약은 효력을 잃는다.

① 10일, 30일, 1월, 2월   ② 1월, 1월 30일, 3월

③ 1월, 20일, 2월, 1월   ④ 10일, 30일, 1월, 3월

해설 | ㉠ 상법 제658조, ㉡ 상법 제638조의2 제2항, ㉢ 상법 제652조 제2항, ㉣ 상법 제654조 제2항

18 다음은 재보험에 대한 설명이다. 옳지 않은 것은?

① 재보험계약은 원보험계약의 효력에 영향을 미치지 아니한다.
② 책임보험에 관한 규정은 그 성질에 반하지 아니하는 범위에서 재보험계약에 준용될 수 있다.
③ 재보험자가 원보험계약자에게 보험금을 지급하면 지급한 재보험금의 한도 내에서 원보험자가
제3자에 대해 가지는 권리를 대위취득한다.
④ 원보험계약의 보험자가 보험금 지급의무를 이행하지 않을 경우 피보험자 또는 보험수익자는 재
보험자에게 직접 보험금 지급청구권을 행사할 수 있다.

해설 | 재보험계약은 법률상으로 원보험계약과는 구별되는 독립된 계약이므로 원보험계약의 보험자가 보험금 지급의
무를 이행하지 않을 경우 피보험자 또는 보험수익자는 재보험자에게 직접 보험금 지급청구건을 행사할 수 없다
(상법 제661조 후단).

19 다음은 '보험계약자 등의 불이익변경금지의 원칙'에 대한 설명이다. 가장 거리가 먼 것은?

① 해상보험, 재보험 등 기업보험에 주로 적용된다.

② 이 원칙의 가장 중요한 존재 근거는 보험계약의 부합계약성이다.

③ 보험자에 대해서는 강행규정, 보험계약자에 대해서는 상대적 강행규정이 적용된다.

④ 보험계약자에게 불이익이 되도록 변경된 약관에 의해 계약이 체결된 경우 보험계약자 보호를 위해 그 불이익하게 변경된 약관조항만 무효가 된다.

해설 │ 보험회사와의 협상력이 개인보다 상대적으로 기업이 우위에 있기 때문에 해상보험, 재보험 등 기업보험에는 적용되지 않는 규정이다.

20 보험기간이 짧아서 전 보험기간에 걸쳐 동일한 보험가액을 적용하는 것을 '보험가액불변경주의'라고 한다. 이를 적용하지 않는 보험은?

① 운송보험   ② 적하보험

③ 화재보험   ④ 희망이익보험

해설 │ 우리나라 상법에서 보험가액불변경주의를 채택하고 있는 보험은 '운송보험, 선박보험, 적하보험, 희망이익보험 등'이다.

21 다음은 상법상 타인을 위한 보험계약에 대한 설명이다. 옳지 않은 것은? (다툼이 있는 경우 판례에 의함)

① 보험계약체결을 위임한 바 없는 타인도 수익의 의사표시 없이 당연히 권리를 취득한다.

② 계약체결시점에서 타인을 위한다는 의사표시는 명시적으로 존재하여야 한다.

③ 보험자는 타인을 위한 보험계약에 기한 항변으로 타인에게 대항할 수 있다.

④ 손해보험계약의 경우 타인은 피보험이익을 가진 자이어야 한다.

해설 │ 보험계약 당사자 사이에 특정 또는 불특정 타인을 위한 보험계약이라는 의사표시의 합의가 있어야 한다. 그 의사표시는 명시, 묵시를 불문하고 관계없다.
　① 보험계약자는 위임을 받거나, 위임을 받지 아니하고 특정 또는 불특정 타인을 위하여 보험계약을 체결할 수 있다(상법 제639조 제1항).
　③ 채무자인 보험자는 타인을 위한 보험계약에 기한 항변으로 타인에게 대항할 수 있다(민법 제542조).
　④ '타인'이란 보험계약상의 이익을 받을 자로 손해보험에서는 피보험자, 인보험에서는 보험수익자를 말한다.

PART
01

PART
02

PART
03

PART
04

PART
05

PART
06

PART
07

22 다음 중 피보험이익에 관한 설명으로 옳지 않은 것은?

① 보험목적물의 가치를 말한다.

② 반드시 현존하는 이익일 필요는 없다.

③ 하나의 보험목적물에 복수의 피보험이익이 존재할 수 있다.

④ 피보험이익의 원칙은 도덕적 위태를 감소시키는 기능을 한다.

해설 | 보험목적물의 가치는 '보험가액'이다. 보험가액은 피보험이익(=피보험자가 갖는 경제적 이해관계)의 평가액을
말하며, 법률상 보상의 최고한도액이다.

23 다음 중 손해보험의 피보험이익에 관한 설명으로 옳지 않은 것은?

① 피보험이익이 없으면 보험도 없다.

② 피보험이익은 보험자의 법정최고보상한도액이다.

③ 한 개의 동일한 보험목적물에는 한 종류의 피보험이익만 존재할 수 있다.

④ 보험사고 발생 시 누구도 피보험이익의 평가액 이상의 손해에 대하여 보상받을 수 없다.

해설 | 한 개의 동일한 보험목적물에도 여러 개의 피보험이익이 존재할 수 있고 이것은 별개의 보험이다. 예를 들어,
임차인은 건물주를 피보험자로한 화재보험을 들 수도 있고, 임차인을 피보험자로한 임차자배상책임보험을 들
수도 있다.

24 다음 중 보험가액에 관한 다음 설명 중 틀린 것은?

① 보험가액은 피보험이익의 가액이다.

② 협정보험가액은 보험증권에 기재하여야 한다.

③ 당사자 간에 보험가액을 협정하지 않은 경우에는 사고발생 시의 가액을 보험가액으로 한다.

④ 협정보험가액이 사고발생 시의 가액을 초과할 때에는 언제나 사고발생 시의 가액을 보험가액으로
한다.

해설 | 협정보험가액이 사고발생 시의 가액을 '현저하게' 초과할 때에는 사고발생 시의 가액을 보험가액으로 한다(상법
제670조).

25 다음의 설명으로 옳지 않은 것은?

① 타인을 위한 손해보험계약의 경우에 그 타인의 위임이 없는 때에는 보험계약자는 이를 보험자에게 고지하여야 하고, 이를 고지하지 않은 경우 타인이 그 보험계약이 체결된 사실을 알지 못하였다는 이유로 보험자에게 대항하지 못한다.

② 계속보험료의 미납으로 보험자가 보험계약을 해지하였으나 해지환급금이 지급되지 않은 경우라면 보험계약자는 일정한 기간 내에 연체 보험료에 약정이자를 붙여 보험자에게 지급하고 그 계약의 부활을 청구할 수 있다.

③ 보험자는 보험금액의 지급에 관하여 약정기간이 없는 경우에는 보험계약자 또는 피보험자의 보험사고 발생의 통지를 받은 후 지체 없이 지급할 보험금액을 정하고 그 정하여진 날부터 10일 이내에 보험금액을 지급하여야 한다.

④ 당사자 간에 보험가액을 정한 때에는 그 가액은 사고발생 시의 가액으로 정한 것으로 본다.

해설 | 기평가보험으로 당사자 간에 보험가액을 정한 때에는 그 가액은 사고발생 시의 가액으로 정한 것으로 추정한다. 그러나 그 가액이 사고발생 시의 가액을 현저하게 초과할 때에는 사고발생 시의 가액을 보험가액으로 한다(상법 제670조).

26 다음은 초과보험에 관한 설명이다. 옳지 않은 것은?

① 보험가액이 보험기간 중에 현저하게 감소된 때에는 보험자 또는 보험계약자는 보험료와 보험금액의 감액을 청구할 수 있다.

② 중복보험으로 보험금액이 현저하게 보험가액을 초과하는 경우에 초과보험이 된다.

③ 현저한 초과는 보험료 및 보험금액의 감액에 영향을 줄 정도의 초과를 의미한다.

④ 보험료감액 청구 후 보험료의 감액은 소급효가 인정된다.

해설 | 보험료의 감액은 장래에 대하여서만 그 효력이 있다(상법 제669조 제1항 단서).

PART 01

PART 02

PART 03

PART 04

PART 05

PART 06

PART 07

정답 ▶ 22 ① 23 ③ 24 ④ 25 ④ 26 ④

27 다음은 초과보험에 대한 설명이다. 가장 적절하지 않은 것은?

① 초과보험은 보험계약체결 당시에 발생할 수도 있고 계약체결 이후에 물가의 변동으로 발생할 수도 있다.

② 선의의 초과보험의 경우 보험료의 감액은 장래에 대해서만 효력이 있으며, 보험금의 감액은 소급하여 적용된다.

③ 초과보험은 보험금액이 보험가액을 현저하게 초과하는 보험을 말하며, 사기로 초과보험계약이 체결된 경우 초과부분뿐만 아니라 계약자체가 무효가 된다.

④ 악의의 초과보험의 경우 계약은 무효가 되며, 무효는 처음부터 계약의 성립을 인정하지 않는 것이므로 무효시점까지 납부한 보험료 총액을 계약자에게 환급한다.

해설 | 악의의 초과보험의 경우 계약은 무효가 되며, 납부한 보험료 총액은 악의의 계약자를 응징하는 차원에서 환급하지 않는다.

28 다음은 중복보험에 대한 설명이다. 옳지 않은 것은?

① 2개 이상의 보험의 보험기간이 중복되어야 한다. 보험금액의 합이 보험가액을 초과하여야 한다.

② 보험사고가 동일하여야 한다. 담보하는 사고의 범위까지 동일해야 하는 것은 아니다.

③ 보험계약자가 동일하여야 한다. 보험의 목적, 피보험자, 피보험이익이 동일하더라도 보험계약자가 다르면 중복보험이 되지 않는다.

④ 중복보험에서 2개 이상의 보험계약이 보험의 목적, 피보험자, 피보험이익이 동일하여야 한다, 보험목적의 범위까지 동일하여야 하는 것은 아니다.

해설 | 중복보험의 요건 **암기** **피보기초보**
- 동일한 <u>피</u>보험이익 → 동일한 보험목적이라도 피보험이익이 다르면 별개의 보험(보험계약자는 동일인일 필요는 없지만, 피보험자(피보험이익을 가진 자)는 반드시 동일해야 함
- 동일한 <u>보</u>험사고
- 보험<u>기</u>간의 중복 → 부분적으로나마 보험기간이 중복되어야 함
- 보험금액의 합이 보험가액을 <u>초</u>과
- 수인의 <u>보</u>험자 존재 → 수 개의 보험계약이 수인의 보험자와 체결

29 다음은 손해방지의무에 관한 설명이다. 올바른 것은?

① 손해방지의무는 피보험자만이 부담한다.

② 손해방지의무는 보험계약에 의하여 부담하는 의무이다.

③ 손해방지의무는 보험사고가 발생한 때에 지는 의무이다.

④ 손해방지의무를 위반한 경우에 보험자는 보험금 지급의무를 전혀 부담하지 아니한다.

해설 | ① 손해방지의무는 보험계약자와 피보험자가 부담한다.
② 손해방지의무는 계약 당사자인 보험계약자뿐만 아니라 피보험자도 부담하는 것이므로 보험계약에 준거한 의무가 아니고, 법정의무이다.
④ 손해방지의무 위반과 상당인과관계에 있는 손해에 대하여 보험자는 당연히 손해배상을 청구할 수 있고, 지급할 보상액에서 공제하여 지급할 수 있다.

30 다음은 손해방지의무에 대한 설명이다. 가장 적절하지 않은 것은?

① 손해방지의무는 손해보험에서만 발생하는 의무이며, 인보험에서는 부담하지 않는 의무이다.

② 상법상 손해방지의무를 부담하는 자는 보험계약자와 피보험자, 그리고 이들의 대리권이 있는 대리인과 지배인이다.

③ 손해방지의무 위반 시 경과실이나 중과실 또는 악의를 구분하지 않고 그로 인해 증가된 보험금 지급책임은 보험자의 면책으로 한다.

④ 손해방지의무의 이행방법은 보험에 부보하지 않은 자가 자기재산에 대한 주의를 취할 정도의 노력으로 이행할 것이 요구된다.

해설 | 손해방지의무 위반 시 경과실인 경우에 보험자가 보상한다.

31 보험목적의 양도에 대한 상법 제679조에 관한 설명으로 옳지 않은 것은? (다툼이 있는 경우 판례에 의함)

① 보험의 목적의 양도인 또는 양수인은 보험자에 대하여 보험목적의 양도사실을 지체 없이 통지하여야 한다.

② 보험목적의 양도란 보험의 대상인 목적물을 개별적으로 타인에게 양도하는 것이다.

③ 피보험자가 보험의 목적을 양도한 때에는 양수인은 보험계약상의 권리와 의무를 승계한 것으로 추정한다.

④ 보험목적의 양도에 관한 상법 제679조의 규정은 강행규정이다.

해설 | 피보험자가 보험의 목적을 양도한 때에는 양수인은 보험계약상의 권리와 의무를 승계한 것으로 추정한다고 한 상법 제679조 제1항 규정은 임의규정이다.

PART 01

PART 02

PART 03

PART 04

PART 05

PART 06

PART 07

32 '피보험자가 보험목적을 양도한 때에는 양수인은 보험계약의 권리와 의무를 승계한 것으로 추정한다.'는 상법 제679조가 충족되기 위한 요건으로 옳지 않은 것은?

① 양도 대상 보험목적은 물건에 한한다.

② 양도 당시 보험계약이 유효하게 존속하고 있어야 한다.

③ 보험목적에 대한 물권적 또는 채권적 양도가 있어야 한다.

④ 보험목적을 양도 시 유상 또는 무상은 불문한다.

해설 | 물권적 양도가 있어야 한다. 보험목적의 양도란 보험목적의 소유권이전을 뜻하므로 매매계약과 같은 채권행위만으로는 불충분하고 소유권이 양수인에게 이전되어야 비로소 양도로 본다.

33 다음은 보험목적 양도 시 포괄승계가 추정되는 상법 제679조의 예외를 설명한 것이다. 옳지 않은 것은?

① 인보험은 양도할 수 없다.

② 전문직업배상책임보험은 양도할 수 없다.

③ 선박을 양도시 보험자가 사전 승낙을 하지 않으면 보험은 자동종료된다.

④ 자동차보험은 보험자가 통지일로부터 30일 이내로 낙부통지를 하지 않으면 승낙의제가 된다.

해설 | 자동차보험 양도 시 보험자가 (사후)승낙을 해야만 포괄승계가 인정된다. 만일 보험자가 통지일로부터 10일 이내로 낙부통지를 하지 않으면 승낙의제가 된다.

34 甲은 자신이 운영하는 점포에 대해서 자신을 피보험자로 하는 화재보험계약을 乙보험회사와 체결하였다. 그후 그 점포에 LPG를 공급하는 丙의 과실이 경합하여 화재가 발생하고 甲은 총 1,000만원의 손해를 입었다. 乙 보험회사는 甲에게 800만원의 보험금을 지급하였다. 이 화재에 대한 甲의 과실은 40%이었고, 丙의 과실은 60%이었다. 이 경우 대법원 판례에 따를 때 甲과 乙 보험회사는 각각 얼마씩을 丙에게 청구할 수 있는가?

① 甲과 乙 보험회사는 균분하여 300만원씩을 청구할 수 있다

② 甲은 120만원, 乙 보험회사는 480만원을 청구할 수 있다.

③ 甲은 200만원, 乙 보험회사는 400만원을 청구할 수 있다.

④ 甲은 청구할 수 없고, 乙 보험회사만 600만원을 청구할 수 있다.

해설 | • 甲의 손해배상청구권 : 1,000만원에 대한 甲과 丙의 과실비율에 따라 甲은 丙에 대하여 600만원의 손해배상청구권을 갖게 된다.
• 甲과 乙의 손해배상청구 금액 : 피보험자의 전체 손해액(1,000만원)에서 보험자로부터 지급받은 보험금(800만원)을 공제한 금액(200만원)만큼은 여전히 피보험자 甲의 권리로 남는 것이고, 그것을 초과하는 부분의 청구권(400만원)만이 보험자가 보험자대위에 의하여 제3자(丙)에게 직접 청구할 수 있다.

35 다음은 보험자대위에 관한 설명이다. 올바른 것은?

① 일부보험의 경우에는 성질상 잔존물 대위가 성립될 수 없다.

② 보험자대위는 모든 보험에 인정되는 보험법상의 제도이다.

③ 제3자에 대한 보험자대위는 보험자가 보험금의 일부라도 지급하면 성립된다.

④ 대위에 의한 보험자의 권리취득은 당사자 간의 의사표시에 의한 것이다.

해설 | ① 잔존물 대위의 요건 중 보험금액의 전부지급은 전부보험은 손해액 전액을, 일부보험은 보험금액의 보험가액
　　 에 대한 비율의 지급을 의미한다.
　　 ② 보험자대위는 손해보험에서 인정되고 있으며, 인보험에서는 상해보험에서만 인정된다.
　　 ④ 보험자대위에 의한 보험자의 권리취득은 법률상 당연히 취득되는 것이다.

36 다음 중 책임보험에서 피해자(제3자)의 직접청구권에 관한 설명으로 옳지 않은 것은?

① 대법원은 직접청구권의 법적성질을 피해자가 보험자에게 가지는 손해배상청구권으로 보고 있다.

② 보험자가 피해자로부터 직접 청구를 받은 때에는 지체없이 피보험자에게 이를 통지하여야 한다.

③ 피보험자의 보험금청구권과 피해자의 직접청구권이 경합하는 경우에는 피보험자의 보험금청구
　권이 우선한다.

④ 보험자는 피보험자가 사고에 관하여 가지는 항변으로써 피해자에게 대항할 수 있다.

해설 | 피보험자의 보험금청구권과 피해자의 직접청구권이 경합하는 경우에는 피해자의 직접청구권이 우선한다. 피해
　　 자의 직접청구권의 법적 성질은 독립성, 배타성, 강행성인데, 배타성은 다른 청구권보다 우선한다는 내용이다.

PART
01

PART
02

PART
03

PART
04

PART
05

PART
06

PART
07

37 다음의 인보험 계약 중 유효한 계약은 어느 것인가?

① 사망을 보험사고로 하는 보험계약에서 심신상실자가 보험계약 체결 시에 피보험자로 되는 데에 동의한 경우

② 15세 미만자가 의사능력을 갖고 자신을 피보험자로 하는 사망보험계약에 서면동의한 후 보험사고 발생 시에는 이미 성년에 이른 경우

③ 심신박약자가 보험계약 체결 시 의사능력을 갖고 계약 체결에 동의하였으나, 계약 체결 직후부터 의사능력이 없는 상태에서 보험사고가 발생한 경우

④ 태아를 피보험자로 하여 태아의 사산을 보험사고로 하는 보험계약이 친권자 전원의 동의하에 체결된 경우

해설 | 상법에서는 15세 미만자, 심신상실자 또는 심신 박약자의 사망을 보험사고로 한 보험계약은 무효로 하고 있다. 다만 심신박약자가 보험계약을 체결하거나 제735조의3에 따른 단체보험의 피보험자가 될 때에 의사능력이 있는 경우에는 무효로 되지 않는다(상법 제732조).
② 15세 미만자가 의사능력을 갖고 자신을 피보험자로 하는 사망보험계약에 서면동의를 하였더라도 보험계약은 무효이다.
④ 태아는 법적으로 인격을 갖지 못하여서 인보험의 보호대상이 될 수 없으므로 보험계약은 무효가 된다.

38 다음 중 상해보험에 관한 설명으로 옳지 않은 것은?

① 상해보험에서는 보험사고의 시기와 보험사고의 발생 여부가 불확정적이다.

② 15세 미만자, 심신상실자 또는 심신박약자의 상해를 보험사고로 한 보험계약은 무효이다.

③ 상해보험계약의 보험자는 신체의 상해에 관한 보험사고가 발생할 경우에 보험금액 기타의 급여를 지급할 책임이 있다.

④ 상해보험에 있어서 피보험자와 보험계약자가 동일인이 아닐 경우에는 보험증권의 기재사항 중에서 피보험자의 주소, 성명 및 생년월일에 갈음하여 피보험자의 직무 또는 직위만을 기재할 수 있다.

해설 | 15세 미만의 미성년자, 심신상실자 또는 심신박약자도 상해보험의 피보험자로 할 수 있다.

39 다음 중 보험업법상 전문보험계약자에 해당하는 자가 아닌 것은?

① 국가
② 한국은행
③ 농업협동조합중앙회
④ 주권미상장법인

해설 | "전문보험계약자"란 보험계약에 관한 전문성, 자산규모 등에 비추어 보험계약의 내용을 이해하고 이행할 능력이 있는 자로서 다음의 어느 하나에 해당하는 자를 말한다(보험업법 제2조 제19호).
- 국가
- 한국은행
- 대통령령으로 정하는 금융기관(보험회사, 금융지주회사, 농업협동조합중앙회 등)
- 주권상장법인
- 그밖에 대통령령으로 정하는 자(지방자치단체 등)

PART 01

PART 02

PART 03

PART 04

PART 05

PART 06

PART 07

40 다음 중 금융위원회로부터 보험업의 허가를 받은 자에 대한 설명으로 옳지 않은 것은?

① 화재보험의 허가를 받은 자는 그 재보험에 대해서도 허가를 받은 것으로 본다.
② 생명보험업의 보험종목의 전부에 관하여 허가를 받은 자는 연금보험에 대해서도 허가를 받은 것으로 본다.
③ 손해보험업의 보험종목의 전부에 관하여 허가를 받은 자는 연금보험에 대해서도 허가를 받은 것으로 본다.
④ 제3보험업에 관하여 허가를 받은 자는 대통령령을 정하는 기준에 따라 제3보험의 보험종목에 부가되는 보험을 취급할 수 있다.

해설 | 생명보험업 또는 손해보험업에 해당하는 보험종목의 전부에 관하여 허가를 받은 자는 경제질서의 건전성을 해친 사실이 없으면 해당 생명보험업 또는 손해보험업의 종목으로 신설되는 보험종목에 대한 허가를 받은 것으로 본다(보험업법 제4조 제4항).

41 처음으로 보험업을 경영하려는 자가 금융위원회의 허가를 받기 위하여 제출하여야 하는 서류로 옳지 않은 것은?

① 정관
② 발기인회의 의사록(외국보험회사 제외)
③ 업무 시작 후 3년간의 사업계획서(추정재무제표 포함)
④ 경영하려는 보험업의 종목별 보험약관, 보험료 및 책임준비금의 산출방법서

해설 | 경영하려는 보험업의 <u>보험종목별 사업방법서</u>, 보험약관, 보험료 및 책임준비금의 산출방법서(이하 "기초서류"라 한다) 중 <u>보험종목별 사업방법서</u>를 제출하여야 한다.

정답 37 ③ 38 ② 39 ④ 40 ③ 41 ④

42 다음 중 자동차보험과 해상보험 각각 영위하거나 같이 영위하고자 할 경우 요구되는 최소자본금은?

① 200억원 – 150억원 – 350억원

② 150억원 – 200억원 – 300억원

③ 200억원 – 150억원 – 300억원

④ 100억원 – 200억원 – 200억원

해설 | 보험종목별 자본금 또는 기금

보험종목	보험종목별 최저자본금	전체경영 시 자본금
생명보험	생명보험 200억원, 연금보험 200억	300억원 이상
손해보험	보증보험 300억원, 재보험 300억원	300억원 이상
	자동차보험 200억원	
	해상보험 150억원	
	화재보험 100억원, 책임보험 100억원	
	기술 · 권리보험 50억원	
제3보험	상해보험 100억원, 질병보험 100억원, 간병보험 100억원	300억원 이상

43 다음은 보험업법상 보험회사의 겸영업무에 대한 설명이다. 옳지 않은 것은?

① 보험회사는 외국환거래법에 따른 외국환업무를 겸영할 수 있다.

② 겸영업무를 하려는 보험회사는 그 업무를 시작하려는 날의 7일 전까지 금융위원회에 신고하여야 한다.

③ '자본시장과 금융투자업에 관한 법률'에 따른 투자일임업을 하려는 보험회사는 금융위원회의 인가를 받아 이를 겸영할 수 있다.

④ '근로자퇴직급여보장법'에 따른 퇴직연금사업자의 업무를 하려는 보험회사는 그 업무를 시작하려는 날의 7일 전까지 금융위원회에 신고하여야 한다.

해설 | '자본시장과 금융투자업에 관한 법률'에 따른 투자일임업을 하려는 보험회사는 7일 전까지 금융위원회에 신고하여야 이를 겸영할 수 있다.

44 다음 중 보험업법상 외국보험회사국내사무소에 관한 사항으로서 옳지 않은 것은?

① 국내사무소는 그 명칭 중에 보험회사라는 글자를 포함하여야 한다.

② 국내사무소는 보험계약의 체결을 중개하거나 대리하는 행위를 할 수 없다.

③ 국내사무소를 설치하는 경우 그 설치한 날부터 30일 이내에 금융위원회에 신고해야 한다.

④ 금융위원회는 국내사무소가 보험업법 또는 보험업법에 따른 명령 또는 처분을 위반한 경우에는 6개월 이내의 기간을 정하여 업무의 정지를 명하거나 국내사무소의 폐쇄를 명할 수 있다.

해설 | 국내사무소는 그 명칭 중에 사무소라는 글자를 포함해야 한다.

45 다음은 보험업법상 주식회사에 대한 설명이다. 옳지 않은 것은?

① 주식회사는 조직을 변경하여 상호회사로 할 수 있다.

② 주식회사가 자본감소를 결의한 경우에는 그 결의를 한 날부터 2주 이내에 결의의 요지와 대차 대조표를 공고하여야 한다.

③ 주식회사는 자본감소를 결의할 때 대통령령으로 정하는 자본감소를 하려면 미리 금융감독원장의 승인을 받아야 한다.

④ 주식회사의 자본감소 결의공고 시에는 이의가 있는 자는 일정한 기간 동안 이의를 제출할 수 있다는 뜻을 덧붙여야 한다.

해설 | 주식회사는 자본감소를 결의할 때 대통령령으로 정하는 자본감소를 하려면 미리 <u>금융위원회의 승인</u>을 받아야 한다.

46 금융위원회가 청문을 거쳐 외국보험회사 국내지점의 허가 취소를 할 수 있는 경우가 아닌 것은?

① 외국보험회사의 지점이 허가된 국내영업소를 이전하는 경우

② 합병, 영업양도 등으로 외국보험회사의 본점이 소멸하는 경우

③ 외국보험회사의 본점이 위법행위, 불건전한 영업행위 등의 사유로 외국감독기관으로부터 보험업법 소정의 규정에 따른 처분에 상당하는 조치를 받은 경우

④ 외국보험회사의 본점이 휴업하거나 영업을 중단하는 경우

해설 | 외국보험회사의 지점이 허가된 국내영업소를 이전하는 경우는 허가 취소사유가 아니며, 나머지 3가지는 허가 취소사유이다.

47 다음은 보험설계사의 교차모집에 관한 설명이다. 옳지 않은 것은?

① 생명보험회사에 소속된 보험설계사가 1개의 제3보험업을 전업으로 하는 보험회사를 위하여 교차모집하는 것은 허용된다.

② 손해보험회사에 소속된 보험설계사가 다른 손해보험회사를 위하여 모집하는 경우는 허용되지 않는다.

③ 보험설계사는 교차모집을 하려는 보험회사의 명칭 등을 적은 서류를 보험협회에 제출하여야 한다.

④ 교차모집 보험설계사는 모집하려는 보험계약의 종류에 따라 등록요건을 갖추어 금융위원회에 보험설계사 등록을 하여야 한다.

해설 | 교차모집 보험설계사는 모집하려는 보험계약의 종류에 따라 등록요건을 갖추어 <u>보험협회</u>에 보험설계사 등록을 하여야 한다.

정답 | 42 ③ 43 ③ 44 ① 45 ③ 46 ① 47 ④

PART 01
PART 02
PART 03
PART 04
PART 05
PART 06
PART 07

48 다음 중 보험안내자료에 적을 수 없는 내용은 무엇인가?

① 해약환급금에 관한 사항

② 보험가입에 따른 권리의무에 관한 사항

③ 장래의 이익의 배당의 예상에 관한 사항

④ 보험약관에서 정하는 보장, 보험금지급 제한

해설 | 보험안내자료

필수기재사항	기재금지사항
• 보험회사의 상호나 명칭 • 보험가입에 따른 권리의무에 관한 사항 • 보험약관에서 정하는 보장, 보험금지급 제한 • 해약환급금에 관한 사항 • 예금자보호에 관한 사항 • 기타 대통령령으로 정한 사항	• 자산과 부채에 관한 사항 중 금융위에 제출한 서류와 서로 다른 내용 • 장래의 이익의 배당 또는 잉여금의 분배에 대한 예상에 관한 사항 • 위 내용들을 방송 등을 통해 불특정 다수인에게 알리는 경우

49 보험계약의 체결 또는 모집에 종사하는 자는 그 체결 또는 모집과 관련하여 보험계약자나 피보험자에게 특별이익을 제공하거나 제공하기로 약속해서는 안되는 바, 그 특별이익에 해당하는 것이 아닌 것은?

① 제3자에 대한 청구권대위행사의 포기

② 기초서류에서 정한 보험금액보다 많은 보험금액의 지급을 약속

③ 보험계약자나 피보험자를 위한 보험료의 대납 및 대출금이자의 대납

④ 보험계약체결 시부터 최초 1년간 납입되는 보험료의 100분의 10과 3만원 중 적은 금액 제공

해설 | 금품제공은 금지되나, Min(최초보험료 1년치의 10%, 3만원) 이하는 제공이 가능하다.

50 다음 중 금융기관보험대리점에서 모집할 수 있는 손해보험상품에 해당되지 않는 것은?

① 일반화재보험

② 개인연금보험

③ 장기저축성보험

④ 개인장기보장성보험은 제3보험 주계약에 한해 허용(저축성특약 불가, 질병사망특약 불가)

해설 | 화재보험은 주택화재보험만 해당된다.

금융기관보험대리점의 보험상품 모집 제한

모집 가능한 생명보험 상품	모집 가능한 손해보험 상품
• 개인저축성보험 • 신용생명보험 • 개인보장성보험은 제3보험 주계약에 한해 허용(저축성특약 불가, 질병사망특약 불가)	• 개인연금 • 장기저축성보험 • 주택화재보험 • 상해보험 • 종합보험 • 신용손해보험 • 개인장기보장성보험은 제3보험 주계약에 한해 허용(저축성특약 불가, 질병사망특약 불가)

PART
01

PART
02

PART
03

PART
04

PART
05

PART
06

PART
07

MEMO

PART 03

언더라이팅

합격으로 가는 하이패스

토마토패스

손해보험 언더라이팅

TOPIC 01 | 언더라이팅의 개관

1. 언더라이팅 개요

(1) 언더라이팅의 의의

피보험자와 피보험물건의 위험도를 종합적으로 평가하여 위험도에 따라 인수하거나 거절하는 과정으로써, 보험계약의 인수 시 그 위험을 평가하여 인수여부, 인수조건, 보험요율의 결정, 보유금액의 결정, 재보험의 금액 및 방법 등의 보험조건을 결정하는 업무를 말한다.

(2) 언더라이팅의 필요성

실질적으로 언더라이팅의 주요업무는 보험가입자의 역선택을 차단하고 예방하는 것이다.

(3) 언더라이팅의 원칙

① 영업과 언더라이팅의 선순환구조의 정착 : 효율적인 언더라이팅 → 손해율 개선 → 보험사 입장은 언더라이팅 완화로 판매경쟁력 제고, 보험계약자 입장은 보험료 인하
② 보험사기 및 도덕적 위험의 방지

(4) 언더라이팅의 발전방향

① 다양한 인수 기법 습득 등으로 불량계약 유입 방지 → 보험금지급 및 분쟁최소화
② 공평성을 기초로 한 계약 인수범위 확대 및 속성별 언더라이팅 차별화 → 이익극대화

2. 언더라이팅의 주요내용

(1) 언더라이팅의 절차

① 1단계 : 모집자에 의한 최초 언더라이팅
　㉠ 취급자가 피보험자의 위험정보를 가장 가까운 곳에서 직접적으로 파악할 수 있어, 4단계 언더라이팅 절차 중에서 가장 중요하게 평가됨
　㉡ 모집자보고서 : 취급자 단계에서 확인된 정보로서 보험계약자의 보험가입 경위, 피보험자의 직업 및 직무, 소득, 거주형태 등의 항목으로 구성되어 있으며 언더라이팅 시에 잘 활용됨

ⓒ 언더라이터로서 취급자의 역할 : 불완전판매를 예방하기 위하여 보험계약자 및 피보험자에게 가입설계서, 상품설명서 및 청약서의 중요한 내용을 설명한 후 계약자 및 피보험자의 자필서명확인을 받음

② 2단계 : 건강진단에 의한 언더라이팅

ⓐ 건강진단은 피보험자의 위험평가를 정확하게 하여 언더라이팅의 <u>정합성을 높이지만</u>, 비용의 문제로 일부 대상자에 한해 실시함

ⓑ 환자의 진료나 치료를 목적으로 하는 임상의학과 달리 <u>보험의학</u>은 20~30년 이상의 장기적인 관찰을 통해 보장기간 동안 <u>보장급부가 발생할 가능성을 예측</u>하는 것을 목적으로 함

③ 3단계 : 언더라이팅 부서의 언더라이팅

ⓐ 언더라이터에게는 <u>업무경험과 노하우</u>가 필요하며, 언더라이팅 결과를 고객 및 보험설계사에게 합리적으로 잘 설명을 할 수 있는 <u>커뮤니케이션 능력</u>도 요구됨

ⓑ 언더라이팅 업무수행 시 공정하고 객관적인 언더라이팅을 위한 언더라이팅 <u>지침과 매뉴얼</u>을 갖추고 있어야 함

ⓒ 언더라이팅 과정은 장기적으로 <u>영업력을 강화</u>하는 역할 및 기능을 수행해야 하며, 회사 입장에는 <u>비용관점의 효율성</u>, 피보험자 입장에는 <u>공정한 언더라이팅</u>이 필요함

④ 4단계 : 계약적부조사

ⓐ 언더라이팅의 마지막 단계로서 보험사의 신계약 언더라이팅이 완료되고 계약을 체결하기 전에 계약자 외 피보험자가 <u>청약서에 알린 사항</u>이 실제와 일치하는지 여부를 검증하는 제도

ⓑ 역선택 방지 및 보험사고 발생 후의 분쟁 가능성을 최소한으로 하여 회사의 이익증대화 및 다수의 선의의 계약자를 보호하는 데 의의가 있음

(2) 언더라이팅의 방법

① 정확한 위험정보의 확보 : 객관적이고 정확한 정보를 신속히 획득해야 한다.

② 인수기준의 공정하고 일관된 적용 : 보험종목별 적정한 인수절차 및 규정을 마련하여 적용해야 한다.

③ 위험의 선택 및 인수거절건 안내 : 인수거절건의 경우 승낙이 거절된 사유를 계약자에게 <u>알려야 한다</u>.

(3) 언더라이팅의 대상으로서의 위험

신체적 위험	• 가입초기에 보험금이 지급될 수 있는 <u>신체적 위험</u>에 노출된 피보험자가 가입하는 경우 • 질병은 '<u>체증성 위험</u>, <u>항상성 위험</u>, <u>체감성 위험</u>'으로 분류 • 과거병력, 현재 건강상태, 가족력, 음주여부, 흡연여부 등
환경적 위험	• 가입초기에 보험금이 지급될 수 있는 <u>환경적 위험</u>에 노출된 피보험체가 가입하는 경우 • 직무위험도, 운전여부, 취미/영위업종, 건물구조, 소방시설 등
재정적 위험	• <u>소득에 비해 과도한</u> 보험료의 지불상태인 경우
도덕적 위험	• <u>사회적 지위, 연령</u> 등에 비추어 과도한 보험가입 상태인 경우 • 보험수익자가 제3자인 경우 등 고의사고 유발 가능성

PART 01
PART 02
PART 03
PART 04
PART 05
PART 06
PART 07

01 언더라이팅은 <u>피보험자</u>와 <u>피보험물건</u>의 위험도를 종합적으로 평가하여 위험도에 따라 <u>인수하거나 거 절하는</u> 과정을 말한다.

02 언더라이팅의 주요업무는 보험가입자의 <u>역선택을 차단하고 예방하는</u> 것이다.

03 운전여부는 <u>환경적 위험</u>에 해당하며, 음주여부, 흡연여부는 <u>신체적 위험</u>에 해당한다.

04 소득에 비해 과도한 보험료를 내고 있다면 <u>재정적 위험</u>이 크다고 볼 수 있다.

05 연령이나 사회적 지위에 비해서 보험료를 과도하게 납입하고 있다면 <u>재정적 위험</u>이 크다고 볼 수 있다.

06 언더라이팅의 4단계 절차 중 '역선택 방지'라는 언더라이팅의 <u>기본적 목적 달성</u>에 가장 큰 효과를 주는 단계는 <u>모집자에 의한 1차 언더라이팅</u>이다.

07 환자의 진료나 치료를 목적으로 하는 임상의학과 달리 <u>보험의학</u>은 장기적인 관찰을 통해 보장기간 동안 <u>보장급부가 발생할 가능성을 예측</u>하는 것을 목적으로 한다.

08 언더라이터(Underwriter)에게는 전문성과 풍부한 경험 외에도, 인수거절이나 조건부인수에 불만을 가질 수 있는 고객에게 마찰 없이 잘 설명할 수 있는 <u>커뮤니케이션 능력</u>도 필요하다.

09 계약적부조사는 언더라이팅의 마지막 단계로서 보험사의 신계약 언더라이팅이 완료되고 계약을 체결하기 전에 계약자 외 피보험자가 <u>청약서에 알린 사항</u>이 실제와 일치하는지 여부를 검증하는 제도이다.

10 계약적부조사는 보험계약자 등의 고지의무 위반을 조기에 발견하여 <u>역선택 방지</u>뿐만 아니라 고지의무 위반과 관련된 <u>보험금 분쟁을 줄이는</u> 효과를 기대할 수 있다.

11 보험계약자의 청약에 대한 보험자의 선택은 언더라이팅의 결과 <u>위험인수, 조건부인수, 위험거절</u>이라는 3가지 결과로 나타난다.

12 언더라이팅 결과 인수거절을 할 경우 승낙이 거절된 사유를 보험업법 시행령의 설명의무에 따라 보험계약자에게 <u>3일 이내</u>에 알려야 하는데, 이는 고객관리차원에서 바람직한 것이다.

오답노트

05 연령이나 사회적 지위에 비해서 보험료를 과도하게 납입하고 있다면 <u>도덕적 위험</u>이 크다고 볼 수 있다.

12 언더라이팅 결과 인수거절을 할 경우 승낙이 거절된 사유를 보험업법 시행령의 설명의무에 따라 보험계약자에게 지체 없이 알려야 하는데, 이는 고객관리차원에서 바람직한 것이다.

일반보험 언더라이팅

PART
01

PART
02

PART
03

PART
04

PART
05

PART
06

PART
07

TOPIC	01	언더라이팅의 절차와 방법

1. 언더라이팅의 절차

계획(PLAN)	• 위험에 관한 정확한 정보 확보 • 보험요율서 및 언더라이팅 매뉴얼 등을 마련하여 대안 개발
집행(DO)	계약위험의 선택, 보유 및 분산
평가 · 수정(SEE)	• 언더라이팅의 결과를 검증 • 당초 계획단계의 청약서, 조사서, 요율서, 매뉴얼 등을 수정

2. 언더라이팅의 방법

(1) 언더라이팅 계획수립(PLAN 단계)

① 위험 관련 정확한 정보의 확보

ㄱ 소액계약(주택물건, 상해보험 등)의 경우 보험청약서로도 언더라이팅이 가능함

→ 소액계약이라도 과거 손해이력이 있다면 Risk survey가 필요함

ㄴ 고액계약(정유시설, 화학공장, 반도체 시설 등의 대형물건)은 사전의 Risk survey가 필요함

ㄷ Risk surveyor의 정보 파악

• 관리고객인지 여부(불량계약자 여부 파악)

• 과거 3년간의 손해율 및 동일사고 다발 여부

• 보험가입금액에서 동산의 비율이 50% 이상으로 과다 여부 등

② 적정한 인수규정의 완비 및 대안 개발

ㄱ 인수규정의 확립 : 합리적이고 신속한 대량처리를 위한 인수규정이 필요하지만, <u>예외적 적용에도 대비</u>하는 절차가 마련되어야 함. 예를 들어, 물건 자체의 위험이 높아도 전체적인 거래관계를 고려할 때 당 보험사가 거래관계를 거절하기 어려운 경우 재보험출재를 전제로 인수할 가능성이 있음

ㄴ 적정한 대안 개발

인수가능성 여부	거절 또는 취소, 고지의무 위반 또는 담보의 무효, 일정한 요청에 따른 인수 또는 조건부 인수
보험조건	소손해면책, 담보위험, 공동보험과 유사조항 담보, 담보제외 및 담보제한 사항
보험요율조건	요율등급의 변경, 개별요율프로그램 사용, 요율산정요소의 수정

(2) 언더라이팅의 집행(DO 단계)

① 언더라이팅의 집행은 '위험인수, 위험거절, 조건부인수'를 결정하는 것을 말한다.

② 위험인수를 위한 언더라이팅

　㉠ 보험가입자의 청약내용을 조사·검토하여 계약의 체결을 승낙하는 것을 위험의 인수라 하는데, 고액 또는 대규모시설의 경우 청약서 심사에만 의존하지 않고 Underwriting Inspection을 하는 것이 바람직함

　㉡ 화재보험계약을 인수할 때의 중요사항

TSI (Total Sum Insured)	피보험자가 부보하고자 하는 보험가입금액
PML (Probable Max Loss)	• 손해방지 경감시설이나 장치나 기구가 제대로 작동하고 이를 사용하는 요원들이 예정대로 활동한다고 할 경우에 일어날 수 있는 최대손실액 • PML은 일반적인 부보의 기준으로서 대형계약일수록 더 중요해짐 • MPL(최대가능손실)은 PML보다 크며, 보수적일 경우 예외적으로 적용함
Top Risk	전체 공장건물 중 가장 위험한 작업공정이 있거나 자산이 많이 집중 분포되어 있는 건물
PML Error	• 손해액이 PML이상으로 발생하는 것을 PML Error라고 함 • PML을 조사·평가하는 Risk surveyor가 평가할 때 PML 이상의 사고가 발생하는 경우도 많음. 이런 경우를 대비해서 언더라이터의 입장에서는 PML Error를 고려하여 PML적용을 좀 더 보수적으로 할 필요가 있음
LOL (Limit Of Liability)	• 보험자의 입장에서 TSI보다 작은 금액으로 보상책임액을 제한할 수 있음 • 계약자의 입장에서 TSI로 부보하는 경우보다 보험료비용을 낮출 수 있음 → 사고가 LOL 이상으로 발생하면 LOL의 초과 손해액은 계약자가 부담 • 실무적으로 대형 패키지보험의 대부분이 LOL이 설정되어 있음
Deductible	• 공제액의 설정은 보험자에게는 소손해면책이, 보험계약자에게는 자기부담금이 됨 • 대형계약일수록 Deductible(공제액)의 설정은 필수적임

※ 예시 : 화재보험의 인수사례

　보험가입금액(TSI)이 100억원, 추정최대손실 (PML)이 70억원, LOL이 45억원이라고 가정할 경우
　　• 전손 발생 시 보험자의 최대보상한도액은 보험가입금액(TSI)인 100억원이 된다.
　　• 전손가능성이 매우 낮은 보험목적이라면, 계약자의 입장에서는 보험료를 과다 지출하면까지 TSI 100억원으로 보험가입을 할 필요는 없다.
　　• 보험목적의 추정최대손실(PML)은 70억원인데, 만약 보험목적이 공장물건이라고 하면 최대위험물건(Top Risk물건)과 거리두기/방화벽 설치/자체 소방시설 등의 보완을 할 경우 PML은 하락한다.
　　• 보험사고가 LOL 이상으로 발생한다면 보험자는 45억, 계약자는 25억을 각각 부담한다.

　㉢ 위험을 인수하기로 결정한 후 업무처리절차

보험계약의 체결	청약과 승낙 등 당사자 간의 의사합의만으로 계약 성립
위험의 보유	• 보유란 보험자가 자기계산하에서 가지는 위험의 부분이며 보유의 목적은 순이익의 안정적 극대화 • 보유원칙 : 안전성과 수익성, 무엇보다 안전성이 우선 • 보유방법 : 언더라이터의 경험적 방법과 수리적 방법, 보통 두 방법 병용
위험의 분산	• 수평적 위험분산을 위해 공동보험(공동인수) 활용 • 수직적 위험분산을 위해 재보험 활용

계약변동 시 절차	계약내용 변동 → 계약인수 시에 준하여 승인청구서로 변경내용 통지 → 언더라이팅 부서의 승낙여부 결정 → 승낙 시 보험증권에 승인사항 배서, 교부

③ 위험거절을 위한 언더라이팅

    ㉠ 보험가입자의 청약에 역선택의 위험이 있다면 우량계약자 보호를 위해 위험거절을 해야 함

    ㉡ 거절은 계약자 입장의 위험공백을 최소화하고, 보험회사의 언더라이팅부서와 영업 조직 간의 마찰을 줄이기 위해 즉시 통보를 해야 함(→ 계약을 갱신하는 경우 갱신일 전일 또는 당일)

④ 조건부 인수를 위한 언더라이팅

    ㉠ 보험자는 보험조건을 수정하여 보험가입자에게 위험의 인수조건을 제시하고 보험가입자는 보험자의 수정제시조건을 검토하여 보험가입여부를 결정

    ㉡ 실무적으로 언더라이터가 제시한 인수조건을 계약자가 그대로 받아들이는 경우가 드묾

3. 언더라이팅의 평가 및 수정

(1) 언더라이팅 평가

(원)보험사업에 대한 평가	영업수지평가

• 손해율평가=보험금/보험료
  → 손해보험사업에 대한 평가
• 합산비율평가=손해율+사업비율(사업비/보험료)
  → 회사 자체의 사업비도 포함한 경영성과를 평가
  → 합산비율이 100% 미만이어야 만족한 결과
	• 영업수지평가 항목은 순경과보험료, 순보험금, 순사업비율, 장기환급금 등이 있음
	• 언더라이팅 차원에서 손익발생의 원인규명과 최종순손익평가 등에 사용

(2) 언더라이팅(UW)의 수정

언더라이팅의 결과에 대한 분석 후 새로운 정책을 수립하는 단계이다.

영업정책 수정	원수손해율에 따라 판매방침, 영업정책 등을 수정
UW매뉴얼 수정	원수손해율에 따라 인수기준의 변경, 보유규정 및 한도, 재보험특약담보내용 등을 수정
보험요율 수정	원수손해율 및 원수사업비율을 검토한 후 보험요율의 인하 또는 인상 조정(→ 보험요율조정은 손해율은 과거 5년간, 사업비율은 과거 1년간의 실적률을 반영한 요율조정공식을 사용)

PART 01

PART 02

PART 03

PART 04

PART 05

PART 06

PART 07

01 언더라이팅에서 Risk surveyor가 정보파악 시 과거 손해이력을 계약자의 과거 <u>3년간</u> 손해율로 파악하고, 전체 보험가입금액에서 동산(재고자산)의 비중이 <u>50%</u> 이상이면 도덕적 위험이 높은 계약으로 판단한다.

02 전체적인 거래관계를 고려할 때 대형계약의 언더라이팅은 위험선택이 아니라 <u>위험분산</u>에 치중할 수밖에 없는 경우도 있다.

03 조건부인수를 할 경우에는 보험조건이나 보험요율조건을 조정할 수 있는데, 자기부담금 설정규모를 조정한다든가, 일부 담보를 제외하는 것은 <u>보험조건</u>에 해당한다.

04 언더라이팅의 목적인 역선택방지를 확실히 하기 위해 <u>고액 또는 대규모시설</u>의 경우 언더라이팅에 Underwriting Inspection을 추가하여 실시한다.

05 손해방지 경감시설이나 장치나 기구가 제대로 작동하고 이를 사용하는 요원들이 예정대로 활동한다고 할 경우에 추정한 최대손실액을 <u>PML</u>이라 하고, 손해방지 경감시설이나 장치나 기구가 제대로 작동하지 않고 이를 사용하는 요원들이 예정대로 활동하지 못할 경우 일어날 수 있는 최대손실액을 <u>MPL</u>이라 한다.

06 일반적으로 PML은 보험목적의 <u>전손</u> 가능성이 매우 낮은 상태에서 부보의 기준이 되는데, 만약 PML이 80억원이라면 LOL은 80억원보다 <u>낮게</u> 설정하는 것이 일반적이다.

07 PML이 60억원이고 LOL이 50억원인데, 손해액이 70억원 발생하였다면 보험자 책임액은 <u>60억</u>이고 계약자 책임액은 <u>10억</u>이다.

08 위험을 극단적으로 회피할 경우라면 보험료를 더 내더라도 <u>MPL</u>로 부보할 수 있다.

09 TSI가 아닌 PML을 기준으로 부보할 경우 보험자의 보상책임(LOL)을 <u>PML보다 낮게</u> 설정함으로써 보험자와 계약자 간의 <u>상호편익을 증진</u>시킬 수 있다.

10 보험사고가 LOL 이상으로 발생한다면 LOL을 초과하는 손해액은 <u>계약자가 전적으로 부담</u>하므로 계약자 입장에서는 지나치게 낮은 LOL을 설정하지 않도록 유의해야 한다.

11 위험보유의 원칙에는 안정성과 수익성이 있는데 <u>안정성</u>이 우선되어야 한다.

12 하나의 보험목적에 대해 여러 보험사가 공동으로 인수하는 공동보험의 경우는 <u>수평적</u> 위험분산, 원보험계약의 위험의 일부를 재보험사에 출재하는 경우는 <u>수직적</u> 위험분산이라 한다.

13 보험자가 인수를 거절할 경우 계약자 입장의 위험공백을 최소화하기 위해 <u>즉시 통보</u>를 해야 한다.

14 언더라이터가 인수를 거절하지 않고 조건부인수를 제시할 경우, 실무적으로 언더라이터가 제시한 인수조건을 계약자가 그대로 받아들이는 경우가 <u>드물다</u>.

15 보험료 100억원, 보험금 70억원, 사업비 40억원일 경우 해당 보험사의 손해율은 70%, 사업비율은 40%, 합산비율은 <u>110%</u>이다. 이런 경우 합산비율이 100% 이상이므로 회사는 언더라이팅 업무를 잘 수행했다고 볼 수 <u>없다</u>.

16 언더라이팅 결과가 만족스럽지 못할 때 언더라이팅 수정방법에는 <u>영업정책수정, UW매뉴얼 수정, 보험요율 수정</u>이 있다.

17 보험요율을 조정해야 할 경우 손해율은 과거 <u>3년</u>의 경험치, 사업비율은 과거 <u>2년</u>의 실적치를 반영한 요율조정공식을 사용하여 조정한다.

오답노트

07 PML이 60억원이고 LOL이 50억원인데, 손해액이 70억원 발생하였다면 보험자 책임액은 50억이고 계약자 책임액은 20억이다.

17 보험요율을 조정해야 할 경우 손해율은 과거 5년의 경험치, 사업비율은 과거 1년의 실적치를 반영한 요율조정공식을 사용하여 조정한다.

1. 자기를 위한 보험계약 vs 타인을 위한 보험계약

(1) 기본개념(손해보험의 경우)

① 자기를 위한 보험 : 보험계약자=피보험자

② 타인을 위한 보험 : 보험계약자≠피보험자

(2) 임차인이 '임차건물에 대한 화재배상책임'을 부보하기 위한 화재보험 가입방법 비교

비교	계약자	피보험자	보험종류
사례1	임차인	임차인	화재보험
사례2	임차인	임대인 (건물주)	화재보험
사례3	임차인	임차인	임차자 화재배상책임보험

① 사례1 : 손해보험에서는 피보험이익이 없는 계약은 무효이다. 따라서 사례의 임차자가 <u>자기를 위</u>
<u>한 보험</u>으로 건물화재보험에 가입하는 경우, 피보험이익이 없으므로 무효가 될 수 있다.

② 사례2 : 임차인이 <u>타인(건물주)을 위한 보험</u>을 계약하는 경우, <u>대위권포기조항</u>을 설정해야 한다.
→ 만약 임차인의 과실로 건물에 대한 배상책임이 발생하였을 경우 보험회사는 건물주(피보험자)
에게 보험금을 지급하고 계약자(임차인)에게 대위권을 행사할 수 있는데, 이렇게 되면 계약자(임
차인)에게 이중의 피해가 되어 보험가입의 의미가 없다. 따라서 대위권포기조항 설정이 필요한 것
이다.

③ 사례3 : <u>자기를 위한 보험</u>으로서 임차인이 <u>임차자배상책임보험</u>에 가입한다면 보험가입목적에도
가장 부합한다고 볼 수 있다.

2. 보험기간과 담보기준

(1) 보험기간

① 보험기간의 정의 : 보험자의 책임이 시작되어 끝날 때까지의 기간을 말하며, 이를 <u>책임기간, 위험</u>
<u>기간, 담보기간</u>이라고도 한다.

② 보험기간의 종류

기간보험기간 (Time Policy)	위험이 <u>시간</u>에 비례하는 경우 예 화재보험, 상해보험, 자동차보험 등 <u>대부분의 보험종목</u>
구간보험기간 (Voyage Policy)	위험이 거리에 비례하는 경우(표시방법 : 출발지점 ○에서 도착지인 ○까지) 예 <u>해상보험, 항공보험</u> 등의 운송보험
혼합보험기간 (Mixed Policy)	<u>시간과 특정목적이 혼합하는 경우</u> 예 여행자보험[보험기간 중 사고+여행(목적)출발지에서 도착지까지의 사고]

(2) 담보기준(→ 보험자 책임이 발생하는 시점을 의미)

① 담보기준의 종류

사고발생기준증권	보험기간 중 사고가 발생한 것을 조건으로 보상 📌 화재보험, 상해보험, 자동차보험 등 대부분의 보험종목
배상청구기준증권	'보험기간 이전의 일정시점부터 보험기간만기 이전에 발생한 사고'에 대하여 '보험기간 중' 배상청구가 제기된 것을 조건으로 보상 📌 의사배상책임보험, 회계사배상책임보험 등
사고발견기준증권	보험기간 중 사고(손해)가 발견된 것을 조건으로 보상 📌 금융기관종합보험, 일부 범죄보험 등

② 적용기준

○ 대부분의 보험은 사고발생기준을 담보기준으로 한 보험자의 책임이 발생함

○ 사고일자 확인이 어렵거나, 사고일자와 피해자의 손해가 현실화되는 기간이 긴 long-tail의 특성을 갖는 경우 배상청구기준을 담보기준으로 함

○ 보험실무상 이들 중 어느 하나를 담보기준으로 택하는 경우 나머지 기준은 제한됨

3. 보험가입금액과 보상한도액

(1) 개념 비교

보험가액(Insurable Value)	보험가입금액(Sum Insured)
법률상 최고보상한도액	약정상 최고보상한도액

(2) 보험가액을 확정할 수 없는 보험의 경우의 보험자책임액

배상책임보험	인보험
• 제3자에 대한 손해배상책임(신체 또는 재물)은 그 특성상 가액의 평가 불가('보관자배상책임보험'은 예외) • 사고당 보상가액으로 평가	• 생명보험이나 상해보험의 부보대상은 사람의 신체인데, 사람의 신체의 가액은 평가 불가 • 보험계약상 책임한도액을 정액으로 정하게 됨(관습상의 보험가입금액이라 함)

(3) 보험가입금액 vs 보상한도액

① 비교

구분	보험가입금액(Sum Insured)	보상한도액(Limit of Liability)
보험가액	확정 가능한 경우에 적용	확정 불가능한 경우에 적용(무한)
보상한도	모든 사고를 합하여 보험가입금액을 한도로 보상 (→ 비례보상원리 적용)	매 사고당 보상한도액(정액)을 한도로 보상 (→ 실손보상원리 적용)
적용대상	화재보험 등 대부분의 물보험	배상책임보험

※ 예시 : 보험가입금액 vs 보상한도액

• 보험가입금액 10억원, 보험사고로 6억원의 보험금을 지급하였다면, 이후 보험사고의 최대보상한도액 → 잔존보험가입금액인 4억원이 된다.

• 매 사고당 보상한도액은 10억원이고 첫 번째 사고의 손해액이 3억원이고, 두 번째 사고의 손해액이 11억원이라면 이 경우 피보험자가 수령하는 누적보험금 → 매 사고당 보상한도액 내에서 실제손해액인 13억원이다.

PART 01
PART 02
PART 03
PART 04
PART 05
PART 06
PART 07

② 실무약관상 보험자의 책임한도를 정하는 방법

보험가입금액	보험의 목적이 입은 손해에 대한 보험자의 책임한도를 보험가입금액으로만 하는 약관 예 화재보험, 동산종합보험, 유리보험
보험가입금액 원칙& 예외적 보상한도액	보험의 목적이 입은 손해에 대한 보험자의 책임한도를 원칙적으로 보험가입금액으로 하되 예외적으로 보상한도액으로 하는 약관 예 패키지보험, 기계보험
보상한도액	보험의 목적이 입은 손해에 대한 보험자의 책임한도를 보상한도액으로만 하는 약관 예 금융기관종합보험, 범죄보험

4. 보상하는 손해의 규정방식

열거위험방식	약관에 <u>열거한</u> 위험에 대해 보상하는 방식 예 화재보험, 도난보험, 지진보험 등
포괄위험방식	약관에 열거한 <u>면책위험</u>을 제외하고 모두 보상하는 방식 예 상해보험, 자동차보험, 근재보험 등 대부분의 보험
절충담보방식	약관상 담보위험을 열거한 후 마지막에 기타 우연한 사고를 담보한다고 규정하는 방식 예 기계보험, 건설공사보험 등

5. 보상하는 손해의 범위와 보상한도

(1) 보상하는 범위

① 정의 : <u>약관상 보상하는 손해+약관에 보상규정이 없어도 보상하는 손해(비용)</u>
② 약관에 명시되지 <u>않아도</u> 보상하는 비용(필요 · 유익한 사고처리비용)

- 손해방지 · 경감비용
- 잔존물보전비용(→ <u>잔존물제거비용은 약관상 보상하는 손해</u>)
- 제3자 대위권보전비용
- 피보험자 협력비용(→ 일부보험의 경우도 전액지급)
- 보험사고 시 손해산정비용

(2) 보상한도

잔존물제거비용(→ <u>한도 내 지급</u>이어야 함)	손해방지비용 등(→ <u>한도 초과 지급이 가능)</u>
(보험금+잔존물제거비용)≤보험가입금액	(보험금+손해방지비용)≥보험가입금액

6. 소재지와 담보지역

(1) 고정위험과 이동위험

고정위험 (건물 등)	동산은 특정장소에 보관하는 경우만, 인보험은 특정장소에서 사고만 고정위험 예 창고업자배상책임위험, 하역업자배상책임위험, 임차자배상책임위험

이동위험 (동산 등)	동산, 인보험은 일반적으로 이동위험이지만 예외 가능 예 자동차배상책임위험, 생산물배상책임위험
혼재위험 (전시품 등)	적하보험, 선원근재보험은 보험의 목적은 운송용구 내로 제한(고정위험)되며 운송용구가 이동(이동위험) 예 시설소유자배상책임위험, 도급업자배상책임위험

(2) 보험목적의 소재지 위반(보험목적의 이전)

① 보험목적의 이전을 약관상의 <u>계약 후 알릴 의무(통지의무)</u>로 규정하는 경우

계약 후 알릴 의무 이행 시	• 위험이 감소된 경우 → 차액보험료 반환 청구 • 위험이 증가된 경우 → 1개월 내로 보험료증액 청구 또는 해지
계약 후 알릴 의무 불이행 시	보험목적의 위험이 현저하게 증가된 때에 그 사실을 안 날로부터 <u>1개월</u> 내에 계약을 해지할 수 있음

② 보험목적의 이전 시 보험자의 <u>사전동의</u>를 요구하지만 사전동의를 받지 <u>않은</u> 경우

화재보험 영문약관	도난보험 국문약관
실효(→ 보험자의 서면 동의가 없으면 <u>계약이전시점</u>에서 <u>실효</u>)	보험계약은 실효되지 않지만 보험자는 보험사고에 대하여 <u>면책</u>

(3) 담보지역의 위반

보험목적이 고정위험을 가진 경우	보험목적이 이동위험을 가진 경우
담보지역 위반은 면부책의 문제뿐 아니라 <u>계약해지의 문제</u>까지 발생	담보지역 위반은 면부책의 문제만 발생하며 <u>계약해지의 문제는 발생하지 않음</u>

7. 보험목적의 양도

(1) 보험목적 양도효과의 3가지 형태

① 포괄승계로 추정하는 경우	상법 제679조(보험목적의 양도)
② 보험자의 <u>사후승인</u>이 있으면 포괄승계하는 경우	상법 제726조의4(자동차의 양도)
③ 보험자의 <u>사전동의</u> 없으면 자동종료하는 경우	상법 제703조의2(선박의 양도 등의 효과)

① 보험목적 양도 시 포괄승계를 추정하는 보험은 ②와 ③의 경우에 비해서 역선택의 우려가 높을 수 있으므로, <u>통지의무위반의 효과</u>가 중요하다.

② 자동차보험의 경우, 보험자의 <u>사후승인</u>이 필요한데 보험자가 양수인의 통지를 받은 날로부터 10일 이내에 낙부의 통지를 하지 않으면 승낙된 것으로 간주한다.

③ 선박보험의 경우, 보험자의 <u>사전동의</u>가 없으면 계약이 자동 종료된다.

④ ②와 ③은 상법 제679조(양도 시 포괄승계 추정)의 예외규정인 바, 이는 자동차보험과 선박보험은 운행자의 변경에 따라 위험의 변화정도가 크므로 상법상 이러한 특칙을 인정하고 있다.

PART
01

PART
02

PART
03

PART
04

PART
05

PART
06

PART
07

(2) 사전승인 없는 보험목적양도의 효과

영문약관(FOC Policy Form)	보험 목적의 양도시점에 실효(→ 선박보험과 같음)
국문영업배상책임보험	
국문약관	보험계약 후 알릴 의무(통지의무)로 규정

(3) 계약 후 알릴의무(통지의무) 위반의 효과

위험이 감소된 경우	보험계약에 미치는 영향 없음
위험이 변경되지 않은 경우	
위험이 경미하게 증가된 경우	
위험이 현저하게 증가된 경우	보험계약을 해지할 수 있음(→ 단, 보험자가 그 사실을 안 날로부터 1개월 이내에 계약 해지 가능)

8. 중복보험

(1) 중복보험의 의의

① 동일한 피보험이익과 동일한 사고에 대하여 수인과 수 개의 보험계약이 체결된 경우, 보험금액의 총액이 보험가액을 초과한 보험계약을 중복보험이라 한다.

② 보험금액의 총액이 보험가액을 초과하지 않은 보험계약을 병존보험이라 한다.

③ 공동보험은 수인의 보험자가 하나의 보험목적에 공동으로 보험을 인수하는 것으로 계약 자체가 하나라는 점에서 중복보험과 구분된다.

(2) 중복보험의 요건 알기 피보기초보

- 동일한 피보험이익 → 동일한보험목적이라도 피보험이익이 다르면 별개의 보험[보험계약자는 동일인일 필요는 없지만, 피보험자(피보험이익을 가진 자)는 반드시 동일해야 함]
- 동일한 보험사고
- 보험기간의 중복 → 부분적으로나마 보험기간이 중복되어야 함
- 보험금액의 합이 보험가액을 초과
- 수인의 보험자 존재 → 수 개의 보험계약이 수인의 보험자와 체결

(3) 중복보험의 효과

① 연대비례주의(→ 우리나라는 연대비례주의를 택함) : 각 보험자는 보험가입금액(보험금액)의 한도 내에서 연대책임을 지며, 각 보험자의 보상금액은 각자의 보험금액의 비율에 따른다. 즉, 연대주의에 비례주의를 첨가한 것이다.

② 사기로 인한 중복보험은 사기로 인한 초과보험과 마찬가지로 계약무효이며, 보험자는 그 사실을 안 때까지의 보험료를 징구할 수 있다(상법 제672조 제3항).

③ 동일한 보험계약의 목적과 동일한 사고에 대해 수 개의 보험계약(→ 중복보험 또는 병존보험)을 체결하는 경우 보험자에게 각 보험계약의 내용을 <u>통지</u>해야 한다(상법 제672조 제2항).
→ 현재의 병존보험이 미래에 물가의 하락으로 보험가액이 하락하면 중복보험으로 변할 수 있으므로 계약체결 시 <u>중복보험과 병존보험</u>에 대해 통지의무가 부과된다.
④ 보험계약자가 보험자 1인에 대한 보험금청구권을 포기한 경우, 다른 보험자의 권리의무에 영향을 미치지 아니한다(상법 제673조)(→ 피보험자가 특정 보험자와 통모를 방지하기 위해).

(4) 중복보험의 보험금계산방식

보험금계산방식이 동일한 경우	보험자의 보험금계산방식이 <u>다른</u> 경우
각 보험자가 분담할 손해액은 '각 보험금액의 총보험금액에 대한 비율'에 따라 안분(→ 보험가입금액 안분방식)	각 보험자는 독립책임액을 먼저 구하고 나서, '각 독립책임액의 비율'로 손해액을 안분(→ 독립책임액 방식)

9. 공제조항(Deductible Clause)

(1) 공제조항의 의의

보험사고가 발생할 경우 보험가입자로 하여금 일정금액까지 손실을 부담하도록 하는 조항으로 공제금액 이하의 손해액에 대해서는 보험가입자가 전액 부담하고 초과부분에 대해서만 보상하는 조항을 말하며, 소손해면책 또는 자기부담금이라고도 한다(→ 생명보험에는 적용되지 않음).

(2) 공제조항의 인정이유

① 소손해 처리에 따른 비용과 시간의 절감 → 보험자 입장에서 소손해에 들어가는 조사비용이 지급해야 할 보험금보다 더 클 수 있는데, 이러한 비경제성의 극복을 위해 공제(Deductible)를 둔다.
② 보험료 절감 → 보험계약자 입장에서 보험료 인하라는 상호이익의 측면이 있다.
③ 보험계약자의 주의력 집중 → 보험자의 손해율 하락이라는 긍정적 효과를 기대할 수 있다.
④ 보험계약자의 경상비용으로 부담 가능 → 보험자에게 위험을 전가하는 '위험이전'은 '저빈도-고심도'의 위험인데, 소손해는 저심도의 위험이므로 공제를 통해 보험계약자가 부담하는 것이 보험이론에 부합한다.

(3) 공제조항의 종류

직접공제	한 사고당 발생손해액이 일정금액(정액법) 또는 보험가입금액의 일정비율(정률법)을 초과하면 초과금액에 한해서 보험자가 부담 예 손해액 100만원, 직접공제 30만원 → 보험자는 70만원, 계약자는 30만원 부담
참여공제	손해액의 일정비율 만큼을 공제하고 초과금액에 한해서 보험자가 부담 예 총의료비 100만원, 참여공제율 30% → 보험자는 70만원, 계약자는 30만원 부담
분리공제	공제액을 손해의 원인에 따라 별도로 설정(→ 도덕적 위험이 크면 높은 금액 설정) 예 도난손해에는 30만원을 설정하고 다른 원인에 의한 손해에는 10만원을 설정

PART 01
PART 02
PART 03
PART 04
PART 05
PART 06
PART 07

종합공제	보험기간 전체를 기준으로 공제액을 설정, 일정금액 이상의 종합공제액(누적 자기 부담금)을 초과하는 경우에는 보험자가 전액 부담 예 손해액 100만원, 종합공제액 40만원 → 손해액이 40만원이 될 때까지는 계약자 부담, 40만 원을 초과하는 60만원에 대해서는 보험자가 전액 부담
소멸성공제	정액의 공제한도를 설정하고, 공제한도를 초과하는 금액에 대해서 정률의 보상비율을 설정하여, 손해액이 클수록 피보험자의 공제액이 줄어들어 일정손실에서는 공제액이 완전히 소멸되는 방식 예 손해액 100만원, 기본공제액 30만원, 보상비율 110% → 보험자는 77만원[(100만원-30만원)×110%=77만원]을 부담. 이 방식은 손해액이 커질수록 보험자의 부담이 커지며, 손해액이 일정수준을 넘게 되면 계약자의 자기부담은 없게 됨
프랜차이즈 공제	손해액이 공제액 이하이면 계약자가 전액부담, 손해액이 공제액을 초과하면 전액을 보험자가 부담(해상보험에 많이 사용) 예 손해액 100만원, 프랜차이즈 공제액 20만원 → 보험자는 100만원 전액 부담
대기기간	공제의 한 종류이며, 일정 기간이 경과한 후부터 비로소 보험금을 지급하는 방식 예 암보험의 면책기간은 90일임. 면책기간 내에 암진단을 받을 경우 보험자는 면책

▎ 일반보험 언더라이팅

01 임차인이 임차하고 있는 건물에서 화재가 발생할 경우의 배상 책임을 부보하기 위해 <u>타인을 위한 보험</u>으로 가입한다면 <u>임대인</u>을 피보험자로 하고, 임차인에 대한 <u>대위권포기조항</u>을 설정해야 한다.

02 임차인이 임차하고 있는 건물(보험목적)에 대해 화재가 발생할 경우의 배상책임을 부보하기 위해 <u>자기를 위한 보험</u>으로 가입하기를 원한다면 <u>임차자배상책임보험</u>에 가입하면 된다.

03 일반적인 <u>보험기간</u>과 <u>특정목적</u>이 존속하는 기간이 중복되어야 보험자의 책임이 발생하는 것은 <u>혼합보험 기간</u>이며, 여행자보험이 대표적이다.

04 화재보험의 경우 보험자가 지급책임을 약정하는 기간방식은 <u>기간보험방식</u>이며, 보험자책임이 발생되는 기준은 <u>사고발생기준</u>이다.

05 보험기간 중에 발생한 손해에 대해서 보험기간 <u>이후에</u> 청구해도 보상하는 것은 <u>사고발생기준</u>이고, 사고일자의 확인이 곤란하거나, 사고일자와 피해자의 손해가 현실화되는 기간이 <u>긴 long-tail</u> 보험의 경우 <u>배상청구기준</u>을 적용한다.

06 <u>전문직업배상책임보험</u>은 <u>배상청구기준</u>으로 사고를 담보하고, <u>금융기관종합보험(BBB)</u>은 손해발견기준으로 사고를 담보한다.

07 보험가입금액(Sum Insured)이 2억원, 보험가액(Insurable Value)이 3억원인 보험에서 보험자가 책임지는 법률상 <u>최고보상한도액</u>은 3억원이며 <u>약정상 최고보상한도액</u>은 2억원이다.

08 보험가액을 확정할 수 없는 보험으로는 <u>배상책임보험, 인보험</u>이 있다.

09 보험자의 책임한도를 <u>보험가입금액</u>으로 결정하는 보험은 <u>비례보상</u>의 원리가 적용되고, 보험자의 책임한도를 <u>보상한도액</u>으로 결정하는 보험은 <u>실손보상</u>의 원리가 적용된다.

10 보험자의 책임한도를 결정하는 방식에 있어서 화재보험은 <u>보험가입금액</u>으로 하며, 금융기관종합보험은 보상한도액으로 한다.

11 원칙적으로는 보험가입금액으로 보험자책임액을 결정하지만 예외적으로 보상한도액으로 보험자책임액을 결정하는 보험으로는 <u>패키지보험과 기계보험</u>이 있다.

12 <u>잔존물제거비용</u>은 약관상 보상규정이 없다 해도 보상받을 수 있다.

13 <u>잔존물제거비용</u>은 보험금과 합한 금액이 보험가입금액을 초과할 수 없지만, <u>손해방지비용</u>은 보험금과 합한 금액이 보험가입금액을 초과할 수 있다.

14 보험목적의 이전을 통지의무로 규정하는 약관에서 통지의무를 이행할 경우, 위험이 감소하면 차액보험료를 반환하고 위험이 증가하면 <u>보험료증액</u>을 청구하거나 <u>계약</u>을 해지할 수 있다.

15 보험목적을 이전하고 보험자의 사전 서면동의가 없을 경우, 화재 보험 영문약관은 계약이 <u>실효되지만</u>, 도난 보험 국문약관은 계약이 <u>실효되지 않으나 면책이 된다</u>.

16 담보지역을 위반할 경우 고정위험의 보험목적은 <u>면책</u> 및 계약의 해지도 가능하지만, <u>이동위험</u>의 보험목적은 <u>면부책</u>만을 다툴 뿐이다.

17 보험목적을 양도할 경우 보험종류에 따라 그 효과는 <u>포괄승계추정, 보험자승인이 있어야 포괄승계되는 경우, 보험자의 사전승인이 없으면 계약이 자동종료되는 경우</u>의 3가지 형태로 나타난다.

18 보험목적의 양도 시 포괄승계가 추정되는 보험에서 통지의무를 이행하지 <u>않은</u> 경우, 보험목적의 양도로 위험이 <u>현저하게 증가된</u> 경우에만 보험자가 계약을 해지할 수 있다. 보험목적의 <u>이전</u>의 경우도 동일하다.

19 보험목적을 양도하고 통지의무를 이행하지 <u>않은</u> 경우, 양도로 보험목적의 <u>위험이 감소, 위험이 동일, 위험이 경미하게 상승</u>하였다면 계약에 아무런 영향을 주지 않는다.

20 중복보험이 되기 위해서는 기본적으로 <u>보험의 목적</u>이 동일해야 하며, <u>보험기간</u>도 역시 동일해야 한다.

21 수인의 보험자와 1개의 보험계약을 체결하면 <u>공동보험</u>, 수 개의 보험계약을 체결한 경우에는 보험가입금액의 합계가 보험가액을 초과하면 <u>중복보험</u> 또는 보험가입금액의 합계가 보험가액을 미달하면 <u>병존보험</u>이 된다.

22 공제액을 <u>보험가입금액의 일정비율</u>로 정했다면 공제조항 중 <u>정률법(직접공제)</u>에 해당하고, 총 손해액의 일정비율로 정했다면 공제조항 중 <u>참여공제</u>에 해당한다.

23 보험기간 전체를 기준으로 공제액을 설정, 일정금액 이상의 종합공제액(누적 자기 부담금)을 초과하는 경우에는 보험자가 전액 부담하는데, 이러한 공제방식은 <u>프랜차이즈공제</u>에 해당한다.

24 보험계약자의 자기부담금이 전혀 발생하지 않을 수도 있는 공제방식은 <u>소멸성공제방식, 프랜차이즈 공제방식</u>이다.

25 생명보험의 사망 진단보험금에는 항상 전손이므로 소손해면책, 즉 자기부담금을 설정할 수 없다.

오답노트

12 잔존물보전비용은 약관상 보상규정이 없다 해도 보상받을 수 있다.

20 중복보험이 되기 위해서는 기본적으로 보험계약의 목적이 동일해야 하고, 보험기간은 중복되는 기간이 있으면 된다.

23 보험기간 전체를 기준으로 공제액을 설정, 일정금액 이상의 종합공제액(누적 자기 부담금)을 초과하는 경우에는 보험자가 전액 부담하는데, 이러한 공제방식은 종합공제에 해당한다.

1. 기본 3원칙

(1) 보험요율산정의 기본 3원칙 〔암기〕 공적비

공정성	보험요율은 만인에게 공평하고 올바른 위험률을 반영해야 함
적정성(충분성)	보험자 입장에서, 보험료는 보험사업의 영속성이 유지되기에 충분해야 함
비과도성	보험소비자 입장에서, 보험요율은 공평타당하고 지나치게 높아서는 안 됨

(2) 보험료산출의 3대 수리적 원리

대수의 법칙	• 어떤 사상이 일어날 확률을 P라하고 N회 시행 중 그 사상이 일어난 횟수를 R회 한 다면 N을 크게 할수록 R/N은 P에 접근한다는 원리 • 이 법칙은 위험발생확률을 측정하고 위험을 수치화할 수 있게 함
수지상등의 원칙	• 전체의 관점에서 적용되는 원칙 • 총보험료의 현재가치=순보험금의 현재가치
급부·반대급부의 원칙	• 개별보험계약자의 관점에서 적용되는 원칙 • 개인이 부담하는 총보험료의 현재가치=지급받는 순보험금의 현재가치

※ 참조 : 〈보험요율〉
  • 보험요율이란 보험가입금액에 대한 보험료의 비율을 말한다.
  • 예를 들면, 건물에 대한 화재보험에서 보험가입금액 1억원에 대한 보험요율이 0.03%라면 보험료는 3만원(=1억원× 0.03%)이 된다.

(3) 감독규정상 보험요율산출의 원칙

① 통계자료 및 참조순보험요율 사용 : 과거 통계자료 등을 기초로 합리적인 방법으로 보험요율을 산출하거나, 요율산출기관이 제공하는 참조순보험요율을 참고한 보험요율을 산출할 수 있다.
② 통계신뢰도 반영 : 보험요율은 보험종목별 또는 위험단위별 특성을 기준으로 통계적 신뢰도를 반영해야 한다.
③ 할증 및 보험요율 조정 : 보험회사는 위험변화요인을 고려하여 보험요율을 산출하는 경우 위험률을 최대 30%까지 할증하여 사용할 수 있으며, 요율조정 시 참조순보험요율의 조정주기와 다른 적용이 가능하다.

(4) 경영상의 요건 〔암기〕 안적단손경

안정성	보험료가 빈번하게 변동한다면 소비자의 불신을 초래(→ 적응성과 상충)
적응성	예정률과 실제율 간의 괴리 발생 시 요율조정으로 적절한 균형 유지
단순성	보험판매원과 소비자가 상품의 가격을 쉽게 이해하도록 산정
손해확대 방지성	사행성으로 인한 사고 및 손해를 방지하는 요율체계로 촉진
경제적 부담 가능성	보험계약자가 경제적으로 부담할 수 있는 수준의 요율체계

PART 01
PART 02
PART 03
PART 04
PART 05
PART 06
PART 07

2. 보험요율의 종류

감독기준	인가요율	• 보험회사 등이 인가기관에 신청하고 엄격한 심사를 거쳐 인가 • 국민다수의 일상생활과 직접 관련 있는 화재, 자동차보험에 적용 • 사전인가요율, 제출 후 사용요율, 사용 후 제출요율로 구분됨
	비인가요율	• 행정당국으로부터의 일체의 규제를 받지 않는 자유경쟁요율 • 신상품 등으로서 대수의 법칙 적용이 어려운 경우 적용
경쟁기준	협정요율	• 2개 이상의 보험회사가 요율을 협정하는 일종의 가격카르텔이며 요율 덤핑이나 계약자에 대한 부당차별을 방지하기 위한 요율 • 우리나라에서는 협정요율이 아직 없으나, 필요할 경우 보험료산출기관이 제시한 ±25%로 제한된 참조순요율을 사용할 수 있음
	비협정요율	• 자유경쟁요율로서 보험사 독자적인 요율을 인정하나 과당경쟁으로 보험회사의 부실을 초래 • 비협정요율과 비인가요율은 기준관점에서 동일한 개념은 아님
적용기준	고정요율 (일정요율)	• 보험의 목적별 또는 위험요인별로 하나의 요율로 고정되는 요율 형태인데, 요율체계가 경직화되어 있는 것이 단점
	범위요율	• 최고와 최저를 정하거나 또는 표준요율을 정해놓고 보험의 목적별 위험에 적합하게 요율을 수정하여 적용 • 고정요율이나 협정요율의 경직화를 막으려는 취지에서 도입됨
체계기준	등급요율	• 광범위한 동일 위험집단별로 동일 보험요율을 적용하는 요율체계 • 저비용의 장점이 있지만 집단 내 요율의 경직성에 불공평이 존재 • 가계성보험에 많이 사용
	개별요율	• 다수의 동질위험이 존재하지 않거나 특수한 위험을 가지고 있는 물건에 대해서 사용하는 요율체계 • 사용 시간과 비용이 많이 소요됨
성과기준 알기 경소점	경험요율	• 등급요율을 기초로 경험기간(통상 3년) 동안의 피보험자의 손해실적에 따라 상향 또는 하향 조정되는 요율 • 선박보험, 근재보험, 배상책임보험의 일부 등에 사용
	소급요율	• 경험요율의 일종이나, 보험기간 동안의 손해발생결과를 당해 보험료에 바로 반영시키는 요율 • 요율의 안전성보다는 적응성 및 공정성에 초점, 고비용이라는 단점을 지님
	점검요율 (예정요율)	• 기준요율을 기초로 정형화된 Check List에 따라 할인·할증을 부가한 요율 → 동일 특성의 보험목적에 동일 요율을 적용(공정성) • 사전점검이 반드시 필요하므로, 비용과 시간이 많이 소요됨 • 화재보험, 기계보험에 많이 사용

3. 손해보험의 현행 요율체계

(1) 참조순보험요율제도의 자율화(2002년 4월부터)

순보험료	부가보험료
보험개발원에서 제시하는 순보험요율을 참조하고 보험회사는 실적을 반영하여 각사가 참조순보험요율을 수정하여 사용	부가보험료 완전 자율화

(2) 요율조정범위

최소한의 요율안정성을 도모하기 위하여 ±25%로 제한한다(→ 자동차보험의 경우 예외).

(3) 요율조정주기

위험적용단위별로 요율조정요인이 ±5% 초과 시 매년 조정을 원칙으로 한다.

(4) 자사위험률

① 자사위험률의 정의 : 보험회사가 자기회사의 경험통계를 기초로 산출한 위험률
② 자사위험률을 사용하기 위한 요건
    ㉠ 회사의 통계집적기간 : 3년 이상이고
    ㉡ 연평균 경과계약건수 : 1만건 이상이며
    ㉢ 연평균 사고건수 : 96건(연령별 위험률을 위한 사고건수는 384건) 이상인 경우

PART
01

PART
02

PART
03

PART
04

PART
05

PART
06

PART
07

01 보험자 입장에서, 보험료는 보험사업의 영속성을 유지할 정도로 충분해야 한다는 것은 보험요율산정의 3원칙 중 <u>적정성(충분성)</u>을 말한다.

02 보험소비자 입장에서, 보험요율은 공평타당하고 지나치게 높아서는 안 된다는 보험요율산정의 원칙은 <u>비과도성</u>이다.

03 계약자들 간에 위험률의 매우 큰 차이에도 불구하고 보험요율이 동일하다면 이는 보험요율의 3원칙 중 <u>공정성</u>을 위배한 것이다.

04 보험요율이 빈번하게 변경되면 보험소비자의 불신을 초래할 수 있어 보험제도의 유지ㆍ발전을 저해할 수 있다는 것은 보험요율의 5가지 경영상 요건 중에서 <u>단순성</u>에 해당한다.

05 보험요율산정의 경영상의 요건 중에서 <u>안정성과 적응성</u>은 개념상 상충이 된다.

06 보험요율산정기관이 작성하고 인가기관의 엄격한 심사를 거친 후 사용하는 요율을 <u>인가요율</u>이라 하고, 행정당국의 규제를 받지 않는 자유경쟁요율을 <u>비인가요율</u>이라 한다.

07 인가요율은 <u>사전인가요율, 제출 후 사용요율, 사용 후 제출요율</u>의 3가지로 구분되며, <u>사전인가요율</u>이 가장 강한 규제요율이다.

08 비협정요율과 비인가요율은 자유경쟁요율이라는 외형은 동일하나, <u>비인가요율</u>은 대수의 법칙이 성립하지 않아 인가가 안 된 경우이고, <u>비협정요율</u>은 보험사 간 협정하지 않은 요율이다.

09 최고와 최저를 정하거나 또는 표준요율을 정해놓고 보험의 목적별 위험에 적합하게 <u>요율을 수정</u>하여 적용하는 방식으로, 고정요율이나 협정요율의 경직화를 막으려는 취지에서 도입된 요율체계를 <u>범위요율</u>이라 한다.

10 보험의 목적이 다수 있는 등급에 동일한 요율을 적용하는 것은 <u>등급요율</u>이며, 동일등급 내에 오직 하나의 보험의 목적만이 존재할 때 적용되는 요율은 <u>개별요율</u>이다.

11 간편하게 요율 적용을 할 수 있으나, 동일 집단 내에서 요율의 불공평성이 존재하는 요율은 <u>등급요율</u>이다.

12 자동차보험의 우량할인ㆍ불량할증 요율처럼 <u>과거 실적에 따라</u> 요율이 변동이 되어 손실통제를 장려할 수 있는 요율체계는 <u>경험요율</u>이다.

13 보험기간 동안의 손해발생결과를 <u>당해 보험료에 소급</u>하여 반영시키는 요율체계를 <u>점검요율</u>이라 한다.

14 만약 손해발생결과를 당해 보험료에 바로 반영을 시키면 보험요율 산정의 3원칙 중 <u>공정성</u>을, 보험요율의 경영상 요건 중 <u>적응성</u>을 충족시킨다.

15 보험요율의 경영상 요건 중 손해확대방지성에 가장 적합한 요율체계는 <u>경험요율</u>이며, 적응성에 가장 적합한 요율체계는 <u>소급요율</u>이다.

16 점검요율은 개별적인 <u>위험의 특수성</u>을 반영하므로 보험요율 산정의 3원칙 중 <u>공정성</u>에 부합하지만, 요율산출에 많은 비용이 든다는 단점이 있다.

17 보험요율산정의 경영상 요건 중 안정성 차원에서는 요율의 과도한 변동성을 방지하기 위해 요율변동의 최대폭을 <u>±25%</u>로 하고, 요율조정은 요율이 <u>±5%</u> 초과 시 매년 조정하는 것을 원칙으로 하고 있다.

오답노트

04 보험요율이 빈번하게 변경되면 보험소비자의 불신을 초래할 수 있어 보험제도의 유지 · 발전을 저해할 수 있다는 것은 보험요율의 5가지 경영상 요건 중에서 안정성에 해당한다.

13 보험기간 동안의 손해발생결과를 당해 보험료에 소급하여 반영시키는 요율체계를 소급요율이라 한다.

장기보험 언더라이팅

1. 건강진단제도

가장 객관적이고 적극적인 보험자의 언더라이팅 수단이다.

(1) 건강진단 대상

① 연령이 낮고 가입담보의 위험도가 낮거나 가입금액이 적은 경우에는 진단절차 없이 가입할 수 있다.

② 연령이 높고 실손의료보험 등과 같이 위험도가 높은 담보를 가입하거나 사망 또는 진단비의 가입금액이 클수록 보다 정밀한 검사항목을 요구한다.

(2) 건강진단 항목

① 신장, 체중, 피보험자의 과거 병력

② 혈압검사 : 시간을 두고 3회 측정

③ 혈액검사

　㉠ 간기능검사 : GOT, GPT, r-GTP, 간염검사 → 간기능 이상 관련

　㉡ 혈당검사 : Glucose(혈당), 당화혈색소 → 당뇨 관련

　㉢ 콜레스테롤, 중성지방 검사 → 동맥경화 등 순환기계 질병

　㉣ 소변검사 : 뇨당, 뇨단백, 뇨잠혈 → 신장, 당뇨 관련

(3) 보험회사 건강검진체계

① 진단의진단 : 진단을 행하는 의사를 '진단의'라고 하며, 보험사에 고용된 '사의'와 병원과 약정을 맺고 건강진단을 위촉하는 의사인 '지정의(촉탁의)'로 구분한다.

② 방문진단 : 일정교육을 수료한 간호사가 직접 피보험자를 찾아가서 고지사항 확인 및 면접을 통해 건강진단을 대행한다.

③ 대용진단(서류진단) : 기업에서 시행하는 건강검진 결과로 건강검진을 대신하는 제도이다.

(4) 유진단 보험과 무진단 보험

① 유진단 계약과 무진단 계약

유진단 계약	무진단 계약
고액보장계약, 과거병력자 등의 계약을 대상으로 함	소액보장계약의 경우 보험금지급비용과 건강진단비용이 서로 상계 가능하다고 판단함

② 무진단 보험의 도입 논리 : 단순히 고객편의차원보다는 비용절감차원에서 도입된 제도이다.

2. 계약적부

(1) 의의

보험계약자와 피보험자가 청약서에 알린 내용의 적정성을 확인하는 제도이다.

(2) 계약적부 대상(→ 계약적부는 모든 계약을 대상으로 하는 것은 아님)

① 특약이 많고 보장금액이 큰 계약건 중 고지의무 위반의 개연성이 높은 계약
② 건강진단을 의도적으로 회피하도록 설계하거나, 사고발생 경력이 많거나, 인수제한가능성이 높은 직업 및 직무 종사자
③ 부실판매경력이 있는 모집자 관련 계약 등

(3) 계약적부 유형

① 외부조사업체가 직접 방문하여 청약서 내용의 적정성을 확인하는 것이 일반적인 제도이다.
② 비용과 편익을 고려하여 방문 대신 전화심사를 하는 Tele언더라이팅 제도도 존재한다.

(4) 계약적부 효과

① 가장 큰 효과는 보험계약자와 피보험자의 역선택 위험을 예방하는 것이다.
② 사고발생 시 고지의무 위반으로 인한 보험금 분쟁을 사전에 예방할 수 있다.

3. 보장제한부 인수 특별약관

(1) 특정 신체부위 · 질병 부담보 특별약관	(2) 이륜자동차 운전 중 상해 부담보 특별약관
• 비표준체 피보험자에 대해서도 보험가입의 기회를 제공 • 보험자에게는 보험판매 증대를 통한 수익창출의 기회 제공 • 보장제한기간 : 1~5년 또는 보험계약의 보험기간(→ 청약일로부터 5년간 해당 질병에 대해 치료사실이 없을 경우 5년 이후부터는 예외적으로 보장) • 납입보험료는 표준체와 동일	• 위험이 높은 이륜자동차의 주기적 운전 중(탑승 포함) 사고는 면책, 운전 중이 아니면 부책 • 이륜자동차 운전자의 일반 상해의 보장공백을 해소 • 보험자에게는 틈새시장에서 수익을 제고할 수 있는 기회 제공 • 이륜자동차=자동차관리법상 이륜자동차+그와 유사한 구조로 되어 있는 자동차+도로교통법상 원동기장치자전거

PART
01

PART
02

PART
03

PART
04

PART
05

PART
06

PART
07

(3) 그와 유사한 구조로 되어 있는 자동차

① 이륜인 자동차에 측차를 붙인 자동차

② 내연기관을 이용한 동력장치를 사용하고, 조향장치, 동력전달방식, 냉각방식이 이륜자동차와 유사한 삼륜 또는 사륜의 자동차

③ 전동기를 이용한 동력장치를 사용하는 삼륜 또는 사륜의 자동차

4. 보험료할증 및 보험금감액 특별약관 [암기] 체고당비/항시만류

보험료할증	체증성 질병	• 질병의 위험도가 시간이 경과함에 따라 점차 증가 • 고혈압, 당뇨, 비만, 단백뇨 등
	항상성 질병	• 질병의 위험도가 시간이 경과와 관계없이 일정 • 시력 · 청력장애, 만성기관지염, 류마티스, 신경통 등
보험금감액	체감성 질병	• 질병의 위험도가 시간이 경과함에 따라 점차 감소 • 위궤양, 십이지장궤양, 외상 등

(1) 보험료할증

① 체증성 위험, 항상성 위험이 보험료 할증의 대상이다(→ 보험기간 전 기간을 대상으로 함).

② 표준체보다 높은 보험료(할증보험료)를 받고 표준체와 동일한 보험금을 지급하는 특별약관이다.

(2) 보험금감액

① 체감성 위험을 대상으로 하며 보험금 감액기간은 계약 후 5년 이내로 한다.

② 표준체와 동일한 보험료를 납부하며, 질병사망보험금을 감액하여 지급하는 특별약관이다.

TOPIC 02 | 장기보험 종목별 언더라이팅 실무사례

1. 개관

(1) 장기손해보험 vs 일반손해보험

구분	장기손해보험	일반손해보험
보험기간	3년 이상	1년
보험료 구성	• 순보험료=위험보험료+저축보험료 • 부가보험료(예정사업비)=예정신계약비+예정유지비+예정수금비	• 순보험료=위험보험료 • 부가보험료=사업경비+기업이윤
환급금	납입보험료 또는 보험가입금액의 일정액을 중도, 만기에 지급	없음

※ 장기보험상품은 보험료산출 시 할인율을 사용하고, 위험보험료 외에 저축보험료를 포함

(2) 장기손해보험의 종류

장기화재	화재로 인한 재물에 생긴 손해보장
장기종합	재물손해, 신체손해, 배상책임손해, 비용발생으로 인한 금전손해 중 2가지 이상 보장
장기상해	신체상해로 인한 손해보장
장기질병	질병에 걸리거나 질병으로 인한 입원, 수술 등의 손해보장
장기간병	활동불능, 인식불명 등 타인의 간병을 필요로 하는 상태 및 이로 인한 손해보장
장기비용	비용발생으로 인한 금전적 손해보장
장기기타	상해, 질병, 간병보장 중 2가지 이상 손해보장

(3) 장기보험의 특징

① 보험기간의 장기성
② 환급금의 지급 → 만기환급금, 중도환급금, 해지환급금
③ 보험가입금액의 자동복원 → 1회 사고로 지급하는 <u>보험금이 보험가입금액의 80% 미만</u>인 경우
④ 보험료 납입주기 → 월납, 2개월납, 3개월납, 6개월납, 연납, 일시납
⑤ 보험료 납입 연체 시 납입최고와 계약의 해지
⑥ 보험료 납입 연체로 인한 해지 계약의 부활
⑦ 보험계약대출

2. 장기손해보험의 요율산정기준

구분		요율기준	요율크기
상해 · 질병 담보	일반상해	상해위험등급	1급<2급<3급
	교통상해	운전차량	비운전<자가용<영업용
	질병	연령	저연령<고연령
		성별	특약별로 상이
재물담보	재물	건물구조	1급<2급<3급<4급
		적용업종	주택<일반<공장
		보험의 목적물	건물<동산

3. 상해 위험등급 적용기준

① 상해 위험등급 적용을 위한 직업분류는 크게 3등급(상해위험 1급, 2급, 3급)으로 구분되며, 피보험자의 직업에 해당하는 상해 위험등급에 따라 위험요율이 차등 적용된다.
② 상해 위험등급
　　㉠ 1급 : 사무관련 종사자 등 주로 내부 근무하는 경우로 위험도가 <u>가장 낮은</u> 직업
　　㉡ 2급 : 판매 · 서비스 관련 등 내 · 외부 활동하는 직업으로 위험도가 1급보다 높은 직업
　　㉢ 3급 : 육체적 노동을 동반하고 주로 외부 근무하는 경우로 위험도가 <u>가장 높은</u> 직업

PART
01

PART
02

PART
03

PART
04

PART
05

PART
06

PART
07

4. 재물 물건별 적용 기준

(1) 재물담보의 요율종류

주택물건	단독주택, 연립주택, 아파트(→ 3종류 요율)
일반물건	주택물건과 공장물건이 아닌 물건(→ 104종류 요율)
공장물건	공장, 작업장의 구내에 있는 건물, 기계, 동산(→ 273종류 요율)

(2) 주택물건

① 적용대상

- 단독주택(다중주택, 다가구주택), 연립주택, 아파트 → '아파트의 단지 내 상가'는 일반물건
- 아파트 구내 부대시설(→ 주차장, 관리사무소, 경비실, 담장 등) 및 복리시설(→ 어린이 놀이터, 유치원, 피트니스센터, 탁구장, 공용세탁소 등)
- 주상복합아파트 주거용도 부분
- 주상복합아파트 부대시설 → '복리시설'은 일반물건

② 주택물건 적용 시 유의사항

㉠ 교습소, 치료소, 접골원, 조산원 등 주택병용물건의 경우 내직 또는 출장치료 정도에 대해서만 주택물건 요율을 적용

㉡ 농어가 주택에서 농업 또는 어업을 평소수준으로 하면 주택물건 요율을 적용(→ 주택과는 별동을 두고 양잠이나 그 밖의 부업을 할 경우는 일반물건요율을 적용)

㉢ 건축 중인 건물은 공사완공 후 주택물건이 되는 것에 한해 주택물건요율을 적용

(3) 일반물건

① 적용대상(→ 주택물건과 공장물건이 아닌 물건은 일반물건)

- 아파트 단지 내 상가
- 주상복합아파트 상업용도 부분
- 주상복합아파트 복리시설
- 주차장(주거 및 상업 공동으로 사용)

② 일반물건 적용 시 유의사항

㉠ 주상복합아파트는 방화구획 여부와 관계없이 주거용도 부분은 주택물건요율을, 상업용도 부분은 일반건물요율을 적용

㉡ 주택건물에 일시적으로 동산을 수용하는 경우 : 주택 및 가재도구에 대해서는 주택물건요율을 적용(→ 주택 내에 일시적으로 동산을 수용하는 경우에는 주택물건요율에 재고자산할증 요율을 부과)

㉢ 주택건물에 변호사, 회계사, 대리점사무소를 설치한 경우는 일반물건요율을 적용

㉣ 별장은 가재도구가 항상 비치되어 있는 공가(空家)의 경우는 주택물건요율을 적용

㉤ 방화구획에 의해 구분되어 있는 경우 각각의 물건에 대하여 각각의 요율을 적용할 수 있음

(4) 공장물건

① 적용대상 : 공장, 작업장의 구내에 있는 <u>건물, 공작물</u> 및 이에 <u>수용된 동산, 야적의 동산</u>에 대하여 적용한다.

② 공장물건 적용 시 유의사항

　㉠ 물리, 화학 등 생산 관련 연구소로서 공장 구외에 있으며 <u>생산가공을 하지 않는</u> 경우 <u>일반물건 요율</u>을 적용

　㉡ 작업기계의 설치가 완료 전인 신축 중 건물은 <u>일반물건요율</u>을 적용하지만, 작업을 개시한 경우는 <u>공장물건요율</u>을 적용

　㉢ 같은 공장이라도 방화구획으로 위험이 분리된 경우에는 각각 <u>다른 위험률을</u> 요율에 반영할 수 있음

(5) 특수건물

① 의의 : 화재로 인한 재해보상과 보험가입에 관한 법률(화보법, 1973)에 의하여 특수건물의 소유자는 그 건물의 화재로 인하여 타인이 사망 또는 부상당한 때는 그 손해를 배상할 책임이 있으므로, 이 손해배상을 위해 <u>신체손해배상특약부 화재보험</u>에 의무적으로 가입해야 한다.

② 보장위험 : 특수건물의 화재로 인한 제3자의 신체 및 재산상의 피해

③ 가입대상

16층 이상의 아파트, 11층 이상의 건물, 실내사격장

바닥면적 3,000㎡ 이상	숙박업, 대규모점포, 도시철도역사 **암기** 숙대역
연면적 3,000㎡ 이상	공장, 병원, 학교, 방송국, 공연장, 농수산물도매시장, 관광숙박업
바닥면적 2,000㎡ 이상	학원, 게임제공업, 음식점, 노래연습장, 유흥주점, 목욕장, 영화상영관
연면적 1,000㎡ 이상	국유건물, 공유건물

④ 보상한도(→ 화재배상책임보험 및 재난배상책임보험의 경우도 <u>동일</u>)

대인손해			대물손해
사망	부상	후유장해	
최고 1억 5천만원 (최저 <u>2천만원</u> 보장)	최고 3천만원 (상해 1~14급)	최고 1억 5천만원 (장해 1급~14급)	1사고당 10억원

(6) 화재배상책임보험(2013.2.23.~)

① 의의

　㉠ 다중이용업소의 화재보험 가입비율이 낮아 피해자에 대한 보상이 어려움에 따라 이를 해결하기 위한 의무적 보험이 필요

　㉡ 법적 근거 : '다중이용업소의 안전관리에 관한 특별법(다중법, 2013)'이며, 2021년 법개정으로 화재피해가 발생한 경우 영업주의 과실이 없어도 손해를 배상하는 '<u>무과실책임주의</u>'로 전환됨

② 보장위험 : 다중이용업소의 <u>화재·폭발</u>로 인한 제3자의 신체 및 재산상의 피해

PART
01

PART
02

PART
03

PART
04

PART
05

PART
06

PART
07

③ 가입대상

    ㉠ 단란주점, 유흥주점, 영화상영관, 비디오감상실, 학원, 목욕장, 게임제공업, 복합유통게임제공업, 복합영상제공업, 안마시술소, 노래연습장, 산후조리원, 고시원, 전화방, 화상대화방, 수면방, 콜라텍, 실내권총사격장, 골프연습장, 방탈출카페업, 키즈카페업, 만화카페업

    ㉡ 일반음식점, 휴게음식점, 제과점은 '바닥면적합계가 지상 $100m^2$ 이상(1층 제외), 지하 $66m^2$ 이상일 경우 의무가입대상

    ㉢ 가입대상 제외 : '화보법'상의 특수건물에 입점된 다중이용업소

④ 보상한도 : '화보법'상의 신체손해배상특약부 화재보험과 동일

⑤ 보험회사의 의무

    ㉠ 계약체결거부 금지

    ㉡ 동 보험 외의 타 보험 가입강요 금지

    ㉢ 다중이용업주에 대한 보험계약 종료사실 통지

    ㉣ 소방방재청에 대한 보험계약 종료사실 통지

(7) 재난배상책임보험

① 의의

    ㉠ 화재 · 폭발 · 붕괴 등 재난사고로 인해 피해자에 대한 막대한 배상책임이 발생하여 관리자는 경제적인 어려움을 겪게 되는데 이를 대비하기 위한 의무적 보험이 필요

    ㉡ 법적 근거 : '재난 및 안전관리 기본법(2017)'

② 보장위험 : 재난배상책임보험 의무가입업소의 화재 · 폭발 · 붕괴사고로 인해 제3자가 입은 생명, 신체 및 재산피해

③ 가입대상

    ㉠ 숙박업소, 경마장, 도서관, 음식점(1층 $100m^2$ 이상), 미술관, 물류창고, 여객자동차터미널, 주유소, 지하상가, 장례식장, 15층 이하 공동주택 등 20종

    ㉡ 가입대상 제외 : '화보법'상의 특수건물, '다중법'상의 다중이용업소

④ 보상한도 : '화보법'상의 신체손해배상특약부 화재보험과 동일

⑤ 보험가입 의무자

    ㉠ 소유자와 점유자가 동일한 경우 : 소유자

    ㉡ 소유자와 점유자가 다른 경우 : 점유자

    ㉢ 법령에 따라 관리자로 규정된 자가 있는 경우 : 관리자

5. 재물 건물급수 적용기준

① 요율적용을 위한 건물급수

구분	기둥/보/바닥	지붕	외벽	사례
1급	내화구조	내화구조	내화구조	철근콘크리트조(조적조) 슬라브즙
2급	내화구조	불연재료	내화구조	철근콘크리트조(조적조) 스레트즙
3급	불연재료	불연재료	불연재료	경량철판조 샌드위치판넬즙
4급	상기 이외의 것			목조와즙, 벽돌/블록/철골 천막즙

② 화재보험 요율산출 시 유의점

    ㉠ 외벽의 일부 또는 전부가 커튼월구조로서 그 재료가 불연재료(유리, 금속판, 인조대리석 등)일 경우, 해당 면적을 제외하고 상기의 기준에 따라 결정할 수 있음

    ㉡ 외벽이 샌드위치판넬인 건물의 구조급수는 다른 주요 구조부에 관계없이 3급을 적용

    ㉢ 외벽이 50% 이상 결여된 무벽건물은 주요 구조부가 내화구조이면 1급을 적용하고, 지붕을 제외한 주요구조부가 불연재료인 경우 2급을 적용하고, 기타는 4급을 적용(일반건물과 적용이 다름)

    ㉣ 건축 중 또는 철거 중인 건물은, 공사완성 후의 건물급수가 1급 또는 2급일 경우는 2급을 적용하고, 공사 완성 후의 급수가 3급이면 3급, 4급이면 4급을 적용

    ㉤ 야적 및 무벽건물에 수용하고 있는 동산의 경우 불연성은 2급 그 외는 4급을 적용하며, 옥외설비 및 장치의 경우 내화구조는 1급, 불연재료 2급, 가연재료 3급을 적용

    ㉥ 지하도 소재 물건이나 지하 저장용 탱크는 2급을 적용하고, 대형 화물형 컨테이너는 3급을 적용

6. 청약서 심사

공통사항	4대 기본지키기 이행여부/인수심사 절차 확인/보험계약자 등 인적사항/타보험사 가입사항/해외활동 계획
상해보험	피보험자의 직업 및 직무/운전차량/부업 및 취미생활
질병보험 `암기` 315-5730	• 최근 3개월 이내 진찰여부 • 최근 1년 이내 추가검사여부 • 최근 5년 이내 10대 질병의 진찰 또는 검사여부 • 최근 5년 이내 입원, 수술, 계속하여 7일 이상 치료, 30일 이상 투약여부 • 생활습관/체격
재물보험	• 건물의 구조 및 건축연도/영위업종/건물 내 타업종/소재지/사고경력

PART 01

PART 02

PART 03

PART 04

PART 05

PART 06

PART 07

01 일반손해보험의 영업보험료는 '위험보험료+사업경비+기업이윤'으로 구성되고, 장기손해보험의 영업보험료는 '순보험료+부가보험료' 또는 '위험보험료+저축보험료+신계약비+유지비+수금비'로 구성된다.

02 장기손해보험은 2개월, 3개월납, 4개월납, 5개월, 6개월납이 가능하다.

03 장기손해보험은 1회 사고로 지급하는 보험금이 보험가입금액의 80% 미만일 경우 보험가입금액이 자동복원되는 특징이 있다.

04 무진단보험 도입의 주목적은 고객편의보다 비용절감의 재무적 목적이 좀 더 크다.

05 보험회사는 회사가 필요할 경우 계약적부확인을 할 수 있다는 사실을 청약서상에 분명히 기재하고 고객의 서명을 받아야 한다.

06 특정신체부위·질병 보장제한부인수 특별약관은 정상가입이 어려운 비표준체 피보험자에 대해서도 할증보험료를 부과함으로써 보험자 입장에서 수익창출의 기회가 된다.

07 이륜자동차 운전 중 상해부보장 특별약관은 위험이 높은 이륜자동차의 주기적 운전 중(탑승 포함) 사고는 면책, 운전 중이 아니면 부책인 특별약관이다.

08 보험료할증으로 부보하는 질병은 체증성 질병, 항상성 질병이고, 보험금감액으로 부보하는 질병은 체감성 질병이다.

09 체증성 질병에는 고혈압, 당뇨, 비만, 단백뇨 등이 있고, 항상성 질병에는 시력·청력장애, 만성기관지염, 류마티스, 신경통 등이 있다.

10 보험료할증으로 부보한다고 함은 보험료를 표준체보다 높게 납부하고, 보험금은 표준체와 동일하게 적용받는 것을 말한다.

11 체감성 질병의 보험금감액 기간은 계약 후 5년 이내이며 대상담보는 질병사망에 국한된다.

12 아파트의 단지 내 상가는 일반물건, 부대시설 및 복리시설은 주택물건의 요율이 적용된다.

13 농가의 경우 일반적으로 주택 내에서 하는 작업 정도는 주택물건 요율을 적용하지만, 별동을 두어 양잠 등의 부업을 하는 경우 해당 별동은 일반물건 요율을 적용한다.

14 주상복합아파트는 방화구획여부와 상관없이 용도에 따라 주택물건과 일반물건을 구분하며, 부대시설 및 복리시설은 주택물건요율을 적용한다.

15 주상복합아파트에서 주차장을 주거 및 상업용도로 공동 사용할 경우에는 일반물건요율을 적용한다.

16 주택으로 사용하는 건물에 일시적으로 동산을 수용하는 경우는 주택물건 요율에 재고자산할증요율을 부가한다.

17 물리, 화학 등 생산 관련 연구소로서 공장 구외에 있으며 생산가공을 하지 않는 경우 일반물건 요율을 적용한다.

18 16층 이상의 아파트, 11층 이상의 일반건물, 실내사격장은 <u>면적에 상관없이 특수건물</u>에 해당되어 신체손해배상특별약관에 의무적으로 가입해야 한다.

19 신체손해배상책임특별약관은 화재보험 보통약관상의 화재손해를 보상하며, 타인의 신체 및 재산상의 손해에 대해서 <u>사망 시 최고 1억 5천만원, 부상 시 최고 3천만원, 후유장해 시 최고 1억 5천만원, 대물보상한도는 사고당 10억원</u>의 보상금을 지급한다. 보상한도는 화재배상책임보험 및 재난배상책임보험의 경우도 <u>동일</u>하다.

20 종합병원이나 공장은 <u>연면적</u> 3,000m² 이상, 도시철도 및 역사시설은 <u>바닥면적</u> 3,000m² 이상일 경우 특수건물에 해당된다.

21 <u>일반음식점, 휴게음식점, 제과점</u>은 바닥면적합계가 지상 <u>100m² 이상(1층 포함)</u>, 지하 <u>66m² 이상</u>일 경우 화재배상책임보험의 의무가입대상이다.

22 다중이용업소가 보험자와 화재배상책임보험을 체결할 경우, 계약의 체결사실을 <u>소방방재청</u>에 통지해야 한다.

23 <u>15층 이하</u>의 아파트는 '화재로 인한 재해보상과 보험가입에 관한 법률(화보법)'상의 특수건물이 아니므로 재난배상책임보험에 가입해야 한다.

24 건물의 주요 구조부 중 지붕은 불연재료이고, 기둥이나 외벽은 내화구조인 건물은 <u>2급</u>에 해당한다.

25 외벽이 철근콘크리트조 또는 조적조이면서 지붕이 슬라브즙이면 <u>1급</u>, 스레트즙이면 <u>2급</u>이다.

26 외벽이 샌드위치판넬인 건물의 구조급수는 다른 주요 구조부에 관계없이 <u>3급</u>을 적용한다.

27 건축 중 또는 철거 중인 건물은, 공사완성 후의 건물급수가 1급 또는 2급일 경우는 <u>2급</u>을 적용한다.

28 <u>지하도 소재 물건이나 지하 저장용 탱크</u>는 <u>2급</u>을 적용하고, 대형 화물형 컨테이너는 <u>3급</u>을 적용한다.

29 피보험자의 직업 및 직무/운전차량/부업 및 취미생활은 <u>상해보험</u>의 청약서 심사포인트이다.

30 <u>질병보험</u>의 청약서 심사포인트 중 최근 <u>5년</u> 이내 입원, 수술, 계속하여 <u>7일</u> 이상 치료, <u>30일</u> 이상 투약 여부를 고려해야 한다.

오답노트

02 보험은 2개월, 3개월납, 6개월납이 가능하다. → 4개월납, 5개월은 없다.

06 특정신체부위·질병 보장제한부인수 특별약관은 정상가입이 어려운 비표준체 피보험자에 대해서도 표준체와 동일한 보험료를 부과하며 보험자 입장에서는 수익창출의 기회가 된다.

14 주상복합아파트는 방화구획 여부와 상관없이 용도에 따라 주택물건과 일반물건을 구분하며, 부대시설(복리시설은 일반물건요율 적용)은 주택물건요율을 적용한다.

21 일반음식점, 휴게음식점, 제과점은 바닥면적합계가 지상 100m² 이상(1층 제외), 지하 66m² 이상일 경우 화재배상책임보험의 의무가입대상이다. → 1층은 재난배상책임보험의 가입 대상이다.

자동차보험 언더라이팅

TOPIC   01 자동차보험 언더라이팅의 의의

1. 언더라이팅의 의의

언더라이팅은 보험의 4가지 기본원리인 위험회피, 위험결합, 도덕적 해이 및 역선택 중 <u>역선택을 방지</u>하는 것이 주목적이었다.

2. 자동차보험에서 역선택을 방지하는 3가지 방법

강제가입	• 역선택자의 강제가입을 통해 보험소비자의 선택권을 없애면 역선택 방지 • 강제가입은 가입자 간의 <u>소득의 강제이전</u>이라는 비효율을 초래하는데 이것은 역선택을 해결하는 데 드는 <u>사회적 비용</u>
걸러내기 (Screening)	비용이 들고 완전한 역선택의 해결책은 아니지만, 자원배분의 비효율 해소에 상당한 기여 예 보험회사의 언더라이팅과 은행의 여신심사가 대표적
반복거래	보험사와 지속적으로 계약을 유지하는 경우 상대에 대한 정보 습득으로 역선택 문제가 상당부분 해소 예 친구로부터 중고차를 구입할 경우 불량차를 구입할 가능성이 낮음

TOPIC   02 자동차보험 언더라이팅의 변천

1. 언더라이팅의 변천

① 초기에는 보험종목, 차종중심으로 선별인수가 이루어졌다.
② 가격자유화 이후 물건의 위험이 특별히 크지 않으면 인수에 제한을 두지 않았다.

2. 언더라이팅 Scoring System의 등장

전통적 언더라이팅(선별인수)	Scoring System
<u>과거 실적손해율</u>을 중심으로 위험을 판단하는 방식	다수의 <u>위험 factor</u>(20개 이상)를 종합하여 계약의 위험도를 지수화한 방식

전통적 언더라이팅(선별인수)	Scoring System
• 미래의 요율 변화요인을 반영하지 못함 • 위험 factor를 2~4개 요인만으로 활용하므로 종합적인 위험도 평가에는 미흡함 • 선별인수의 대상이 많아지는 문제점이 있음 • 선별인수의 단점을 보완하기 위해 계약별 추가정보를 바탕으로 언더라이팅을 할 경우, 영업조직과의 마찰증가 문제가 발생함	• 다차원적인 통계방식을 활용함으로써 선별인수기능이 제고됨 • 객관적 지수를 근거로 판단하여 영업조직과의 마찰이 감소되고 업무속도가 개선됨 • Scoring system은 지나치게 많은 위험 factor가 반영되어 정확도가 높지 않아 전격사용보다는 기존 인수기준의 보조장치로 활용되는 편임

3. 최근 언더라이팅 동향

- 요율 세분화 및 신요율 요소 개발
- 도덕적 위험(Moral Hazard) 가능성이 높은 계약군 선별사전에 유입차단, 위험요소 제거
- 판매채널과 판매수수료 제도 활용 → 우량·불량 건에 대한 수수료 차별 지급
- 계약체결단계에서의 인수절차 강화
- 인슈테크의 다양한 활용

4. 공동인수제도

(1) 공동인수제도 의의

고위험 운전자에 대한 보험회사의 보험가입 거절문제를 해소하고 피해자를 보호하기 위하여 도입된 제도이다.

(2) 법적근거

① 공동인수제도는 자동차손해배상보장법 제24조 및 동법 시행규칙 제8조에 의하여 법제화한다.

② 제도의 운영은 '자동차보험 공동물건 위험배분에 관한 상호협정'을 토대로 운영한다.

→ 결국, 고위험 계약자와 일반계약자를 분리하여 별도 운영함으로써 보험요율의 형평성을 제고한다.

(3) 보험료의 배분

의무보험		임의보험				
대인1	대물1	대물2	대인2	자기차량손해	자기신체사고	무보험차상해

① 인수계약 보험료의 30%를 자사보유, 나머지 70%는 타사의 시장점유율에 따라 배분한다.

② 개인용·업무용·이륜차의 경우 '의무보험+대물2'는 배분대상에서 제외한다(즉, 100% 자사보유).

③ 영업용의 경우 '의무보험+대물2+대인2'는 배분대상에서 제외한다(즉, 100% 자사보유).

1. 요율(위험보험료)산출의 정의

현행의 담보내용에 의하여 향후 발생될 것으로 예상되는 비용(손해액)을 추정하고, 미래에 수입될 보험료를 추정하여 두 추정치(지출과 수입)를 비교하여 적정성을 판단하는 과정이다.

2. 보험요율산정의 3원칙 `암기` 공적비

공정성	보험계약자 간에 부당한 차별이 없는 요율
적정성	보험자의 재무건전성을 크게 해하지 않을 정도의 요율(충분성)
비과도성	보험금 및 그 밖의 급부에 비하여 지나치게 높지 않은 요율

3. 요율산출방법

구분	순보험료법	손해율법
정의	• 보험료산정에 필요항 요소들을 통계적으로 예측하여 보험료를 계산하는 방법으로, 보험요율을 처음 만들 때 사용	• 사업의 운영결과로 나타난 실제손해율의 변화에 따라서 보험료를 조정하는 방법으로, 기존 요율을 조정하는 데 사용
공식	• 순보험료=총손실금액/총부보건수 • 영업보험료=순보험료/(1−사업비율) • 순보험요율=순보험료/영업보험료	• (실제손해율−예정손해율)/예정손해율 • 통계량이 적은 경우 신뢰도를 높이기 위해 신뢰도 계수를 곱하기도 함

※ 예시 : 순보험료법&손해율법

보험계약자수 10,000명, 사업비율 20%, 향후 1년 후 실제손실율 90%, 1년간의 손실예상액 50억원인 경우
- 순보험료=50억원/10,000=500,000원
- 영업보험료=500,000/(1−0.2)=625,000원
- 순보험요율=500,000/625,000=0.8
- 손해율법에 의한 1년 후의 영업보험료=625,000×[1+(0.9−0.8)/0.8]=703,125원

1. 보험요율 관련 용어의 정의

기본보험료	적용보험료 산정에 기본이 되는 보험료. 순보험료와 부가보험료로 구성
참조순보험료	보험개발원에서 산출하여 금융감독원장에게 신고하여 수리받은 순보험료
가입자특성요율	기명피보험자의 보험가입경력과 교통법규위반 경력에 따라 적용되는 요율
적용보험료	계약자가 최종적으로 지불하는 보험료
특약요율	특별약관을 첨부함에 따른 요율

특별요율	자동차 구조가 동종 차종과 상이함으로써 발생하는 특별위험에 대한 요율 → 에어백 특별할인, ABS 특별할인, 위험적재물 특별할증은 특별요율
새차요율	자차 담보의 순보험료 산정에 기본이 되는 요율로서 새차에 적용되는 요율
중고차요율	자차 담보의 순보험료 산정 시 자동차경과연식에 따라 적용되는 요율
일부보험요율	자차 담보 계약 시 보험가입금액이 보험가액보다 적을 때 적용하는 요율
차량모델등급요율	자차 담보 시 차량모델별로 부여한 등급(모델의 손해율을 반영)에 따라 적용되는 요율

2. 적용보험료

① 대인배상Ⅰ=기본보험료×특약요율×가입자특성요율×(우량할인·불량할증+특별할인요율)×기명피보험자연령요율×특별요율×(1+단체업체특성요율)×사고건수요율

② 대인배상Ⅱ, 대물배상, 자기신체사고, 자동차상해, 무보험차상해, 자기차량손해의 적용보험료는 대인배상Ⅰ에 '자동차물적사고할증기준요율'을 추가하면 된다.

3. 우량할인·불량할증제도

(1) 개별할인 · 할증과 단체할인 · 할증

구분	개별할인 · 할증	단체할인 · 할증
적용대상	단체할인할증의 대상이 아니면 개별할인할증을 적용	• 영업용 : 평가대상기간 최종 1년간 유효대수 10대 이상 • 업무용 : 평가대상기간 최종 1년간 유효대수 50대 이상
평가대상기간	대상기간 1년	역년기준 3년
	전전계약 보험기간 만료일 3개월 전부터 전계약의 보험기간 만료일 3개월 전까지	해당 평가대상기간의 말일기준으로 익년 4월 1일부터 익익년 3월 31일까지 기간에 가입하는 계약에 적용

(2) 평가의 기준이 되는 전계약의 조건 충족

보험종목		전계약과 갱신계약의 동일조건
개인용 자동차보험		피보험자
업무용 자동차보험 이륜자동차보험	자가용	피보험자 및 피보험자동차
	관용	피보험자동차
영업용 자동차보험		피보험자 및 피보험자동차

(3) 평가대상사고

① 평가대상사고 (암기) 사미자	② 평가제외사고
• 미지급사고 • 평가대상기간 말 현재 보험회사가 알고 있는 미접보사고 • 자기과실이 없는 사고	• 피구상자가 확정되어 지급된 보험금을 전액 환입할 수 있는 사고 • 청구포기사고 • 대리운전업자, 자동차취급업자가 야기한 사고

③ 평가대상사고에 포함되는 <u>자기과실이 없는 사고</u>
    ㉠ 주차가 허용된 장소에서 주차 중 발생한 관리상 과실이 없는 자기차량손해사고('가해자불명 자기차량손해사고'라고 함)
    ㉡ 화재, 폭발, 낙뢰에 의한 자기차량손해 및 자기신체사고손해(단, 날아온 물체, 떨어지는 물체 이외의 다른 물체와의 충돌, 접촉, 전복 및 추락에 의해 발생한 화재나 폭발은 제외)
    ㉢ 태풍, 홍수, 해일 등 자연재해로 인한 자기차량손해, 자기신체사고손해
    ㉣ 무보험자동차에 의한 상해담보사고
    ㉤ 기타 보험회사가 자기과실이 없다고 판단하는 사고

(4) 평가내용

① 사고내용별 점수

구분	사고내용		점수
대인사고	사망		건당 4점
	부상사고	1급	건당 4점
		2~7급	건당 3점
		8~12급	건당 2점
		13~14급	건당 1점
	자기신체사고 · 자동차상해		건당 1점
물적사고	물적사고 할증기준금액 초과 사고		건당 1점
	물적사고 할증기준금액 이하 사고		건당 0.5점

② 법인소유 자동차의 사고기록 점수는 매 건별 사고내용별 점수 및 <u>원인별 점수</u>를 합한다.
③ 자기과실이 있는 사고로서 과실비율이 50% 미만인 사고 중 사고내용별 점수가 가장 높은 사고 1건에 대해서 누계점수에 <u>합산하지 않는다.</u>
④ 대인사고, 자기신체사고, 자동차상해, 물적 사고가 중복되어 사고점수가 중복될 경우에는 이를 <u>구분하여 합산한다.</u>
⑤ 대인사고의 피해자가 복수인 경우에는 가장 <u>점수가 높은</u> 피해자의 내용만 적용한다.
   ※ 예시 : 사고점수 계산
    대인 사망사고 1건, 대인 부상사고 3건, 자기신체사고, 물적사고 할증기준금액 초과의 물적사고가 발생한 경우 :
    사고점수는 6점(=대인최고 4점+자신 1점+물적사고 1점)

(5) 특별할증 적용대상 계약

① 개별할인 · 할증 적용대상 계약

구분	대상계약	최고할증율
A그룹	• 위장사고 야기자 • 자동차이용 범죄행위자 • 피보험자 변경으로 할증보험료를 적용할 수 없는 경우	50%

구분	대상계약	최고할증율
B그룹	승용차요일제 위반	8.7%

※ 그룹별 할증대상이 중복될 경우에는, 각 그룹의 특별할증율을 합산하여 적용
※ 대상계약의 평가기간은 최근 3년(→ 전계약 만료일 3개월 전부터 과거 3년간)

② 단체할인 · 할증 적용대상 계약

대상계약	최고할증율
• 최근 3년간 실적순손해율이 비사업용은 165%, 사업용은 140% 이상인 경우로 보험사가 인수거절 시 • 소속업체 변경 자동차보험 계약 • 보험금환입사고에 대하여 평가대상기간말일 이후 보험금을 재청구하여 낮은 단체할인 · 할증률을 적용받은 업체	50%

PART
01

PART
02

PART
03

PART
04

PART
05

PART
06

PART
07

❙ 자동차보험 언더라이팅

01 자동차보험 언더라이팅에서 역선택을 방지하는 3가지 방법은 <u>강제가입, 걸러내기, 반복거래</u>인데, 보험회사의 언더라이팅과 은행의 여신심사는 <u>걸러내기(Screening)</u>에 해당한다.

02 과거의 실적손해율을 바탕으로 위험을 판단하고 위험요인을 2~4개만으로 활용하므로 종합적인 평가가 미흡하여 선별인수대상이 증가하는 방식은 <u>전통적 언더라이팅</u>이다.

03 다차원적인 통계방식을 사용함으로써 언더라이터의 주관이 아닌 객관적 지수를 근거로 판단함으로써 영업조직과의 마찰을 감소시키는 순기능이 있지만, 정확도가 높지 않아 기존 시스템의 <u>보조역할</u>에 그치는 자동차보험의 언더라이팅 방식은 <u>Scoring system</u>이다.

04 공동인수계약을 체결하는 보험회사는 매 계약마다 위험의 <u>30%를 보유</u>하고 나머지 <u>70%</u>는 다른 보험회사들에게 <u>배분</u>한다.

05 개인용 자동차보험의 경우 공동인수를 하더라도 '<u>의무보험+대물2</u>'는 배분대상에서 제외하고, 영업용의 경우 '<u>의무보험+대물2+대인2</u>'를 배분대상에서 제외한다.

06 자동차 구조가 동종 차종과 다름에 따라 추가되는 위험에 대해 부담하는 요율을 <u>특별요율</u>이라 한다.

07 기본보험료에 해당 계약의 요율요소를 모두 반영하여 산출한 금액으로서 보험계약자가 지불하는 최종적인 보험료를 <u>참조순보험료</u>라고 한다.

08 교통법규위반 경력을 반영하는 요율은 <u>가입자특성요율</u>, 사고경력을 반영하는 요율은 <u>우량할인·불량할증요율</u>이다.

09 새차요율, 중고차요율, 일부보험요율, 차량모델등급요율은 기본보험료의 순보험료에 반영되는데, 자동차보험의 <u>모든 담보</u>를 대상으로 한다.

10 우량할인·불량할증 요율제도에서 단체할인할증의 대상이 되기 위해서는 1년간 평균유효대수가 영업용 자동차는 <u>10대</u> 이상, 업무용 자동차는 <u>50대</u> 이상이어야 한다.

11 우량할인·불량할증 요율제도에서 개별할인할증의 평가대상기간은, <u>전전계약의 만료일 3개월</u> 전부터 <u>전계약의 만료일 3개월</u> 전까지의 기간이며, 단체할인할증의 평가대상기간은 역년 기준 3년이다.

12 청구포기사고, 대리운전업자 및 자동차취급업자가 야기한 사고는 평가대상사고에서 <u>제외</u>한다.

13 날아오는 물체나 떨어지는 물체가 아닌 다른 요인, 즉 다른 물체와 <u>충돌이나 접촉</u>을 통해서 발생한 화재로 인한 자기차량손해는 '자기과실이 없는 사고'에서 <u>제외</u>된다.

14 물적사고 할증기준금액이 200만원이고 대물사고가 100만원, 자기차량 손해액이 80만원일 경우에, 사고내용점수는 <u>0.5점</u>(100+80<200)이다.

15 사고내용별 점수에서 대인사고와 자기신체사고, 물적사고가 중복될 경우 이를 <u>구분 합산</u>하고, 대인사고 중 피해자가 복수일 경우 사고점수가 <u>가장 높은</u> 피해자의 내용만을 반영한다.

16 자동차보험의 적용보험료를 계산할 때 특별할증은 <u>우량할인 · 불량할증에</u> 합산하여 계산한다.

17 단체할인 · 할증에 적용되는 특별할증율은 최근 3년간 실적순손해율이 비사업용은 <u>165%</u>, 사업용은 <u>140%</u> 이상인 경우로 보험사가 인수거절하는 경우 <u>50%</u>가 적용된다.

오답노트

07 기본보험료에 해당 계약의 요율요소를 모두 반영하여 산출한 금액으로서 보험계약자가 지불하는 최종적인 보험료를 적용보험료라고 한다.

09 새차요율, 중고차요율, 일부보험요율, 차량모델등급요율은 기본보험료의 순보험료에 반영되는데, 자동차보험의 자기차량손해담보에만 적용된다.

위험보유와 재보험출재

TOPIC 01 손해보험의 보유

1. 위험보유

(1) 위험보유의 개념

① 보유라 함은 보험자가 자기의 계산에 의거하여 위험의 전부 또는 일부를 자기책임부담으로 하는 것이다(→ 보험계약자 입장에서 위험전가는 보험자의 입장에서는 위험보유).

② 보험자가 개별위험에 대해서 자기계산으로 보유하는 위험액의 크기를 자기보유한도액이라 하는데, 보험회사의 영속성에 영향이 없을 정도이어야 한다.

③ 위험보유는 통상적으로 개별위험을 기준으로 결정한다.

④ 위험보유는 보험가입금액을 기준으로 정해지나, 특정 위험을 기준으로 전손 가능성이 낮은 경우에는 추정최대손실액(PML), 최대가능손실액(MPL)을 기준으로 정한다.

⑤ 보유결정에는 경험이 많이 작용하나 미국 및 영국에서는 통계예측모델인 몬테카를로 시뮬레이션의 사용하는 추세가 늘고 있다.

(2) 위험보유의 종류

개별위험보유	하나의 위험으로부터 손해액이 발생할 경우
집적위험보유	• 다수의 위험으로부터 손해액이 발생할 경우 • 해상보험이나 선박보험에서 주로 사용
총계위험보유	• 연간손해율이 예정손해율의 어느 한도를 초과하지 않도록 하는 방법 • 풍수해보험, 농작물보험 등에 주로 활용

2. 위험보유의 방법

언더라이터 직관의 방법		해당 분야의 물건에 대한 인수경험이 많아 실제로 매우 정확
일정기준에 의한 방법	수입보험료 기준	화재, 특종보험은 1~3%, 해상보험은 5% 보유
	자기자본 기준	자기자본의 0.5~1.5%를 최고보유액으로 함
	유동자산 기준	유동자산의 약 10%를 최고보유액으로 함

1. 재보험의 의의

① 위험이 거대화, 집적화, 복잡화 경향으로 변해가는 추세 속에서 보험회사는 인수에 있어서 재보험 없이는 원수보험계약의 체결이 어려우므로, 이에 적응성을 확보하기 위해 재보험제도가 필요하다.

② 재보험의 목적은 <u>위험의 분산과 평균화</u>를 꾀함과 동시에 <u>보험회사의 경영상의 안정</u>을 이루는 데 있다.

2. 재보험의 일반원칙

① 피보험이익의 존재 : 원보험계약이 해지되면 원보험자의 피보험이익이 없어지므로 재보험계약도 <u>자동으로 해지</u>된다.

> **참고** Cut -through endorsement
>
> • 원보험자가 파산하여 보험금 지급이 불가능할 경우 피보험자는 직접적으로 재보험자에게 보험금을 청구할 수 없다.
> • 재보험계약상 별도의 계약 조건인 Cut–through endorsement를 첨부할 경우 보험계약자의 재보험자에 대한 직접청구권이 <u>예외적으로 인정</u>되고 있다.

② 최대선의 원칙 : 원보험계약에서 피보험자에게 고지의무를 부과하는 것과 마찬가지로, 재보험 계약에서도 <u>원보험사에게 고지의무</u>가 부과된다.

③ 손해보상의 원칙 : 모든 재보험계약은 손해보상 계약인 바, 재보험자의 책임은 <u>원보험사가 입은 손실</u>에 한정되며, 원보험사는 보험계약자에게 지는 책임에 대해 입증해야 한다.

④ 대위 및 분담 : 만일 원보험사가 대위권 행사를 통해 손해액이 감소되었다면 그 감소액만큼 <u>재보험사도 혜택</u>을 받게 된다(이득금지의 원칙).

3. 재보험의 기능

> • 원보험사의 보험계약 인수능력의 증대 → 재보험사를 통해 담보력 강화
> • 대형이재손실로부터의 실적 보호 → 거대위험의 부보를 통해 대규모손실 방지
> • 보험경영의 안정성 도모 → 위험분산을 통한 영업실적의 급변동 방지
> • 보험회사의 재무구조 개선 → 재보험출재는 재보험자산의 증가가 됨

PART 01
PART 02
PART 03
PART 04
PART 05
PART 06
PART 07

1. 절차상의 차이에 따른 분류(→ 임의재보험&특약재보험)

(1) 임의재보험	(2) 특약재보험	
	① 비례적재보험 (출재 · 수재에 비례성 ○)	② 비비례적재보험 (출재 · 수재에 비례성 ×)
• 사전에 정해진 특약 없이 출재 시마다 임의로 결정하는 방식 • 장점 : 출재가 곤란한 계약을 상호 간 합의로 임의로 설정 가능 • 단점 : 사무량이 많아지고, 재보험자 입장에서는 역선택 감수	㉠ Quota Share Treaty	㉠ XOL(Excess of Loss cover)
	㉡ Surplus Treaty	㉡ Stop Loss cover
	㉢ Com. Q&S	–
	㉣ 의무적 임의재보험 특약	–

(3) 임의재보험의 대상계약

① 특약상 제외 계약 → 위험이 너무 높아 특약 출재 대상에서 제외

② 특약 실적에 부정적 영향을 줄 수 있는 위험 → 특약의 원만한 운영을 위해 임의재보험 출재

③ 대형위험 → 특약 한도를 초과하는 대형위험은 초과 부분을 임의재보험 출재

④ 비표준위험 → 실적이 극히 불량한 위험 또는 통상 인수하지 않는 위험은 임의재보험 출재

⑤ 출재사의 신규 인수위험 → 통계자료 및 인수경험이 일정수준이 될 때까지 임의재보험 출재

2. 보험료 배분과 책임분담 방법에 따른 분류(→ 비례적재보험&비비례적재보험)

비례 적재보험	Quota Share Treaty (비례재보험특약)	• 가장 기본적인 재보험거래방식으로 특약의 업무처리가 간단하고, 소규모 보험계약에 주로 활용 • 출재사 입장에서 양질 · 불량위험을 구분 관리하기 어려움 • 재보험자 입장에서는 원보험사의 역선택의 위험이 없음
	Surplus Treaty (초과액재보험특약)	• 출재사 보유한도액(line) 이하의 소규모위험에 대해서는 출재사 전액보유가 가능하여 보험료 유출 예방 • 양질 · 불량위험의 차별적 보유가 가능하여 수익성에 도움 • 재보험자 입장에서는 불량물건 위주로 수재하여 불리
	Com. Q&S (혼합특약)	• 출재사 입장에서 소형계약은 Quota share를 적용(재보험료 절감), 중대형계약은 Surplus treaty를 적용하여 위험분산 • 실무적으로 가장 많이 사용되는 방법
	의무적 임의재보험	• 출재사의 출재가 결정되면 재보험사는 이를 의무적 인수 • 출재사와 수재사간의 상호신뢰가 구축되면 사용
비비례 적재보험	XOL(Excess of Loss) (초과손해액재보험)	• Layering(구간의 구분)을 손해액으로 정함 • 여러 위험(폭풍, 홍수, 지진 등)에 대해 보험사고가 발생할 경우 사전에 정한 누적 위험을 초과하는 손해를 보상 • Catastrophe Cover라고도 함
	Stop Loss cover (초과손해율재보험)	• Layering(구간의 구분)을 손해율로 정함 • 위험기간이 짧은 short–tail 종목에 보다 적합 • 경험률이 아직 증명되지 않은 신상품, 손해의 양태 예측이 어려운 농작물보험 등에 사용

※ 예시 : 초과액재보험특약 vs 초과손해액재보험

• '1 line 10억 4 line treaty'의 재보험일 경우 사례별 배분

구분	원보험사(출재사)	재보험사(수재사)
사례1 : 보험금 40억인 경우	10억	30억
사례2 : 보험금 50억인 경우	10억	40억
사례3 : 보험금 60억인 경우	10억	40억(10억은 임의재보험)

• 재보험 Capacity의 구축이 아래와 같을 경우 출재사의 위험보유와 재보험으로 위험전가액

4th Layer	300억원 초과 200억원
3th Layer	150억원 초과 150억원
2th Layer	100억원 초과 50억원
1th Layer	40억원 초과 60억원

→ 출재사의 위험보유액=40억, 재보험으로 위험전가액=460억

PART
01

PART
02

PART
03

PART
04

PART
05

PART
06

PART
07

01 해상보험이나 선박보험에서 위험보유의 기준으로 사용되는 것은 <u>집적위험보유</u>이다.

02 연간손해율이 예정손해율을 어느 한도를 초과하지 않도록 하는 방법으로 풍수해보험, 농작물보험 등에 주로 사용되는 위험보유의 기준은 <u>총계위험보유</u>이다.

03 위험보유의 방법 중 언더라이터의 직관으로 보유하는 것은 언더라이터가 해당 분야의 물건에 대한 인수경험이 많아 실제로 <u>매우 정확하다</u>.

04 위험보유를 결정할 기준으로 수입보험료를 택할 경우 화재보험이나 특종보험은 수입보험료의 <u>1~3%</u>, 해상보험은 수입보험료의 <u>5%</u>가 적정하다.

05 유동자산을 기준으로 위험보유를 결정할 때는 유동자산의 <u>10%</u>를 최고보유한도액으로 정한다.

06 재보험출재를 위해서는 원보험사가 재보험사에게 고지의무를 이행해야 하며, 원보험계약이 해지되면 재보험계약도 자동으로 <u>해지되는 것은 아니다</u>.

07 재보험사(수재사)의 입장에서 역선택위험의 부담이 큰 것은 <u>임의재보험</u>이다.

08 일정 부분을 무조건적으로 재보험출재를 하는 '70% Quota Share Treaty'에서 70%는 <u>출재비율</u>을 의미한다.

09 '1 line 10억원, 5 line treaty'의 초과액재보험의 경우 원보험이 72억원이라면 12억은 위험에 노출되는데 이 경우 <u>임의재보험</u>으로 출재하거나 또는 <u>line의 규모</u>를 늘려 전액 출재를 할 수 있다.

10 비례재보험특약은 일정비율대로 무조건 출재하게 되어 우량·불량물건을 구분하여 보유하지 못하지만, <u>초과액재보험특약</u>은 보유 시 우량·불량위험에 대해 차별적으로 보유할 수 있어서 이를 위한 경험 있는 언더라이터가 필요하다.

11 소액계약은 Quota Share(비례재보험특약)로, 중대형계약은 Surplus Treaty(초과액재보험특약)를 적용하는 재보험방식은 <u>혼합특약</u>이다.

12 Catastrophe Cover라고도 불리며, 지진이나 홍수, 폭풍 등처럼 자연재해로 인한 대형손실을 예방할 수 있는 재보험 방식은 <u>Stop Loss Cover</u>이다.

13 위험기간이 짧은 Short-tail 종목에 주로 사용되며, 신상품의 경우 경험율이 증명되지 않았고, 농작물재해보험은 농작물의 특성상 위험의 예측이 쉽지 않은데 이 경우 적합한 재보험출재방식은 <u>초과손해율재보험</u>이다.

14 재보험출재 시 위험의 자기보유한도를 line방식으로 하는 것은 <u>Surplus Treaty</u>이고, layer방식으로 하는 것은 <u>Excess of Loss Cover, Stop Loss Cover</u>이 있다.

15 'Quota Share, Surplus Treaty, Excess of Loss Cover, Stop Loss Cover' 중 비례적 재보험특약은
<u>Quota Share, Surplus Treaty</u>, 비비례적 재보험은 <u>Excess of Loss Cover, Stop Loss Cover</u>가 있다.

오답노트

06 재보험출재를 위해서는 원보험사가 재보험사에게 고지의무를 이행해야 하며, 원보험계약 이 해지되면 피보
험이익 상실로 재보험계약도 자동으로 해지된다.

12 Catastrophe Cover라고도 불리며, 지진이나 홍수, 폭풍 등처럼 자연재해로 인한 대형손실을 예방할 수 있는
재보험 방식은 XOL(Excess of Loss)이다.

출제예상문제

01 언더라이팅(underwriting)에 대한 설명으로 적절하지 않은 것은?

① 자산운용처럼 외부 전문기관에 위임하는 것이 일반적이다.

② 보험을 악용하여 이익을 보려는 보험범죄를 방지할 수 있다.

③ 보험자가 보험가입을 신청한 리스크를 선택하고 분류하는 일련의 심사과정을 말한다.

④ 미래손실의 발생 가능성이 유사한 리스크 계층을 구성·분류하여 인수 리스크에 적절한 보험료를 책정할 수 있다.

해설 | 언더라이팅이란 피보험자와 피보험물건의 위험도를 종합적으로 평가하여 위험도에 따라 인수하거나 거절하는 과정으로써, 보험계약의 인수 시 그 위험을 평가하여 인수여부, 인수조건, 보험요율의 결정, 보유금액의 결정, 재보험의 금액 및 방법 등의 보험조건을 결정하는 업무를 말한다. 이러한 업무는 보험사의 핵심업무이기 때문에 외부 전문기관에 위임하는 것보다는 <u>내부의 고유의 업무</u>로 수행되고 있다.

02 다음 중 언더라이팅(underwriting)의 목적과 거리가 먼 것은?

① 역선택 방지와 적정요율의 합리적 적용

② 보험범죄의 방지

③ 보험사업의 수익성 확보

④ 보험계약의 부합계약성 유지

해설 | 보험계약의 부합계약성 유지는 언더라이팅의 목적이 될 수 없다. 실질적으로 언더라이팅의 주요업무는 보험가입자의 <u>역선택 차단</u>이며, 기타 보험사업의 수익성 확보 및 보험범죄의 방지 등의 목적이 있다.

03 정보의 비대칭성을 보완하려는 목적과 관련되어 있는 언더라이팅은 어느 것인가?

① 계약적부의 조사   ② 진단의에 의한 언더라이팅

③ 언더라이팅 부서의 언더라이팅   ④ 보험설계사에 의한 언더라이팅

해설 | 정보의 비대칭성으로 인한 역선택을 방지하기 위해 영업현장에서 계약자와 직접 대면하는 보험설계사로 하여금 피보험자의 위험정보를 정확히 파악하게 하는 것이 정보의 비대칭성을 보완하는 방법이 될 수 있다.

04 언더라이팅의 대상으로서의 위험 중에서 환경적 위험을 나타내는 것은?

① 암진단을 받은 상태에서 이를 고지하지 않고 보험가입을 하였다.

② 사고를 유발할 의도에서 유사한 보험을 회사별로 다수 가입하였다.

③ 오토바이배달을 하는 직업을 제대로 알리지 않고 보험가입을 하였다.

④ 수입상태에 비해 과도한 보험료를 지출할 정도로 다수의 보험에 가입하였다.

해설 | 환경적 위험은 <u>직업적 위험</u>을 말하며, 직무위험도, 운전여부, 취미/영위업종, 건물구조, 소방시설 등의 항목과 관련이 있다. ①은 신체적 위험, ②는 도덕적 위험, ④는 재정적 위험에 대한 설명이다.

05 다음은 언더라이팅의 3단계(PLAN-DO-SEE) 중 'PLAN단계'에 대한 설명이다. 옳지 않은 것은?

① 소액계약이라도 과거 손해이력이 있다면 risk survey가 필요하다.

② 고액계약(정유시설 등의 대형물건)은 사전의 risk survey가 필요하다.

③ risk surveyor는 보험가입금액에서 동산 비율의 과다여부(50% 이상)를 파악한다.

④ 영업실적에 큰 영향을 주는 대형물건의 경우 위험의 분산보다는 위험의 선택이 더 중요할 수 있다.

해설 | 영업실적에 큰 영향을 주는 대형물건의 경우 <u>위험의 선택</u>보다는 <u>위험의 분산</u>이 더 중요할 수 있다.

06 다음은 PML(Probable Maximum Loss)에 대한 설명이다. 적절하지 않은 것은?

① LOL은 PML보다 낮아야 한다.

② 대형물건일수록 PML의 중요성이 커진다.

③ PML은 risk surveyor마다 그 평가금액이 다르게 나타날 수 있다.

④ PML 에러가 발생하여 PML 이상의 손해가 발생하면 PML 이상의 모든 금액은 보험계약자의 부담이 되므로 PML 설정을 신중하게 해야 한다.

해설 | PML 에러 발생 시 LOL 설정 이상의 금액은 보험계약자가 전부 부담하게 된다.
　　　※ PML을 평가하는 것은 'risk surveyor'이고, 언더라이터는 LOL을 결정하기 위해 어떤 PML을 적용(또는 상정) 할지를 결정한다.

PART 01
PART 02
PART 03
PART 04
PART 05
PART 06
PART 07

정답 ▸ 01 ①　02 ④　03 ④　04 ③　05 ④　06 ④

07 언더라이팅 결과 위험이 표준치보다 높아 조건부인수를 결정하였다. 이러한 조건부인수의 내용으로 옳지 않은 것은?

① 적정수준으로 요율 인상

② 소손해면책(deductible) 규모 인상

③ Co-insurance Ⅱ(공동보험 Ⅱ)의 조건으로 인수

④ 특정 위험에 대해 5년간 부담보조건의 설정

해설 | Co-insurance Ⅰ(공동보험 Ⅰ)의 조건으로 인수하는 것은 위험이 큰 보험목적을 여러 보험사가 참여하여 분할 인수하는 계약이므로 <u>조건부인수</u> 수단의 하나가 된다.

Co-Insurance Ⅱ(일부보험으로서의 공동보험)
부보비율조건부 실손보상이라 하며, 보험가입금액이 부보비율 이상이면 전부보험의 효과를 내고, 부보비율 미만이면 일부보험이 된다.

08 임차인이 임차한 건물로부터 발생하는 배상책임을 부보하기 위해, 임차인을 계약자로 하고 건물주를 피보험자로 하는 화재보험에 가입하였다. 이에 대한 설명으로 가장 거리가 먼 것은?

① 피보험이익을 가지는 자는 건물주이다.

② 피보험이익이 없으므로 무효가 될 수 있다.

③ 임차인이 타인을 위한 보험의 형태로 가입한 것이다.

④ 손해발생 시 임차자배상책임보험과 동일한 효과를 갖기 위해서는 계약자를 대위권행사 대상에서 제외하는 조항을 두어야 한다.

해설 | 임차자가 <u>자기를 위한 보험</u>으로 건물화재보험에 가입하는 경우, 피보험이익이 없으므로 무효가 될 수 있으나, <u>건물주(임대인)를 피보험자로 하는 화재보험에 가입함에 따라 피보험자의 피보험이익이 존재하므로 무효가 되지 않는다.

09 다음은 보험기간의 종류와 해당 보험을 연결한 것이다. 옳지 않은 것은?

① 기간보험 → 화재보험, 상해보험 등 대부분의 보험종목

② 구간보험 → 자동차보험, 해상보험, 항공보험 등의 운송보험

③ 혼합보험 → 스키보험, 낚시보험 등

④ 혼합보험 → 건설공사보험, 조립보험 등

해설 | 보험기간

기간보험기간 (Time Policy)	위험이 시간에 비례하는 경우 예 화재보험, 상해보험, 자동차보험 등 대부분의 보험종목
구간보험기간 (Voyage Policy)	위험이 거리에 비례하는 경우(표시방법 : 출발지점 ○에서 도착지인 ○까지) 예 해상보험, 항공보험 등의 운송보험
혼합보험기간 (Mixed Policy)	시간과 특정목적이 혼합하는 경우 예 여행자보험(보험기간 중 사고&여행출발지에서 도착지까지의 사고)

PART
01

PART
02

PART
03

PART
04

PART
05

PART
06

PART
07

10 다음 중 사고발생기준보험과 사고발견기준보험의 연결이 적절한 것은?

① 화재보험 – 자동차보험   ② 범죄보험 – 의사배상책임보험

③ 상해보험 – 금융기관종합보험   ④ 의사배상책임보험 – 금융기관종합보험

해설 | 담보기준

사고발생기준증권	화재보험, 상해보험, 자동차보험 등 대부분의 보험종목
배상청구기준증권	의사배상책임보험, 회계사배상책임보험 등
사고발견기준증권	금융기관종합보험, 일부 범죄보험 등

11 다음은 보험가입금액과 보상한도액에 대한 설명이다. 가장 올바른 것은?

① 배상책임보험의 경우 보험가입금액으로 보상한다.

② 보험가입금액은 실손보상, 보상한도액은 비례보상의 법리를 따른다.

③ 보상한도액은 매 사고당 지급하는 한도액인데, 보상한도액으로 보상하는 경우에도 이득금지원칙은 반드시 준수되어야 한다.

④ 사망보험은 보험가액이 무한하므로 보험자의 책임한도액은 정액으로 정할 수밖에 없는데, 이때 정액으로 정하는 금액을 관습상의 보험가입금액이라 한다.

해설 | ① 배상책임보험의 경우 보상한도액으로 보상한다.
② 보험가입금액은 비례보상, 보상한도액은 실손보상의 법리를 따른다.
③ 보상한도액으로 보상할 경우, 사고가 자주 발생하면 이득금지원칙의 예외가 될 수 있다(→ 이런 문제를 보완하기 위해 총보상한도액을 설정함).

정답 ▶ 07 ②   08 ②   09 ②   10 ③   11 ④

12 다음 중 전문직배상책임보험에 대한 설명으로 올바르지 않은 것은?

① 통상 1사고당 한도액과 함께 연간 총 보상한도액을 설정하고 있다.

② 전문직배상책임보험은 일반적으로 사고발생기준이기 때문에 사고와 보상청구가 모두 보험기간 안에 이루어져야 한다.

③ 의사, 변호사 등 전문직업인이 업무의 특수성으로 말미암아 타인에게 지게 되는 배상책임을 보장하는 보험상품을 말한다.

④ 사람의 신체에 관한 전문직 리스크뿐만 아니라 변호사, 공인회계사 등의 과실, 태만 등으로 인한 경제적 손해도 담보한다.

해설 | 전문직배상책임보험은 일반적으로 <u>배상청구기준</u>이기 때문에 보상청구가 보험기간 안에 이루어져야 한다

13 다음 중 일반적으로 배상청구기준(claims-made basis)을 사용하는 배상책임보험이 아닌 것은?

① 자동차손해배상책임보험 ② 임원배상책임보험
③ 환경배상책임보험 ④ 전문직배상책임보험

해설 | 자동차손해배상책임보험은 사고발생기준(occurrence basis)을 사용한다.

14 다음 중 중복보험의 요건으로 옳지 않은 것은?

① 피보험이익이 서로 달라야 한다.

② 보험기간이 중복되어야 한다.

③ 보험금액의 합이 보험가액을 초과하여야 한다.

④ 동일한 목적물이어야 한다.

해설 | 동일한 보험목적이라도 피보험이익이 다르면 별개의 보험이다. 또한, 보험계약자는 동일인일 필요는 없지만, 피보험자(피보험이익을 가진 자)는 반드시 동일해야 한다.
중복보험의 요건은 다음과 같다. **암기** 피보기초보
• 동일한 <u>피</u>보험이익
• 동일한 <u>보</u>험사고
• 보험<u>기</u>간의 중복 → 부분적으로나마 보험기간이 중복되어야 함
• 보험금액의 합이 보험가액을 <u>초</u>과
• 수인의 <u>보</u>험자 존재 → 수 개의 보험계약이 수인의 보험자와 체결

15 다음은 고정위험과 이동위험에 대한 설명이다. 옳지 않은 것은?

① 고정위험의 장소이전의 경우 계약의 존립여부에 영향을 준다.

② 고정위험의 장소이전의 경우 보험금지급여부에 영향을 준다.

③ 이동위험의 장소이전의 경우 계약의 존립여부에 영향을 주지 않는다.

④ 이동위험의 장소이전의 경우 보험금지급여부에 영향을 주지 않는다.

해설 | • 고정위험의 장소이전 → 계약의 존립여부에 영향 ○, 보험금지급여부에 영향 ○
　　　 • 이동위험의 장소이전 → 계약의 존립여부에 영향 ×, 보험금지급여부에 영향 ○

PART
01

PART
02

PART
03

PART
04

PART
05

PART
06

PART
07

16 다음 중 보험공제(insurance deductible)에 대한 설명으로 옳지 않은 것은?

① 소액 보상청구를 방지하기 위한 목적으로 이용된다.

② 보험공제 조항을 이용할 경우 보험료를 절감할 수 있다.

③ 일반적으로 재산보험, 자동차보험, 생명보험 등에서 많이 사용된다.

④ 보험공제의 금액이 클수록 피보험자가 손실방지를 위해 노력할 동기가 강화된다.

해설 | 생명보험에서 계약자의 사망은 언제나 전손이므로 보험공제(소손해면책)을 적용하지 않는다. 보험공제는 보험
사고가 발생할 경우 보험가입자로 하여금 일정금액까지 손실을 부담하도록 하는 제도로 소손해 처리에 따른
비용과 시간의 절감, 보험료 절감, 보험계약자의 주의력 집중, 보험계약자의 경상비용으로 부담 가능 등의 보험
공제의 효과가 있다.

17 보험계약 조건 및 발생손해액이 다음과 같을 때 피보험자가 부담해야 할 금액은?

> • 보험금액 : 2,000만원
> • 소멸성공제(disappearing deductible) 방식 적용
> • 공제금액 : 100만원
> • 손실조정계수 : 105%
> • 손해액 : 500만원

① 80만원　　　　　　　　　　　② 100만원

③ 400만원　　　　　　　　　　　④ 420만원

해설 | • 보험자 부담＝(손해액－공제금액)×조정계수＝(500만원－100만원)×1.05＝420만원
　　　 • 피보험자 부담＝손해액－보험자 부담＝500만원－420만원＝80만원

정답　12 ②　13 ①　14 ①　15 ④　16 ③　17 ①

18 피보험자 A는 보험금액이 1억원인 보험에 가입 후 보험기간 중 발생한 1건의 보험사고로 500만원에 해당하는 손실을 입었다. 다음과 같은 3가지 공제(deductible) 조건하에서 보험회사가 보상해야 할 금액은 각각 얼마인가?

> A. 정액공제(straight deductible) 200만원
> B. 프랜차이즈공제(franchise deductible) 100만원
> C. 소멸성공제(disappearing deductible) 100만원, 보상 조정계수 110%

	A	B	C
①	200만 원	100만 원	110만 원
②	300만 원	500만 원	450만 원
③	300만 원	400만 원	440만 원
④	300만 원	500만 원	440만 원

해설 | • 정액공제 200만원 : 500만원−200만원=<u>300만원</u>
　　　 • 프랜차이즈공제 100만원 : 손해액>공제액, <u>500만원</u> 전액 부담
　　　 • 소멸성공제 100만원, 보상 조정계수 110% : (손해액−공제금액)×조정계수=(500만원−100만원)×110% =<u>440만원</u>

19 보험요율 산정 목적 가운데 역선택(adverse selection) 감소효과와 관계가 깊은 것은?

① 충분성　　　　　　　　　　　② 비과도성
③ 안정성　　　　　　　　　　　④ 공평한 차별성(공정성)

해설 | 보험요율은 만인에게 공평하고 올바른 위험률을 반영해야 한다는 것이 <u>공정성</u>인데, 결과적으로 역선택의 감소 효과를 가져올 수 있다.

20 다음 중 보험소비자 입장에서 보험가입을 회피하지 않도록 보험료가 지나치게 높아서는 안 된다는 요율산정의 기본원칙은 무엇인가?

① 공정성　　　　　　　　　　　② 적정성
③ 충분성　　　　　　　　　　　④ 비과도성

해설 | 비과도성에 대한 설명이다. 보험요율산정의 기본 3원칙은 다음과 같다.

공정성	보험요율은 만인에게 공평하고 올바른 위험률을 반영해야 함
적정성(충분성)	보험자 입장에서, 보험료는 보험사업의 영속성이 유지되기에 충분해야 함
비과도성	보험소비자 입장에서, 보험요율은 공평타당하고 지나치게 높아서는 안 됨

21 다음은 분류기준에 따른 요율의 종류이다. 바르게 연결되지 않은 것은?

① 감독기준 : 인가요율, 비인가요율

② 경쟁기준 : 협정요율, 비협정요율

③ 적용기준 : 등급요율, 개별요율

④ 성과기준 : 경험요율, 소급요율, 점검요율

해설 | • 적용기준 : 고정요율, 범위요율
　　　• 체계기준 : 등급요율, 개별요율

22 다음은 경험요율에 대한 설명이다. 옳지 않은 것은?

① 손해방지를 장려하는 효과가 있다.

② 자동차보험의 우량할인 · 불량할증 요율제도가 경험요율에 해당된다.

③ 안정성보다는 적응성에 더 중점을 두는 요율제도라고 할 수 있다.

④ 등급요율을 기초로 경험기간(통상 3년) 동안의 피보험자의 손해실적을 반영하는 요율이다.

해설 | 안정성보다는 적응성에 더 중점을 두는 요율제도는 소급요율제도라고 할 수 있다.

23 다음은 보험의 요율제도에 대한 설명이다. 빈칸에 들어갈 단어가 순서대로 나열된 것은?

> (　　)과 (　　)은 자유경쟁요율이라는 점에서 공통점이 있고, 과당경쟁이 발생할 경우 보험자의 지급불능 또는 파산의 문제가 발생할 수 있다.

① 인가요율, 협정요율

② 인가요율, 비협정요율

③ 비인가요율, 협정요율

④ 비인가요율, 비협정요율

해설 | 비인가요율, 비협정요율에 대한 설명이다. 그러나, 비협정요율과 비인가요율은 기준관점에서 동일한 개념은 아니니다.

정답　18 ④　19 ④　20 ④　21 ③　22 ③　23 ④

PART 01
PART 02
PART 03
PART 04
PART 05
PART 06
PART 07

24 다음은 보장제한부 인수 특별약관에 대한 설명이다. 가장 적절하지 않은 것은?

① 보장을 제한하는 대신 납입보험료는 표준체와 동일하게 적용하는 특별약관이다.

② 특정신체부위 또는 특정질병 보장제한인수 특별약관은 보장제한인수기간이 보통 1년에서 5년까지이다.

③ 이륜자동차 운전 중 상해부담보 특별약관은 주기적인 이륜자동차 사용 중의 사고를 보상하지 않는 약관이다.

④ 보장제한부 인수 특별약관은 정상적으로는 보험가입이 어려운 유병력자나 이륜자동차 운전자에 대해 제한하는 담보 외의 위험을 담보함으로써 보험계약자에게는 담보공백을 해소하고 보험자에게는 틈새시장을 통한 영업확대를 도모할 수 있다.

해설 | 특정신체부위 또는 특정질병 보장제한인수 특별약관은 보장제한인수기간이 보통 1년에서 5년까지이지만, 보험기간 전체가 될 수도 있다.

25 다음은 보험료할증 및 보험금삭감 특별약관을 비교한 것이다. 옳지 않은 것은?

	구분	보험료할증특약	보험금삭감특약
①	대상	체증성위험, 항상성위험	체감성위험
②	적용기간	보험기간 전기간	1~5년
③	적용담보	질병사망	질병사망, 의료비, 일당
④	보험료	표준체보험료+할증	표준체 보험료

해설 | 보험료할증특약의 적용담보는 질병사망, 의료비, 일당이고, 보험금삭감특약의 적용담보는 질병사망만 해당된다.

26 다음 중 질병의 위험도가 시간이 경과와 관계없이 일정한 항상성 질병에 해당하는 것은?

① 위암, 간암, 폐암

② 외상, 위궤양, 염증성 질환

③ 고혈압, 당뇨, 비만, 동맥경화증, 정신병

④ 시력 및 청력장애, 만성 기관지염, 류마티스, 관절염

해설 | ③은 체증성 질병, ④는 항상성 질병, ②는 체감성 질병이다. 또한 ③, ④는 할증으로 부보하고, ②는 보험금감액으로 부보한다.

27 다음은 재물보험과 관련한 언더라이팅에 대한 설명이다. 적절하지 않은 것은?

① 복리시설의 경우 아파트는 주택물건요율이, 주상복합아파트는 일반물건요율이 적용된다.

② 건물 내에 일시적으로 가재 이외의 동산을 수용하는 경우에는 일반물건요율을 적용한다.

③ 외벽이 샌드위치판넬인 건물의 구조급수는 다른 주요구조부에 관계없이 3급을 적용한다.

④ 건축 중 또는 철거 중인 건물은 공사완성 후 건물급수가 1급 또는 2급인 경우 2급을 적용한다.

해설 | 건물 내에 일시적으로 가재 이외의 동산을 수용하는 경우에는 주택물건요율에 재고자산할증을 부가한 요율을 적용한다.

PART
01

PART
02

PART
03

PART
04

PART
05

PART
06

PART
07

28 다음은 공장물건에 대한 요율 적용에 대한 설명이다. 옳지 않은 것은?

① 같은 공장이라도 방화구획으로 위험이 분리된 경우에는 각각 다른 위험률을 요율에 반영할 수 있다.

② 물리, 화학 등 생산 관련 연구소로서 공장 구외에 있으며 생산가공을 하지 않는 경우라도 공장물건요율을 적용한다.

③ 신축 중인 공장으로서 공업상의 작업에 사용하는 기계의 설치가 완료되기 전까지는 일반물건요율을 적용한다.

④ 신축 중인 공장으로서 공업상의 작업에 사용하는 기계의 설치가 완료되기 전이라도 구내의 일부에서 공업상의 작업을 개시한 때에는 공장물건요율을 적용한다.

해설 | 물리, 화학 등 생산 관련 연구소로서 공장 구외에 있으며 생산가공을 하지 않는 경우 일반물건 요율을 적용한다.

29 신체손해배상특약부 화재보험에 의무적으로 가입해야 하는 특수건물 중 면적에 관계없이 가입대상이 되는 건물에 해당하지 않는 것은?

① 실내사격장   ② 대규모 점포

③ 11층 이상의 건물   ④ 16층 이상의 아파트

해설 | 대규모 점포는 바닥면적이 3,000m² 이상인 경우 특수건물이 된다.

정답 | 24 ②   25 ③   26 ④   27 ②   28 ②   29 ②

30 다음은 장기보험의 재물담보에 적용되는 건물급수에 대한 설명이다. 옳지 않은 것은?

① 철근콘크리트나 조적조의 건물에 슬라브즙의 경우 1급에 해당된다.

② 건물의 주요 구조부 중 지붕이 불연재료이고 나머지가 내화구조이면 2급에 해당된다.

③ 외벽이 샌드위치판넬인 건물의 구조급수는 다른 주요 구조부에 관계없이 4급을 적용한다.

④ 건축 중 또는 철거 중인 건물은 공사완성 후의 건물급수가 1급 또는 2급일 경우 2급을 적용한다.

해설 | 외벽이 샌드위치판넬인 건물의 구조급수는 다른 주요 구조부에 관계없이 3급을 적용한다. 단, 샌드위치판넬인 건물이라도 특별히 <u>내화구조로 인정</u>받은 경우에는 <u>2급</u>을 적용한다.

31 다음은 화재배상책임보험에 대한 설명이다. 옳지 않은 것은?

① 영업주의 과실이 있는 경우 손해배상책임을 진다.

② '화보법'상의 특수건물에 입점된 다중이용업소는 가입대상에서 제외된다.

③ 다중이용업소의 화재 및 폭발로 인한 제3자의 신체와 재물 손해를 보상한다.

④ '일반음식점, 휴게음식점, 제과점'은 바닥면적합계가 지상 $100m^2$ 이상(1층 제외), 지하 $66m^2$ 이상일 경우 의무가입대상이다.

해설 | 법적 근거는 '다중이용업소의 안전관리에 관한 특별법(2013, 다중법)'이며, 2021년 법개정으로 화재피해가 발생한 경우 영업주의 과실이 없어도 손해를 배상하는 '<u>무과실책임주의</u>'로 전환되었다.

32 다음은 재난배상책임보험에 대한 설명이다. 옳지 않은 것은?

① 법적 근거는 '재난 및 안전관리 기본법(2017)'이다.

② 화재 · 폭발 · 붕괴사고로 인해 제3자가 입은 생명, 신체 및 재산피해를 보상한다.

③ 숙박업소, 경마장, 음식점($100m^2$ 이상, 1층 제외), 15층 이하 공동주택 등이 가입대상이다.

④ 소유자와 점유자가 동일한 경우는 소유자가, 소유자와 점유자가 다른 경우는 점유자가 보험가입 의무자이다.

해설 | **재난배상책임보험 가입대상**
숙박업소, 경마장, 도서관, 음식점($100m^2$ 이상, 1층 포함), 미술관, 물류창고, 여객자동차터미널, 주유소, 지하상가, 장례식장, 15층 이하 공동주택 등 20종

33 다음은 자동차보험 언더라이팅에 사용되는 Scoring system에 대한 내용이다. 옳지 않은 것은?

① 20개 이상의 다수의 위험 factor를 종합하여 계약의 위험도를 지수화한 방식이다.

② 다차원적인 통계방식을 활용함으로써 언더라이터의 경험에 의존한 기존의 방식보다 업무효율 개선이라는 긍정적 효과를 가져왔다.

③ 너무 많은 언더라이팅 factor가 반영됨에 따른 본질과 다른 결과가 발생하여 영업조직의 반발이 나타나는 등의 문제점이 존재하였다.

④ 전통적 언더라이팅에 비해서는 언더라이팅의 효율성이 획기적으로 개선되었으므로 전면적으로 사용되고 있다.

해설 | Scoring system은 지나치게 많은 위험 factor가 반영되어 정확도가 높지 않아 영업조직의 반발이 있어 전격사용보다는 기존 인수기준의 <u>보조장치로 활용</u>되는 편이다.

34 다음은 자동차보험 '공동인수제도'에 대한 설명이다. 적절하지 않은 것은?

① 제도의 운영은 '자동차보험 공동물건 위험배분에 관한 상호협정'을 토대로 운영한다.

② 고위험 계약자와 일반계약자를 분리하여 별도 운영함으로써 보험요율 형평성이 제고된다.

③ 보험개발원이 산출·신고한 일반물건 참조순보험요율에 일정비율을 할증한 보험료 및 공통 예정 사업비율을 적용한다.

④ 매 계약마다 위험의 30%를 보유하고 70%를 다른 보험회사들의 시장점유율로 배분하며, 의무 보험계약에 대해서만 보험자 간 보험료 및 책임을 배분하지 않는다.

해설 | 개인용·업무용·이륜차의 경우 '<u>의무보험+대물2</u>'는 배분대상에서 제외되고, 영업용의 경우 '<u>의무보험+대물 2+대인2</u>'는 배분대상에서 제외된다.

PART
01

PART
02

PART
03

PART
04

PART
05

PART
06

PART
07

정답 | 30 ③ 31 ① 32 ③ 33 ④ 34 ④

35 다음의 사항을 가정할 때 적절하지 않은 설명은 어느 것인가?

> • 보험계약자 수 : 200,000명
> • 향후 1년간 발생할 손실예상액 : 180억원
> • 사업비율 : 40%
> • 1년 후 실제 손실율 : 80%

① 이 보험의 순보험료는 90,000원이다.

② 이 보험의 영업보험료는 150,000원이다.

③ 1년 후의 요율은 현재의 요율보다 33.33% 증가되어야 한다.

④ 손해율법은 보험요율을 처음 만들 때 사용되며, 순보험료법은 실제손해율을 반영하여 기존요율을 조정하는 데 사용된다.

해설 | 순보험료법은 보험요율을 처음 만들 때 사용되며, 손해율법은 실제손해율을 반영하여 기존요율을 조정하는 데 사용된다.
① 순보험료법 : 순보험료=180억원/ 20만명=90,000원
② 영업보험료(총보험료)=90,000/(1-0.4)=150,000원
③ 손해율법 : (0.8-0.6)/0.6=0.3333, 따라서 기존요율보다 33.33% 증가되어야 한다.

36 A보험회사가 판매한 재산보험의 예정손해율은 50%였으나, 그후 요율조정 대상기간의 평균 실제손해율이 40%일 때 차기에 적용할 예정손해율은 얼마인가? [단, 보험료 조정은 손해율 방식(loss ratio method)을 따르고 신뢰도계수(credibility factor)는 0.5를 적용한다.]

① 45% ② 50%

③ 55% ④ 60%

해설 | • 손해율 방식에 따른 보험료 조정계산은 다음과 같다.
(실제손해율-예정손해율)/예정손해율×신뢰도 계수=(40%-50%)/50%×0.5=-10%
• 차기에 적용할 예정손해율=50%-(50%×10%)=45%

37 다음은 자동차보험 요율 중 무엇에 대한 설명인가?

> 자동차의 구조나 운행실태가 동종 차종과 상이한 자동차의 특별위험에 대하여 적용하는 요율이다.

① 기본보험료

② 참조순보험료

③ 특약요율

④ 특별요율

해설 | 자동차 구조가 동종 차종과 상이함으로써 발생하는 특별위험에 대한 요율은 특별요율이다. → 에어백 특별할인, ABS 특별할인, 위험적재물 특별할증은 특별요율
① 기본보험료 : 적용보험료 산정에 기본이 되는 보험료. 순보험료와 부가보험료로 구성
② 참조순보험료 : 보험개발원에서 산출하여 감독원장에게 신고하여 수리받은 순보험료
③ 특약요율 : 특별약관을 첨부하여 체결하는 보험계약에 적용하는 요율

PART
01

PART
02

PART
03

PART
04

PART
05

PART
06

PART
07

38 다음은 자동차 보험요율에 대한 설명이다. 옳지 않은 것은?

① 가입자특성요율 : 보험가입경력, 교통법규위반경력 반영 요율

② 특약요율 : 가족운전자한정특약 등 특약추가에 따른 요율

③ 특별할증요율 : 자동차 구조가 상이함에 따라 반영하는 요율

④ 우량할인, 불량할증요율 : 사고발생실적, 손해실적에 따른 요율

해설 | 자동차 구조가 동종 차종과 상이함으로써 발생하는 특별위험에 대한 요율은 특별요율이다.

39 다음은 자동차 '우량할인 · 불량할증'의 평가대상기간에 대한 설명이다. 옳지 않은 것은?

① 단체할인할증은 참조순보험료 기준 순손해율 실적에 따라 평가한다.

② 개별할인할증은 사고유무 및 사고건별 기록점수에 따라 평가한다.

③ 단체할인할증의 평가대상기간은 역년 기준 3년으로 한다.

④ 개별할인할증의 평가대상기간은 전계약의 보험기간 만료일 3개월 전부터 과거 3년으로 함을 원칙으로 한다.

해설 | 개별할인할증의 평가대상기간은 전전계약 보험기간 만료일 3개월 전~전계약 보험기간 만료일 3개월 전(평가대상기간 : 1년)까지이다.

정답 ▶ 35 ④ 36 ① 37 ④ 38 ③ 39 ④

40 자동차보험 개별할인·할증평가에 있어서 '평가대상사고'인 것은?

① 청구포기사고

② 평가대상기간 말일 현재 보험회사가 모르고 있는 미접보사고

③ 피구상자가 확정되지 않은 자기과실이 없는 사고

④ 대리운전업자가 야기한 사고

해설 | 평가대상기간 말일 현재 보험회사가 모르고 있는 미접보사고는 '평가대상사고'가 아니다.

평가대상사고

평가대상사고 (암기) 사미자	평가제외사고
• 미지급사고 • 평가대상기간 말 현재 보험회사가 알고 있는 미접보사고 • 자기과실이 없는 사고	• 피구상자가 확정되어 지급된 보험금을 전액 환입할 수 있는 사고 • 청구포기사고 • 대리운전업자, 자동차취급업자가 야기한 사고

41 자동차보험의 특별할증 적용대상기준에서 정한 개별 및 단체할인·할증 적용대상에서 최고할증율의 대상에 해당하지 않는 것은?

① 위장사고 야기자

② 자동차를 이용하여 범죄행위를 한 경우

③ 피보험자를 변경함으로써 할증된 보험료를 적용할 수 없는 경우

④ 최근 3년간 실적순손해율이 비사업용은 155%, 사업용은 130% 이상인 경우로 보험사가 인수거절 시

해설 | 단체할인·할증 적용대상 계약에서 최근 3년간 실적순손해율이 비사업용은 165%, 사업용은 140% 이상인 경우로 보험사가 기본보험료 및 사고에 따른 할증보험료로 인수를 거절하는 경우 최고할증율 50%를 적용한다.

42 다음 중 재보험에 대한 설명으로 옳지 않은 것은?

① 재보험은 원보험계약의 효력에 영향을 미친다.

② 재보험은 원보험자의 인수능력을 증가시킨다.

③ 재보험은 원수보험사의 수익의 안정을 가져올 수 있다.

④ 재보험은 언더라이팅의 중단 시 활용될 수 있다.

해설 | 재보험 계약은 법률상 독립된 별개의 계약으로 원보험계약의 효력에 영향을 미치지 않는다. 따라서, 원보험회사는 원보험료의 지급이 없음을 이유로 재보험료의 지급을 거절할 수 없다.

43 다음 중 재보험의 기능으로 적절하지 않은 것은?

① 전문적 자문과 서비스 제공 ② 인수능력 축소

③ 미경과보험료적립금 경감 ④ 언더라이팅 이익 안정화

해설 | 재보험사로 위험을 전가함으로써 원보험사의 보험계약 인수능력이 증대된다.

　　　재보험의 기능
　　　• 원보험사의 보험계약 <u>인수능력의 증대</u>
　　　• 대형이재손실로부터의 실적 보호
　　　• 보험경영의 안정성 도모
　　　• 보험회사의 재무구조 개선
　　　• 미경과보험료적립금 경감
　　　• 전문적 자문과 서비스 제공

PART
01

PART
02

PART
03

PART
04

PART
05

PART
06

PART
07

44 A보험회사는 자사가 인수한 보험계약에 대하여 매 위험당 20% 출재, 특약한도액 50만원으로 하는 비례분할 재보험특약(quota share reinsurance treaty)을 운용하고 있다. 재보험계약 담보기간 중 아래와 같은 3건의 손해가 발생하였을 때 재보험자로부터 회수할 수 있는 재보험금은 얼마인가?

원보험계약	1	2	3
손해액	150만원	200만원	300만원

① 120만원 ② 130만원

③ 520만원 ④ 530만원

해설 | • 원보험계약 1 재보험금 : 150만원×0.2=30만원
　　　• 원보험계약 2 재보험금 : 200만원×0.2=40만원
　　　• 원보험계약 3 재보험금 : 300만원×0.2=60만원(→ 특약한도액이 50만원이므로 50만원 적용)
　　　• 지급받을 재보험금=<u>30만원+40만원+50만원=120만원</u>

45 다음 중 의무적 임의재보험(facultative obligatory cover)에 대한 설명으로 옳지 않은 것은?

① 재보험자는 수재여부를 임의로 정할 수 있으나, 원보험자는 의무적으로 출재해야 한다.

② 통상 비례재보험특약이나 초과재보험특약의 재보험 담보력이 소진된 이후에 활용된다.

③ 재보험료와 재보험금이 불균형하고 특약의 손해율이 불규칙한 특징이 있다.

④ 특약재보험으로 출재하기에는 재보험계약의 양이 적거나 특정한 위험분산 차원에서 활용된다.

해설 | 원보험자는 출재여부를 임의로 정할 수 있으나, 재보험자는 의무적으로 수재해야 한다.

46 아래 표에서 설명하는 재보험계약 방식은 무엇인가?

> 출재사가 사전에 출재 대상으로 정한 모든 리스크에 대해 <u>정해진 비율</u>로 재보험사에 출재하고, 재보험사는 이를 인수해야 한다.

① surplus reinsurance treaty

② quota share treaty

③ stop loss cover

④ excess of loss treaty

해설 | Quota Share Treaty(비례재보험특약)에 대한 설명으로, 출재사 입장에서 양질·불량위험을 구분 관리하기 어렵고, 재보험자 입장에서는 원보험사의 역선택의 위험이 없다는 특징이 있다.

47 출재사인 원보험자의 파산 시에 재보험자가 원보험계약의 피보험자에게 직접 재보험금을 지급할 수 있도록 규정한 재보험계약 조항은?

① Cut – Through Clause

② Follow the Fortune Clause

③ Claim Cooperation Clause

④ Arbitration Clause

해설 | 재보험계약상 별도의 계약 조건인 Cut–through endorsement를 첨부할 경우 보험계약자의 재보험자에 대한 <u>직접청구권이 예외적으로 인정</u>되고 있다.

48 20 Line의 초과액재보험특약(surplus reinsurance treaty)을 운용하고 있는 출재보험사(A)가 보험가입금액이 US$ 5,000인 물건을 인수하였다. 손실규모가 US$ 3,000인 보험사고가 발생하였을 때 A사의 재보험회수금액은? [단, 동 물건에 대한 A사의 보유(retention)금액은 US$ 500이었다.]

① US$ 1,500

② US$ 2,000

③ US$ 2,500

④ US$ 2,700

해설 | • 출재사(A)가 보험가입금액이 US$ 5,000인 물건을 인수하였을 때 출재사 보유(retention)금액은 US$ 500 (1 Line)이고, 수재사의 보유금액은 US$ 4,500이 된다.
 • 출재사의 책임액=US$ 3,000(손해액)×(500/5,000)=US$ 300
 • 수재사의 책임액(지급받을 재보험금)=US$ 3,000(손해액)×(4,500/5,000)=<u>US$ 2,700</u>

49 A보험회사는 아래와 같은 초과손해액재보험특약(excess of loss reinsurance treaty)을 운영하고 있다.

> 특약 한도 : US$ 600,000 in excess of US$ 400,000

동 특약재보험의 보험기간 중 다음과 같이 보험금을 지급하였을 경우, A보험회사가 재보험자로부터 회수하게 될 재보험금의 합계액은 얼마인가?

구분	사고일자	지급보험금
사고 1	1월 24일	US$ 750,000
사고 2	2월 17일	US$ 350,000
사고 3	4월 15일	US$ 1,500,000
합계		US$ 2,600,000

① US$ 550,000 ② US$ 950,000
③ US$ 1,050,000 ④ US$ 1,450,000

해설 | • 사고1 : 지급보험금 US$ 750,000 중 원보험자가 US$ 400,000를 부담, 재보험자는 US$ 350,000 부담
　　　• 사고2 : 지급보험금 US$ 350,000 중 원보험자가 US$ 350,000를 전액 부담
　　　• 사고3 : 지급보험금 US$1,500,000 중 원보험자가 US$ 400,000를 부담, 재보험자는 US$ 600,000 부담,
　　　　나머지 US$ 500,000는 원보험자가 다시 부담
　　　• 지급받을 재보험금=US$ 350,000+US$ 600,000=US$ 950,000

50 재보험계약 중 stop loss cover 특약에 대한 설명으로 올바르지 않은 것은?

① 출재사의 손해율을 목표 수준 아래로 유지시켜 보험 영업실적을 안정화시키는 효과가 있다.
② 재보험계약 기간 중 출재사의 누적 손해율이 약정된 비율을 초과할 경우 재보험금이 지급된다.
③ 개별리스크 단위당 손해에 대한 출재사의 보유초과분을 담보함으로써 출재사의 보유손실금액을 제한한다.
④ 손해율의 등락폭이 크고 연 단위로 손해 패턴이 비교적 주기적인 농작물재해보험 등에 적합한 재보험 방식이다.

해설 | 개별리스크 단위당 손해에 대한 출재사의 보유초과분을 담보함으로써 출재사의 보유손실금액을 제한하는 재보험계약은 초과손해액재보험특약(Excess of Loss Reinsurance Treaty)이다.

PART
01

PART
02

PART
03

PART
04

PART
05

PART
06

PART
07

정답 ▶ 46 ② 47 ① 48 ④ 49 ② 50 ③

MEMO

PART 04

손해사정

CHAPTER 01 손해사정 일반이론

TOPIC 01 손해사정의 업무 및 절차

1. 손해사정사 업무(보험업법 제188조)

① 손해발생 사실의 확인
② 보험약관 및 관계법규 적용의 적정성 판단
③ 손해액 및 보험금의 산정(→ 보험금의 지급이나, 보상한도 설정은 아님)
④ '①~③'까지의 업무와 관련한 서류의 작성 · 제출의 대행
⑤ '①~③'까지의 업무의 수행과 관련한 보험회사에 대한 의견 진술

2. 손해사정사 제도

(1) 고용 또는 선임의무

보험회사는 손해사정사를 고용하여 손해사정업무를 담당하게 하거나, 손해사정사 또는 손해사정을 업으로 하는 자를 선임하여 그 업무를 위탁하여야 한다.

(2) 손해사정사의 자격등록

금융감독원장이 실시하는 시험에 합격하고 실무수습을 마친 후 금융위원회에 등록해야 한다.

(3) 손해사정업

손해사정을 업으로 하려는 <u>법인은 2인 이상</u>의 손해사정사를 두어야 한다.

(4) 손해사정사의 의무

① 보험회사로부터 사정업무를 위탁받은 손해사정사는 사정업무 수행 후 지체 없이 손해사정서를 보험회사, 보험계약자, 피보험자 및 보험수익자에게 내어주고 그 중요한 내용을 알려주어야 한다.
② 보험계약자가 선임한 손해사정사는 사정업무를 수행한 후 지체 없이 손해사정서를 보험회사 및 계약자 등에 내어주고 그 중요한 내용을 알려주어야 한다.

(5) 손해사정사의 금지행위

① 고의로 진실을 숨기거나 거짓으로 손해사정을 하는 행위
② 업무상 알게 된 보험계약자 등의 개인정보를 누설하는 행위

③ 타인으로 하여금 자기 명의로 손해사정업무를 하게 하는 행위

④ 정당한 사유 없이 손해사정업무를 지연하거나 또는 충분한 조사없이 손해액 또는 보험금을 산정하는 행위

⑤ 보험사 또는 보험계약자에게 중복되는 서류나, 손해사정과 관련 없는 서류요청으로 손해사정을 지연하는 행위

⑥ 보험금지급을 요건으로 합의서를 작성하거나 합의를 요구하는 행위

⑦ 자기 또는 자기와 이해관계를 가진 자의 보험사고에 대해 손해사정을 하는 행위

3. 손해사정 절차

사고통지 접수 → 계약사항 확인 → 청약서 확인 → 약관의 면 · 부책내용 확인 → 사고조사 시기와 사고조사 방법 확정 → 현장조사 → 손해액 산정 → 보험금 산정 → 보험금 지급 → 대위 및 구상권 행사

PART 01
PART 02
PART 03
PART 04
PART 05
PART 06
PART 07

TOPIC 02	이득금지의 원칙

1. 이득금지원칙의 의의

① 손해보험은 재산상 손해를 보상하는 것이므로 실제 입은 재산상의 손해만을 보상한다는 것이 대원칙이다.

② 이득금지원칙을 실손보상의 원칙 또는 손해보상의 원칙이라고도 한다.

③ 실손보상의 기준

   ㉠ 보험자가 보상할 손해액은 보험가액(피보험이익의 값)을 기준으로 하며, 보험가액은 그 손해가 발생한 때와 곳의 가액으로 산정함(손해가 발생한 때는 손해 발생 직전을 의미)

   ㉡ 당사자 간에 다른 약정이 있는 경우 그 신품가액에 의하여 손해액을 산정할 수 있음

2. 이득금지의 원칙의 적용

(1) 이득금지의 원칙이 적용되는 경우

① 초과보험, 중복보험, 수 개의 책임보험의 보험금액 감액

초과보험	보험금 감액청구(보험자, 소급가능) · 보험료 감액청구(보험계약자, 소급불가)
중복보험	보험자는 각자의 보험금액의 한도에서 연대비례주의를 택함
수개의 책임보험	보험금액의 총액이 손해배상액을 초과하는 경우 중복보험에 관한 규정을 준용

② 사기로 인한 초과보험 및 중복보험

사기로 인한 초과보험	사기로 인한 중복보험
무효이며, 그 사실을 안 날까지의 보험료 청구	사기로 인한 초과보험의 규정을 준용

③ 중복보험 및 병존보험에서의 통지의무 부여 : 수 개의 보험계약을 체결할 때 계약자는 각 보험자에 대하여 각 보험계약의 내용을 통지해야 한다.

④ 기평가보험이 사고발생 시 가액을 현저히 초과하는 경우 : 기평가보험의 보험가액이 사고발생 시의 보험가액을 현저히 초과하는 경우에는 사고발생 시의 가액을 보험가액으로 정한다.

⑤ 보험자대위

목적물대위(잔존물대위)	청구권대위(제3자대위)
보험의 목적 전부가 멸실·보험금액의 전부를 지급한 보험자가 취득하는 권리	손해가 제3자에 의해 발생된 경우, 보험금을 지급한 보험자가 해당 금액을 한도로 제3자에 대해 가지는 권리

⑥ 피보험이익이 없는 계약의 무효화 : 손해보험은 피보험이익의 감소를 보상하기 때문에 피보험이익이 없는 계약을 무효화함으로써 손해보험계약의 도박화를 방지하는 기능을 한다.

⑦ 신구교환공제 : 보험목적물의 분손사고로 인해 새로운 재료를 사용하여 수리하거나, 중고부품을 새로운 부품으로 교체한 결과 보험목적의 가치가 보험사고 직전보다 높아졌다면 피보험자는 결과적으로 이득을 보게 되며 이를 방지하기 위해 개별보험약관을 통해 그 증가된 금액만큼 공제를 하는 것을 말한다.

⑧ 타보험 조항 : 둘 이상의 보험계약이 동일한 손인을 담보할 경우 보험자 간 분담 여부 및 보상 방법을 정해놓은 약관조항을 말한다(→ 타보험조항도 이득금지원칙을 지키기 위한 수단).

참고 보험가액의 평가방법

1. 보험가액의 평가방법

미평가보험	원칙 : 시가평가	**예** 화재보험
	예외 : 재조달가액평가	**예** 기계보험(특종보험)
기평가보험(예외)		**예** 해상보험

2. 이득금지원칙을 실현하는 기준으로서의 보험가액 평가방법

보험가액은 '보험사고 시 손해가 발생한 때와 곳의 가액'으로 정의된다. 이는 '미평가보험의 시가액(actual value price)'을 의미한다. '시가(時價)액'으로 평가하고 보상을 해야 이득금지원칙이 실현된다.

3. 이득금지원칙의 예외가 되는 보험가액 평가방법

(1) 기평가보험 : 골동품, 조각품, 진기한 미술품이나 해상보험의 선박과 같이 시가액(actual value price)으로 평가하기 곤란한 경우, 보험자와 보험계약자 간의 약속으로 보험가액을 미리 정하는데 이때의 보험가액을 '협정보험가액(agreed insurable value)'이라고 한다.

(2) 재조달가액보험
  ① 시가액은 '재조달가액−감가상각액' 또는 '재조달가액−신구교환공제액'으로 정의되는데, 재조달가액은 시가액에서 감가공제를 하지 않은 가액을 말한다.
  ② 보험 목적물의 특징상 기계처럼 동종·동능력의 보상을 원할 경우, 감가공제를 하지 않은 보상을 받아야 하므로 재조달가액보험이 필요하다(이는 이득금지원칙에 반하므로 제한적 예외가 인정).

(3) 이득금지의 원칙의 적용 예외인 경우 **암기** 신기불
  ① 신가(新價)보험(재조달가액보험, 대체가격보험 또는 복원보험)
    ㉠ 대체가격보험은 손해에 대한 보험금을 결정할 때에 감가상각을 공제하지 않고 대체가격(신가, 재조달가액)을 기초로 하는 것을 말한다(상법 제676조 제1항 단서).

ⓒ 신가보험으로 보상을 하는 경우는 이득금지원칙에 반하므로, 신가(대체가격)로 보상하지 않으면 보험 목적을 가동할 수 없는 물건에 한하여 적용한다.

ⓒ 예를 들어, 기계, 공장, 건물 등에 대해 적용되며, 재고자산에 대해서는 적용되지 않는다. → 재고자산은 계속사용재가 아니라 교환재이기 때문

② 보험금액이 보험가액을 현저하게 초과하지 않는 기평가보험

기평가된 가액과 사고발생 시 가액간에 현저한 차이가 있는 경우	기평가된 가액과 사고발생 시 가액간에 현저한 차이가 없는 경우
보험사고 발생 시 가액을 보험가액으로 함	협정보험가액으로 평가하므로 약간의 초과 이익이 발생할 수 있음(→ 이득금지원칙에 반함)

③ 보험가액불변경주의 : 협정보험가액으로 미리 보험가액을 정하고 보험기간 동안 변경하지 않는 것을 말하는데, 주로 운송보험, 선박보험, 적하보험 등에서 이용된다. 이 경우 물가 하락으로 보험가액이 협정보험가액보다 하락한다면, 손해액을 초과하는 이득이 발생한다(→ 이득금지원칙에 반함).

PART
01

PART
02

PART
03

PART
04

PART
05

PART
06

PART
07

TOPIC 03 | 신구교환공제

1. 신구교환공제의 의의

보험의 목적이 중고품인 때 수리하면 신품으로 교환이 되고, 그 결과 보험의 목적에 부분적 개선효과의 이득이 발생하는데 이를 공제 후 보상하는 것을 말한다.

2. 신구교환공제의 적용원칙

실무적으로 신구교환이익의 평가가 쉽지 않으므로, 신구교환으로 인한 가치가 현저히 증가한 경우에만 적용된다.

3. 적용례

① 기계보험 등 특종보험 : 기계보험은 기계의 가동 유지를 목적으로 하기 때문에 사고 직전 수준의 가동이 유지된다면, 그 가치가 증가하였다 해도 신구교환공제를 하지 않는다. 단, 이러한 보험은 항상 보험가액을 신품대체가격으로 유지해야 한다.

② 화재보험 : 건물의 일부를 신재료로 수리하고 그 수리로 인해 건물의 가치가 현저히 증가될 경우 신구교환공제를 한다.

③ 해상보험 : 수리 후 가치증가발생을 판정하기 어려우므로 일반적인 경우는 신구교환공제가 없으며, 공동해손정산의 경우에는 신구교환공제를 한다.

④ 자동차보험 : 대물배상 또는 자차손담보에서 자동차를 수리하는 경우, 자동차 가격에 영향을 주는 지정된 주요부품(엔진 등)에 한하여 신구교환공제를 한다.

1. 타보험조항

① 타보험조항의 의의 : 둘 이상의 보험계약이 동일한 손해를 부담하는 경우에 보험자 간에 분담여부 및 보상방법 등을 정해놓은 약관 조항을 말한다.

② 타보험조항의 목적 : 타보험조항의 적용은 이득금지원칙을 지키기 위한 것이다.

③ 타보험조항의 종류 **암기** 비책균초타

비례책임조항	중복보험의 보험가입금액 안분방식과 동일
책임한도분담조항	중복보험의 독립책임액 안분방식과 동일
균등액분담 타보험조항	가장 낮은 책임한도부터 순차적으로 균등하게 분담
초과액 타보험조항	타보험에서 지급된 후 그 초과분에 한해서 지급
타보험 금지조항	동일 종류의 타보험 가입금지 조항(→ 타보험 가입은 담보위반이 됨)

TOPIC 05 소손해 면책

1. 소손해 면책의 의의

보험금을 지급해야 할 경우 일정한도 이하의 손해에 대해서는 보험자가 부담하지 않고 피보험자로 하여금 이를 부담하게 하는 제도를 말한다.

2. 소손해 면책의 인정이유

① 소손해 처리에 따른 비용과 시간의 절감 : 보험자 입장에서 소손해에 들어가는 조사비용이 지급해야 할 보험금보다 더 클 수 있는데, 이러한 비경제성의 극복을 위해 공제(Deductible)를 둔다.

② 보험료 절감 : 보험계약자 입장에서 보험료 인하라는 상호이익의 측면이 있다.

③ 보험계약자의 주의력 집중 : 보험자의 손해율 하락이라는 긍정적 효과를 기대할 수 있다.

④ 보험계약자의 경상비용으로 부담 가능 : 보험자에게 위험을 전가하는 '위험이전'은 '저빈도−고심도'의 위험인데, 소손해는 저심도의 위험이므로 공제를 통해 보험계약자가 부담하는 것이 보험이론에 부합한다.

3. 소손해 면책의 종류

직접공제	한 사고당 발생손해액이 일정금액(정액법) 또는 보험가입금액의 일정비율(정률법)을 초과하면 초과금액에 한해서 보험자가 부담 예 손해액 100만원, 직접공제 30만원 → 보험자는 70만원, 계약자는 30만원 부담
참여공제	손해액의 일정 비율만큼을 공제하고 초과금액에 한해서 보험자가 부담 예 총의료비 100만원, 참여공제율 30% → 보험자는 70만원, 계약자는 30만원 부담
분리공제	공제액을 손해의 원인에 따라 별도로 설정(→ 도덕적 위험이 크면 높은 금액 설정) 예 도난손해에는 30만원을 설정하고 다른 원인에 의한 손해에는 10만원을 설정
종합공제	보험기간 전체를 기준으로 공제액을 설정, 일정금액 이상의 종합공제액(누적 자기 부담금)을 초과하는 경우에는 보험자가 전액 부담 예 손해액 100만원, 종합공제액 40만원 → 손해액이 40만원이 될 때까지는 계약자 부담, 40만원을 초과하는 60만원에 대해서는 보험자가 전액 부담
소멸성공제	정액의 공제한도를 설정하고, 공제한도를 초과하는 금액에 대해서 정률의 보상비율을 설정하여, 손해액이 클수록 피보험자의 공제액이 줄어들어 일정손실에서는 공제액이 완전히 소멸되는 방식 예 손해액 100만원, 기본공제 30만원, 보상비율 110% → 보험자는 77만원[(100만원-30만원)×110%=77만원]을 부담. 이 방식은 손해액이 커질수록 보험자의 부담이 커지며, 손해액이 일정수준을 넘게 되면 계약자의 자기부담은 없게 됨
프랜차이즈공제	손해액이 공제액 이하이면 계약자가 전액 부담, 손해액이 공제액을 초과하면 전액을 보험자가 부담(해상보험에 많이 사용) 예 손해액 100만원, 프랜차이즈 공제액 20만원 → 보험자는 100만원 전액 부담
대기기간	공제의 한 종류이며, 일정 기간이 경과한 후부터 비로소 보험금을 지급하는 방식 예 암보험의 면책기간은 90일임. 면책기간 내에 암진단을 받을 경우 보험자는 면책

TOPIC 06 열거담보계약과 포괄담보계약

1. 개요

열거위험담보는 약관에 명시된 담보에 한해서 보상을 하며(positive system), 포괄위험담보는 면책담보로 명시된 것을 제외한 모든 위험에 대해서 보상한다(negative system).

2. 열거담보계약 VS 포괄담보계약

구분	열거위험담보계약	포괄위험담보계약
장점	필요한 위험만 선택적으로 가입할 수 있음	담보범위가 넓어 위험이 누락될 우려가 없음
단점	담보범위가 좁아 위험이 누락될 우려가 있음	불필요한 위험이 중복될 가능성이 있음
보험료	보험료가 저렴함	보험료가 비쌈
입증책임자	피보험자	보험자
입증내용	손해가 열거위험으로 인해 발생했다는 것	손해가 면책위험으로 인해 발생했다는 것

보험기간, 보험계약기간, 보험료기간, 보상기간

1. 정의

보험기간	• 보험자의 책임이 시작되어 끝날 때까지의 기간(위험부담기간) • 다른 약정이 없는 한 '최초보험료를 받은 때' 개시
보험계약기간	• 보험계약이 성립한 때로부터 종료할 때까지의 기간 • 보험계약기간은 보험기간과 거의 일치하지만 소급보험은 예외
보험료기간	• 보험자가 보험료를 산출하는 데 기초가 되는 위험의 단위기간 → 통상 1년 • 보험료불가분의 원칙 : 보험료기간은 최소한의 단위이므로 이 기간의 보험료는 원칙적으로 분할 불가능
보상기간	• 보험자의 보상대상이 되는 손해의 지속기간(간접손해에 한함) • 기업휴지보험의 예 : 사고발생시점에서 복구하는 데 소요되는 기간으로 통상 12개월 한도

2. 보험기간을 정하는 방법

기간보험기간 (Time Policy)	위험이 <u>시간</u>에 비례하는 경우 ⑩ 화재보험, 상해보험, 자동차보험 등 대부분의 보험종목
구간보험기간 (Voyage Policy)	위험이 거리에 비례하는 경우(표시방법 : 출발지점 ○에서 도착지인 ○까지) ⑩ 해상보험, 항공보험 등의 운송보험
혼합보험기간 (Mixed Policy)	<u>시간과 특정목적이 혼합하는 경우</u> ⑩ 여행자보험[보험기간 중 사고+여행(목적)출발지에서 도착지까지의 사고]

3. 보험기간과 손해보상에 대한 학설

손해설	• 보험기간 중 발생한 현실적 손해만 보상한다는 학설 • 보험자에게 유리
이재설	• 보험기간 중 손해를 입고, 보험기간 만료 이후에 걸쳐 발생한 손해를 보상해야 한다는 학설 • 학설로서 통설
위험설	• 보험기간 중 보험목적에 손인이 발생하고, 그 이후 손해가 발생한 경우 이를 보상해야 한다는 학설 • 보험자에게 불리

보험계약의 해제와 해지

구분	해제	해지
의의	일단 유효하게 성립된 계약을 소급적으로 소멸시키는 일방적인 의사표시	계속적 채무관계를 장래에 한하여 계약의 효력을 상실시키는 것

구분	해제	해지
발생요건	계약성립 후 2개월 경과 시까지 초회보험료를 납입하지 않은 경우	• 보험계약자에 의한 해지 : 사고발생 전에는 언제든지/사고발생 후에도 보험금액이 감액되지 않는 경우/보험자 파산 시 • 보험자에 의한 해지 : 계속보험료 부지급/고지의무 위반/위험의 현저한 변경증가의 통지의무 위반/위험의 현저한 변경증가의 통지이행/위험유지의무 위반
환급	환급할 보험료 없음	해지환급금 환급
효력	의사표시하면 소급하여 소멸	의사표시하면 장래에 한하여 소멸

PART
01

PART
02

PART
03

PART
04

PART
05

PART
06

PART
07

TOPIC 09 | 보험계약의 무효와 취소

구분	무효	취소
의의	당사자가 행한 법률행위에서 당사자가 기도한 법률상의 효과가 생기지 않는 것	강박, 착오 등으로 일단 유효하게 성립된 계약을 소급하여 소멸케 하는 특정인(취소권자)의 의사 표시
발생요건	• 보험사고의 객관적 확정의 효과 • 보험금이 보험계약의 목적의 가액을 현저히 초과한 사기계약 • 사기로 인한 초과보험, 중복보험 • 15세 미만, 심신박약자, 심신상실자의 사망을 보험사고로 한 보험계약	약관의 교부 · 설명의무 위반 시, 계약성립 후 3개월 이내에 취소 가능
환급	• 보험계약자 및 피보험자가 선의, 중대한 과실이 없는 경우 보험료의 전부 또는 일부의 반환 가능 • 초과, 중복보험이 사기인 경우 보험자는 보험료 반환책임 없음	보험료 전액 환급(보험약관)
효력	의사표시 없어도 소급하여 효력 소멸	의사표시 있어야 소급하여 효력 소멸

TOPIC 10 | 손익상계와 과실상계

구분	손익상계	과실상계
의의	• 손해를 발생시킨 동일한 원인에 의하여 이익도 얻은 때에는 손해에서 그 이익을 공제 • 손익상계 대상 : 산재보험금, 공무원연금(단, 생명보험금, 상해보험금은 대상이 아님)	채무불이행이나 불법행위에서 채권자에게 과실이 있는 때에 손해배상의 책임 및 그 금액을 정함에 그 과실을 참작
목적	이득금지의 원칙 준수 차원	손해의 공평분담 차원
적용순서	과실상계 후 손익상계가 원칙(자동차보험의 경우 예외)	

- 사망보험금=(장례비+위자료+상실수익액)×(1−과실비율)
- 상실수익액=(월평균현실소득액 − 생활비)×(사망일부터 보험금지급일까지의 월수+보험금 지급일부터 취업가 능연한까지 월수에 해당하는 호프만계수), 이때 생활비(현실소득액의 1/3)를 손익상계로 봄(이 경우 손익상계 가 먼저 되고 이후 과실상계가 됨)

핵심 빈출 지문

❙ 손해사정 일반이론

01 손해사정사의 업무는 손해발생 사실의 확인, 법규적용의 적정성 판단, 손해액 및 보험금 산정 후 <u>보험금을 지급</u>하는 것이다.

02 손해사정사가 되기 위해서는 <u>금융감독원</u>이 실시하는 시험에 합격하고 그 실무수습을 마친 후 <u>금융위원회</u>에 등록해야 한다.

03 보험계약자가 선임한 손해사정사는 사정업무를 수행한 후 지체 없이 손해사정서를 <u>보험회사 및 계약자</u> 등에 내어주고 그 중요한 내용을 알려주어야 한다.

04 손해사정절차에서 '보험계약이 유효하고 보험사고가 담보되는 보험장소에서 보험자의 책임기간 내에 발생하였는지를 확인'하는 단계는 <u>계약사항 확인</u> 단계이다.

05 손해사정절차에서 '중복계약의 유무, 재보험사항 등'을 파악하는 것은 <u>청약서 확인</u> 단계이다.

06 <u>이득금지의 원칙</u>은 보험의 도박화를 방지하기 위한 손해보험제도의 근간이다.

07 초과보험이 되면 그 계약은 <u>무조건 무효</u>가 된다.

08 중복보험의 보험자는 각자의 보험금액의 한도 내에서 <u>비례보상</u>을 하며, 만일 어떤 보험자의 지급불능이 있다면 나머지 보험자가 <u>연대하여</u> 책임을 진다.

09 일부보험의 비례주의는 <u>형평성</u> 차원의 적용일 뿐 이득금지의 원칙과 아무런 <u>상관이 없다</u>.

10 당사자 간에서 보험가액을 결정하는 기평가보험도 이득금지원칙에 의거하여 어떠한 경우에도 <u>보험가액을 초과하는 보상을 할 수 없다</u>.

11 보험의 목적이 <u>전부 멸실</u>되었을 때, 보험금액의 <u>전부를 지급</u>한 보험자가 가지는 권리를 <u>목적물대위(잔존물대위)</u>라고 한다.

12 둘 이상의 보험계약이 동일한 손해를 부담하는 경우에 보험자 간의 분담 여부 및 보상방법 등을 정해 놓은 약관조항을 <u>타보험조항</u>이라 한다.

13 원재료 제품 등의 재고자산 교환재이므로 <u>신가보험으로 제공될 수 없다</u>.

14 골동품의 협정보험가액이 1억원이다. 화재로 골동품이 전부 소실되었으며 시가로 평가된 보험가액이 9,000만원이다. 두 금액의 차이가 약관상 현저한 차이가 아니라면 이 경우 피보험자에게 지급되는 보험금액은 <u>1억원</u>이다.

15 생명보험은 미리 보상가액을 정해 놓았다는 관점에서 <u>기평가보험</u>이라 할 수 있다.

16 신구교환공제약관은 실무적으로 교환차익의 평가가 어렵기 때문에 교환차익이 <u>현저히 증가</u>한 경우만 적용한다.

17 해상보험은 <u>공동해손정산의 경우에만</u> 신구교환공제를 한다.

18 기계보험은 <u>신구교환공제가 없다</u>. 단, 보험가액을 신품대체가액으로 유지해야 한다.

19 <u>소손해면책(공제조항)</u>은 '비경제성의 극복, 계약자의 보험료절감, 보험자의 보험금부담감소, 공동보험자 입장에서의 주의력 이완방지, 위험관리기법상 위험보유'의 측면에서 그 필요성이 인정된다.

20 소손해는 작은 비용으로 감당할 수 있으므로 보험계약자가 부담하는 것이 옳다는 것은 위험관리기법상 <u>위험보유</u>에 해당된다.

21 손해액이 1,500만원이고 프랜차이즈공제액이 1,000만원이다. 이 경우 보험계약자의 자기부담금은 0원, <u>보험자의 책임액은 1,500만원</u>이다.

22 손해액이 1,000만원이고 기본공제액이 200만원, 보상비율이 110%이다. 이 경우 보험계약자의 자기부담금은 120만원, <u>보험자의 책임액은 880만원</u>[=(1,000−200)×110%]이다.

23 열거위험담보의 입증책임은 <u>피보험자</u>, 포괄위험담보의 입증책임은 <u>보험자</u>에게 있다.

24 보험기간 또는 책임기간은 통상 <u>최초보험료</u>를 받은 때로부터 개시된다.

25 보험기간과 보험계약기간은 보통 일치하지만, <u>소급보험</u>에서는 보험기간이 보험계약기간보다 길다.

26 보험료불가분의 원칙과 가장 밀접한 것은 <u>보험료기간</u>이다.

27 화재보험, 상해보험, 자동차보험, 선박보험은 <u>기간보험</u>이다.

28 보험자에게 가장 큰 부담이 되는 것은 <u>손해설</u>이고, 피보험자에게 불리한 것은 <u>위험설</u>이다.

29 보험사고가 보험만기 만료 전에 발생하고, 그 손해가 상당인과관계로 인해 만기 후까지 지속된다면 그 손해에 대해서도 보상을 받을 수 있다는 설은 <u>이재설</u>이며, 통설로 인정되고 있다.

30 소급하여 효력이 소멸되는 것이 아니고 장래에 한해서만 계약의 효력을 상실시키는 법률행위는 <u>해지</u>이다.

31 계약성립 후 2개월이 경과해도 초회보험료가 납입되지 않으면 보험자의 일방적인 의사표시로 계약이 <u>해제</u>된다.

32 15세 미만자를 대상으로 한 사망보험은 <u>무효</u>이지만, 상해보험은 <u>유효</u>하다.

33 보험자가 파산할 경우 계약의 해지권자는 <u>보험계약자</u>이다.

34 <u>과실상계</u>는 이득금지원칙의 실현 차원이며 <u>손익상계</u>는 손해의 공평분담 차원이다.

35 공무원연금과 산재보험금은 손익상계의 대상이지만 <u>생명보험금이나 상해보험금</u>은 대상이 아니다.

오답노트

01 손해액 및 보험금 산정 후 <u>보험금을 지급</u>하는 것이다. → 보험금지급 또는 보상한도를 설정하는 일은 손해사정사의 업무가 아니다.

07 초과보험이 되면 그 계약은 <u>무조건 무효</u>가 된다. → 사기일 경우에만 무효가 된다.

10 <u>보험가액을 초과하는 보상을 할 수 없다.</u> → 현저한 차이가 아니라면 약간의 초과보상은 가능하다.

28 보험자에게 가장 큰 부담이 되는 것은 <u>위험설</u>이고, 피보험자에게 불리한 것은 <u>손해설</u>이다.

34 <u>손익상계</u>는 이득금지원칙의 실현 차원이며 과실상계는 손해의 공평부담 차원이다.

보험사고와 보험자의 책임

TOPIC 01   보험사고와 인과관계

1. 보험사고와 인과관계

① 보험사고와 인과관계 : 보험사고로 되기 위해서는 약관에서 담보하는 손인이 원인이 되어 약관에서 정한 보험의 목적에 대하여 손해가 발생해야 한다. 즉, 손인과 손해 간에는 인과관계가 있어야 함을 말하며, 우리나라 보험계약에서는 <u>상당인과관계설이 통설</u>이다.

② 인과관계 학설

상당인과관계설	근인설
• 어떤 사실과 어떤 결과 사이에 인과관계가 있는 경우에도 우리의 경험에 비추어 그 사실과 결과 발생이 일반적이라고 생각되는 범위 내에서만 인과관계를 인정하는 견해 • 우리나라의 보험계약이나 대부분의 법률행위에서 상당인과관계설이 <u>통설</u>	• 보험의 담보손인이 그 사고의 가장 가까운 원인이 되어야 한다는 설이며, 근인설에는 <u>최후조건설과 최유력조건설</u>이 있음 • 최후조건설 : 시간상 가까운 원인 • 최유력조건설 : 가장 유력한 원인 • <u>영국해상보험은 최유력조건설을 따름</u>

TOPIC 02   단일책임주의와 교차책임주의

1. 일반적 의미

① 단일책임주의 : 쌍방의 손해액을 합산한 금액에 쌍방의 과실비율을 곱하여 자기분담금을 산출한 후 자기손해액을 공제하고 차액만을 보상하는 방식이다.

② 교차책임주의 : 각자가 서로 <u>상대방의 손해액에 자기의 과실비율을 곱하여 산출된 금액</u>을 쌍방이 교차하여 배상책임을 부담하는 방식이다.

③ 비교 : 주로 교차책임주의에 따라 배상책임을 결정하는 것이 합리적이다. 배상책임만 담보되고 자기재산은 담보되지 않은 경우 단일책임주의를 적용하면 손해보험금 산정이 불가한 반면 교차책임주의는 배상책임과 자기재산의 담보가 정확히 구분되어있어 합리적이다.

※ 예시 : 단일책임주의와 교차책임주의

A와 B의 쌍방과실로 A의 손해액은 500만원, B의 손해액은 200만원, A의 과실비율은 60%, B의 과실비율은 40%이다. 단일책임주의와 교차책임주의의 경우 각각의 배상금액은?

단일책임주의	교차책임주의
• A부담액=(500만원+200만원)×0.6=420만원 • B부담액=(500만원+200만원)×0.4=280만원	• A부담액=200만원×0.6=120만원 지급 • B부담액=500만원×0.4=200만원 지급
B의 배상책임액=280만원−200만원=80만원 지급	B의 배상책임액=80만원 순지급

TOPIC 03 사고발생기준과 배상청구기준

구분	사고발생기준(Occurrence Basis Policy)	배상청구기준(Claims-made Basis Policy)
의의	보험기간 중에 발생한 보험사고를 기준으로 보상하는 방식	보험기간 중에 피보험자에게 청구된 사고를 기준으로 보상하는 방식
요건	보험기간 중에 사고발생(사고발생시점이 명확히 확인되어야 한다는 전제)	보험기간 중 손배청구+소급담보일자 이후 사고발생
적용	화재보험, 해상보험	생산물배상책임보험, 전문직업인배상책임보험

TOPIC 04 보험금청구권의 상실조항(실권약관, Forfeiture Clause)

1. 조항의 의의

보험사고 발생 후 보험계약자나 피보험자 등이 주어진 의무를 위반하였을 때 또는 보험제도를 악용하였을 때 이러한 최대선의를 위반하는 경우 보험금청구권을 상실시키는 것을 말한다.

2. 유의사항

① 보험금 청구 시 서류에 사실과 다른 것을 기재 또는 위·변조하거나, 보험자의 손해의 조사를 방해 또는 회피한 때에는 청구권을 상실한다.

② 보험금청구권의 상실은 보험금을 지급받을 수 없다는 점에서 면책사유나 고지의무 위반과 유사하다.

③ 보험계약 자체의 효력을 상실시키지 않는 측면에서 고지의무 위반과 다르고, 일단 발생된 권리가 상실된다는 측면에서 면책사유와도 다르다.

④ 판례는 보험금청구권의 상실조항은 해당 보험목적에 대해서만 적용된다고 판시하였다(→ 즉, 타 보험목적은 청구가 가능하다고 본다).

⑤ 판례는 보험금청구권조항에 대한 보험약관상의 설명의무는 없다고 판시하였다.

1. 구상권의 의의

어느 한 채권자에 수인의 채무자가 있는 경우 그중 한 채무자가 채무의 전부 또는 일부를 배상하거나 타인의 채무를 변제하였을 때, 그 배상자는 다른 자에게 그가 본래 부담하였을 책임비율에 따라 구상권을 갖는다.

2. 구상권의 발생

① 공동불법행위가 성립된 경우의 구상권
② 제3자에 대위로서의 구상권

3. 구상권행사의 효과

① 피보험자의 손해배상청구권과 보험금청구권의 이중행사에 의한 부당이득을 방지한다.
② 제3자에 대해 구상하여 회수하는 금액만큼 손해율을 낮추어 보험요율의 적정성을 유지한다.
③ 적하보험의 경우처럼 화물취급 시 주의를 기울이도록 하여 손해방지를 촉진시킨다.

4. 구상권행사의 절차

① 구상권 성립여부 및 행사가치를 판단한다.
② 채권을 확보한다.
③ 임의 변제를 요청한다.
④ 소송제기 또는 구상권포기 여부 등을 결정한다.

5. 구상권행사의 포기

① 보험약관에 따라 구상권을 포기하는 약정을 하는 경우도 있다.
② 자동차보험의 자기차량손해는 기명피보험자가 정당하게 관리한 경우 기명피보험자에 대한 구상권을 행사하지 않는 것으로 하고 있다.

PART 01
PART 02
PART 03
PART 04
PART 05
PART 06
PART 07

1. 면책사유

보험자가 보험금지급책임을 면하는 사유를 말한다.

절대적 면책사유	상대적 면책사유
피보험자의 고의	전쟁, 임신·출산, 전문등반, 경기, 시범, 흥행 또는 시운전, 선박탑승

※ '상대적 면책사유'는 추가보험료를 납부할 경우 부보가 가능할 수 있음

2. 면책사유가 필요한 이유

도덕적 위험의 방지	보험사고가 보험계약자, 피보험자, 보험수익자의 고의로 발생/서류의 위·변조 등에 의한 부당한 보험금 청구 등을 방지
보험경영상 담보 불가	한 번의 사고로 손해의 규모가 너무 큰 사고(전쟁, 방사능 위험 등)
보험 불가능 위험	보험의 성질상 보험이 불가능한 위험(자연마모, 감가상각 등)
이중담보의 방지	담보범위의 중복을 피하여 최선의 담보범위를 제공
보험료 부담 경감	면책사항이 많을수록 불필요한 부보를 하지 않게 되어 보험료 인하효과

┃ 보험사고와 보험자의 책임

01 우리나라의 보험계약이나 대부분의 법률행위에서 인과관계의 통설은 <u>상당인과관계설</u>이다.

02 영국의 해상보험법은 근인설 중에 <u>최유력조건설</u>을 따른다는 것이 통설이다.

03 쌍방의 손해액을 합산한 금액에 쌍방의 과실비율을 곱하여 자기분담금을 산출한 후 자기손해액을 공제하고 차액만을 보상하는 방식은 <u>단일책임주의</u>라고 한다.

04 각자가 서로 상대방의 손해액에 자기의 과실비율을 곱하여 산출된 금액을 쌍방이 교차하여 배상책임을 부담하는 방식을 <u>교차책임주의</u>라고 한다.

05 A와 B 두 차량의 손해액이 각 1,000만원, A와 B의 과실비율은 7:3이다. 이때 A가 B에게 400만원을 보상하는 방식은 <u>단일책임주의</u>이다. 반면, A는 B에게 700만원을 보상하고, B는 A에게 300만원을 보상하는 방식은 <u>교차책임주의</u>이다.

06 보험기간 중에 보험사고가 발생하지 않았더라도, 요건을 갖춘 경우 <u>보험기간 중에 청구</u>하면 보상하는 방식은 <u>배상청구기준</u> 담보이다.

07 의료사고와 같이, 손인과 손해가 시간적으로 근접해 있지 않아 사고발생시점의 확인이 어려운 경우에는 <u>배상청구기준</u>의 담보가 적절하다.

08 허위청구로 보험금청구권이 상실된다고 해도 <u>보험계약이 해지되는 것은 아니다.</u>

09 보험금청구권조항은 중요한 내용에 해당되므로 보험약관상 <u>설명 의무가 부과</u>된다.

10 보험사의 구상권은 피보험자가 피해자이며, 가해자인 <u>제3자에 대한 청구권</u>이다.

11 자연적인 마모나 자연발화, 감가상각 등을 면책사항으로 하는 것은 <u>인수 불가능 위험</u>이기 때문이다.

12 <u>절대적 면책사유</u>는 추가보험료 납입으로 보장 가능하다.

오답노트

09 보험약관상 **설명 의무가 부과된다.** → 판례는 설명의무의 대상이 아니라고 판시하였다.

12 상대적 면책사유는 추가보험료 납입으로 보장 가능하다.

CHAPTER 03 손해사정 용어해설

TOPIC 01 손해율, 사업비율, 합산비율

1. 손해율, 사업비율, 합산비율

(1) 손해율	현금주의	(지급보험료÷수입보험료)×100
	발생주의	(지급보험료÷경과보험료)×100
(2) 사업비율	현금주의	(사업비÷수입보험료)×100
	발생주의	(사업비÷경과보험료)×100(→ 우리나라 보험회사 실무에서 적용)
(3) 합산비율	(1+2)≤100%	언더라이팅 결과가 만족
	(1+2)>100%	언더라이팅 결과가 불만족

TOPIC 02 공동보험(Coinsurance)

1. 일반적 의미의 공동보험(Co-Insurance Ⅰ)

① 공동보험 Ⅰ의 의의
  ㉠ 하나의 보험목적을 여러 보험자가 공동으로 인수하는 보험으로, 위험이 큰 보험목적을 여러 보험사가 참여하여 분할인수하는 계약을 말함
  ㉡ 각 보험사의 지위는 동등하며 번거로움을 덜기 위해 간사회사가 업무집행을 대행함
② 공동보험 Ⅰ은 수인의 보험자가 한 개의 보험계약을 체결하는 것이나, 중복보험이나 병존보험은 여러 개의 계약을 체결한다.
③ 공동보험 Ⅰ은 수인의 보험자가 공동으로 하나의 계약을 체결하는 것이나, 중복보험이나 병존보험은 보험자 간에 서로 모른다는 점에 차이가 있다.

2. 일부보험에서의 공동보험(Co-Insurance Ⅱ)

① 공동보험 Ⅱ의 의의 : 일부보험에서의 공동보험조항(부보비율조건부 실손보상)은 피보험자로 하여금 일정금액 이상을 보험에 가입하도록 요구하는 조항을 말한다.

② 보상방식

  ㉠ 50% 부보비율부 보상액=손해액× $\dfrac{\text{보험가입금액}}{\text{보험가액}\times 50\%}$

  ㉡ 보험가입금액이 부보비율 이상이면 손해액 전액을 보상하지만, 미만이면 일부보험처럼 비례보 상함

  ㉢ 공동보험 Ⅱ를 두는 목적 : 보험료 감소 효과, 손해발생 방지 효과, 요율의 형평성 유지

  ㉣ 보험요율과의 관계 : 약정한 부보비율이 높으면 보험요율은 낮아짐

TOPIC 03   병존보험

1. 병존보험의 의의

동일한 보험계약의 목적과 동일한 사고에 관하여 수 개의 보험계약이 체결된 경우 그 보험금액의 총 액이 보험가액을 초과하지 않는 보험을 말한다.

2. 중복보험과 비교

중복보험	병존보험
각 계약의 보험금 합계가 보험가액을 <u>초과</u>	각 계약의 보험금 합계가 보험가액에 <u>미달</u>
통지의무 부과 · <u>연대비례주의</u>	통지의무 부과 · <u>비례주의</u>

※ 공동보험Ⅰ과 병존보험은 중복보험과 달리 연대주의가 적용되지 않음(→ 초과지급의 문제 없음)

TOPIC 04   신가보험(대체가격보험)

1. 일반적 보상액 산정기준

① 손해보험계약의 보험급부금은 '보험사고가 발생한 때와 장소의 가액'을 말하며, '재조달가액−감가 공제액'으로 보상받는 보험이다.

② 이득금지의 원칙을 실현하기 위해 손해보험은 시가기준으로 보상한다.

2. 신가보험의 필요성

① 시가로 보상하는 경우 사고직전의 가동능력유지라는 보험 본래의 기능을 훼손할 수 있다.

② 상법에서도 신가보험의 필요성을 인정하여 당사자 간에 다른 약정이 있는 때에는 그 신품가액에 의하여 손해액을 산정할 수 있다고 규정하고 있다(상법 제676조 제1항).

PART 01

PART 02

PART 03

PART 04

PART 05

PART 06

PART 07

3. 시가평가 vs 신가평가 비교

구분	시가평가의 경우	신가평가의 경우
평가	재조달가액-감가공제액	재조달가액(대체가격)
대상	일반적인 보험의 목적	• 신가보험 가능 : 건물, 기계 등 • 신가보험 불가 : 재고자산(→ 교환재)
적용	화재보험 등	기계보험 등

4. 신가보험(대체가격보험)의 제한

대체가격보험은 실손보상의 원칙의 <u>예외</u>로서 <u>기계보험과 같이 가동유지를 목적으로 하는 보험</u>에 한해 예외적으로 인정되고 있다.

TOPIC　05　　전손과 분손

1. 전손(Total loss)의 종류

(1) 현실전손	(2) 추정전손
• 보험목적의 실질적인 멸실로서 완전히 파괴되어 복구가능성이 없는 상태 • 보험목적물이 본래의 기능을 상실한 경우 • 보험의 목적에 지배력이 항구적 상실된 경우	• 보험목적물이 현실전손이 불가피하다고 생각되는 경우 • 보험목적의 가액을 초과하는 비용을 지출하지 않으면 현실전손을 면할 수 없는 경우 → 추정전손으로 위부가 가능

(3) 선박의 행방불명

① 선박보험에서 선박이 존부가 2개월간 분명하지 않은 경우 <u>전손으로 추정</u>한다(추정전손과 다름).
② 이 경우에는 곧바로 보험금청구가 가능하므로 현실전손으로 보아야 한다.

2. 추정전손의 성립요건

① 보험목적의 점유를 박탈당한 경우로 피보험자가 회복할 가망이 없는 경우
② 보험의 목적을 회복하는 데 드는 비용이 회복한 후의 가액을 초과하는 경우

3. 분손(Partial loss)

① 분손의 의의 : 피보험이익의 일부가 손상된 것, 즉 수리비와 비용의 합이 보험가액 미만인 경우

② 전손 VS 분손 비교

구분	전손	분손
보상방법	• 전부보험 → 보험금액 한도 내 전액보상 • 일부보험 → 보험금액 한도 내 전액보상	• 전부보험 → 전손해 보상 • 일부보험 → 비례보상 또는 보험금액 한도 내 손해액 전부를 실손보상
보험금액 복원	보험계약 종료	체감주의 또는 전액주의

PART
01

PART
02

PART
03

PART
04

PART
05

PART
06

PART
07

TOPIC 06 │ 보험금액의 변동

1. 체감주의 VS 복원주의 비교

구분	체감주의	복원주의
의의	보험사고 후 일부 지급된 보험금을 차감한 잔액이 이후의 보험금액이 되는 경우	보험사고 후 일부 지급된 보험금만큼 보험가입금액이 감소한 경우 보험계약자의 청구에 의하여 또는 자동적으로 복원시키는 경우 → 청구복원과 자동복원(전액주의)
적용	화재보험	해상보험, 운송보험, 자동차보험, 항공보험

2. 보험계약자에 의한 청구복원의 요건

① 보험의 목적이 수리나 복구로 보험가액이 회복되어야 한다.
② 보험계약자가 복원되는 보험가입금액에 대해 잔존보험기간에 해당하는 보험료를 납입해야 한다.
③ 보험계약자의 청구와 보험사의 승인이 있어야 한다.

3. 복원보험의 사고 후 해지

사고발생 후 보험금액이 복원되는 경우에는 보험계약자가 보험계약을 해지할 수 있다. 단, 미경과보험료가 반환되지 않으므로 해지의 실익이 없다(상법 제649조).

1. 최대추정손해액(PML)의 의의

하나의 보험증권하에서 특정보험사고로 발생할 수 있는 손해액의 최고 추정치를 말한다.

2. PML VS MPL 비교

PML(Probable Maximum Loss)	MPL(Maximum Possible Loss)
손해방지 경감시설이나 장치나 기구가 제대로 작동하고 이를 사용하는 요원들이 예정대로 활동한다고 할 경우에 일어날 수 있는 최대손실액 → 최대추정손실	• 손해방지 경감시설이나 장치나 기구가 제대로 작동하지 않고 이를 사용하는 요원들이 예정대로 활동하지 못할 경우 일어날 수 있는 최대손실액 → 최대가능손실=EML(Estimated Maximum Loss) • 금액으로 표시할 경우 : AS(Amount Subject) • 백분율로 표시할 경우 : PS(Percentage Subject)

3. 효용

① 전손가능성이 낮은 보험의 목적의 경우 보상한도액(LOL)을 PML보다 낮게 설정할 경우 보험계약자는 보험료의 과다지출을 방지하고 보험자는 인수여부, 인수조건, 보험요율, 보유액 및 재보험액을 합리적으로 결정할 수 있다.

② 보험가입 시 화재보험과 같이 전손위험이 낮은 경우에는 PML(최대추정손실)을 적용하고, 해상보험과 같이 전손위험이 높은 경우에는 MPL(최대가능손실)을 적용하는 것이 합리적이다.

1. 간접손해 VS 직접손해 비교

간접손해	직접손해
• 담보위험의 2차적인 영향에 의하여 <u>피보험자가</u> 입은 경제적 손해 • 보상을 위해 별도의 특약에 가입해야 함	• 담보위험의 직접적인 영향으로 <u>피보험목적물에</u> 발생한 손해 • 손해보험은 담보위험의 직접손해만 보상

2. 결과적 손해(Consequential Loss)

직접손해 후 간접손해가 반드시 수반되는 경우를 말한다.

① 화재위험이나 기계위험으로 인한 상실소득을 보상하는 기업휴지손해 → '기업휴지손해담보특약'에서 담보

② 화재로 냉동장치가 파괴되어 온도변화로 냉동냉장물에 생긴 손해 → '냉동냉장위험담보특별약관'에서 담보

1. 신용보험 VS 보증보험 비교

구분	신용보험	보증보험
보험계약자	채권자	채무자
피보험자	채권자	채권자
성격	자기를 위한 보험	타인을 위한 보험
보상범위	채무자의 파산, 지급 불능을 담보	개별적인 채무불이행 · 횡령 · 배임 · 절취 등 불법행위도 담보
신용생명보험 → 채무자의 사망 시 사망보험금으로 채무를 상환하는 보험		

PART
01

PART
02

PART
03

PART
04

PART
05

PART
06

PART
07

01 손해율지표는 보험사고 발생 시 지급한 보험금을 계약자로부터 인수한 보험료로 나눈 비율을 말하며, 보험회사 경영실적과 보험요율산정 지표로서의 역할을 한다.

02 손해율은 발생손실액을 경과보험료로 나누면 발생주의가 되며, 발생손실액을 수입보험료로 나누면 현금주의가 된다.

03 합산비율은 손해율과 사업비율을 합한 것으로 보험회사의 종합 경영성과를 나타낸다.

04 합산비율이 100% 이상이면 언더라이팅의 결과가 만족스럽다는 것을 의미한다.

05 요구 부보비율 공동보험에서 요구 부보비율을 만족한다면 보험가입금액 범위 내에서 실손해액을 전액 보상한다.

06 공동보험 Ⅰ의 경우 초과보험이 아니므로 계산상 연대주의가 필요 없다.

07 보험가액이 10억원일때 '70% 부보비율부 실손보상' 특약이라면, 보험가입금액이 7억원이면 전부보험의 효과를 내게 된다.

08 약정한 공동보험 Ⅱ의 부보비율이 높을수록 보험요율이 높아진다.

09 동일한 피보험이익에 대해 수 개의 보험계약을 체결하여 보험가입금액의 합이 보험가액보다 크면 중복보험, 작으면 병존보험이다.

10 병존보험에서는 통지의무가 부과되는데 이는 이득금지원칙을 실현하는 차원이다.

11 '보험사고가 발생한 때와 장소의 가액'은 보험가액의 시가평가를 말하며, 이득금지원칙을 준수하는 차원이다.

12 보험사고 직전의 가동능력을 유지하기 위해 보험에 가입할 경우는 시가보험에 가입해야 한다.

13 화재보험에서 기계를 보험목적으로 하고 재조달가액담보특약을 첨부하면 신가보험이 된다.

14 신가보험은 이득금지실현원칙에 위배되므로, 기계보험 등과 같이 오로지 가동유지를 목적으로 할 경우에만 예외적으로 인정된다.

15 선박보험의 경우 선박의 행방불명이 3개월 이상 지속되면 추정전손으로 인정한다.

16 보험목적이 전손되면, 전부보험과 일부보험의 구분 없이 보험가입 금액이 전액 지급된다.

17 전부보험에서 분손이 발생하면, 분손의 손해액 전부를 보상한다.

18 보험사고 이후의 보험가입금액은 전손, 분손을 구분하지 않고 감액 또는 자동복원을 선택할 수 있다.

19 보험가액 1억원, 보험가입금액이 1억원인 보험계약에서, 보험사고로 2천만원의 보험금을 지급하였다. 이 보험이 체감주의라면 이후의 보험금액은 8천만원이 되고, 전액주의라면 1억원이 된다.

20 전액주의에서 여러 번 사고가 발생하면 <u>보상합계액이 보험금액을 초과할 수 있다</u>.

21 사고 발생 후 보험금이 자동복원되는 전액주의 보험에서는 보험계약자가 계약을 <u>해지할 수 없다</u>.

22 <u>체감주의</u>는 보험사고 후 일부 지급된 보험금을 차감한 잔액이 이후의 보험금액이 되는 경우로서 화재보험이 대표적이다.

23 손해방지시설이나 기구가 정상적으로 작동하지 않고 있음을 전제로 일어날 수 있는 최대손실을 <u>MPL (최대가능손실)</u>이라 한다.

24 일반적으로 전손가능성이 낮은 경우는 <u>PML</u>로 부보하나, 계약자가 극단적인 위험회피형이거나 전손에 대비해야 하는 경우는 <u>MPL</u>로 부보한다.

25 PML과 MPL로 각각 부보할 경우 보험료는 <u>MPL이 더 비싸다</u>.

26 담보위험의 2차적인 영향에 의해 <u>피보험자에게 생긴 손해를 간접손해</u>라 한다.

27 직접손해의 결과 필연적으로 발생하는 간접손해를 <u>결과적 손해</u>라 한다.

28 보험계약자가 채권자이며 상거래에 있어서 채무자의 채무불이행으로 인해 피보험자인 채권자가 입는 손해를 보상하는 보험은 <u>신용보험</u>이다.

29 채무자의 총체적인 지급불능이 없더라도 피보험목적에 해당하는 거래에서의 채무불이행만 있어도 보험사고가 성립이 되는 것은 <u>보증보험</u>이며, <u>보상범위가 신용보험보다 더 넓다</u>.

30 보증보험은 <u>자기를 위한 보험</u>이며, 신용보험은 <u>타인을 위한 보험</u>이다.

오답노트

04 합산비율이 100% 이하이면 언더라이팅의 결과가 만족스럽다는 것을 의미한다.

08 약정한 공동보험 Ⅱ의 부보비율이 낮을수록 보험요율이 높아진다.

12 보험사고 직전의 기동능력을 유지하기 위해 보험에 가입할 경우는 신가보험에 가입해야 한다.

15 선박보험의 경우 선박의 행방불명이 2개월 이상 지속되면 현실전손으로 인정한다.

18 <u>전손, 분손을 구분하지 않고</u> → 전손의 경우 모든 계약은 소멸한다.

21 <u>해지할 수 없다</u>. → 해지할 수 있다. 미경과보험료의 반환청구권이 없어 해지의 실익이 없을 뿐이다.

30 보증보험은 타인을 위한 보험이며, 신용보험은 자기를 위한 보험이다.

출제예상문제

01 다음 중 손해사정업무에 해당하지 않는 것은?

① 사고원인 조사
② 보상책임 유무 판단
③ 보상한도 설정
④ 보험금 산정

해설 | 보험금의 지급이나, 보상한도설정은 손해사정업무사의 업무가 아니다. 보험업법 제188조의 손해사정사의 업무는 다음과 같다.
  1) 손해발생 사실의 확인
  2) 보험약관 및 관계법규 적용의 적정성 판단
  3) 손해액 및 보험금의 산정(→ 보험금의 지급이나 보상한도 설정은 아님)
  4) 1)~3)까지의 업무와 관련한 서류의 작성·제출의 대행
  5) 1)~3)까지의 업무의 수행과 관련한 보험회사에 대한 의견 진술

02 손해사정업무는 통상 검정업무(survey)와 정산업무(adjustment)로 구분된다. 다음 중 검정업무에 해당하지 않는 것은?

① 보험계약사항의 확인
② 현장조사 및 사고사실 확인
③ 대위 및 구상
④ 손해액 산정

해설 | 손해사정사 업무는 보험사고를 조사하여 보험자의 보상책임 여부와 손해액을 결정하는 과정인 검정업무와 보험금 결정과정인 정산업무(제3자에 대한 구상권 행사 포함)가 있다.

검정업무(survey)	정산업무(Adjustment)
• 사고접수 • 보험계약사항의 확인 • 현장조사 및 사고사실 확인 • 손해액 산정 • 구상관계조사	• 보험가액 결정 • 보상한도의 결정(→ 설정과 다름) • 보험금 산출방법의 결정 • 지급보험금 결정과 합의 • 구상권대위

03 다음 중 독립손해사정사에게 금지되는 행위는 무엇인가?

① 손해발생사실의 확인, 보험약관 및 관계 법규 적용의 적정성 판단

② 보험회사에의 손해사정업무수행과 관련된 의견 진술

③ 보험회사와의 보험금에 대한 합의 또는 절충

④ 손해사정업무와 관련된 서류의 작성 · 제출의 대행

해설 | 보험회사와의 보험금에 대한 합의 또는 절충은 금지되는 행위이며, 나머지는 손해사정사의 업무에 해당한다.
보험업감독규정상 독립손해사정사의 부당행위금지의무는 다음과 같다.
- 고의로 진실을 숨기거나 거짓으로 손해사정을 하는 행위
- 업무상 알게 된 보험계약자 등의 개인정보를 누설하는 행위
- 타인으로 하여금 자기 명의로 손해사정업무를 하게 하는 행위
- 정당한 사유 없이 손해사정업무를 지연하거나 또는 충분한 조사없이 손해액 또는 보험금을 산정하는 행위
- 보험사 또는 보험계약자에게 중복되는 서류나, 손해사정과 관련 없는 서류요청으로 손해사정을 지연하는 행위
- 보험금지급을 요건으로 합의서를 작성하거나 합의를 요구하는 행위
- 자기 또는 자기와 이해관계를 가진 자의 보험사고에 대해 손해사정을 하는 행위

PART
01

PART
02

PART
03

PART
04

PART
05

PART
06

PART
07

04 보험사고가 발생한 때에 손해액을 평가하고 지급보험금을 산정하는 손해사정의 일련의 업무단계를
일반적 손해사정 절차에 따라 순서대로 올바르게 열거한 것은?

ⓐ 사고통지의 접수   ⓑ 현장조사
ⓒ 약관의 면부책 내용 등 확인   ⓓ 계약사항의 확인
ⓔ 보험금 산정   ⓕ 대위 및 구상권 행사
ⓖ 손해액 산정   ⓗ 보험금 지급

① ⓐ → ⓑ → ⓓ → ⓒ → ⓖ → ⓔ → ⓗ → ⓕ

② ⓐ → ⓑ → ⓓ → ⓒ → ⓔ → ⓖ → ⓗ → ⓕ

③ ⓐ → ⓓ → ⓒ → ⓑ → ⓖ → ⓔ → ⓗ → ⓕ

④ ⓐ → ⓓ → ⓒ → ⓑ → ⓔ → ⓖ → ⓗ → ⓕ

해설 | 손해사정의 일반적인 절차는 다음과 같다.
사고통지 접수 → 계약사항 확인 → 청약서 확인 → 약관의 면 · 부책 내용 확인 → 사고조사 시기와 사고조사
방법 확정 → 현장조사 → 손해액 산정 → 보험금 산정 → 보험금 지급 → 대위 및 구상권 행사

정답 ▶ 01 ③ 02 ③ 03 ③ 04 ③

05 다음 중 실손보상원칙에 대한 예외를 모두 고른 것은?

> ⓐ 피보험이익의 원칙　　　　　　　ⓑ 대체가격보험
> ⓒ 보험자대위제도　　　　　　　　ⓓ 손해액의 시가주의
> ⓔ 기평가보험　　　　　　　　　　ⓕ 과실상계 및 손익상계

① ⓐ, ⓑ　　　　　　　　　　　② ⓑ, ⓔ
③ ⓒ, ⓓ　　　　　　　　　　　④ ⓓ, ⓕ

해설 | 이득금지의 원칙의 적용 예외인 경우는 다음과 같다. **암기**　신기불

- 신가(新價)보험(재조달가액보험, 대체가격보험 또는 복원보험)
  - 대체가격보험은 손해에 대한 보험금을 결정할 때에 감가상각을 공제하지 않고 대체가격(신가, 재조달가액)을 기초로 하는 것을 말한다(상법 제676조 제1항 단서).
  - 신가보험으로 보상을 하는 경우는 이득금지원칙에 반하므로, 신가(대체가격)로 보상하지 않으면 보험 목적을 가동할 수 없는 물건에 한하여 적용한다.
- 보험금액이 보험가액을 현저하게 초과하지 않는 기평가보험 : 협정보험가액으로 평가하므로 약간의 초과 이익이 발생할 수 있다(→ 이득금지원칙에 반함).
- 보험가액불변경주의 : 협정보험가액으로 미리 보험가액을 정하고 보험기간 동안 변경하지 않는 것을 말하는데, 주로 운송보험, 선박보험, 적하보험 등에서 이용된다. 이 경우 물가 하락으로 보험가액이 협정보험가액보다 하락한다면, 손해액을 초과하는 이득이 발생한다(→ 이득금지원칙에 반함).

06 다음 중 실손보상의 원칙과 가장 거리가 먼 것은?

① 보험자대위　　　　　　　　　② 최대선의의 원칙
③ 피보험이익　　　　　　　　　④ 타보험조항

해설 | 이득금지의 원칙(실손보상의 원칙)이 적용되는 경우는 다음과 같다.
- 초과보험, 중복보험, 수 개의 책임보험의 보험금액 감액
- 사기로 인한 초과보험 및 중복보험
- 중복보험 및 병존보험에서의 통지의무 부여
- 기평가보험이 사고 발생 시 가액을 현저히 초과하는 경우
- 보험자대위
- 피보험이익이 없는 계약의 무효화
- 신구교환공제
- 타보험 조항

07 다음 중 실손보상의 원칙에서 실제가치(actual cash value) 산정에 대한 개념으로 옳은 것은?

① 보험사고 발생 당시 담보된 물건의 수리비용에서 감가상각을 제한 액수

② 보험계약 체결 당시 담보된 물건의 수리비용에서 감가상각을 제한 액수

③ 보험사고 발생 당시 담보된 물건의 대체비용에서 감가상각을 제한 액수

④ 보험계약 체결 당시 담보된 물건의 대체비용에서 감가상각을 제한 액수

해설 | 실제현금가치(시가액)은 '보험사고 발생 시 손해가 발생한 때와 곳의 가액'으로서 '재조달가액(대체가격)−감가상각액'으로 정의된다.

08 다음은 신구교환공제의 적용원칙에 관한 설명이다. 신구교환공제가 적용되는 경우는?

① 해상보험(선박보험)에서, 선박의 내항성 유지를 위해 신재료로 수리한 경우

② 자동차보험에서 자기차량손해담보로 수리한 부품이 자동차 가격에 영향을 주는 부품이 아닌 경우

③ 화재보험에서, 건물의 일부를 신재료로 수리하고, 그 수리로 인하여 건물자체의 가치가 현저히 증가하였다고 인정될 경우

④ 기계보험에서, 보험목적이 분손되어 가동유지가 어려운 경우(단, 동 기계보험에서는 보험기간 중 보험가입금액을 신품대체가격으로 유지해 왔음)

해설 | 화재보험에서, 건물의 일부를 신재료로 수리하고, 그 수리로 인하여 건물자체의 가치가 현저히 증가하였다고 인정될 경우에는 신구교환공제를 적용한다.
① 해상보험에서는 공동해손정산의 경우가 아니면 신구교환 공제를 적용하지 않는다.
② 자동차수리의 경우 엔진, 미션 등 자동차 가격에 영향을 주는 지정된 부품이 아니면 신구교환 공제를 적용하지 않는다.
④ 기계보험은 신구교환 공제를 적용하지 않는다. 단, 보험가액을 신품가격으로 유지해야 한다.

09 다음 중 책임보험의 일반적 성질과 거리가 가장 먼 것은?

① 손해를 보상하는 손해보험의 성질을 가진다.

② 피해자가 보험자에게 손해의 전보를 직접 청구할 수 있다.

③ 피보험자에게 발생하는 적극적 손해를 보상하는 적극보험의 성질을 가진다.

④ 원칙적으로 보험가액이라는 개념이 존재하지 않는다.

해설 | 피보험자가 제3자에게 손해배상책임을 부담함으로써 입게 되는 피보험자의 간접손해를 보상하는 소극보험의 특성이 있다.
① 책임보험은 피보험자가 제3자에게 법률상 손해배상을 함으로써 발생한 손해를 보상하는 손해보험의 성질을 가진다.
② 책임보험은 피해자의 직접청구권 인정으로 피해자를 두텁게 보호하고 있다.
④ 책임보험에서 손해의 크기는 계약시점에는 불확정적이므로 원칙적으로 보험가액 산정이 불가능하다.

정답▶ 05 ② 06 ② 07 ③ 08 ③ 09 ③

10 갑을기업은 A, B, C 3개 보험회사와 아래와 같이 보상한도를 달리하는 배상책임보험계약을 각각 체결하였다. 이후 3건의 보험계약 모두의 보험기간이 중복되는 시점에 보험사고로 1억 2,000만 원의 손해가 발생하였을 때 보험회사별 보상책임액을 올바르게 짝지은 것은? [단, 타보험조항(other insurance clause)에 의한 보상배분은 균등액분담조항(contribution by equal share)방식에 따른다.]

보험사	A	B	C
보상한도액	1억 5,000만원	4,000만원	3,000만원

	A	B	C
①	8,500만원	2,000만원	1,500만원
②	7,000만원	3,000만원	2,000만원
③	6,000만원	3,000만원	3,000만원
④	5,000만원	4,000만원	3,000만원

해설 | 타보험조항의 균등액분담조항은 가장 낮은 책임한도부터 순차적으로 균등하게 분담하는 방식이다.
- C보험사 부담액 : 3,000만원
- B보험사 부담액 : 3,000만원+1,000만원=4,000만원
- A보험사 부담액 : 3,000만원+1,000만원+1,000만원=5,000만원

11 다음 중 타보험조항(other insurance clause)의 형태에 해당하지 않는 것은?

① 비례분할부담(pro rata liability clause)
② 균일부담(contribution by equal share)
③ 초과손실분담(excess of loss share contract)
④ 초과부담(primary and excess insurance)

해설 | 초과손실분담(excess of loss share contract)은 타보험조항의 형태에 해당하지 않는다.

타보험조항의 종류 **암기** 비책균초타

비례책임조항	중복보험의 보험가입금액 안분방식과 동일
책임한도분담조항	중복보험의 독립책임액 안분방식과 동일
균등액분담 타보험조항	가장 낮은 책임한도부터 순차적으로 균등하게 분담
초과액 타보험조항	타보험에서 지급된 후 그 초과분에 한해서 지급
타보험 금지조항	동일 종류의 타보험 가입금지 조항(→ 타보험 가입은 담보위반이 됨)

12 피보험자 갑이 동일한 피보험이익에 대하여 A, B 두 보험회사에 각각 보험금액 200만원, 800만원의 보험계약을 체결하고, 보험기간 중 600만원의 손해가 발생하였다. 다음 중 A보험회사의 보상금액이 가장 낮게 산정되는 타보험조항(other insurance clause)은?

① 책임한도분담조항(contribution by limit of liability clause)

② 균등액분담조항(contribution by equal shares clause)

③ 비례책임조항(pro rata liability clause)

④ 초과분담조항(excess other insurance clause)(단, A보험회사가 1차 보험자)

해설 | • 책임한도분담조항 : 중복보험의 독립책임액 안분방식과 동일 → 각 보험자의 책임한도액(독립책임액)을 구하면 A는 200만원, B는 600만원
   - A 보험사 : 600만원×200/(200+600)=150만원
   - B 보험사 : 600만원×600/(200+600)=450만원
  • 균등액분담조항 : 가장 낮은 책임한도부터 순차적으로 균등하게 분담
   - A 보험사 : 200만원
   - B 보험사 : 200만원+200만원=400만원
  • 비례책임조항 : 중복보험의 보험가입금액 안분방식과 동일
   - A 보험사 : 600만원×200/(200+800)=120만원
   - B 보험사 : 600만원×800/(200+800)=480만원
  • 초과분담조항 : 타보험에서 지급된 후 그 초과분에 한해서 지급
   - A 보험사 : 200만원
   - B 보험사 : 400만원

13 다음 중 보험기간이 보험계약기간보다 더 긴 경우는 어느 것인가?

① 대기기간(waiting period)을 두고 있는 암보험

② 당사자 간의 약정에 의한 소급보험(retroactive insurance)

③ 보험계약 성립 이후의 특정 시점을 책임개시일로 약정한 경우

④ 보험계약 성립 이후 최초보험료를 납입한 경우

해설 | 일반적으로 보험계약기간은 보험기간과 거의 일치하지만, 소급보험은 보험기간이 보험계약기간보다 더 길다.

PART 01
PART 02
PART 03
PART 04
PART 05
PART 06
PART 07

14 피보험자 A는 보험금액이 2,000만원인 보험에 가입 후 보험기간 중 발생한 1건의 보험사고로 300만원에 해당하는 손실을 입었다. 다음과 같은 두 가지 보험공제(deductible) 조건 아래에서 보험자가 보상해야 할 금액은 각각 얼마인가?

> A. 정액공제(straight deductible) : 100만원
> B. 프랜차이즈공제(franchise deductible) : 200만원

	A	B
①	200만원	200만원
②	200만원	300만원
③	100만원	200만원
④	100만원	300만원

해설 | • 정액공제(straight deductible) : 피보험자 100만원, 보험자 200만원
　　 • 프랜차이즈공제(franchise deductible) : 손해액 300만원이 200만 원을 초과하므로 모두 보험자 부담

15 다음은 동일 보험기간 동안에 발생한 3차례의 보험사고 내역이다.

사고 발생	1차	2차	3차
손해액	50만원	200만원	300만원

위의 보험사고에 대해 프랜차이즈공제(franchise deductible) 100만원이 각각 적용되는 경우 피보험자가 받을 보험금의 합계는 얼마인가?

① 300만원　　　　　　　　　　　② 350만원
③ 400만원　　　　　　　　　　　④ 500만원

해설 | • 1차 사고 : 프랜차이즈공제 100만원>손해액 50만원 → 보험금 0원
　　 • 2차 사고 : 프랜차이즈공제 100만원<손해액 200만원 → 보험금 200원
　　 • 3차 사고 : 프랜차이즈공제 100만원<손해액 300만원 → 보험금 300원
　　 • 보험금 합계 : 0원＋200만원＋300원=500만원

16 다음 중 대기기간(waiting period)에 대한 설명으로 올바르지 않은 것은?

① 정보비대칭에 따른 문제 개선이 목적이다.

② 보험금 지급을 제한하는 효과가 있다.

③ 역선택 감소가 목적이다.

④ 피보험자의 위험특성정보 수집이 목적이다.

해설 | 대기기간은 공제의 한 종류이며, 일정 기간이 경과한 후부터 비로소 보험금을 지급하는 방식으로, 정보비대칭에 따른 문제 개선, 보험금 지급을 제한, 역선택 감소 등의 기대효과가 있다.

PART
01

17 다음 중 보험자가 입증책임을 부담하는 것은?

① 고지의무 위반과 사고 사이의 인과관계 부존재

② 위험변경통지의무의 위반요건

③ 열거위험담보계약에서 손해와 열거위험 사이의 인과관계

④ 보험자의 책임제한에 대한 항변사유

해설 | 위험변경통지의무의 위반요건에 대한 주장의 이익이 보험자에게 있으므로 보험자가 입증하여야 한다. 나머지는 주장의 이익이 피보험자에게 있다.

PART
02

PART
03

PART
04

PART
05

PART
06

PART
07

18 다음 중 열거위험담보계약(named-perils policy)과 포괄위험담보계약(all-risks policy)에 대한 설명으로 옳지 않은 것은?

① 열거위험담보계약이 포괄위험담보계약보다 일반적으로 담보범위가 넓다.

② 포괄위험담보계약은 면책위험을 제외한 모든 위험으로 인한 손해를 보상한다.

③ 포괄위험담보계약에서는 다른 보험계약에서 담보된 위험이 중복 가입될 가능성이 있다.

④ 열거위험담보계약은 피보험자가 열거위험으로 인한 손해가 발생하였다는 사실을 입증해야 한다.

해설 | 열거위험담보는 약관에 명시된 담보에 한해서 보상을 하고, 포괄위험담보는 면책담보로 명시된 것을 제외한 모든 위험에 대해서 보상하므로 일반적으로 열거위험담보보다 담보범위가 더 넓다.

정답 14 ② 15 ④ 16 ④ 17 ② 18 ①

19 다음 중 보험기간에 대한 설명으로 적절하지 못한 것은?

① 보험계약기간과 일치한다.

② 보험사고 발생에 대한 시간적 제한을 의미한다.

③ 연월일시 등 일정한 시간으로 정해지지 않는 경우도 있다.

④ 보험자의 책임이 개시되어 종료될 때까지의 기간이다.

해설 | 보험기간은 보험자의 책임이 시작되어 끝날 때까지의 기간(위험부담기간)으로 다른 약정이 없는 한 '최초보험료를 받은 때' 시작한다. 보험계약기간은 보험계약이 성립한 때로부터 종료할 때까지의 기간을 말한다. 보험계약기간은 보험기간과 거의 일치하지만 소급보험은 예외이다.

20 다음 중 보험료불가분의 원칙과 가장 밀접한 관련이 있는 개념은?

① 보험계약기간   ② 보험기간

③ 보험책임기간   ④ 보험료기간

해설 | 보험료불가분의 원칙은 '보험료기간은 최소한의 단위이므로 이 기간의 보험료는 원칙적으로 분할될 수 없다'는 것이다.
   • 보험계약기간 : 보험계약이 성립한 때로부터 종료할 때까지의 기간
   • 보험기간 : 보험자의 책임이 시작되어 끝날 때까지의 기간(위험부담기간)
   • 보험료기간 : 보험자가 보험료를 산출하는 데 기초가 되는 위험의 단위기간(통상 1년)
   • 보상기간 : 보험자의 보상대상이 되는 손해의 지속기간(간접손해에 한함)

21 다음 중 보험자가 보험계약을 해지할 수 있는 사유에 해당하지 않는 것은?

① 위험의 변경 · 증가 통지의무 위반

② 계속보험료의 미지급

③ 사고발생의 통지의무 위반

④ 고지의무 위반

해설 | 사고 발생의 통지의무 위반으로 보험금지급을 못 받는 불이익이 있을 뿐이며 해지의 사유가 되는 것은 아니다.
   보험자에 의한 해지사유는 다음과 같다.
   • 계속보험료 부지급
   • 고지의무 위반
   • 위험의 현저한 변경증가의 통지의무 위반
   • 위험의 현저한 변경증가의 통지이행
   • 위험유지의무 위반

22 다음 중 보험자가 입증하여야 하는 것이 아닌 것은?

① 사기에 의한 보험계약

② 위험증가통지위무 위반

③ 고지의무 위반

④ 열거담보방식에서의 상당인과관계

해설 | 열거위험담보계약에서 손해가 열거위험으로 인해 발생했다는 것을 입증해야 하는 책임자는 보험금을 받기를 원하는 보험자가 아닌 <u>피보험자</u>이다.

23 보험계약의 무효 사유에 해당하지 않는 것은?

① 사기로 인한 초과보험

② 보험계약자의 중대한 과실로 중요한 사항을 고지하지 아니한 경우

③ 심신상실자의 사망을 보험사고로 하는 보험계약

④ 타인의 서면동의 없이 그 타인의 사망을 보험사고로 하는 보험계약

해설 | 보험계약자의 중대한 과실로 중요한 사항을 고지하지 아니한 경우는 고지의무 위반으로 보험자의 계약<u>해지</u> 사유가 된다. 보험계약의 무효사유는 다음과 같다.
  • 보험사고의 객관적 확정의 효과
  • 보험금이 보험계약의 목적의 가액을 현저히 초과한 사기계약
  • 사기로 인한 초과보험, 중복보험
  • 15세 미만, 심신박약자, 심신상실자의 사망을 보험사고로 한 보험계약
  • 타인의 서면동의 없는 타인의 사망보험

24 다음 중 손익상계에 대한 설명으로 옳지 않은 것은?

① 손익상계란 손해배상청구권자가 손해를 발생시킨 동일한 원인에 의하여 이익도 얻은 때에는 손해로부터 그 이익을 공제한 잔액을 배상할 손해로 하는 것을 의미한다.

② 불법행위로 인하여 손해와 더불어 이익이 생겼는데 피해자에게도 과실이 있는 경우 먼저 산정된 손해액에서 손익상계를 한 다음에 과실상계를 하여야 한다는 것이 확립된 판례의 입장이다.

③ 생명보험금이나 상해보험금은 손익상계의 대상이 되지 않는다.

④ 개별 보험약관에서 동일한 보험사고로 타 법령이나 타보험 약관에서 보상받을 수 있는 경우, 이를 보상액에서 제외하거나 비례보상하는 경우도 넓은 의미의 손익상계개념에 포함시킬 수 있는 것으로 본다.

해설 | <u>과실상계 후 손익상계</u>가 대법원 판례의 태도이다. 단, 예외적으로 자동차보험의 경우 상실수익액 계산 시 손익상계를 한 다음에 과실상계를 적용한다.

PART
01

PART
02

PART
03

PART
04

PART
05

PART
06

PART
07

정답 19 ① 20 ④ 21 ③ 22 ④ 23 ② 24 ②

25 과실상계에 대한 설명으로 옳지 않은 것은?

① 과실상계란 손해배상책임을 정함에 있어서 손해발생이나 손해확대에 대한 피해자의 과실을 참작하는 제도를 말한다.

② 고액의 배상액을 공평분담의 견지에서 감액함으로써 위자료와 함께 손해배상액 산정에 있어서 조정 기능을 한다.

③ 과실상계율은 자기과실에 대한 비율로서 손해배상액 산정 시 통상적으로 자기부담 부분을 의미한다.

④ 피해자의 과실은 의무위반에 한정되지 않고 사회통념상 신의성실의 원칙에 따라 요구되는 약한 부주의를 포함한다.

해설 | 과실상계율은 피해자 과실에 대한 비율로서 손해배상액 산정 시 통상적으로 자기부담 부분에서 차감하여 산정한다.

26 다음은 보험자의 보상책임 유무를 결정함에 있어서 손인(peril)과 손해(loss)와의 관계, 즉 인과관계(causation)를 규명하는 원칙들 가운데 하나이다. 이 입장에 해당하는 인과관계에 대한 학설은?

> 일정한 사실이 어떤 결과를 발생하게 한 조건을 구성하는 경우, 실제 발생한 특정한 경우뿐만 아니라 일상 경험에서 판단하여 다른 일반적인 경우에도 동일한 결과를 발생시킬 것으로 인정되는 조건을 적당조건으로 간주하여, 그 적당조건만을 결과의 원인으로 한다는 주장

① 근인설 　　　　　　　　　　② 상당인과관계설
③ 개연설 　　　　　　　　　　④ 최유력조건설

해설 | 상당인과관계설에 대한 설명이며, 우리나라의 보험계약이나 대부분의 법률행위에서는 상당인과관계설이 통설이다. 근인설은 보험의 담보손인이 그 사고의 가장 가까운 원인이 되어야 한다는 학설이며, 최후조건설(시간상 가까운 원인)과 최유력조건설(가장 유력한 원인)이 있다. 영국해상보험은 최유력조건설을 따른다.

27 A와 B의 쌍방과실로 인한 양측의 손해액과 과실비율이 다음과 같을 때 교차책임주의(principle of cross liability) 방식에 의한 각각의 배상책임액으로 옳은 것은?

구분	손해액	과실비율
A	600만원	30%
B	300만원	70%

① A가 B에게 90만원을, B는 A에게 420만원을 배상하여야 한다.

② A가 B에게 420만원을, B는 A에게 90만원을 배상하여야 한다.

③ B가 A에게 600만원을 배상하여야 한다.

④ A가 B에게 300만원을 배상하여야 한다.

해설 | 교차책임주의는 각자가 서로 상대방의 손해액에 자기의 과실비율을 곱하여 산출된 금액을 쌍방이 교차하여 배상책임을 부담하는 방식이다.
- A 부담액＝300×0.3＝90만원
- B 부담액＝600×0.7＝420만원
- B의 순배상책임액＝420−90＝330만원 지급

28 A와 B의 쌍방과실로 인한 양측의 손해액과 과실비율이 다음과 같을 때 단일책임주의(principle of single liability) 방식에 의한 상호 배상책임액 정산으로 옳은 것은?

구분	손해액	과실비율
A	500만원	60%
B	200만원	40%

① A가 B에게 120만원을 배상하여야 한다.

② A가 B에게 140만원을 배상하여야 한다.

③ B가 A에게 80만원을 배상하여야 한다.

④ B가 A에게 200만원을 배상하여야 한다.

해설 | 단일책임주의는 쌍방의 손해액을 합산한 금액에 쌍방의 과실비율을 곱하여 자기분담금을 산출한 후 자기손해액을 공제하고 차액만을 보상하는 방식이다.
- A 부담액＝(500+200)×0.6＝420만원
- B 부담액＝(500+200)×0.4＝280만원
- A의 배상책임액＝420−500＝80만원 수령
- B의 배상책임액＝280−200＝80만원 지급

PART 01
PART 02
PART 03
PART 04
PART 05
PART 06
PART 07

29 다음 중 고의로 인한 보험사고의 면책요건에 해당하지 않는 것은?

① 상당인과관계의 존재   ② 보험계약자의 행위

③ 피보험자의 행위   ④ 피보험자 가족의 행위

해설 ┃ 상법 제659조에서는 보험사고가 <u>보험계약자 또는 피보험자나 보험수익자</u>의 고의 또는 중대한 과실로 인하여 생긴 때에는 보험자는 보험금액을 지급할 책임이 없다. 또한 보험자가 보상책임을 면하려면 미필적 고의와 사고 사이에 <u>상당인과관계</u>가 존재해야 한다.

30 다음은 보험금청구권 상실조항(이하 '실권약관'이라 함)에 대한 설명이다. 옳지 않은 것은?

① 실권약관은 판례상 약관의 설명의무의 대상이 아니다.

② 보험금청구권을 상실한다고 해도 계약이 해지되는 것은 아니다.

③ 기존의 발생해 있는 보험금청구권을 상실한다는 의미에서 처음부터 보험금청구권이 없는 면책과 차이가 있다.

④ 보험목적 중 일부에 대해 허위청구를 하여 실권약관을 적용할 경우, 판례상 청구하지 않는 다른 보험목적의 보험금청구권까지 상실한다고 본다.

해설 ┃ 보험목적 중 일부에 대해 허위청구를 하여 실권약관을 적용할 경우, 판례상 청구하지 않은 다른 보험목적까지 상실시키는 것은 아니다(대법원 판례).

31 다음은 합산비율(Combined Ratio)에 대한 설명이다. 가장 적합한 것은?

① 합산비율이 100%를 초과할 경우 보험자의 입장에서 언더라이팅 결과가 만족스러움을 뜻한다.

② 합산비율은 자산운용수익을 포함하는 모든 보험기업의 경영에 관한 종합성과를 나타내는 지표이다.

③ 합산비율의 구성항목 중 하나인 사업비율은, 보험사 실무방식을 따를 경우 발생경비를 수입보험료로 나눈 것을 말한다.

④ 합산비율의 구성항목 중 하나인 손해율은 발생손해액을 일정기준의 보험료로 나눈 비율을 말하는데, 경과보험료를 분모로 한다면 발생주의 원칙을 따른 것이다.

해설 ┃ 손해율 산정 시 분모가 경과보험료이면 발생주의 원칙을 따른 것이다.
　　　　① 합산비율은 100% 이하이어야 만족스럽다는 것을 의미한다.
　　　　② 합산비율은 자산운용수익을 포함하지 않는다.
　　　　③ 보험사 실무방식에 따른 사업 비율은 <u>경과보험료</u>를 분모로 한다.

32 다음 중 보험자가 피보험자와 공동으로 위험을 인수한다는 의미에서의 공동보험조항(co-insurance clause)에 대한 설명으로 옳지 않은 것은?

① 보험가입금액은 보험계약자가 결정한다.

② 보험금지급액은 보험가입금액을 초과할 수 없다.

③ 공동보험요구비율이 보험가액의 80%인 경우, 손해액의 80% 이상은 보상하지 않는다.

④ 보험가액에 대한 보험가입금액의 비율이 낮을수록 보험가입금액 대비 보험료비율은 높아진다.

해설 | 80% 공동보험조항은 보험가입금액이 보험사고 발생 시점의 보험가액의 80% 이상이면 보험가액만큼 전부보험이 가입된 것처럼 간주하여 실제손해액의 100%를 보상하는 방식이다.

　　　※ 공동보험조항(co-insurance clause)은 보험계약자로 하여금 보험가액의 일정비율을 보험금액으로 가입을 요구하고 사고발생 시 보험금액으로 충족시키지 못하는 경우 보험계약자에게 공동보험자적 입장에서 손해를 일부 부담하도록 하는 약관조항으로 재산보험에서 많이 사용한다.

33 다음 중 공동보험조항(co-insurance clause)에 대한 설명으로 적절하지 않은 것은?

① 손실발생 시 피보험자로 하여금 손실의 일부를 부담하게 하는 조항이다.

② 보험계약자 간 보험요율의 형평성을 유지하는 데 주된 목적이 있다.

③ 소액보상청구를 줄임으로써 손실처리비용을 감소시킬 수 있다.

④ 위험관리를 유도함으로써 손실발생 방지의 효과를 거둘 수 있다.

해설 | 공동보험조항을 두는 목적은 보험료 감소효과, 손해발생 방지효과, 요율의 형평성 유지이고, 소액보상 청구를 줄임으로써 손실처리비용을 감소시키는 것은 소손해면책(deductible)에 대한 설명이다.

　　　※ 공동보험조항(co-insurance clause)은 보험계약자로 하여금 보험가액의 일정비율을 보험금액으로 가입을 요구하고 사고발생 시 보험금액으로 충족시키지 못하는 경우 보험계약자에게 공동보험자적 입장에서 손해를 일부 부담하도록 하는 약관조항으로 재산보험에서 많이 사용한다.

34 다음 중 실손보상의 원칙을 구현하기 위한 손해보험제도로 볼 수 없는 것은?

① 보험자대위제도　　　　　　　　　② 기평가보험계약

③ 신구교환이익공제　　　　　　　　④ 손해액의 시가주의

해설 | 이득금지의 원칙(실손보상의 원칙)의 적용 예외인 경우는 다음과 같다.
- 신가(新價)보험(재조달가액보험, 대체가격보험 또는 복원보험)
- 보험금액이 보험가액을 현저하게 초과하지 않는 기평가보험
- 보험가액불변경주의
- 생명보험 → 사람의 생명, 신체는 보험가액이 없으므로 이득금지의 원칙이 적용될 수 없다.

PART 01

PART 02

PART 03

PART 04

PART 05

PART 06

PART 07

정답 ▶ 29 ④　30 ④　31 ④　32 ③　33 ③　34 ②

35 보험계약자 A가 자신이 소유하는 건물을 대상으로 화재보험에 가입하였는데 보험계약내용 및 발생 손해액은 다음과 같다. 보험자가 피보험자에게 지급하여야 할 보험금은 얼마인가?

> • 보험가입금액 : 6억원
> • 가입 당시 건물의 보험가액 : 8억원
> • 공동보험요구비율 : 80%
> • 정액공제 : 1억원(우선 적용)
> • 발생손해액 : 5억원
> • 사고 당시 건물의 시가 : 10억원

① 2.75억원 ② 3억원

③ 3.75억원 ④ 4억원

해설 | • 지급보험금 = 손해액 × $\dfrac{보험가입금액}{보험가액의\ 80\%\ 해당액}$

　　　※ 단, 보험가액은 사고 당시의 <u>건물의 시가</u>를 기준으로 한다.

　　• 지급보험금 = (5억원 − 1억원) × $\dfrac{6억원}{10억원 × 80\%}$ = <u>3억원</u>

36 다음은 신가보험(대체가격보험)에 대한 설명이다. 옳지 않은 것은?

① 재고자산(교환재)에 적용 가능하다.

② 대체가격보험은 실손보상 원칙의 예외이다.

③ '재조달가액 − 감가공제액'이 아닌 '재조달가액'으로 평가한다.

④ 기계보험과 같이 가동유지를 목적으로 하는 보험에 인정되고 있다.

해설 | 신가보험은 재고자산(교환재)에 적용하지 않으며, 건물, 기계 등의 고정자산에 적용이 가능하다.

37 다음 중 대체비용보험(replacement cost insurance)과 가장 거리가 먼 개념은?

① 신가 ② 재조달가액

③ 실제현금가치 ④ 대체가격

해설 | 시가(실제현금가치 = 재조달가액 − 감가상각액)로 보상하는 경우 <u>사고 직전의 가동능력 유지</u>라는 보험 본래의 기능을 훼손할 수 있으므로, 신가(新價)보험(재조달가액보험, 대체가격보험 또는 복원보험)을 예외적으로 인정하는 것이다.

38 아래의 경우 보험자가 지급해야 할 보험금은 얼마인가?

> 피보험자 A는 B보험회사에 1억원의 건물화재보험을 가입했는데, 보험계약의 내용은 다음과 같다.
> • 건물의 보험가액 : 2억원
> • 공동보험조항(co-insurance clause) 요구부보비율 80% 조항 포함
> • 보험기간 중 1억 2천만원의 화재손해가 발생(건물가액은 불변)

① 1억 2천만원   ② 1억원

③ 8천만원   ④ 7천 5백만원

해설 | • 지급보험금＝손해액×(보험가입금액/부보비율에 해당하는 금액)
       • 1억 2천만원×[1억원/(2억원×0.8)]＝<u>7천 5백만원</u>

39 보험기간 동안 사고발생확률과 예상손해액이 다음과 같은 보험목적물에 대하여 정액공제(straight deductible) 금액이 300만원으로 설정되어 있을 때 순보험료(net premium)는 얼마인가?

손해액	0원	500만원	700만원	900만원
확률	0.6	0.2	0.15	0.05

① 100만원   ② 110만원

③ 130만원   ④ 150만원

해설 | • 각 손해액에서 정액공제를 한 후 기댓값을 구하면 순보험료(보험자의 수입보험료)가 된다.
       • (500-300)×0.2+(700-300)×0.15+(900-300)×0.05＝<u>130만원</u>

40 보험사고 후 보험금액을 복원함(전액주의)에 있어서 보험계약자의 청구에 의한 복원요건을 설명한 것이다. 옳지 않은 것은?

① 보험사고 후 잔여기간이 1년 미만이어야 한다.

② 보험계약자의 청구와 보험자의 승인이 있어야 한다.

③ 보험의 목적인 수리나 복구로 보험가액이 회복되어야 한다.

④ 보험계약자가 복원되는 보험금액에 대해서는 잔존보험기간에 해당하는 보험료를 납부해야 한다.

해설 | 복원주의는 <u>청구복원</u>과 <u>자동복원(전액주의)</u>으로 구분되는데, ②~④가 보험계약자의 청구복원을 위한 <u>3가지 요건</u>이다.

PART 01
PART 02
PART 03
PART 04
PART 05
PART 06
PART 07

정답 ▶ 35 ②   36 ①   37 ③   38 ④   39 ③   40 ①

41 보험사고 후 일부 지급된 보험금을 차감한 잔액이 이후의 보험금액이 되는 경우를 체감주의라고 하는데, 이 방식을 적용하는 보험은 무엇인가?

① 화재보험   ② 해상보험

③ 자동차보험   ④ 항공보험

해설 │ 화재보험은 <u>체감주의</u>를 적용하고, 해상보험, 운송보험, 자동차보험, 항공보험는 <u>복원주의</u>를 적용한다.

42 다음은 위부의 원인에 대한 내용이다. 옳지 않은 것은?

① 선박보험에서 선박이 존부가 2개월간 분명하지 않은 경우

② 선박을 수선하기 위한 비용이 수선하였을 때 가액을 초과하리라고 예상될 경우

③ 선박 또는 적하의 점유를 상실하여 이를 회복할 가능성이 없거나 회복비용이 회복하였을 때의 가액을 초과하리라고 예상될 경우

④ 적하를 수선하기 위한 비용과 그 적하를 목적지까지 운송하기 위한 비용과의 합계액이 도착하는 때의 적하의 가액을 초과하리라고 예상될 경우

해설 │ 선박보험에서 선박이 존부가 2개월간 분명하지 않은 경우 <u>전손으로 추정한다</u>(→ 추정전손과 다르며, 이 경우 곧바로 보험금청구가 가능하므로 현실전손으로 보아야 한다).
    위부의 원인(상법 710조) → '추정전손'이라 함
- 피보험자가 보험사고로 인하여 자기의 선박 또는 적하의 점유를 상실하여 이를 회복할 가능성이 없거나 <u>회복하기 위한 비용이 회복하였을 때의 가액을 초과하리라고 예상될 경우</u>
- 선박이 보험사고로 인하여 심하게 훼손되어 이를 <u>수선하기 위한 비용이 수선하였을 때 가액을 초과하리라고 예상될 경우</u>
- 적하가 보험사고로 인하여 심하게 훼손되어서 이를 <u>수선하기 위한 비용과 그 적하를 목적지까지 운송하기 위한 비용과의 합계액이 도착하는 때의 적하의 가액을 초과하리라고 예상될 경우</u>

43 다음은 전손과 분손, 보험금액의 복원에 대한 설명이다. 가장 적절하지 않은 것은?

① 전부손실이 발생하면 어떠한 경우에도 보험금액의 복원은 불가하다.

② 전액주의하에서는 사고가 여러 번 발생할 경우 보험금액보다 초과보상이 가능하다.

③ 보험목적물의 회복에 드는 비용이 회복한 후의 가액을 초과하는 경우 추정전손이 된다.

④ 보험금 지급 후 보험금액이 자동복원된 후에도 보험계약자의 해지가 가능한 것은 아니다.

해설 │ 사고 발생 후 보험금액이 복원되는 경우에는 보험계약자가 보험계약을 <u>해지할 수 있지만</u>, 미경과보험료가 반환되지 않으므로 해지의 실익이 없다.
    ① 발생하면 보험계약이 <u>무조건 종료</u>되므로 보험금액의 복원은 불가하다.
    ② 사고 후 보험금액이 자동복원되는 것을 전액주의라 하며, 이 경우 보상합계액이 보험금액을 <u>초과</u>할 수 있다.
    ③ 보험목적물의 회복에 드는 비용이 회복한 후의 가액을 초과하는 경우 현실전손이 아니라 <u>추정전손</u>이 된다.

44 추정최대손실(probable maximum loss)에 대한 설명으로 적절하지 못한 것은?

① 보험료 산정 및 재보험 출재 여부의 판단기준이 되기도 한다.

② 추정최대손실은 항상 일정하다.

③ 추정최대손실은 보험계약 체결 시 보험가입금액의 결정에 활용될 수 있다.

④ 추정최대손실은 적극적 위험관리를 유도하는 기능이 있다.

해설 | 보험가액은 물가 변동에 따라 변할 수밖에 없으므로 최대추정손실도 변동한다.

PART
01

PART
02

PART
03

PART
04

PART
05

PART
06

PART
07

45 PML(Probable Maximum Loss)에 대한 설명으로 올바르지 않은 것은?

① 적정한 보험료산출의 기초로 활용된다.

② 보험인수여부 및 조건결정의 판단기준이 된다.

③ 보험자가 보험가액을 결정할 때 사용하는 개념이다.

④ 리스크 관리자의 리스크 회피도가 낮을수록 커진다.

해설 | 리스크 관리자의 리스크 회피도가 높으면 높은 보험금 수령을 위해 PML을 높여 보험료를 부보할 것이다.

46 아래에서 설명하는 내용은 무엇에 관한 것인가?

> 통상적인 조건이 지켜지지 않는 최악의 조건하에서 위험이 목적물에 초래할 것으로 예상되는 이론적인 최대 규모의 손실을 말하며, 그 이상의 손실 발생 가능성은 거의 없다.

① PML(Probable Maximum Loss)

② MPL(Maximum Possible Loss)

③ EML(Estimated Maximum Loss)

④ VAR(Value At Risk)

해설 | MPL(Maximum Possible Loss)에 대한 설명이다. 일부에서는 EML(Estimated Maximum Loss)와 동의어로 사용하기도 한다. 금액으로 표시할 경우는 AS(Amount Subject)로, 백분율로 표시할 경우는 PS(Percentage Subject)로 표시할 수도 있다.

47 아래에서 설명한 심도(severity)의 예측기법에 해당하는 것은?

> 손해방지 경감시설이나 장치 및 기구가 제대로 작동하고 이를 사용하는 요원들이 예정대로 활동한다고 할 경우에 예상되는 한 위험의 발생으로부터 입을 수 있는 최고손실액

① PML(Probable Maximum Loss)

② MPL(Maximum Possible Loss)

③ EML(Estimated Maximum Loss)

④ TSI(Total Sum Insured)

해설 | PML(Probable Maximum Loss)에 대한 설명이다. 반면 MPL(Maximum Possible Loss)은 손해방지 경감시설이나 장치나 기구가 제대로 작동하지 않고 이를 사용하는 요원들이 예정대로 활동하지 못할 경우 일어날 수 있는 최대손실액을 의미한다.

48 다음 중 손실의 발생과 크기가 시간요소(time element)와 관계가 있는 간접손실보험은?

① 기업휴지보험(business interruption insurance)

② 이익보험(profit insurance)

③ 외상매출금보험(accounts receivable insurance)

④ 기후보험(weather insurance)

해설 | 기업휴지보험은 시간이 흐름에 따라 발생하는 영업손실을 보상하므로 손실의 발생과 크기가 시간요소와 밀접한 관련이 있고, 나머지는 시간적 요소와 관련이 없는 간접손실이다.

49 다음 중 간접손해에 대한 설명으로 적절하지 않은 것은?

① 결과적 손해로도 지칭된다.

② 상실수익은 간접손해에 포함되지 않는다.

③ 담보위험의 직접적인 원인에 의하여 발생한 손해로 볼 수 없는 손해이다.

④ 보험의 목적이나 피해물에 발생한 손해의 결과로서 2차적으로 발생한 손해이다.

해설 | 상실수익은 손상된 목적물을 사용 또는 수익하지 못함으로써 발생한 경제적 손실을 말하며, 간접손해에 포함된다.

50 다음 중 보증보험에 대한 설명으로 가장 적절하지 않은 것은?

① 손해보험으로 분류된다.

② 타인을 위한 보험이다.

③ 대수의 법칙 적용을 기본원리로 하지 않는다.

④ 보험계약자의 고의로 인한 손실은 보상하지 않는다.

해설 | 보험계약자의 고의로 인한 손실도 보상한다.

신용보험과 보증보험 비교

구분	신용보험	보증보험
보험계약자	채권자	채무자
피보험자	채권자	채권자
성격	자기를 위한 보험	타인을 위한 보험
보상범위	채무자의 파산, 지급 불능을 담보	개별적인 단순 채무불이행& 횡령 · 배임 · 절취 등 불법행위도 담보

※ 신용생명보험 → 채무자의 사망 시 사망보험금으로 채무를 상환하는 보험

PART
01

PART
02

PART
03

PART
04

PART
05

PART
06

PART
07

MEMO

PART **05**

보험회계 및 자산운용

합격으로 가는 하이패스
토마토패스

보험회계

1. 보험회계의 정의

① 보험회계 정의 : 보험계약의 발행 및 보유 그리고 이와 관련된 거래나 그 밖의 사건을 인식하고 측정하여 보고하는 절차를 말한다.

② 보험회계는 보험계약을 핵심적인 요소로 하고 있다. → 보험계약이란 계약당사자 일방(보험자)이 특정한 미래의 불확실한 사건(보험사건)으로 계약상대방(보험계약자)에게 불리한 영향이 발생한 경우에 보험계약자에게 보상하기로 약정함으로써 보험계약자로부터 유의적 보험위험을 인수하는 계약을 말한다.

2. 보험회계의 범위

① 보험회계는 일반목적회계와 감독목적회계를 포함한다.

일반목적회계	감독목적회계
보고기업의 재무보고에 관하여 특별한 요구를 할 수 없는 위치에 있는 광범위한 정보이용자들을 위한 회계	감독기관에 보고하기 위한 특수목적보고서(감독목적재무제표)의 작성을 목적으로 하는 회계

② 국제회계기준은 원칙 중심의 회계기준으로 일반원칙만을 제시하므로 일반목적회계에서 언급이 없는 부분에 대해서는 감독목적회계기준상의 구체적인 규정을 적용할 수밖에 없다.

3. 보험회계의 특징

감독회계의 중요성	• 감독목적회계의 기본적인 목표는 보험회사의 지급여력 관련 정보의 제공에 있으므로 재무상태에 관한 정보가 매우 중요함 • 보험회사의 지급능력을 충실히 확보한다는 관점에서 자산과 부채를 보수적으로 평가함
보험원가의 사후확정성	수입이 먼저 이루어지고 비용이 사후적으로 발생하므로 보험 회사의 중요한 리스크 발생 요인이 됨(책임준비금 요구)
독특한 수익인식방법	• 일반적인 서비스의 제공과정에서 인식하는 수익인식방법과의 차이임 • 기업회계기준서 제1115호 '고객과의 계약에서 생기는 수익'이 아닌 별도의 보험계약기준서(기업회계기준서 제1115호 '보험계약')를 적용함
계약자배당제도의 존재	유배당 상품을 발행한 보험회사는 유배당 보험의 보험계약자에 계약자배당을 실시해야 함

1. 회계원칙과 회계기준

(1) 회계원칙

① 보고기업이 거래나 그 밖의 사건으로 인한 영향을 인식하고 측정하여 재무제표에 보고, 표시하는 방법론을 말한다.

② 다수 전문가의 권위있는 지지를 얻을 경우 <u>일반적으로 인정된 회계원칙(GAAP)</u>이 되고, 회계원칙이 법적, 제도적 공신력을 부여받게 되는 경우 <u>회계기준</u>이 된다.

(2) 우리나라의 회계기준

한국채택국제회계기준	주권상장법인(코넥스상장 제외), 은행, 보험회사 등 금융기관, 자발적으로 선택한 모든 기업
일반기업회계기준	한국채택국제회계기준에 적용되지 않는 외감법상 의무적용대상 기업
중소기업회계기준	상법 시행령에 따라 회사의 종류 및 규모를 고려한 작은 주식회사

(3) 재무보고의 목적(보험회사의 회계원칙)

① 일반목적회계 : <u>불특정다수 정보이용자</u>들의 경제적 의사결정에 유용한 정보의 제공

② 감독목적회계 : 금융감독당국이 보험회사에 대한 <u>감독 및 이에 따른 조치</u>를 할 때 필요한 정보의 제공

2. 한국채택국제회계기준 및 감독목적회계기준

① 한국채택국제회계기준에 보험회사의 모든 거래의 인식, 측정, 보고방법을 구체적으로 기술할 수 없고 또한 구체적인 모든 사항을 담는다는 것 자체가 원칙만을 제시한다는 국제회계기준의 취지에 반한다.

② 우리나라 감독목적회계기준이 한국채택국제회계기준의 테두리 안에서 두 기준 사이의 조화를 추구한다는 관점에서 '일원화'라는 용어를 사용, 즉 우리나라 보험회계는 <u>일반목적회계기준과 감독목적회계기준이 일원화</u>되어 있다.

PART 01
PART 02
PART 03
PART 04
PART 05
PART 06
PART 07

보험회사의 재무제표

TOPIC 01 재무제표의 의의

① 재무제표의 목적 : 보고기업에 유입될 <u>미래순현금흐름에 대한 전망</u>과 <u>보고기업의 경제적 자원</u>에 대한 경영진의 수탁책임을 평가하는 데 유용한 보고기업의 <u>자산, 부채, 자본, 수익과 비용</u>에 대한 재무정보를 재무제표 이용자들에게 제공한다.

② 재무제표의 기본가정 : <u>계속기업의 가정</u>

③ 보험회사의 재무제표

구분	작성기준
재무상태표	• 기업회계기준서 제1001호 '재무제표 표시'
포괄손익계산서	• <u>보험감독법규</u>
자본변동표	기업회계기준서 제1001호 '재무제표 표시'
현금흐름표	기업회계기준서 제1007호 '현금흐름표'
주석	기업회계기준서 제1001호 '재무제표 표시'

> **참고** 연결재무제표 등
>
> • 보고기업이 지배기업과 종속기업으로 구성 → '연결재무제표'
> • 보고기업이 지배기업 단독인 경우 → '비연결재무제표'
> • 보고기업이 지배 – 종속관계로 연결되지 않은 두 개 이상의 실체로 구성 → '결합재무제표'

TOPIC 02 재무상태표

① 재무상태표의 정의 : 보고기간 말 현재 기업의 경제적 자원(자산)과 기업에 대한 채권자의 청구권(부채)과 소유주의 청구권(자본)을 나타내는 정태적 재무제표

② 자산의 정의 : <u>과거사건의 결과로 기업이 통제하는 현재의 경제적 자원</u>을 말하는데, 경제적 자원은 경제적 효익을 창출할 잠재력을 지닌 <u>권리</u>를 의미

③ 부채의 정의 : <u>과거사건의 결과로 기업이 경제적 자원을 이전해야 하는 현재 의무</u>

④ 자본의 정의 : 기업의 자산에서 모든 부채를 차감한 후의 잔여지분(순자산, 자기자본, 주주지분, 소유주지분)

⑤ 보험회사의 감독목적상 재무상태표

자산	부채 및 자본

[자산]
Ⅰ. 운용자산
  1. 현금 및 예치금
  2. 유가증권
  3. 대출채권
  4. 부동산
Ⅱ. 비운용자산
  1. 보험계약자산
  2. 재보험계약자산
  3. 미수금
  4. 보증금
  5. 미수수익
  6. 선급비용
Ⅲ. 특별계정자산
  1. 퇴직연금(실적배당형)
  2. 변액보험
	[부채]
	Ⅰ. 책임준비금
	  1. 보험계약부채
	  2. 재보험계약부채
	  3. 투자계약부채
	Ⅱ. 기타부채
	  1. 미지급금
	  2. 미지급비용
	Ⅲ. 특별계정부채
	
	[자본]
	Ⅰ. 자본금
	Ⅱ. 자본잉여금
	Ⅲ. 자본조정
	Ⅳ. 신종자본증권
	Ⅴ. 계약자지분조정
	Ⅵ. 기타포괄손익누계액
	Ⅶ. 이익잉여금

TOPIC 03   포괄손익계산서

1. 포괄손익계산서의 정의

① 일정 기간 동안의 지분참여자에 의한 출자 및 분배에 관련된 것을 제외한 순자산의 증감에 의하여 발생하는 재무성과 정보를 제공하는 재무제표를 말한다.
② 해당 기간에 인식한 모든 수익과 비용은 단일의 보고서 또는 두 개의 보고서로 표시한다.

2. 보험회사의 감독목적상 포괄손익계산서

구분		금액
Ⅰ. 보험손익		×××
1. 보험수익		×××
2. 보험서비스비용		×××
3. 재보험수익		×××
4. 재보험서비스비용		×××
5. 기타사업비용		×××
Ⅱ. 투자손익		×××
1. 투자수익		×××
→ 보험금융수익, 이자수익 등	×××	
2. 투자비용		×××
→ 보험금융비용, 이자비용 등	×××	

PART 01

PART 02

PART 03

PART 04

PART 05

PART 06

PART 07

구분	금액
Ⅲ. 영업이익	×××
Ⅳ. 영업외손익	×××
1. 영업외수익	×××
2. 영업외비용	×××
Ⅴ. 법인세차감전순이익	×××
1. 법인세비용	×××
Ⅵ. 당기순이익(손실)	×××
Ⅶ. 기타포괄손익	×××
1. 기타포괄이익	×××
2. 기타포괄손실	×××
Ⅷ. 총포괄이익(손실)	×××

TOPIC 04 　 현금흐름표

1. 현금흐름표의 활동

영업활동	기업의 주요한 수익창출활동으로서 투자와 재무활동으로 분류되지 않는 활동
투자활동	비영업자산(유형자산 등)의 취득, 보유, 처분과 관련된 활동
재무활동	자금의 조달 및 상환과 관련된 활동

2. 이자와 배당금 등의 활동구분

구분	활동구분방법
이자수취	영업활동 또는 투자활동
이자지급	영업활동 또는 재무활동
배당금수취	영업활동 또는 투자활동
배당금지급	재무활동 또는 영업활동
법인세납부	영업활동(투자 및 재무활동과 명백히 관련되지 않을 경우)

3. 현금흐름표 공시양식

구분	금액
Ⅰ. 영업활동 현금흐름	×××
1. 영업에서 창출된 현금	×××
2. 특수항목(별도표시) 현금흐름	×××
Ⅱ. 투자활동 현금흐름	×××
Ⅲ. 재무활동 현금흐름	×××
Ⅳ. 현금 및 현금성 자산의 환율변동효과	×××

구분	금액
Ⅴ. 현금 및 현금성 자산의 증가	×××
Ⅵ. 기초의 현금 및 현금성 자산	×××
Ⅶ. 기말의 현금 및 현금성 자산	×××

PART
01

PART
02

PART
03

PART
04

PART
05

PART
06

PART
07

TOPIC 05 | 자본변동표

1. 자본변동표의 정의

기업의 자본분류별 변동내역을 포괄적으로 보고하는 재무제표이다.

2. 자본변동표 공시양식

구분	자본금	자잉금	신종자본증권	계약자지분조정	자본조정	기타포괄손익누계	이잉금	총계
20×1.1.1	×××	××××	×××	×××	×××	×××	×××	×××
Ⅰ. 당기총포괄손익								×××
1. 당기순이익							×××	×××
2. 보험계약자산 순금융이익						×××		×××
3. 재평가잉여금 변동						×××		×××
Ⅱ. 자본거래								×××
1. 연차배당							(×××)	×××
2. 자기주식취득					(×××)			×××
20×1.12.31	×××	×××	×××	×××	×××	×××	×××	×××

1. 주석의 정의

재무상태표, 포괄 손익계산서, 현금흐름표, 자본변동표에 표시되는 정보에 추가하여 제공되는 정보이다(→ 주석도 재무제표에 포함됨).

2. 주석의 내용

① 재무제표 작성근거와 회계정책에 대한 정보
② 한국채택국제회계기준에서 요구하지만 재무제표에 표시되지 않은 정보
③ 재무제표 어디에도 표시되지 않지만 재무제표를 이해하는 데 목적적합한 정보

ㅣ 보험회사의 재무제표

01 보고기업의 재무보고에 관하여 특별한 요구를 할 수 없는 위치에 있는 광범위한 정보이용자를 위한 회계를 <u>일반목적회계</u>라고 한다.

02 감독목적회계의 기본적인 목표는 지급여력과 관련한 정보제공에 있으므로, 감독목적회계에서는 재무 상태표보다 <u>손익계산서가 더 중요시된다.</u>

03 우리나라 감독목적회계기준이 한국채택국제회계기준의 테두리 안에서 두 기준 사이의 조화를 추구한 다는 관점에서 <u>일원화</u>라는 용어를 사용한다.

04 보험회계는 보험료수입이 먼저 발생하고 보험금지급이 나중에 발생하는 특징이 있다. 이를 원가의 <u>사 후확정성</u>이라 한다.

05 일반기업은 배당의 대상이 주주로 한정되지만, 보험회사의 경우 배당의 대상은 <u>주주</u>와 <u>보험계약자</u>이다.

06 감독목적회계에서는 재무제표 중 <u>현금흐름표와 자본변동표</u>에 대해 작성방법을 별도로 두고 있지 않다.

07 다수 전문가의 권위있는 지지를 얻을 경우 <u>일반적으로 인정된 회계원칙(GAAP)</u>이 되고, 회계원칙이 법적, 제도적 공신력을 부여받게 되는 경우 <u>회계기준</u>이 된다.

08 재무상태표, 포괄손익계산서, 현금흐름표, 자본변동표에 표시되는 정보에 추가하여 제공되는 정보를 <u>주석</u>이라 한다.

09 재무제표의 작성과 표시를 위한 기본가정은 <u>계속기업의 가정</u>을 적용한다.

10 보고기업이 지배기업과 종속기업으로 구성되어 있는 재무제표를 '<u>연결재무제표</u>'라고 한다.

11 재무상태표, 포괄손익계산서, 이익잉여금처분계산서, 주석 중에서 재무제표에 속하지 않는 것은 <u>이익 잉여금처분계산서</u>이다.

12 <u>자산</u>이란 <u>과거사건의 결과</u>로 <u>기업이 통제하는 현재</u>의 <u>경제적 자원</u>을 말하는데, 경제적 자원은 경제적 효익을 창출할 잠재력을 지닌 <u>권리</u>를 의미한다.

13 부채란 <u>과거사건의 결과</u>로 <u>기업이 경제적 자원을 이전해야 하는 현재의무</u>를 말한다.

14 비운용자산, 계약자지분조정, 보험손익, 미지급금 중에서 보험회사 재무상태표에서 확인할 수 없는 것은 <u>미지급금</u>이다.

15 '<u>기타포괄손익누계액</u>'은 재무상태표의 계정이고, '<u>기타포괄손익</u>'은 포괄손익계산서의 계정이다.

16 현금흐름표상에 이자수취는 <u>영업활동</u> 또는 <u>투자활동</u>으로 분류한다.

17 현금흐름표상에 배당금 지급은 <u>재무활동</u> 또는 <u>영업활동</u>으로 분류한다.

오답노트

02 감독목적회계의 기본적인 목표는 지급여력과 관련한 정보제공에 있으므로, 감독목적회계에서는 손익계산서 보다 재무상태표가 더 중요시된다.

14 비운용자산, 계약자지분조정, 보험손익, 미지급금 중에서 보험회사 재무상태표에서 확인할 수 없는 것은 보험 손익이다.

CHAPTER 03 금융상품회계

TOPIC 01 금융상품총론

1. 금융상품(financial instrument)의 정의

거래당사자 일방에게 금융자산을 발생시키고 동시에 다른 거래상대방에게 <u>금융부채나 지분상품</u>을 발생시키는 <u>모든 계약</u>을 말한다.

2. 금융자산의 정의

(1) 현금
(2) 다른 기업의 지분상품
(3) 계약상의 권리
    ① 거래상대방에게서 현금 등 금융자산을 수취할 계약상의 <u>권리</u>
    ② 잠재적으로 <u>유리한</u> 조건으로 거래상대방과 금융자산이나 금융부채를 교환하기로 한 계약상의 <u>권리</u>
(4) 자기지분상품으로 결제하거나 결제할 수 있는 다음 중 하나의 계약
    ① 수취할 자기지분상품의 수량이 변동 가능한 비파생상품
    ② 확정수량의 자기지분상품을 확정금액의 현금 등 금융자산과 교환하여 결제하는 <u>방법 외의</u> 방법으로 결제하거나 결제할 수 있는 파생상품

3. 금융부채의 정의

(1) 계약상의 의무
    ① 거래상대방에게 현금 등 금융자산을 인도할 계약상의 <u>의무</u>
    ② 잠재적으로 <u>불리한</u> 조건으로 거래상대방과 금융자산이나 금융부채를 교환하기로 한 계약상의 <u>의무</u>
(2) 자기지분상품으로 결제하거나 결제할 수 있는 다음 중 하나의 계약
    ① 인도할 자기지분상품의 수량이 변동 가능한 비파생상품
    ② 확정수량의 자기지분상품을 확정금액의 현금 등 금융자산과 교환하여 결제하는 <u>방법 외의</u> 방법으로 결제하거나 결제할 수 있는 파생상품 → 지급할 <u>주식 수가 확정</u>되었고 동시에 지급금액이 <u>확정 가능한 경우에만</u> 자본으로 분류

4. 지분상품의 정의

거래상대방에 대한 현금 등 금융자산의 지급의무가 없거나 회피 가능한 금융상품을 의미한다(→ 또는 자산에서 모든 부채를 차감한 후의 잔여지분을 나타내는 모든 계약).

PART
01

PART
02

PART
03

PART
04

PART
05

PART
06

PART
07

TOPIC 02 금융자산의 분류

1. 금융자산의 분류기준

① 금융자산은 당해 금융자산의 <u>계약상 현금흐름 특성</u>과 금융자산의 관리를 위한 사업모형을 기준으로 다음의 <u>3가지 범주</u>로 분류한다.
  ㉠ 상각후원가 측정 금융자산(AC, Amortized Cost)
  ㉡ 당기손익–공정가치 측정 금융자산(FVPL, Fair Value through Profit or Loss)
  ㉢ 기타포괄손익–공정가치 측정 금융자산(FVOCI, Fair Value through Other Comprehensive Income)
② 금융자산의 분류원칙

구분		사업모형		
		원리금 수취	원리금 수취 및 매도	기타의 사업모형
계약상 현금흐름 특성	있음	상각후원가 측정 금융자산	기타포괄손익–공정가치 측정 금융자산	당기손익–공정가치 측정 금융자산
	없음	당기손익–공정가치 측정 금융자산		

TOPIC 03 금융자산의 측정

계약상 현금흐름 (원리금 지급)	사업모형	금융자산분류	후속측정	공정가치변동	기타포괄손익의 재분류
충족 (채무상품)	현금흐름수취	AC	상각후원가	n/a	n/a
	현금흐름수취&매도	FVOCI	공정가치	기타포괄손익	재분류 ○
	기타의 사업모형	FVPL		당기손익	n/a
미충족 (지분상품)	n/a	FVPL			
		FVOCI(선택)		기타포괄손익	재분류 ×

1. 금융자산의 재분류

구분	재분류 시 측정	손익인식
AC → FVPL	공정가치	평가손익을 당기손익으로 인식
AC → FVOCI		평가손익을 기타포괄손익으로 인식
FVPL → AC		재평가일에 취득한 것으로 인식(→ 재분류일에 유효이자율 결정)
FVPL → FVOCI		재평가일에 취득한 것으로 인식(→ 재분류일에 유효이자율 결정)
FVOCI → AC		기타포괄손익누계액을 금융자산과 상계제거, 최초부터 상각후원가로 측정한 것으로 인식
FVOCI → FVPL		기타포괄손익을 당기손익으로 인식
지분상품, 파생상품		재분류 금지

2. 금융자산의 손상

구분		손상차손
채무상품	AC	당기손익으로 인식 → 손실충당금 설정하여 차감하는 형식으로 기재
	FVPL	인식 ×
	FVOCI	당기손익으로 인식 → 기타포괄손익에서 조정하므로 금융자산 장부금액불변
지분상품	FVPL, FVOCI(선택)	인식 ×

3. 금융자산의 기대신용손실

(1) 손상기준의 변화

K-IFRS 제1039호 (발생손실모형)	K-IFRS 제1109호 (기대신용손실모형)
손실발생의 객관적 증거가 있는 경우에만 인식 → 한꺼번에 대손을 인식	향후 발생할 것으로 예상되는 신용손실을 인식 → 점차적으로 손상을 인식

※ 예를 들면, 채권에서 연체는 아직 발생하지 않았으나 신용등급이 투자부적격으로 하락한 경우, 구기준에서는 손상차손을 인식하지 않지만 신기준에서는 손상차손을 인식

(2) 기대신용손실의 측정(3단계 구분원칙)

신용위험의 수준	기대신용손실
1단계 : 최초인식 후 신용위험이 유의적으로 증가하지 않음	12개월 기대신용손실(보고기간 말 이후 12개월 내에 발생 가능한 금융상품의 채무불이행 사건으로 인한 기대신용손실)
2단계 : 최초인식 후 신용위험이 유의적으로 증가함	전체 기간 기대신용손실(신용이 손상된 경우 채무불이행 사건으로 인한 기대신용손실)
3단계 : 신용이 손상됨	

기대신용손실의 측정 예외

- 항상 12개월 기대신용손실로 측정하는 경우 : 신용위험수준이 낮은 경우
- 항상 전체 기간 기대신용손실로 측정하는 경우
  - 취득 시 신용이 손상되어 있는 금융자산인 경우
  - 매출채권, 계약자산, 리스채권에 대해 간편법이 적용되는 경우

TOPIC 05 금융부채의 분류와 측정

구분	최초인식		후속측정	
	최초측정	거래비용	평가방법	관련손익
당기손익-공정가치 측정 금융부채	공정가치	발생 시 비용	공정가치	당기손익인식
상각후원가측정 금융부채	공정가치	금융부채에 차감	상각후원가	유효이자율법에 의한 이자비용인식

당기손익-공정가치 측정항목으로 지정할 수 있는 경우

- 회계불일치를 제거하거나 유의적으로 줄인 경우
- 위험관리전략이나 투자전략에 따라 금융상품집합을 공정가치 기준으로 관리, 성과평가하고 주요경영진에 보고하는 경우
- 내재파생상품을 포함하고 있는 복합계약 전체

PART 01
PART 02
PART 03
PART 04
PART 05
PART 06
PART 07

CHAPTER 04

보험회사의 자산

TOPIC 01 운용자산

1. 현금 및 예치금

① 현금과 예금

㉠ 현금은 통화(지폐와 동전) 및 통화대용증권을 포함(유동성이 가장 높은 계정) → 현금대용증권
: 타인발행당좌수표, 자기앞수표, 송금수표, 우편환증서 등

㉡ 예금 : 당좌예금, 보통예금, 정기예금, 해외제예금, 기타예금(CD, CMA, MMDA, 장기저축성
보험료 등)

② 금전신탁, 선물거래예치금, 기타예치금

2. 유가증권

지분증권과 채무증권 등이 있다.

당기손익-공정가치 측정 유가증권	• 주식, 출자금 등은 지분상품
기타포괄손익-공정가치 측정 유가증권	• 국공채, 특수채, 금융채, 회사채 등은 채무상품 • 수익증권, 외화표시증권은 별도로 구분표시
상각후원가 측정 유가증권	국공채, 특수채, 금융채, 회사채, 수익증권, 외화표시증권으로 구분표시
관계 · 종속기업 투자주식	• 관계기업에 투자한 주식투자자가 유의적인 영향력 행사 • 종속기업에 투자한 주식투자자가 지배력 행사

3. 대출채권

이자수취 등을 위해 원리금반환을 약정하고 자금을 대여하는 경우의 계정으로 콜론, 보험약관대출금,
유가증권담보대출금, 신용대출금, 어음할인대출금, 지급 보증대출금, 기타대출금을 구분 표시한다.

4. 부동산

운용자산으로 표시되는 부동산은 보험회사가 장기간에 걸쳐 사업목적에 사용하기 위하여 보유하는
부동산으로서 토지, 건물, 구축물, 해외부동산, 건설 중인 자산, 기타 부동산을 구분 표시한다.

1. 보험계약자산

보험자가 보험계약자로부터 유의적 보험위험을 인수하는 계약으로 인해 가지게 되는 순계약상 권리를 말하며, 잔여보장요소, 발생사고요소, 사전인식 보험취득현금으로 구분하여 표시한다.

2. 재보험계약자산

보유하는 재보험계약으로 인해 재보험계약자가 가지게 되는 순계약상의 권리를 말하며 잔여보장요소와 발생사고요소로 구분하여 표시한다.

3. 유형자산

① 물리적 형체가 있고, 1년을 초과하여 사용할 것이 예상되는 자산을 말한다.
② 토지, 건물, 기계장치, 구축물, 건설 중인 자산, 차량운반구, 비품, 점포임차시설물, 기타를 구분하여 표시한다.

4. 무형자산

① 물리적 실체는 없지만 미래경제적 효익이 있고 식별 가능하며 통제가 가능한 자산을 말한다.
② 외부에서 유상으로 취득(개발비 예외)해야 하며 다음과 같다.
　　㉠ 영업권 : 합병, 영업양수, 계약이전 등의 경우에 유상으로 취득한 권리
　　㉡ 개발비 : 요건을 충족할 경우에만 무형자산으로 인식, 연구비는 비용
　　㉢ 소프트웨어 : 외부로부터 소프트웨어를 구입하여 지출한 비용
　　㉣ 기타의 무형자산 : 독점적 · 배타적으로 이용할 수 있는 권리 등을 표시하는 계정

5. 비운용자산의 기타항목

① 미수금 : 보험영업 이외의 거래에서 발생한 미수채권
② 보증금 : 건물 등의 임대차를 위해 수수한 보증금 또는 전세금을 처리하는 계정(→ 임차보증금은 자산이며, 임대보증금은 부채임)
③ 가지급보험금 : 보험금이 미확정된 상태에서 선지급하는 일시적인 보험금
④ 선급비용 : 지급이 완료되었으나 기간손익계산상 차기 이후에 비용화될 금액
⑤ 선급법인세 : 기중 원천징수된 법인세나 중간 예납한 법인세
⑥ 선급부가세 : 환급받아야 할 매입세액
⑦ 선급금 : 물품대금 등의 일부를 지급한 금액
⑧ 본지점계정차, 이연법인세차자산, 파생상품자산, 어음 등
⑨ 순확정급여 자산 : 사외적립자산의 공정가치가 확정급여채무의 현재가치를 초과하는 금액

PART 01
PART 02
PART 03
PART 04
PART 05
PART 06
PART 07

01 금융상품이란 일방에게 금융자산을 발생시키고 다른 일방에게는 금융부채나 지분상품을 발생시키는 모든 계약을 말한다.

02 잠재적으로 유리한 조건으로 거래상대방과 금융자산이나 금융부채를 교환하기로 한 계약상의 권리는 금융자산에 해당한다.

03 금융자산은 당해 금융자산의 계약상 현금흐름특성과 금융자산의 관리를 위한 사업모형을 기준으로 다음의 3가지 범주인 ① 상각후원가 측정 금융자산(AC), ② 당기손익–공정가치 측정 금융자산(FVPL), ③ 기타포괄손익–공정가치 측정 금융자산(FVOCI)로 분류한다.

04 채무증권으로서 주로 확정적인 이자수익을 목적으로 만기까지 보유하는 금융자산을 상각후원가 측정 금융자산(AC)이라 한다.

05 AC를 FVPL로 재분류 시 평가손익을 당기손익으로 인식하고, AC를 FVOCI로 재분류 시 평가손익을 기타포괄손익으로 인식한다.

06 지분상품, 파생상품은 재분류하지도 않고 손상차손을 인식하지도 않는다.

07 기대신용손실모형은 점차적으로 손상을 인식하게 되어 발생손실모형에 비해 충격을 완화하는 의미가 있다.

08 최초인식 후 신용위험이 유의적으로 증가하지 않은 경우는 전체 기간 기대신용손실로 신용손실을 구한다.

09 취득 시 신용이 손상되어 있는 금융자산인 경우 또는 매출채권, 계약자산, 리스채권에 대해 간편법이 적용되는 경우는 항상 전체 기간 기대신용손실로 측정한다.

10 상각후원가 측정 금융부채는 최초 측정은 공정가치로 평가하고 거래 비용은 금융부채에서 차감하며, 후속측정은 상각후원가로 평가한다.

11 현금은 통화(지폐와 동전) 및 통화대용증권을 포함하는데, 현금대용증권은 타인발행당좌수표, 자기앞수표, 송금수표, 우편환증서 등을 말한다.

12 보험회사의 운용자산은 현금 및 예치금, 유가증권, 대출채권, 부동산으로 구분표시된다.

13 보험회사의 비운용자산은 보험계약자산, 재보험계약자산, 유형자산, 무형자산으로 구분표시된다.

14 건물 등의 임대차를 위해 수수한 보증금 또는 전세금을 처리하는 계정으로, 임차보증금은 부채이며, 임대보증금은 자산이다.

15 차입금, 은행 예수금, 사채, 이연법인세차 중에서 금융부채에 속하지 않는 것은 이연법인세차이다.

오답노트

08 최초인식 후 신용위험이 유의적으로 증가하지 않은 경우는 12개월 기대신용손실로 신용손실을 구한다.

14 건물 등의 임대차를 위해 수수한 보증금 또는 전세금을 처리하는 계정으로, 임차보증금은 자산이며, 임대보증금은 부채이다.

보험계약회계

PART
01

PART
02

PART
03

PART
04

PART
05

PART
06

PART
07

▶ **TOPIC 01** 보험계약회계의 의의

1. 보험계약의 정의

(1) 정의

계약당사자 일방(계약발행자)이 특정한 미래 불확실한 사건(보험사건)으로 계약상대방(보험계약자)에게 불리한 영향이 발생한 경우에 보험계약자에게 보상하기로 약정함으로써 보험계약자로부터 유의적인 보험위험을 인수하는 계약이다.

(2) 핵심적 요소

① 미래 불확실한 사건 : 보험계약의 개시시점에 보험사건의 발생 가능성, 시기, 지급할 금액 중 하나이상은 불확실해야 한다.

② 보험위험 : 계약보유자로부터 계약발행자에게 '이전되는 위험'으로 금융위험 이외의 위험이다.

③ 보험위험의 유의성 : 어떠한 시나리오에서라도 보험사건으로 인해 계약발행자가 유의적인 추가금액을 지급해야 한다.

2. 보험계약회계의 회계단위

① 개별보험계약 : 인식과 제거를 위한 최소회계단위이다. 계약세트(set)나 일련의 계약을 단일의 개별보험계약으로 처리 가능하다.

② 보험계약포트폴리오 : 유사한 위험에 노출되어 있고 함께 관리되는 계약을 하나의 포트폴리오로 인식하도록 규정한다.

③ 보험계약의 집합 : 계약의 개시시점에 발행한 계약을 통합한 단위로서 인식항목의 평가, 상각 및 상계 등을 포함한 특정의 최소단위이다.

④ 발행한 보험계약의 포트폴리오는 최소한 다음과 같은 세 가지의 집합으로 구분된다.

　㉠ 최초 인식시점에 손실을 부담하는 계약집합

　㉡ 최초 인식시점에 후속적으로 손실을 부담하게 될 유의적인 가능성이 없는 계약집합

　㉢ 포트폴리오에 남아있는 계약집합

3. 보험계약회계의 회계모형 → 일반모형, 보험료배분접근법, 변동수수료접근법

(1) 회계모형의 적용

관계구분	판단기준	판단결과	측정모형 적용
1단계	보험료배분접근법의 적용요건을 충족하는가?	충족	2단계 판단
		미충족	3단계 판단
2단계	보험료배분접근법을 선택할 것인가?	선택	보험료배분접근법 적용
		미선택	3단계 판단
3단계	변동수수료접근법의 적용요건을 충족하는가?	충족	변동수수료접근법 적용
		미충족	일반모형 적용

(2) 보험료배분접근법의 적용요건 → 보험계약집합에 대한 측정을 간소화하기 위해 선택

① 타 접근법으로 측정한 것과 중요한 차이가 없이 잔여보장부채를 측정할 것으로 기대
② 집합 내 계약의 보장기간이 1년 이하

(3) 변동수수료접근법의 적용요건

① 계약에 보험계약자가 기초항목집단의 일정 몫에 참여한다는 것을 명기
② 보험계약자에게 기초항목에서 발생하는 공정가치 이익 중 상당한 몫에 해당하는 금액을 지급할 것으로 예상
③ 보험계약자에게 지급될 변동분 중 상당비율이 기초항목의 공정가치변동에 따라 변동될 것으로 예상

4. 보험계약집합의 인식

(1) 보험계약집합의 인식시기

기업은 다음 중 가장 이른 시점에 발행한 보험계약집합을 인식한다.
① 계약집합의 보장기간이 시작될 때
② 집합 내의 보험계약자가 첫 번째 보험료를 지급해야 할 때
③ 손실부담계약집합의 경우, 집합이 손실부담계약집합이 되는 때

(2) 보험취득현금흐름

① 정의 : 보험계약포트폴리오에 직접 귀속되는 보험계약집합의 판매, 인수심사 및 개시관련원가에서 생기는 현금흐름을 말한다.
② 발생 시 자산이나 부채로 인식된 보험취득현금흐름은 최초 인식되는 보험계약마진의 크기에 영향을 주거나 보험계약집합의 인식 시 당기손익에 반영된다.

1. 최초인식시점의 측정

(1) 최초인식시점의 부채의 장부금액 측정

부채의 장부금액의 구성			내용
이행현금흐름	최선추정부채(BEL, Best Estimate Liability)	미래현금흐름 추정치	현금흐름(보험금, 사업비 등)-현금유입(보험료)
		할인효과	화폐의 시간가치 및 금융위험을 반영한 조정액
	비금융위험에 대한 위험조정(RA)		미래현금흐름에 대한 비금융위험을 반영한 조정액
보험계약마진(CSM)			보험계약에서 미래 인식할 이익의 현재가치

PART
01

PART
02

PART
03

PART
04

PART
05

PART
06

PART
07

(2) 미래현금흐름 추정치(→ 추정의 원칙)

① 계약의 경계 고려

  ㉠ 계약의 경계란 보험계약자에게 보험료를 납부할 수 있도록 강제할 수 있는 권리가 있거나 보험계약자에게 서비스를 제공해야 할 실질적인 의무가 존재하는 시점으로 미래현금흐름 범위를 정하는 기준임(예 갱신형 보험의 문제)

  ㉡ 의무의 종료시점(다음 어느 하나의 경우에 종료)

  • 기업에게 <u>특정보험계약자의 위험을 재평가</u>할 능력이 있어서 그 위험을 모두 반영한 가격이나 급부의 수준을 정할 수 있음

  • 다음의 두 가지 조건을 모두 충족 : 기업에게 <u>보험계약이 포함된 포트폴리오의 위험을 재평가</u>할 능력이 있어서 그 위험을 모두 반영한 가격이나 급부의 수준을 정할 수 있고, 위험을 재평가하는 시점까지 보장에 대한 보험료의 가격을 산정할 때 재평가일 이후의 위험은 고려하지 않음

② 통합적 추정과 배분, 모든 정보를 이용한 중립적 추정, 현행 추정, 명시적 추정 등

(3) 할인효과

① 미래현금흐름의 추정치에 금융위험이 포함되어 있지 않다면 미래현금흐름과 관련된 <u>금융위험과 화폐의 시간가치를 반영하기 위한 조정</u>을 말하며 화폐의 시간가치, 보험계약의 현금흐름 특성, 유동성 특성 등을 반영한다.

② 관측 가능한 현행시장가격과 일관성이 있어야 한다.

③ 할인율결정방법

  ㉠ 하향식 접근법 : 자산포트폴리오의 현행수익률에서 보험계약부채와 관련 없는 요소(신용위험) 차감

  ㉡ 상향식 접근법 : <u>무위험수익률에서 보험계약부채와 관련된 요소(유동성 위험 등)를 추가 → 많이 사용</u>

④ 최초인식시점의 할인율 결정을 위해 계약이 발행된 기간의 가중평균할인율을 사용할 수 있다.

⑤ 명목현금흐름 → 인플레이션이 반영된 할인율 사용, 실질현금흐름 → 인플레이션효과 제거된 할인율 사용

(4) 위험조정(RA, Risk Adjustment)

① 위험조정 : 비금융위험(보험위험, 해약위험, 비용위험 등)에서 생기는 현금흐름의 금액과 시기에 대해 불확실성을 부담하는 것에 대해 요구하는 보상

② 다음 두 가지가 무차별하도록 기업이 요구할 보상을 측정
  ㉠ 비금융위험에서 발생하는 가능한 결과의 범위를 지닌 부채의 이행
  ㉡ 보험계약과 기대현재가치가 동일한 고정현금흐름을 발생시키는 부채의 이행
  ※ 예시 : 비금융위험 때문에 가능한 결과가 90원과 110원이 될 확률이 각각 50%인 부채의 이행과 100원으로 고정된 부채의 이행을 무차별하도록 기업이 요구할 보상으로 측정

③ 명시적 측정 : 미래현금흐름 추정치 또는 할인율을 산정할 때 비금융위험에 대한 위험조정을 암묵적으로 포함하면 안 됨

④ 위험조정의 특성

구분	관련 특성
빈도와 심도	낮은 빈도와 높은 심도를 가진 위험은 높은 빈도와 낮은 심도를 가진 위험보다 비금융위험에 대한 위험조정이 더 큼
계약의 만기	만기가 긴 계약이 짧은 계약보다 비금융위험에 대한 위험조정이 더 큼
위험의 확률분포	더 넓은 확률분포를 가진 위험은 좁은 분포를 가진 위험보다 비금융위험에 대한 위험조정이 더 큼
현행추정치와 그 추세에 대해 알려진 정도	현행추정치와 그 추세에 대해 알려진 바가 적을수록 비금융위험에 대한 위험조정은 더 큼
최근의 경험	최근의 경험에서 현금흐름의 금액과 시기에 대한 불확실성이 감소(증가)한다면 비금융위험에 대한 위험조정은 감소(증가)함

(5) 보험계약마진(CSM, Contract Service Margin)

① 보험계약마진은 미래에 서비스를 제공함에 따라 인식하게 될 미실현이익을 의미한다.

② 보험계약의 집합을 최초로 인식할 때 측정하며, 손실부담계약이 아니라면 다음으로부터 수익이나 비용이 생기지 않도록 하는 금액으로 특정한다.
  ㉠ 이행현금흐름 금액의 최초인식
  ㉡ 보험취득현금흐름에 대해 인식한 자산 또는 부채의 최초인식시점의 제거
  ㉢ 최초인식시점에 집합 내 계약에서 생기는 모든 현금흐름

③ 보험계약마진
  ㉠ 현금유출액−현금유입액=부(−)의 현금흐름 → 이후에 순차적으로 수익인식
  ㉡ 현금유출액−현금유입액=부(+)의 현금흐름 → 손실부담계약이므로 당기손실인식

2. 후속측정

(1) 후속측정 시 장부금액의 구성(보고기간 말 장부금액=잔여보장부채+발생사고부채)

장부금액구성	변동항목	손익인식방법
잔여보장부채	해당 기간의 서비스 제공에 따른 잔여보장부채의 감소분	보험수익
	손실부담계약의 손실과 손실의 환입	보험서비스 비용
	화폐의 시간가치효과와 금융위험효과	보험금융수익(비용)
발생사고부채	해당 기간에 발생한 보험금과 비용으로 인한 부채의 증가분(투자요소는 제외)	보험서비스 비용
	발생한 보험금 및 비용과 관련된 이행현금흐름의 후속 변동분	보험서비스 비용
	화폐의 시간가치효과와 금융위험효과	보험금융수익(비용)

(2) 보험계약마진의 후속측정

장부금액의 변동요소	비고
새로운 계약발행의 효과	n/a
보험계약마진의 부리이자	최초인식시점의 할인율 사용(집합 내 계약들의 가중평균할인율 사용 가능)
미래 서비스와 관련된 이행현금흐름의 변동분	• 미래서비스와 관련하여 해당기간에 수취한 보험료 및 관련 현금흐름에서 발생한 경험 조정 • 잔여보장부채의 미래현금흐름 현재가치 추정치의 변동(사망률 가정의 변동) • 미래서비스와 관련된 위험조정의 변동
보험계약마진 관련 외환차이	n/a
서비스의 이전에 따라 보험수익으로 인식된 금액	n/a

3. 손실부담계약

① 최초인식시점의 손실부담계약 : 계약집합의 순유출에 대한 손실을 부(−)의 보험계약마진으로 인식하지 않고 곧바로 당기손실로 인식한다.

> ※ 예시 : 미래현금유입액의 현재가치가 10,000원, 미래현금유출액의 현재가치가 15,000원 최초인식시점에 측정한 위험조정 3,000원인 경우 → 기업은 부채의 장부금액으로 최선추정부채(BEL) 5,000원과 위험조정(RA) 3,000원을 인식함과 동시에 보험서비스 비용 8,000원을 인식한다(10,000−15,000−3,000=−8,000).

② 보험계약집합이 후속적으로 손실부담계약집합이 되는 경우 당기손실로 인식한다.

PART 01
PART 02
PART 03
PART 04
PART 05
PART 06
PART 07

1. 보험료배분접근법

(1) 정의

잔여보장부채를 측정하기 위한 또 하나의 방법일 뿐 발생사고부채에 대해서는 일반모형을 사용한다.

(2) 보험계약부채의 최초인식 시 측정=①-②±③

① 최초인식시점의 수취보험료

② 최초인식시점의 보험취득현금흐름(비용으로 인식하기로 선택한 경우 제외)

③ 보험계약집합을 인식하기 전에 지급하거나 받은 것

(3) 후속측정=①-②+③+④-⑤-⑥

① 해당 기간의 수취보험료

② 보험취득현금흐름(비용으로 인식하기로 선택한 경우 제외)

③ 보고기간에 비용으로 인식한 보험취득현금흐름의 상각과 관련된 금액(비용으로 인식하기로 선택한 경우 제외)

④ 금융요소의 조정분

⑤ 해당 기간에 제공한 서비스에 대하여 보험수익으로 인식한 금액

⑥ 지급되거나 발생사고부채로 이전된 투자요소

(4) 보험료수익의 배분 : 예상보험료 수취액은 다음에 따라 매 보장기간에 배분

① 시간의 경과기준(균등)

② 보장기간에 위험이 해제될 것으로 기대되는 양상이 시간의 경과와 유의적으로 다른 경우에는 보험서비스비용이 발생될 것으로 기대되는 시기 기준

(5) 할인율 적용

집합 내 보험계약이 유의적인 금융요소를 가지고 있다면 최초인식시점에 산정된 할인율을 사용하여 잔여보장부채의 장부금액을 조정한다. 만약, 서비스제공시점과 보험료납입시점이 1년 이하일 것으로 예상한다면 조정할 필요 없다.

(6) 보험취득현금흐름의 회계처리

① 원칙 : 잔여보장부채를 차감하고 이연비용 처리

② 예외 : 보장기간이 1년을 초과하지 않는다면 발생 시 비용으로 처리

2. 변동수수료접근법

(1) 정의

보험계약이 기초항목의 공정가치에서 서비스에 대한 변동 가능한 수수료를 차감한 금액과 동일한 금액을 보험계약자에게 지급할 의무를 발생시키는 것을 말한다.

(2) 보험계약마진의 후속측정

- 집합에 추가되는 새로운 계약의 효과
- 기초항목의 공정가치변동에 대한 기업의 몫
- 미래서비스와 관련된 이행현금흐름의 변동분
- 보험계약마진에 미친 모든 외환차이의 영향
- 해당 기간에 제공한 서비스에 대하여 보험수익으로 인식한 금액

(3) 일반모형과의 비교

① 공통점 : 보험계약마진과 이행현금흐름 추정치 변동분은 CSM에서 조정하며, 미래보장과 관련이 없는 변동은 당기손익처리이다.

② 차이점

보험계약마진에 대한 후속측정	일반모형	변동수수료모형
할인율 등 경제적 가정 변동	당기손익 또는 OCI	CSM에서 조정
CSM에 대한 이자비용부리	개시 시점의 할인율	현행할인율

PART
01

PART
02

PART
03

PART
04

PART
05

PART
06

PART
07

CHAPTER 06 보험회사의 부채

TOPIC 01 책임준비금

보험계약부채	잔여보장요소	• 최선추정(BEL) • 위험조정(RA) • 보험계약마진(CSM) • 보험료배분접근법적용	• 최선추정(BEL) : 보험계약집합 내 각 계약들의 경계 내에 있는 모든 미래현금 흐름의 현재가치 추정치 • 위험조정(RA) : 비금융위험에서 생기는 현금흐름의 금액과 시기에 대한 불확실성으로 보험자가 요구하는 대가 • 보험계약마진(CSM) : 보험계약서비스를 제공하면서 인식하게 될 미실현이익
	발생사고요소	• 최선추정(BEL) • 위험조정(RA)	
재보험계약부채	잔여보장요소	• 최선추정(BEL) • 위험조정(RA) • 보험계약마진(CSM) • 보험료배분접근법적용	
	발생사고요소	• 최선추정(BEL) • 위험조정(RA)	
투자계약부채	보험계약의 정의를 충족하지 못하여 투자계약으로 분류된 계약으로 인한 보험자의 의무를 나타내는 계정		

TOPIC 02 기타부채

부채계정	종류	내용
차입금	• 콜머니 • RP매도 • 후순위차입 • 기업어음발행	n/a
사채	• 후순위채권 • 일반채권	n/a
퇴직급여채무	• 확정급여채무 • 미인식보험수리적손익 • 미인식과거근무원가 • 사외적립자산	사외적립자산은 자산이지만 확정급여채무에서 차감하는 형식으로 기재
충당부채	• 복구충당부채 • 채무보증충당부채	미래 지출의 금액이나 시기가 확정되지 않은 부채

부채계정	종류	내용
자산재평가 계약자지분	• 공익사업출연기금 • 재평가적립금	유배당 보험계약자 지분에 해당하는 금액

6. 기타의 항목

① 임대보증금 : 임차인으로부터 받은 보증금으로서 미래 반환 의무를 나타내는 계정

② 미지급금 : 보험영업 이외의 거래에서 발생한 미지급채무(주식매수대금 등)

③ 선수금 : 보험영업 이외의 거래에서 발생한 착수금, 계약금 등의 선수금액

④ 예수금 : 원천징수한 세금 등 지급시점보다 먼저 수입된 금액(소득세예수금 등)

⑤ 가수보험료 : 보험계약이 성립되기 전에 입금된 보험료

⑥ 임대보증금 : 건물 등 임대계약에서 임차인으로부터 받은 보증금으로 미래반환의무

⑦ 이연법인세 부채 : 일시적 차이로 인해, 회계기준상 납부액이 법인세법 등의 법령상으로 납부해야 할 금액을 초과하는 경우 그 초과금액

⑧ 본지점계정대, 파생상품부채, 지급어음, 신탁계정차, 당좌차월 등

⑨ 요구불상환지분 : 상환우선주(→ 보유자가 상환을 청구할 수 있는 권리를 보유하는 우선주)

PART
01

PART
02

PART
03

PART
04

PART
05

PART
06

PART
07

| 보험회사의 부채

01 보험계약의 회계처리를 다루는 최초의 통일된 국제회계기준은 <u>IFRS 17</u>이다.

02 어떠한 시나리오에서라도 보험사건으로 인해 계약발행자가 유의적인 추가금액을 지급해야 하는 것을 '<u>보험위험의 유의성</u>'이라고 한다.

03 기존회계에서 IFRS 17로 전환될 경우 보험부채는 <u>증가</u>하고, 보험수익은 <u>감소</u>하는 것이 일반적이다.

04 보험부채의 구성항목은 <u>미래현금흐름의 기대가치, 할인효과, 위험조정, 보험계약마진</u>의 4가지로 구성된다.

05 보험계약집합 내 각 계약들의 경계 내에 있는 모든 미래현금 흐름의 현재가치 추정치를 <u>이행현금흐름</u>이라 한다.

06 보험부채의 구성항목 중 <u>할인효과</u>는 화폐의 시간가치 및 금융 위험을 반영한 조정액을 말한다.

07 무위험수익률에서 보험계약부채와 관련된 요소(유동성 위험 등)를 추가하여 할인율을 결정하는 방식을 <u>상향식접근법</u>이라 하고, 많이 사용하고 있다.

08 보험부채의 구성항목 중 <u>위험조정</u>은, 미래현금흐름이 기대치와 다르게 나타날 경우 보험사가 이러한 불확실성을 부담하는 대가로서 보험계약자에게 추가로 요구하는 금액(비용)을 말한다.

09 IFRS 17에서는 보험부채의 구성항목 중 '위험조정'에 대한 구체적인 산출방식을 <u>명시</u>하고 있다.

10 <u>낮은 빈도와 높은 심도</u>를 가진 위험은 높은 빈도와 낮은 심도를 가진 위험보다 비금융위험에 대한 위험조정이 더 크다.

11 IFRS 17하의 보험부채 구성항목 중 '미래현금흐름의 추정치, 할인 효과, 위험조정'을 합쳐서 <u>이행현금흐름</u>이라 한다.

12 IFRS 17하의 보험부채의 구성항목 중 <u>보험계약마진(또는 계약서비스마진)</u>은 보험서비스에 대한 대가로써 장래에 이익으로 인식한다.

13 보험계약의 최초인식시점에서양(+)의 이행현금흐름이 나타난다면 동 계약은 손실부담계약이 되므로 해당 금액을 즉시 <u>당기손실</u>로 인식해야 한다.

14 <u>보험계약마진(CSM)</u>은 부채항목에 속하며, 미래에 서비스를 제공함에 따라 인식하게 될 미실현이익을 나타낸다.

15 보험계약부채에 대한 후속측정 시 장부금액은 <u>잔여보장부채</u>와 <u>발생사고부채</u>의 장부금액으로 구성된다.

16 보험계약부채의 후속측정 시 <u>발생사고부채</u>의 장부금액 구성항목은 '미래현금흐름의 추정치, 할인효과, 위험조정, 보험계약마진'으로 구성된다.

17 IFRS 17의 보험계약 측정모형 중 보험계약집합 내의 계약보장기간이 1년 이하인 경우에 사용할 수 있는 모형은 <u>보험료배분모형</u>이며, 이때 할인효과를 적용하지 않아도 된다.

18 변동수수료는 보험보장뿐 아니라 자산관리서비스와 유사한 서비스에 대한 대가를 말하는데, 변동수수료가 발생하는 계약(직접참가특성이 있는 계약)에 대해서 적용하는 보험계약측정 모형은 <u>변동수수료 모형</u>이라 한다.

19 책임준비금은 <u>보험계약부채, 재보험계약부채, 투자계약부채</u>로 구성된다.

20 미래 지출의 금액이나 시기가 확정되지 않은 부채를 <u>충당부채</u>라고 한다.

21 귀속할 과목이나 금액이 미확정된 일시적 자금의 수입액을 처리하기 위한 임시계정을 <u>예수금</u>이라 하며, 회사가 원천징수한 세금 등이 이에 해당된다.

22 선급금은 <u>자산</u>이고 선수금은 <u>부채</u>로 분류한다.

23 보유자가 상환을 청구할 수 있는 권리를 보유하는 상환우선주는 <u>자산</u>에 해당한다.

오답노트

05 보험계약집합 내 각 계약들의 경계 내에 있는 모든 미래현금 흐름의 현재가치 추정치를 최선추정(BEL)이라 한다.

09 IFRS 17에서는 위험조정(RA)에 대한 구체적인 산출방식을 규정하지 않고 있다.

16 보험계약부채의 후속측정시 잔여보장부채의 장부금액 구성항목은 '미래현금흐름의 추정치, 할인효과, 위험조정, 보험계약마진'으로 구성된다.

23 보유자가 상환을 청구할 수 있는 권리를 보유하는 상환우선주는 부채에 해당한다.

CHAPTER 07 보험회사의 자본

TOPIC 01 자본회계 일반론

자본계정	내용
자본금	• 1주당 액면금액에 발행주식총수를 곱하여 산출한 금액 • 채권자를 위해 회사가 보유해야 할 최소한의 담보액
자본잉여금	재무활동을 통해 창출한 잉여금(주식발행초과금 등)
신종자본증권	신종자본증권은 법적으로는 후순위채권과 같이 채권이지만(부채계정), 자본의 성격이 강하여 자본계정으로 인정
계약자지분조정	특정자산의 미실현 손익 중 일부를 계약자에 대한 몫으로 별도로 구분
자본조정	자본총계에 가산하거나 차감하는 임시계정(자기주식 등)
기타포괄손익누계액	기타포괄손익의 누계액(당기손익에 반영될 수 없으므로 자본에 반영)
이익잉여금	본연의 영업활동을 통해 창출한 잉여금(매년 반복되므로 기업가치결정에 있어 가장 중요함)

TOPIC 02 자본금

1. 자본금의 의의

① 정의 : 소유주가 채권자의 권리를 보호하기 위하여 확보해야 하는 최소한의 자본을 말한다.
② 자본금 : 자본금=액면금액×발행주식 수
③ 무액면주의 경우 발행시가총액의 1/2 이상을 납입자본금으로 한다(2012년부터 가능).
④ 상법상 자본충실의 원칙, 자본유지의 원칙에 적용되는 자본은 '자본금'을 의미한다.
⑤ 납입자본 : 주주와의 자본거래를 통하여 형성된 자본으로, 자본금과 자본잉여금 그리고 자본조정으로 구분하여 계상한다.
⑥ 주식의 종류별 표시 : 보통주자본금, 우선주자본금 등

2. 자본금의 증가 · 감소

구분		내용
자본금 증가 (증자)	유상증자 (실질적 증자)	• 주식의 발행과 함께 기업의 순자산이 실질적으로 증가되는 형태의 자본금 변동 • 순자산증가형태 : 현금유입(현금발행), 비화폐성자산유입(현물출자), 부채감소(출자전환)
	무상증자 (형식적 증자)	자본의 다른 분류(자본잉여금, 법정적립금 등)를 자본에 전입하여 자본금을 증가시키고 동 금액에 해당하는 신주를 발행하여 기존주주들에게 <u>무상으로</u> 교부하는 형태의 자본금 변동 → 회계처리 없이 주식 수만 관리
자본금 감소 (감자)	유상감자 (실질적 감자)	• 주식을 유상으로 취득하여 소각(법적인 감소)시킴으로써 자본금 감소대가가 실질적으로 주주에게 이전되는 형태의 자본금 변동 • 지급대가<감소된 자본금 → 감자차익(자본잉여금) • 지급대가>감소된 자본금 → 감자차손(자본조정)/이잉금의 처분으로 상각
	무상감자 (형식적 감자)	• 결손보전 등의 목적으로 자본금 감소부분을 자본의 다른 분류(결손금 등)로 대체시킴으로써 주주에 대한 <u>실질적인 대가지급이 없는</u> 형태의 자본금 변동 • 방법 : 주식 수를 감소시키는 방법(주식병합), 액면금액을 감소시키는 방법(액면분할)

TOPIC 03 자본잉여금, 신종자본증권, 계약자지분조정

1. 자본잉여금 : 증자 등 자본거래를 통해 발생된 잉여금

주식발행초과금	• 발행가액이 액면가를 초과할 경우 그 초과하는 금액(신주발행 시 비용을 차감한 금액) • 주식배당이나 무상증자의 경우 '이익잉여금의 자본전입'에 불과하므로 주식발행초과금 발생 ×
감자차익	• 자본금 감소의 경우 발생 • 유상감자 : 감자 시 지급한 대가<감소한 자본금 → 감자차익 • 무상감자 : 처리한 결손금<감소한 자본금
재평가 적립금	과거 특별법으로 인한 자산의 재평가가 한시적으로 허용되었을 때의 재평가차액
기타 자본잉여금	• 자기주식처분이익 : 자기주식의 처분금액이 자기주식의 취득원가를 초과하는 경우 • 주식선택권 : 행사되지 않고 소멸 시 자본조정에서 자본잉여금으로 대체 • 전환권대가, 신주인수권대가 : 실행 시 자본조정에서 자본잉여금으로 대체

2. 신종자본증권, 계약자지분조정

(1) 신종자본증권

보험감독규정상의 요건(만기가 영구적, 배당지급이 임의적, 기한부 후순위채무보다 후순위일 것)을 충족하는 신종자본증권을 발행할 수 있다.

(2) 계약자지분조정

① 보험회사의 유배당 상품의 보험료로 투자한 자산평가손익은 <u>계약자에 대한 몫</u>과 <u>주주에 대한 몫</u>으로 구분되는데 이 중 계약자에 대한 몫은 실현부분(<u>보험계약부채</u>로 표시)과 미실현부분(<u>계약자지분조정</u>으로 표시)으로 구분한다.

PART 01
PART 02
PART 03
PART 04
PART 05
PART 06
PART 07

② 계약자지분조정 세부항목

    ㉠ 기타포괄손익 – 공정가치 측정 금융자산

    ㉡ 관계 및 종속기업 투자주식 평가손익

    ㉢ 재평가 잉여금

TOPIC 04 | 이익잉여금

① 이익잉여금의 의의 : 기업활동을 통해 얻은 이익 중에서, 배당금 등으로 사외유출되거나 결손보
전에 사용되지 않고 사내에 유보된 이익

② 법정적립금

이익준비금	기업합리화적립금
상법상 배당총액의 1/10 이상을 납입자본의 1/2에 달할 때까지 의무적으로 적립해야 함	조세특례제한법상 세액공제(또는 소득공제)를 받았을 경우, 해당 금액은 당해 배당처분이 불가하고 의무적으로 적립해야 함

③ 대손준비금 : 보험회사가 결산 시(분기별 임시결산을 포함) 보유자산 등에 대한 대손충당금적립
액이 보험업감독규정에서 정한 바에 따른 건전성 분류별산출금액에 미달되는 경우 그 차액을 적
립한 금액

④ 비상위험준비금

    ㉠ 예정사고율을 초과하는 거대위험에 대비하여 적립하는 준비금으로 손해보험에만 존재 → 손해
보험 6개 종목 : 화재, 해상, 자동차, 보증, 특종, 수재

    ㉡ 원전의 방사능 유출, 선박이나 항공기 사고 등 대형사고에 대비

⑤ 임의적립금 : 의무적립(법정준비금)이 아니라, 회사의 정관이나 주총을 통해서 임의적으로 설정
되는 적립금

⑥ 해약환급금준비금 : 국제회계기준에 따라 현행가치로 측정된 보험계약부채가 해약환급금에 미달
하는 경우 해당미달액을 이익잉여금 내에 적립한 금액(배당 유출을 제한)

⑦ 보증준비금 : 보험금이나 환급금을 일정수준 이상 보증하기 위하여 이잉금에 별도로 적립하는
금액

⑧ 처분 전 이익잉여금(미처분이익잉여금) : 기업에 발생한 당기손익의 누적액 중 배당으로 사외유
출되지 않았고 법정 및 임의적립금으로도 적립되지 않은 부분으로서 처분의 대상이 되는 이잉금

자본조정과 기타포괄손익누계액

1. 자본조정

자본거래 중 최종결과가 미확정인 상태의 항목으로 <u>자본에 가감하는 형식</u>으로 표시한다.

주식할인발행차금	증자 시 액면가에 미달하는 금액(→ 감산)
자기주식	기업이 발행한 주식을 재매입하여 보유(→ 감산)
자기주식처분손실	자사주매매차익은 자본잉여금에, 매매차손은 자본조정에 계상(→ 감산)
주식선택권	자본조정에 계상(행사, 소멸 시 자본잉여금으로 대체)(→ 가산)

2. 기타포괄손익누계액

(1) 기타포괄손익누계액의 성격

① 미실현손익으로 당기순이익에 포함되지 않지만, 재무적 자원의 변동은 분명하므로,

② 손익계산서상에는 '기타포괄손익'으로, 재무상태표상에서는 '기타포괄손익누계액'으로 계상된다
(→ 당기손익으로 재분류 되거나 이잉금으로 대체).

(2) 기타포괄손익누계액의 종류

종류	내용
기타포괄손익–공정가치 측정금융자산	지분상품의 평가손익에 해당하는 금액
기타포괄손익–공정가치측정 채무상품손실충당금	FVOCI 채무상품의 기대신용손실을 나타내는 손상금액의 변동분 누계액
관계 및 종속회사 투자주식 평가손익	지분법 평가손익에 해당하는 금액
보험계약자산(부채) 순금융손익	수재보험계약집합 및 원수보험계약집합의 공정가치 변동 중 기타포괄손익으로 인식한 금액
재보험계약자산(부채) 순금융손익	출재보험계약집합의 공정가치 변동 중 기타포괄손익으로 인식한 금액
해외사업환산손익	해외사업장의 기능통화와 보고통화가 다른 경우 외화환산차이
위험회피 파생상품평가손익	위험회피수단으로 지정된 파생상품의 평가손익 중 위험회피에 효과적인 부분으로 기타포괄손익으로 인식한 금액
재평가잉여금	유형자산의 재평가모형적용에서 발생한 재평가증가액
확정급여제도의 재측정요소	확정급여채무의 현재가치평가에서 발생하는 평가손익

Ⅰ 보험회사의 자본

01 회사가 채권자를 위해 보유해야 할 최소한의 담보금액 같은 의미를 지니는 것은 <u>자본금</u>이다.

02 자본잉여금은 <u>소유주와의 자본거래에서 생긴 잉여금</u>으로 이익배당의 재원으로 사용할 수 <u>없다</u>.

03 액면가가 5,000원이고 발행가액이 15,000원이라고 가정할 경우 <u>자본금</u>은 5천원이 증가되고, <u>주식발행 초과금</u>은 10,000원이 증가된다.

04 액면가로 실행하는 <u>무상증자 또는 주식배당</u>에서는 주식발행초과금이 발생할 수 없다.

05 이익준비금은 <u>배당총액의 1/10</u>을 <u>자본의 1/2</u>에 달할 때까지 적립해야 하는 법정준비금이다.

06 비상위험준비금은 예정사고율을 초과하는 거대위험에 대비하여 적립하는 준비금으로 <u>손해보험에만</u> 존재한다.

07 손해보험의 비상위험준비금 적립 6대 종목은 <u>화재, 해상, 자동차, 보증, 특종, 수재</u>이다.

08 감독규정상 요구되는 대손충당금이 600만원이고, IFRS상 대손충당금이 400만원이라면, <u>비상위험준 비금</u>으로 200만원을 적립해야 한다.

09 기업의 영업 활동을 통해 창출한 잉여금을 <u>이익잉여금</u>, 재무활동을 통해 창출한 잉여금을 <u>자본잉여금</u> 이라고 한다.

10 자본의 다른 분류(자본잉여금, 법정적립금 등)를 자본에 전입하여 자본금을 증가시키고 동 금액에 해당하는 신주를 발행하여 기존주주들에게 <u>무상으로</u> 교부하는 형태의 자본금 변동을 <u>무상증자</u>라고 한다.

11 자본거래 중 최종결과가 미확정인 상태의 항목으로 자본에 가감하는 형식으로 표시되는 계정을 <u>자본 조정</u>이라 한다.

12 보험감독규정상의 요건(만기가 영구적, 배당지급이 임의적, 기한부 후순위채무보다 후순위일 것)을 충 족하는 <u>신종자본증권</u>을 발행할 수 있다.

13 주식을 유상으로 취득하여 소각시킴으로써 자본금 감소대가가 실질적으로 주주에게 이전되는 형태의 자본금 변동을 <u>유상감자</u>라고 한다.

14 자사주를 매입하면 <u>자본조정</u> 항목에, 자기주식처분이익은 자본잉여금 항목에, 자기주식처분손실은 <u>자본조정</u> 항목에 계상된다.

15 액면가보다 발행가액이 작은 경우에는 그 차액만큼 <u>주식할인발행차금</u>이 발생되며 이를 자본조정 항목 에 기재한다.

16 손익계산서상 당기손익-공정가치 측정 금융자산의 평가손익은 <u>당기손익</u>으로, 기타포괄손익-공정가 치 측정 금융자산의 평가손익은 <u>기타포괄손익</u>으로 계상된다.

17 기타포괄손익－공정가치 측정 금융자산의 평가이익은 주주에게 배당으로 처분할 수 <u>있다</u>.

18 기타포괄손익누계액에 속하는 것은 이익준비금, 계약자지분조정, 주식발행초과금, 재평가잉여금 중에서 <u>재평가잉여금</u>이다.

오답노트

08 감독규정상 요구되는 대손충당금이 600만원이고, IFRS상 대손충당금이 400만원이라면, 대손준비금으로 200만원을 적립해야 한다.

17 처분할 수 <u>있다</u>. → 처분할 수 없다. 기타포괄손익누계액 항목으로 배당의 재원이 아니다.

보험회사의 수익과 비용

TOPIC 01 포괄손익계산서

1. 포괄손익계산서의 의의

① 정의 : 보험회사의 재무성과를 나타내는 재무제표
② 당기손익 : 일반적으로 실현되었고, 주기적 · 반복적으로 나타나는 손익의 구성항목
③ 기타포괄손익 : 일반적으로 미실현되었고, 비반복적으로 나타나는 손익의 구성항목

2. 수익과 비용의 정의

구분	수익	비용
정의	특정 회계기간 동안에 발생한 경제적 효익의 증가	특정 회계기간 동안에 발생한 경제적 효익의 감소
인식의 결과	자산의 유입이나 증가 또는 부채의 감소에 따라 자본 증가를 초래	자산의 유출이나 소멸 또는 부채의 증가에 따라 자본 감소를 초래
제외요소	지분참여자에 의한 출연과 관련된 것	지분참여자에 대한 분배와 관련된 것

3. 감독목적 포괄손익계산서의 구조

구분	내용
Ⅰ. 보험손익	1. 보험수익 2. 보험서비스비용 3. 재보험수익 4. 재보험서비스비용 5. 기타사업비용
Ⅱ. 투자손익	1. 투자수익(보험금융수익 등) 2. 투자비용(보험금융비용 등)
Ⅲ. 영업이익	보험손익+투자손익
Ⅳ. 영업외손익	1. 영업외수익 2. 영업외비용
Ⅴ. 법인세비용차감전순이익	영업이익+영업외손익
Ⅵ. 법인세비용	당기법인세부담액±이연법인세자산(부채)의 변동
Ⅶ. 당기순이익(손실)	법인세비용차감전순이익-법인세비용

구분	내용
Ⅷ. 기타포괄손익	1. 기타포괄손익–공정가치 측정금융자산 2. 기타
Ⅸ. 총포괄이익(손실)	당기순이익(손실)+기타포괄손익

PART 01
PART 02
PART 03
PART 04
PART 05
PART 06
PART 07

TOPIC 02 　 보험손익

1. 보험수익

① 정의 : 보험계약집합에서 발생하는 보장 및 기타서비스를 제공하고 교환하여 받을 것으로 기대하는 대가를 반영하는 금액이다.

② 일반모형 및 변동수수료접근법 보험수익

　㉠ 예상보험금 : 당기에 발생할 것으로 예상한 보험금

　㉡ 사업비 : 예상손해조사비/예상계약유지비/예상투자관리비

　㉢ 위험조정변동

　㉣ 보험계약마진상각 : 시간의 경과에 따라 배분하여 보험수익으로 인식

　㉤ 보험취득현금흐름상각

　㉥ 손실요소배분액

　㉦ 기타보험수익

③ 보험료배분접근법 보험수익

2. 보험서비스 비용

① 정의 : 보험계약집합에서 발생하는 보장 및 기타서비스를 제공하는 데 소요되는 비용이다.

② 일반모형 및 변동수수료접근법 보험서비스비용

　㉠ 발생보험금 : 당기에 실제로 발생한 보험금

　㉡ 사업비 : 발생손해조사비/발생계약유지비/발생투자관리비

　㉢ 손실부담계약관련비용(환입)

　㉣ 발생사고요소조정

　㉤ 보험취득현금흐름 상각

　㉥ 손실요소배분액

③ 보험료배분접근법 보험서비스비용 : 발생보험금/발생손해조사비/손실부담계약관련비용(환입)/발생사고요소조정/보험취득현금흐름즉시인식액/보험취득현금흐름상각/기타보험서비스비용

3. 재보험수익

① 정의 : 보유하는 재보험계약집합에서 발생한 보험수익이다.
② 일반모형
　　㉠ 발생재보험금 : 당기에 실제로 회수한 재보험금
　　㉡ 발생손해조사비 : 당기에 회수하는 손해조사비
　　㉢ 손실회수요소관련수익
　　㉣ 발생사고요소조정
　　㉤ 손실회수요소배분액
③ 보험료배분접근법 보험수익 : 발생재보험금/발생손해조사비/손실회수요소관련손익/발생사고요소
　　조정

4. 재보험서비스 비용

① 정의 : 재보험집합에서 발생한 재보험서비스 비용이다.
② 일반모형
　　㉠ 예상재보험금 : 당기에 회수할 것으로 예상한 보험금
　　㉡ 예상손해조사비
　　㉢ 위험조정변동
　　㉣ 보험계약마진상각
　　㉤ 손실회수요소배분액
③ 보험료배분접근법 보험수익

TOPIC 03 　 투자손익

1. 투자수익

① 보험금융수익 : 보험계약집합에서 화폐의 시간가치 및 금융위험의 변동효과로 발생한 수익
　　㉠ 보험계약금융수익 : 보험금융이자수익, 환율변동수익, 할인율변동수익
　　㉡ 재보험계약 보험금융손익 : 위 수익 외에 출재보험계약집합 발행자의 채무불이행위험을 포함
② 이자수익 : 예금, 적금, 유가증권 대출채권 등에서 발생하는 이자수익
③ 기타의 투자수익 : 배당수익, 임대료수익 등

2. 투자비용

① 보험금융비용 : 보험계약집합에서 화폐의 시간가치 및 금융위험의 변동효과로 발생한 비용
　　㉠ 보험계약금융비용
　　㉡ 재보험계약 보험금융비용
② 이자비용 : 당좌차월 또는 차입금 등에서 발생하는 이자비용
③ 재산관리비 : 유가증권, 대출채권, 부동산 등의 관리비용
④ 기타의 투자비용 : 지분법평가손실 등

PART
01

PART
02

PART
03

PART
04

PART
05

PART
06

PART
07

| TOPIC 04 | 영업외손익 및 법인세비용 |

1. 영업외손익

① 영업외수익 : 유형자산처분이익, 전기오류수정이익, 외환차익, 외화환산이익, 자산수증익, 채무면제익, 보험차익 등
② 영업외비용 : 유형자산처분손실, 전기오류수정손실, 외환차손, 외화환산손실, 재해손실, 과징금, 과태료 등

2. 법인세비용

납부할 법인세+이연법인세자산(부채)

3. 기타포괄손익

① 기타포괄손익−공정가치 측정 금융자산
② 기타포괄손익−공정가치 측정 채무상품손실충당금
③ 관계 및 종속회사 투자주식 평가손익
④ 보험계약자산(부채) 순금융손익
⑤ 재보험계약자산(부채) 순금융손익
⑥ 해외사업환산손익
⑦ 위험회피 파생상품평가손익
⑧ 재평가잉여금
⑨ 확정급여제도의 재측정요소

01 포괄손익계산서는 재무상태표와 함께 가장 기본적인 재무제표로서, 일정기간 동안의 영업활동을 통한 기업의 경영성과를 측정하기 위한 유량(flow)개념의 재무제표이다.

02 특정 회계기간 동안에 발생한 경제적 효익의 증가는 수익으로, 효익의 감소는 비용으로 인식한다.

03 보험수익, 보험서비스비용, 재보험수익, 재보험서비스비용, 기타사업비용, 보험금융수익 중에서 보험손익에 해당하지 않는 것은 보험금융수익이다.

04 보험계약집합에서 발생하는 보장 및 기타서비스를 제공하는 데 소요되는 비용을 보험서비스 비용이라 한다.

05 보유하는 재보험계약집합에서 발생한 보험수익을 재보험수익이라 한다.

06 보험계약집합에서 화폐의 시간가치 및 금융위험의 변동효과로 발생한 수익을 보험금융수익이라 한다.

07 보험계약금융수익은 보험금융이자수익, 환율변동수익, 할인율변동수익이 있다.

08 유가증권, 대출채권, 부동산 등의 관리·유지비용을 재산관리비라고 하며 투자비용 항목으로 분류된다.

09 차량운반구 등의 유형자산처분손실은 투자비용 항목으로 분류된다.

10 전기오류수정손실, 외환차손, 외화환산손실, 재해손실 등은 손익계산서의 영업외비용에 반영된다.

11 일반적으로 미실현되었고, 비반복적으로 나타나는 손익의 구성항목은 포괄손익계산서에서 당기손익으로 표시한다.

12 포괄손익계산서에서 영업이익은 보험손익과 투자손익을 합한 것이다.

오답노트

09 차량운반구 등의 유형자산처분손실은 영업외비용에 반영된다.

11 일반적으로 미실현되었고, 비반복적으로 나타나는 손익의 구성항목은 포괄손익계산서에서 기타포괄손익으로 표시한다.

기타의 보험회계

PART
01

PART
02

PART
03

PART
04

PART
05

PART
06

PART
07

| TOPIC | 01 | 특별계정회계 |

1. 특별계정의 의의

특정 보험계약의 손익을 구별하기 위해 별도로 설정한 계정을 통해 운영함으로써 보험계약자 간 형평성
과 경영투명성을 제고시키는 것이 장점(일반계정 → 보험회사 책임, 특별계정 → 보험계약자책임)이다.

2. 특별계정의 구분

구분	정의	종류
원리금보장형 특별계정	손익구조는 일반계정과 동일하나, 수급권 보장을 위하여 자산을 별도로 운용하는 특별계정	• 연금저축생명(손해)보험계약 • 퇴직연금원리금보장계약 • 퇴직보험계약 • 세제지원개인연금손해보험계약 • 장기손해보험계약 • 자산연계형보험계약
실적배당형 특별계정	납입보험료에 대한 운용손익을 전액 계약자에게 귀속시키기 위하여 운용하는 특별계정	• 퇴직연금실적배당형보험계약 • 변액보험계약

3. 특별계정의 회계처리

(1) 운용대상

영업보험료에서 위험보장에 필요한 부분과 사업비 등 기초서류에 정한 금액을 차감한 금액 및 그 운
용수익이다.

(2) 특별계정관련 자금이체

① 특별계정에 속하는 보험료의 수납

② 보험금배당금 및 환급급의 지급을 위한 경우

③ 보험계약의 위험보장 또는 체결 유지 등에 필요한 금액을 일반계정으로 이체하는 경우

④ 대출금의 지급 및 원리금을 회수하기 위한 경우

⑤ 운용수수료의 이체

⑥ 채권장외거래 시 대금을 결제하기 위하여 한국은행 또는 은행의 자금이체망을 사용하는 경우

⑦ 특별계정의 결손을 일반계정의 주주지분으로 보전하는 경우

(3) 자금의 이체기한

① 원칙적으로 이체사유발생일로부터 5영업일 이내

② 장기손해보험의 경우는 이체사유가 1일~15일 중에 발생한 경우 당월 말까지 이체, 이체사유가 16일~말일 중에 발생한 경우 다음달 15일까지 이체

(4) 이자의 정산

원리금보장형 → 평균공시이율, 실적배당형 → 정산일 현재의 특별계정의 기준가격

4. 특별계정의 재무제표표시

구분	재무상태표	포괄손익계산서
• 퇴직연금실적배당형보험계약 • 변액보험계약	• 자산·부채의 총액을 별도로 표시 • 자산은 특별계정미지급금을, 부채는 특별계정 미수금을 차감하는 형식으로 기재	일반계정과 계정과목별로 합산 표시
• 연금저축생명(손해)보험계약 • 퇴직연금원리금보장계약 • 퇴직보험계약 • 세제지원개인연금손해보험계약 • 장기손해보험계약 • 자산연계형보험계약	일반계정과 계정과목별로 합산 표시	일반계정과 계정과목별로 합산 표시

TOPIC 02   재보험회계

1. 출재 및 수재 보험계약의 회계처리

구분	보험료	보험금	사업비	자산/부채
출재의 경우	출재보험료 (출재사 비용)	출재보험금 (출재사 수익)	출재보험수수료, 출재이익수수료 (출재사 수익)	재보험자산 (출재사 자산)
수재의 경우	수재보험료 (수재사 수익)	수재보험금 (수재사 비용)	수재보험수수료, 수재이익수수료 (수재사 비용)	책임준비금 (수재사 부채)

2. 재보험계약에 대한 기업회계기준서 제1117호의 규정

① 출재 및 수재 보험계약은 별도의 독립된 보험계약이며 원칙적으로 원수보험계약과 동일한 회계처리를 수행하나 출재보험계약에는 상이한 회계처리가 존재한다.

② 비교

구분	일반 보험계약	재보험계약
인식	빠른시점(보장개시, 납입응당일, 손실계약 중)	• 비례보장인 경우 → 늦은 시점(보장개시, 원수인식) • 그 외의 경우 → 재보험보장 개시 시점
CF측정	자체통계	• 자체통계 • 원수계약과 일관된 동일한 가정이 아님 • 재보험자산 손상 반영
RA측정	자체통계	재보험계약 발행자에게 위험이전이 반영되도록 RA를 결정
최초CSM	• 손실은 즉시비용 • 이익은 보험기간 이연	• 원수계약이 손실부담인 경우 비례적인 손실을 부담하는 만큼 수익 인식 • 보장구입시점 이전과 관련한 원가는 즉시 비용처리
후속CSM	• 신계약/이자부리 • 미래FCF변동 • 당기손익상각	• 공통규정 적용 • 원수손실발생 → 재보험이익 • 재보험자산의 손상과 관련한 FCF변동 → 당기손실 반영
손실부담계약	당기손실 인식	손실부담계약이 될 수 없음
측정모형	3가지 모형 적용	3가지 모형 중 변동수수료 모형은 적용 불가

PART 01

PART 02

PART 03

PART 04

PART 05

PART 06

PART 07

01 보험계약자 간 형평성과 경영투명성을 제고시키기 위해 특정 보험계약의 손익을 구별하여 별도로 설정한 계정을 특별계정이라 한다.

02 '장기손해보험, 변액보험, 퇴직연금(실적배당형)' 중 계약자의 수급권 보장을 위한 특별계정은 변액보험이다.

03 연금저축보험(생·손보사), 손해보험의 장기손해보험, 퇴직보험(원리금보장형)을 특별계정으로 운영하는 이유는 계약자의 수급권 보장에 있다.

04 변액보험, 퇴직연금(실적배당형)을 특별계정으로 운영하는 이유는 실적의 계약자 귀속에 있다.

05 연금저축보험과 장기손해보험은 재무상태표와 손익계산서 모두 일반계정과 계정과목별로 단순합산하여 계상한다.

06 실적배당형 퇴직연금, 변액보험은 특별계정자산과 특별계정부채로 재무상태표에 총액으로 표시한다.

07 특별계정자산은 특별계정미지급금을 특별계정부채는 특별계정미수금을 차감하는 형식으로 재무상태표에 기재한다.

08 특별계정의 자금의 이체는 원칙적으로 이체사유발생일로부터 5영업일 이내, 장기손해보험의 경우는 이체사유가 1일~15일 중에 발생한 경우 당월 말까지, 16일~말일까지는 다음달 15일까지 이체한다.

09 실적배당형 퇴직연금, 변액보험은 재무상태표에서는 총액으로 구분 표시되지만, 손익계산서에서는 구분 표시되지 않는다.

10 원보험자는 보험계약상의 출재를 통해 위험을 이전하는데, 재보험회사(수재사)가 적립하는 책임준비금을 재보험자산의 계정과목으로 계상해야 한다.

11 '출재보험료, 수재보험료, 출재보험금, 수재보험금, 출재보험수수료, 수재보험수수료' 중에서 출재사 또는 수재사의 현금흐름이 양(+)인 것은 수재보험료, 출재보험금, 출재보험수수료이다.

12 출재 및 수재보험계약은 별도의 독립된 보험계약이며 원칙적으로 원수보험계약과 동일한 회계처리를 수행하나 출재보험계약에는 상이한 회계처리가 존재한다.

13 보유하는 재보험계약의 경우 비례보장인 경우 보장개시, 납입응당일, 손실계약 중 빠른 시점에 그 외의 경우는 재보험보장 개시시점에 인식한다.

14 출재보험계약은 손실부담계약이 될 수 없다.

15 재보험계약의 경우 직접참가 특성이 없으므로 3가지 측정모형 중에서 변동수수료 모형은 적용할 수 없다.

오답노트

02 '장기손해보험, 변액보험, 퇴직연금(실적배당형)' 중 계약자의 수급권보장을 위한 특별계정은 장기손해보험이다.

13 보유하는 재보험계약의 경우 비례보장인 경우 보장개시와 원수인식 중 늦은 시점에 그 외의 경우는 재보험보장 개시시점에 인식한다.

보험회사의 자산운용

PART
01

PART
02

PART
03

PART
04

PART
05

PART
06

PART
07

TOPIC 01 자산운용의 의의

1. 자산운용의 중요성

① 자산운용이란 불특정 다수의 계약자로부터 갹출한 보험료로 형성된 보험자산을 사용·수익·처분하는 일체의 행위를 말한다.

② 보험회사는 안정적 경영을 위해 상품의 예정이율보다 높은 운용수익률을 달성해야 한다.

2. 보험회사 자산운용의 원칙

<u>안정성, 수익성, 유동성, 공공성</u> → 손해보험은 만기 1년의 보험상품(⑩ 일반손해보험, 자동차보험)이 많으므로, 생명보험에 비해 보험금지출에 대한 대비가 더 필요하다(따라서 유동성의 원칙이 더 중요).

TOPIC 02 자산운용의 규제

1. 규제원칙의 변화

열거주의(Positive system) → 포괄주의(Negative system)

포괄주의로 규제원칙이 전환되면서 자산운용 규제의 강도가 완화되었다고 할 수 있다.

2. 자산운용금지대상

- 업무용이 아닌 부동산의 소유
- 해당 보험사의 주식을 사도록 하기 위한 대출
- 해당 보험사의 임직원에 대한 대출(보험약관 대출 및 소액대출 제외)
- 투기목적의 자금 대출
- 운용의 안정성을 크게 해하는 행위(외국환 및 파생상품거래 등)
- 정치자금 대출
- 퇴직보험계약 등의 특별계약을 통한 부동산의 소유

3. 신용공여에 대한 자산운용비율 규제

구분	일반계정	각 특별계정
동일한 개인 또는 법인에 대한 신용공여	총자산의 3%	특별계정자산의 5%
동일한 개인·법인, 동일차주 또는 대주주에 대한 총자산의 1%를 초과하는 거액신용공여의 합계액	총자산의 20%	특별계정자산의 20%
대주주 및 특정자회사에 대한 신용공여	Min(자기자본의 40%, 총자산의 2%)	특별계정자산의 2%
동일자회사에 대한 신용공여	자기자본의 10%	특별계정자산의 4%

※ 예시 : A보험사의 총자산이 1조원이고, 자기자본이 4천억일 경우
대주주에 대한 신용공여한도 : Min(4,000억×40%, 1조원×2%)=200억원

4. 채권 및 주식의 자산운용비율 규제

구분	일반계정	각 특별계정
동일한 법인이 발행한 채권 및 주식소유의 합계액	총자산의 7%	특별계정자산의 10%
대주주 및 특정자회사가 발행한 채권 및 주식소유의 합계액	Min(자기자본의 60%, 총자산의 3%)	특별계정자산의 3%
동일차주에 대한 신용공여 또는 그 동일차주가 발행한 채권 및 주식 소유의 합계액	총자산의 12%	특별계정자산의 15%

※ 예시 : B보험사의 총자산이 1조원이고, 자기자본이 4천억일 경우
대주주가 발행한 증권에 대한 매입한도 : Min(4,000억×60%, 1조원×3%)=300억원

5. 기타 형태의 자산운용비율 규제

구분	일반계정	각 특별계정
업무용 부동산의 소유	총자산의 25%	특별계정자산의 15%
외국환 또는 외국부동산의 소유	총자산의 50%	특별계정자산의 50%
파생상품거래를 위한 위탁증거금(장외 파생의 경우 약정금액)의 합계액	총자산의 6% (장외파생상품은 3%)	특별계정자산의 6% (장외파생상품은 3%)

※ 예시 : C보험사의 총자산이 1조원이고, 특별계정자산이 1천억일 경우
  1. 국내부동산 매입한도 : 일반계정=2,500(1조원×25%), 특별계정=150억(1천억×15%)
  2. 해외부동산 매입한도 : 일반계정=5,000(1조원×50%), 특별계정=500억(1천억×50%)

6. 자산운용제한에 대한 예외

자산운용의 제한비율 초과 시, 그 이유가 보험회사 자산가격의 변동 등 보험회사의 자의가 아닌 경우에는 한도초과일로부터 <u>1년 이내에 처분</u> 등을 통해 비율을 준수해야 한다.

7. 특별계정의 자산운용

① 매 분기 말 기준 <u>300억원</u> 이하의 특별계정은 일반계정에 포함하여 자산운용비율 적용한다.
② 의결권행사제한 : 보험회사는 특별계정자산으로 취득한 주식에 대해서는 의결권을 행사할 수 없다
   (단, 합병 등의 이유로 특별계정자산의 손실초래가 명백히 예상될 경우에는 행사 가능함).
③ 특별계정 운용에 있어서의 금지행위
   ㉠ 보험계약자의 지시에 따라 자산을 운용하는 행위
   ㉡ 변액보험계약에 대해서 사전수익률을 보장하는 행위
   ㉢ 특별계정에 속하는 자산을 일반계정에 편입하는 행위
   ㉣ 보험료를 어음으로 수납하는 행위
   ㉤ 특별계정자산으로 제3자의 이익을 꾀하는 경우

8. 대주주에 대한 자산운용규제

① 대주주의 정의 : 보험회사의 최대주주와 주요주주
   ㉠ 최대주주 : 본인과 그 특수관계인의 지분율이 가장 높은 자
   ㉡ 주요주주 : 지분율이 10% 이상인 자
② 대주주와의 거래금지 및 거래제한

거래금지 대상	거래제한 대상
• 대주주가 타 회사에 출자하는 것을 지원하기 위한 신용공여 • 당사에 현저하게 불리한 조건으로 거래하는 행위 • 자산의 무상양도	• 대주주에 대한 일정 금액 이상의 신용공여 → **암기** 402 • 대주주가 발행한 증권을 일정 금액 이상 취득(일정금액 내의 거래도 이사회의 사전결의를 거쳐야 하고, <u>7일</u> 이내에 <u>금융위</u>에 보고해야 함) → **암기** 603

9. 자회사 관련규제

① 자회사 : 보험회사가 '의결권 있는 주식을 15% 초과하여 소유하는' 타 회사를 말한다.
② 자회사를 소유하기 위해서는 금융위의 승인 또는 신고를 필요로 한다. 대주주가 비금융주력자인 경우 보험회사는 은행법에 의한 금융기관 소유가 불가하다(금산분리의 원칙).
③ 자회사와의 거래금지행위 : 자산의 무상양도 또는 보험회사에 현저히 불리한 조건의 거래/자회사의 임직원에 대한 대출을 금지한다(약관대출 및 소액대출은 허용).
④ 자회사를 소유하게 된 날로부터 <u>15일</u> 이내에 해당 서류를 <u>금융위</u>에 제출해야 한다.
⑤ 자회사의 소유요건 : 자회사를 소유할 경우 승인 또는 신고의 절차가 필요하다.

금융위 승인으로 소유 가능한 자회사	금융위 신고로서 소유 가능한 자회사
• '금융산업구조개선에 관한 법률'상의 금융기관이 경영하는 금융업 • 신용정보업&채권추심업 • 보험계약의 유지 · 해지 · 변경 또는 부활 등을 관리하는 업무	• 보험회사의 사옥관리업무 • 보험수리업무 • 손해사정업무 • 보험에 관한 교육, 연수, 출판, 컨설팅업무 등

PART 01
PART 02
PART 03
PART 04
PART 05
PART 06
PART 07

10. 기타 보험회사에 대한 자산운용 관련 규제

① 특별계정의 설정 · 운용의무 및 구분계리의무

② 자금지원 관련 금지행위 : 의결권 있는 주식의 교차보유, 또는 교차신용공여 등

③ 불공정한 대출 금지 : 대출을 조건으로 보험가입을 요구하는 행위 등

④ 타인을 위한 채무보증 금지 : 보험사의 자산으로 타인을 위한 담보제공 등

⑤ 자금차입의 제한 : 재무건전성기준의 충족 또는 적정유동성유지를 위한 차입만 가능

⑥ 보험회사가 차입할 수 있는 방법

　ㄱ 사채발행 : 직전분기말의 자기자본을 한도로 함

　ㄴ 후순위차입

　ㄷ RP매도

　ㄹ 은행 당좌차월

　ㅁ 신종자본증권의 발행

| 보험회사의 자산운용

01 손해보험은 만기 1년의 보험상품(예 일반손해보험, 자동차보험)이 많으므로, 현금흐름의 불규칙한 정도가 커서 자산운용의 4원칙 중 <u>유동성</u>의 원칙이 더 강조된다.

02 보험회사의 자산운용 원칙은 타 자산의 운용 3원칙과 달리 <u>공공성의 원칙</u>이 추가된다.

03 자산운용에 대한 규제원칙이 열거주의에서 <u>포괄주의</u>로 전환되면서 자산운용 규제의 강도가 완화되었다고 할 수 있다.

04 보험회사의 임직원에 대한 대출은 <u>보험약관</u> 대출과 소액대출을 제외하고 금지된다.

05 보험회사는 업무용부동산을 일반계정은 <u>총자산의 25%(특별계정 자산의 15%)</u>까지 소유 가능하나, 비업무용부동산은 소유할 수 없다.

06 당해 보험회사의 대주주가 발행한 증권을 매입하는 것은 <u>금지</u>된다.

07 대주주 및 자회사에 대한 신용공여는 보험회사 자산운용원칙상 <u>일정금액</u>까지 허용된다.

08 자산운용 시 외국 부동산은 일반계정은 <u>총자산의 50%(특별계정 자산의 50%)</u>까지 소유 가능하다.

09 특별계정의 자산운용에서 매 분기 말 기준 <u>300억원 이하</u>의 특별계정은 일반계정에 포함하여 자산운용비율을 적용한다.

10 자산운용의 제한비율을 초과하였을 경우 한도초과일로부터 <u>1년</u> 이내에 처분 등을 통해 적정비율 이내로 맞추어야 한다.

11 대주주에게 직접적인 신용공여는 <u>자기자본의 40%</u>와 <u>총자산의 2%</u> 중 적은 금액까지 가능하다.

12 대주주가 발행한 주식은 매입할 수 있으나, 대주주가 타 회사를 <u>인수하기 위한 자금</u>을 지원해서는 <u>안된다</u>.

13 보험회사가 의결권 있는 타 법인의 주식을 <u>15%</u>를 초과하여 보유하면 해당 법인은 자회사가 된다.

14 자회사를 소유하게 된 날로부터 <u>15일</u> 이내에 해당 서류를 <u>금융위</u>에 제출해야 한다.

15 신용정보업&채권추심업은 금융위 <u>신고</u>로서 소유가 가능한 자회사에 해당한다.

오답노트

06 당해 보험회사의 대주주가 발행한 증권을 매입하는 것은 자기자본의 60%와 총자산의 3% 중 적은 금액까지 허용된다.

15 신용정보업&채권추심업은 금융위 승인으로서 소유가 가능한 자회사에 해당한다.

출제예상문제

01 보기 중 '보험계약국제회계기준인 IFRS17'에 대한 설명으로 모두 묶은 것은?

> ㉠ 이익의 투명성이 감소된다.
> ㉡ 보험부채의 평가를 원가법으로 한다.
> ㉢ 이익표시는 이익 원천별로 재무제표에 표시한다.
> ㉣ 보험수익을 보험료 수입 시가 아닌 보험서비스 제공 시 인식한다.

① ㉠, ㉡

② ㉡, ㉢

③ ㉢, ㉣

④ ㉠, ㉢

해설 | 보험부채를 시가로 평가하여 이익의 투명성이 증대되었다.

02 다음은 IFRS4와 IFRS17을 비교한 것이다. 옳지 않은 것은?

① IFRS4는 보험부채를 원가평가하고 IFRS17은 시가평가한다.

② IFRS4는 다른 금융업과 일관성이 있지만 IFRS17는 일관성이 없다.

③ IFRS4는 각국의 보험관행을 인정하지만 IFRS17는 인정하지 않는다.

④ IFRS17는 주석공시사항이 많지만 IFRS4는 상대적으로 적다.

해설 | IFRS4는 다른 금융업과 일관성이 없지만 IFRS17는 일관성이 있다. IFRS4는 보험부채를 원가평가하고 현금주의 회계 성격이어서 다른 산업과의 비교가능성이 떨어진 반면, IFRS17는 시가평가와 발생주의 회계를 적용함으로써 일관성을 갖추게 되었다.

03 다음 중 보험회계에 대한 설명으로 적절한 것은?

① 재무건전성을 확보하기 위해 일부 감독목적의 회계를 적용한다.

② 감독목적회계는 국제적 정합성 유지를 목적으로 하고 있다.

③ 일반 주식회사와 마찬가지로 보험회사도 배당대상은 주주이다.

④ 은행의 예금은 부채로 계상하나 보험사의 보험료수입은 수익이 된다.

해설 | ② K-IFRS(한국채택국제회계기준)의 수용은 국제적 정합성 유지를 목적으로 하는 것이다.
③ 보험회사는 일반 주식회사와 달리 배당을 주주와 계약자에게 한다.
④ 은행의 예금은 부채로 계상하나 보험사의 보험료수입은 부채로 인식되었다가 시간의 흐름에 따라 수익으로 인식한다.

04 다음은 보험회계의 특징에 대한 설명이다. 옳지 않은 것은?

① 유배당 상품을 발행한 보험회사는 유배당 보험의 보험계약자에 계약자배당을 실시해야 한다.

② 수입이 먼저 이루어지고 비용이 사후적으로 발생하므로 보험 회사의 중요한 리스크 발생요인이 된다.

③ 감독목적회계의 기본적인 목표는 보험회사의 지급여력 관련 정보의 제공에 있으므로 포괄손익계산서에 관한 정보가 매우 중요하다.

④ 기업회계기준서 제1115호 '고객과의 계약에서 생기는 수익'이 아닌 별도의 보험계약기준서(기업회계기준서 제1117호 '보험계약')를 적용한다.

해설 | 감독목적회계의 기본적인 목표는 보험회사의 지급여력 관련 정보의 제공에 있으므로 재무상태표에 관한 정보가 매우 중요하다.

05 우리나라 회계기준에서 주권상장법인(코넥스상장 제외), 은행, 보험회사 등 금융기관, 자발적으로 선택한 모든 기업이 적용하는 회계기준은 어느 것인가?

① 한국채택국제회계기준
② 일반기업회계기준
③ 중소기업회계기준
④ 일반적으로 인정된 회계원칙(GAAP)

해설 | 우리나라의 회계기준

한국채택국제회계기준	주권상장법인(코넥스상장 제외), 은행, 보험회사 등 금융기관, 자발적으로 선택한 모든 기업
일반기업회계기준	한국채택국제회계기준에 적용되지 않는 외감법상 의무적용대상 기업
중소기업회계기준	상법시행령에 따라 회사의 종류 및 규모를 고려한 작은 주식회사

PART 01

PART 02

PART 03

PART 04

PART 05

PART 06

PART 07

정답 ▸ 01 ③ 02 ② 03 ① 04 ③ 05 ①

06 다음 중 재무제표에 대한 설명으로 적절하지 않은 것은?

① 재무제표의 기본가정은 계속기업의 가정이다.

② 재무제표는 4개의 재무제표에 주석을 포함하는 개념이다.

③ 보고기업이 지배기업과 종속기업으로 구성된다면 그 보고기업의 재무제표를 '연결재무제표'라고 한다.

④ 보고기업이 지배−종속관계로 연결되지 않은 두 개 이상의 실체로 구성된다면 그 보고기업의 재무제표를 '비연결재무제표'라고 한다.

해설 | 보고기업이 지배−종속관계로 연결되지 않은 두 개 이상의 실체로 구성된다면 그 보고기업의 재무제표를 '결합재무제표'라고 한다. 보고기업이 지배기업 단독인 경우 그 보고기업의 재무제표를 '비연결재무제표'라고 한다.

07 재무제표의 5가지 종류 중 '감독목적회계상' 별도의 작성방법을 정하고 있지 않은 재무제표는?

① 현금흐름표, 자본변동표   ② 현금흐름표, 재무상태표

③ 자본변동표, 재무상태표   ④ 자본변동표, 포괄손익계산서

해설 | 재무건전성감독을 하기 위해서 중요한 재무제표는 재무상태표와 포괄손익계산서이다. 감독 관점에서 상대적으로 중요도가 떨어지는 현금흐름표, 자본변동표에 대한 별도의 규정이 없다.

08 IFRS17에 근거한 보험회사 재무상태표에서 볼 수 없는 것은?

① 책임준비금   ② 특별계정자산

③ 특별계정부채   ④ 미상각신계약비

해설 | 미상각신계약비 계정은 재무상태표상의 무형자산으로 기록되었으나 IFRS17에 근거한 보험회계에서 이행현금흐름에 반영되면서 없어지게 되었다.

09 다음 중 손해보험회사의 감독목적 손익계산서상 영업손익을 구성하는 항목이 아닌 것은?

① 예상보험금   ② 발생보험금

③ 보험차익   ④ 보험금융수익

해설 | 보험차익은 영업외수익 항목이다.

10 현금흐름표에서 이자와 배당금 등에 대한 활동구분이 적절하지 않은 것은?

① 이자 수취 : 영업활동 또는 투자활동

② 배당금 수취 : 영업활동 또는 투자활동

③ 배당금 지급 : 재무활동 또는 투자활동

④ 법인세 납부 : 영업활동

해설 | 배당금 지급은 재무활동 또는 영업활동으로 분류한다.

이자와 배당금 등의 활동구분

구분	활동구분방법
이자 수취	영업활동 또는 투자활동
이자 지급	영업활동 또는 재무활동
배당금 수취	영업활동 또는 투자활동
배당금 지급	재무활동 또는 영업활동
법인세 납부	영업활동(투자와 재무활동이 명백히 관련되지 않을 경우)

11 다음 중 보험회사의 금융자산 종류에 해당하지 않는 것은?

① 영업권

② 현금 및 현금성자산

③ 유가증권 및 대출채권

④ 임차보증금

해설 | 영업권(무형자산)을 제외하고 나머지는 보험회사 금융자산의 종류에 해당한다.

12 다음 중 공정가치로 평가하고 평가손익을 기타포괄손익으로 반영하는 금융자산은? (기업회계 기준서 제1109호)

① 대여금 및 수취채권

② 상각후원가 측정 금융자산(AC)

③ 당기손익인식 – 공정가치측정 금융자산(FVPL)

④ 기타포괄손익 – 공정가치측정금융자산(FVOCI)

해설 | FVPL과 FVOCI 모두 공정가치로 평가하지만 FVPL은 평가손익을 당기손익으로 인식하고, FVOCI는 평가손익을 기타포괄손익으로 인식한다.

PART 01
PART 02
PART 03
PART 04
PART 05
PART 06
PART 07

13 다음 중 K-IFRS에 의한 금융상품에 대한 설명으로 옳지 않은 것은?

① 금융상품은 보유자에게 금융자산을 발생시키고 동시에 발행자에게 금융부채나 지분상품을 발생시키는 모든 계약을 말한다.

② 잠재적으로 불리한 조건으로 거래상대방과 금융자산이나 금융부채를 교환하기로 한 계약상 권리는 금융상품 보유자 입장에서 금융자산으로 분류한다.

③ 거래상대방에게 현금 등 금융자산을 인도하기로 한 계약상 의무는 금융상품 발행자 입장에서 금융부채로 분류한다.

④ 확정수량의 자기지분상품을 확정금액의 현금 등 금융자산을 교환하여 결제하는 방법 외의 방법으로 결제되거나 결제될 수 있는 파생상품은 발행자 입장에서 금융부채로 분류한다.

해설 | 잠재적으로 <u>유리한</u> 조건으로 거래상대방과 금융자산이나 금융부채를 교환하기로 한 계약상 권리는 금융상품 보유자 입장에서 금융자산으로 분류한다.

14 한국채택국제회계기준서 제1109호에 근거할 때, 빈칸에 들어갈 단어가 순서대로 나열된 것은?

> 사업모형상 매매를 목적으로 하는 금융자산은 (   )이며, 계약상 현금흐름수취만을 목적으로 하는 금융자산은 (   )이다.

① 당기손익 공정가치 측정 금융자산, 상각후원가 측정 금융자산

② 당기손익 공정가치 측정 금융자산, 기타포괄손익 공정가치 측정 금융자산

③ 기타포괄손익 공정가치 측정 금융자산, 상각후원가 측정 금융자산

④ 상각후원가 측정 금융자산, 당기손익 공정가치 측정 금융자산

해설 | 매매를 목적으로 하는 것은 <u>당기손익 공정가치 측정 금융자산</u>이며, 이자 수취만을 목적으로 하는 것은 <u>상각후원가 측정 금융자산</u>이다.

15 한국채택국제회계기준서 제1109호에 기준할 때, 보기는 어떤 금융자산으로 분류되는가?

> 계약상 현금흐름 수취와 매도 두 가지 모두를 보유목적으로 하며, 특정일에 원금과 원금잔액에 대한 이자가 지급된다.

① 매도가능증권

② 상각후원가 측정 금융자산

③ 당기손익 – 공정가치 측정 금융자산

④ 기타포괄손익 – 공정가치 측정 금융자산

해설 | 기타포괄손익–공정가치 측정 금융자산은 현금흐름 수취와 매도 두 가지 모두를 보유목적으로 한다.

16 다음은 기타포괄손익 공정가치 측정 금융자산(채무상품)에 대한 설명이다. 적절하지 않은 것은?

① 계약상 현금흐름 수취 또는 매매의 두 가지 모두를 목적으로 한다.

② 특정일에 원금과 원금잔액에 대한 이자가 지급된다.

③ 어떠한 경우에도 기타포괄손익을 당기손익으로 인식할 수 없다.

④ 손상차손을 인식하되, 기타포괄손익에서 손실충당금을 인식한다.

해설 | 기타포괄손익 공정가치 측정 금융자산(채무상품)은 처분하면 기타포괄손익이 <u>당기손익</u>으로 재순환된다. 단, 기타포괄손익 공정가치 측정 금융자산(지분상품)은 재순환되지 않는다.

17 K–IFRS 제1109호에서 '기타포괄손익–공정가치 측정 금융자산(지분상품)'에 대한 설명이다. 옳지 않은 것은?

① 손상차손을 인식하지 않는다.

② 평가 시에는 평가손익에 대해 기타포괄손익으로 인식한다.

③ 매도(제거) 시에는 매매손익에 대해 당기손익으로 인식한다.

④ 지분상품의 경우 '당기손익 – 공정가치 측정 금융자산'과 '기타포괄손익 공정가치 측정 금융자산'으로 선택이 가능하며, 선택 후에는 취소할 수 없다.

해설 | 기타포괄손익–공정가치 측정 금융자산(지분상품)은 매도(제거) 시에는 매매손익에 대해 당기손익으로 재순환되지 않고 바로 이익잉여금으로 대체된다.

PART 01

PART 02

PART 03

PART 04

PART 05

PART 06

PART 07

정답 ▶ 13 ② 14 ① 15 ④ 16 ③ 17 ③

18 다음 중 금융자산의 손상에 대한 설명으로 올바르지 않은 것은?

① 금융상품에서 실제 신용손실이 발생하지 않더라도 기대신용손실을 추정하여 손상을 인식할 수 있다.

② 상각후원가 측정 금융자산과 채무상품 중 기타포괄손익 – 공정가치 측정 금융자산은 손상금액을 인식할 수 있다.

③ 상각후원가 측정 금융자산의 손상금액은 손실충당금을 설정하여 금융상품의 장부금액에서 차감 표시한다.

④ 신용이 손상되지 않은 경우 금융상품의 신용위험이 유의적으로 증가하지 않았다면 전체기간 기대 신용손실에 해당하는 금액으로 손실충당금을 측정한다.

해설 | 신용이 손상되지 않은 경우 금융상품의 신용위험이 유의적으로 증가하지 않았다면 <u>12개월 기대신용손실</u>에 해당하는 금액으로 손실충당금을 측정한다.

기대신용손실의 측정(3단계 구분원칙)

신용위험의 수준	기대신용손실
1단계 : 최초인식 후 신용위험이 유의적으로 증가하지 않음	<u>12개월 기대신용손실</u> (보고기간 말 이후 12개월 내에 발생 가능한 금융상품의 채무불이행 사건으로 인한 기대신용손실)
2단계 : 최초인식 후 신용위험이 유의적으로 증가함	<u>전체 기간 기대신용손실</u> (신용이 손상된 경우 채무불이행사건으로 인한 기대신용손실)
3단계 : 신용이 손상됨	

19 다음은 금융상품의 재분류에 대한 설명이다. 가장 거리가 먼 것은?

① 지분상품이나 파생상품은 재분류를 하지 않는다.

② AC에서 FVOCI로 재분류할 경우 평가손익을 당기손익으로 인식한다.

③ FVPL에서 AC로 재분류할 경우 재평가일에 취득한 것으로 인식한다.

④ FVOCI에서 FVPL로 재분류할 경우 기타포괄손익을 당기손익으로 인식한다.

해설 | AC에서 FVOCI로 재분류할 경우 평가손익을 기타포괄손익으로 인식한다.

20 20×2년 초 유형자산에 대한 최초인식 후의 측정을 재평가모형으로 한다. 재평가에 대한 정보가 아래와 같을 경우 20×3년 말 당기의 회계처리로 옳은 것은?

> • 20×2년 말 재평가 시 재평가증가액이 50억원 발생하여 기타포괄 손익으로 인식하였다.
> • 20×3년 말 당기에 재평가로 재평가감소액이 70억원 발생하였다.

① 당기순손실로 70억원을 인식한다.

② 기타포괄손익으로 −70억원을 인식한다.

③ 기타포괄손익으로 −50억원, 당기순손실로 20억원을 인식한다.

④ 당기순이익으로 50억원을 인식하고 기타 포괄손익으로 −20억원을 인식한다.

해설 | • 유형자산은 원가모형과 재평가모형 중 선택할 수 있는데 재평가모형은 재평가이익에 대하여 기타포괄손익으로 인식하므로 FVOCI와 회계처리가 동일하다.
　　　• 전기에 50억 기타포괄이익을 인식하고, 당기에 기타포괄손익으로 −50억원, 당기순손실로 20억원을 인식한다.

21 다음 중 무형자산에 속하지 않는 것은?

① 연구비　　　　　　　　　　② 개발비(요건 충족의 경우)

③ 영업권　　　　　　　　　　④ 소프트웨어

해설 | 연구비는 무조건 당기비용 처리되지만 개발비는 일정한 요건을 충족하면 무형자산으로 인정된다. 영업권, 소프트웨어는 무형자산이다.

22 다음 중 비운용자산에 해당하지 않는 것은?

① 유가증권　　　　　　　　　② 보험계약자산

③ 차량운반구　　　　　　　　④ 영업권

해설 | • 운용자산 : 현금 및 예치금, 유가증권, 대출채권, 부동산
　　　• 비운용자산 : 보험계약자산, 재보험계약자산, 유형자산, 무형자산, 기타자산

PART 01
PART 02
PART 03
PART 04
PART 05
PART 06
PART 07

23 다음은 보험회사의 재보험자산 등에 대한 설명이다. 적절하지 않은 것은?

① 재보험자산의 경우도 책임준비금을 재무상태표상에 계상하여야 한다.

② 재보험자산은 보험계약을 출재할 경우 해당 계약에 대하여 수재한 보험사가 적립한 책임준비금 상당액을 말한다.

③ 재보험자산은 손상여부를 고려하여 평가에 따른 감액손실 및 감액손실환입액을 가감하여 계상한다.

④ 보험계약 발행 시 책임준비금을 계상하는 것과 마찬가지로 보험계약을 수재한 경우 재보험자는 이에 대해 원수보험사가 책임준비금을 계상한다.

해설 | 재보험자산의 경우는 재무상태표의 자산에 기록되며, 부채가 아니므로 책임준비금을 계상할 필요가 없다.

24 아직 발생하지 않은 보험사고 및 지급사유가 발생하지 않은 투자요소와 관련된 보험자의 순계약상 의무를 무엇이라고 하는가?

① 보험계약부채　　　　　　　　　　② 투자계약부채

③ 잔여보장요소　　　　　　　　　　④ 발생사고요소

해설 | 이미 발생한 보험사고 및 지급사유가 발생한 투자요소와 관련된 보험자의 순계약상 의무는 '발생사고요소'이며 잔여보장요소에서 '보험계약마진'이 빠져 있다.

25 미래 지출의 금액이나 시기가 확정되지 않은 부채에 해당하는 것은?

① 후순위채권　　　　　　　　　　　② 확정급여채무

③ 채무보증충당부채　　　　　　　　④ 미지급금

해설 | 미래 지출의 금액이나 시기가 확정되지 않은 부채를 '충당부채'라고 한다.

26 다음 설명 중 옳지 않은 것은?

> 발행자가 보유자에게 확정되었거나 결정 가능한 미래시점에 의무적으로 상환해야 하거나, 보유자가 상환을 청구할 수 있는 권리를 보유하고 있는 우선주를 말한다.

① 요구불상환지분이라고 한다.　　　② 실질적으로 금융부채에 해당한다.
③ 전환우선주에 대한 설명이다.　　　④ 외형적으로 지분상품의 표시를 하고 있다.

해설 | 상환우선주에 대한 설명이며, 확정적인 미래에 의무적으로 상환하여야 한다면 우선주임에도 불구하고 경제적 실질에 의하여 부채로 분류한다.

PART
01

PART
02

PART
03

PART
04

PART
05

PART
06

PART
07

27 다음 중 보험계약회계의 회계단위로서 유사한 위험에 노출되어 있고 함께 관리되는 계약으로 구성된 것을 무엇이라 하는가?

① 개별보험계약　　　　　　　　　② 계약세트
③ 보험계약 포트폴리오　　　　　　④ 보험계약의 집합

해설 | ① 개별보험계약 : 인식과 제거를 위한 최소회계단위로서 계약세트(set)나 일련의 계약을 단일의 개별보험계약으로 처리 가능
③ 보험계약포트폴리오 : 유사한 위험에 노출되어 있고 함께 관리되는 계약을 하나의 포트폴리오로 인식하도록 규정함 → 가장 큰 관리단위
④ 보험계약의 집합 : 계약의 개시시점에 발행한 계약을 통합한 단위로서 인식항목의 평가, 상각 및 상계 등을 포함한 특정의 최소단위

28 발행한 보험계약 포트폴리오는 최소한 다음의 세가지로 분류한다. 이에 해당하지 않는 것은?

① 포트폴리오에 남아 있는 계약집합
② 최초 인식 시점에 이익을 인식하는 계약집합
③ 최초 인식 시점에 손실을 부담하는 계약집합
④ 최초 인식 시점에 후속적으로 손실을 부담하게 될 유의적인 가능성이 없는 계약집합

해설 | 회계의 보수주의는 손실의 가능성이 있을 경우 우선 인식하려는 취지이므로 최초 인식 시점에 이익을 인식하는 계약집합은 분류에 해당되지 않는다. 발행한 보험계약의 포트폴리오는 최소한 다음과 같은 세 가지의 집합으로 나뉜다.
• 최초 인식 시점에 손실을 부담하는 계약집합
• 최초 인식 시점에 후속적으로 손실을 부담하게 될 유의적인 가능성이 없는 계약집합
• 포트폴리오에 남아 있는 계약집합

정답 23 ① 24 ③ 25 ③ 26 ③ 27 ③ 28 ②

29 다음은 보험계약 회계모형 중 무엇에 대한 설명인가?

> • 타 접근법으로 측정한 것과 중요한 차이가 없이 잔여보장부채를 측정할 것으로 기대
> • 집합 내 계약의 보장기간이 1년 이하

① 일반모형   ② 보험료배분접근법

③ 변동수수료접근법   ④ 해당항목 없음

해설 | 보험료배분접근법의 적용요건(보험계약집합에 대한 측정을 간소화하기 위해 선택)
> • 타 접근법으로 측정한 것과 중요한 차이가 없이 잔여보장부채를 측정할 것으로 기대
> • 집합 내 계약의 보장기간이 1년 이하

30 변동수수료접근법의 적용요건에 해당하지 않는 것은?

① 계약에 보험계약자가 기초항목집단의 일정 몫에 참여한다는 것이 명시되어 있다.

② 타 접근법으로 측정한 것과 중요한 차이가 없이 잔여보장부채를 측정할 것으로 기대할 수 있다.

③ 보험계약자에게 지급될 변동분 중 상당비율이 기초항목의 공정가치변동에 따라 변동될 것으로 예상한다.

④ 보험계약자에게 기초항목에서 발생하는 공정가치 이익 중 상당한 몫에 해당하는 금액을 지급할 것으로 예상한다.

해설 | '타 접근법으로 측정한 것과 중요한 차이가 없이 잔여보장부채를 측정할 것으로 기대할 수 있다.'는 보험료배분접근법의 적용요건이다.

31 다음은 보험회사의 부채에 대한 설명이다. 옳지 않은 것은?

① 책임준비금, 기타부채, 특별계정부채로 구분하여 표시한다.

② 책임준비금은 보험계약부채, 재보험계약부채, 투자계약부채로 구분된다.

③ 보험계약부채는 잔여보장요소와 발생사고요소로 구분하여 표시한다.

④ 국제회계기준의 보험계약의 정의를 충족시키지 못한 경우도 보험계약부채의 범주에 포함한다.

해설 | 국제회계기준의 보험계약의 정의를 충족시키지 못한 경우도 투자계약부채의 범주에 포함한다.

32 IFRS 17에 따라, 보험계약을 최초 인식하는 경우 보험계약부채의 4가지 구성요소가 아닌 것은?

① 할인효과
② 위험조정
③ 이행현금흐름
④ 미래현금흐름 추정치

해설 | 이행현금흐름은 <u>미래현금흐름 추정치</u>와 <u>할인효과</u>를 합한 금액을 의미한다.
　　　부채의 장부금액의 4가지 구성요소
　　　• 미래현금흐름 추정치
　　　• 할인효과
　　　• 비금융위험에 대한 위험조정(RA)
　　　• 보험계약마진(CSM)

33 일반 보험계약집합의 인식에 대한 설명으로 옳은 것은?

① (보장기간 시작시점, 첫 보험료 지급시점,손실부담계약이 되는 시점) 중 늦은 날
② (보장기간 시작시점, 첫 보험료 지급시점,손실부담계약이 되는 시점) 중 빠른 날
③ (보장기간 시작시점, 손실부담 원수보험계약 인식 시점) 중 늦은 날
④ (보장기간 시작시점, 손실부담 원수보험계약 인식 시점) 중 빠른 날

해설 | 기업은 다음 중 가장 <u>빠른 시점</u>에 발행한 보험계약집합을 인식한다.
　　　• 계약집합의 보장기간이 시작될 때
　　　• 집합 내의 보험계약자가 첫 번째 보험료를 지급해야 할 때
　　　• 손실부담계약집합의 경우, 집합이 손실부담계약집합이 되는 때

34 다음은 위험조정의 특성에 대한 설명이다. 옳지 않은 것은?

① 만기가 짧은 계약이 만기가 긴 계약보다 비금융위험에 대한 위험조정이 더 크다.
② 현행 추정치와 추세에 대해 알려진 바가 적을수록 비금융위험에 대한 위험조정은 더 크다.
③ 더 넓은 확률분포를 가진 위험은 좁은 분포를 가진 위험보다 비금융위험에 대한 위험조정이 더 크다.
④ 낮은 빈도와 높은 심도를 가진 위험은 높은 빈도와 낮은 심도를 가진 위험보다 비금융위험에 대한 위험조정이 더 크다.

해설 | 만기가 <u>긴</u> 계약이 만기가 <u>짧은</u> 계약보다 비금융위험에 대한 위험조정이 더 크다.

PART 01

PART 02

PART 03

PART 04

PART 05

PART 06

PART 07

35 다음 중 보험계약마진의 후속변동요소에 해당하지 않는 것은?

① 새로운 계약발행

② 부리이자

③ 비금융위험에 대한 위험조정의 변동분

④ 서비스의 이전에 따라 보험수익으로 인식된 금액

해설 | 비금융위험에 대한 위험조정의 변동분은 보험계약마진과 별도 계정으로 수익을 인식한다.

보험계약마진의 후속측정
- 새로운 계약발행의 효과
- 보험계약마진의 부리이자
- 미래 서비스와 관련된 이행현금흐름의 변동분
- 보험계약마진 관련 외환 차이
- 서비스의 이전에 따라 보험수익으로 인식된 금액

36 보험회사의 주주가 불입한 자본 중 상법의 규정에 따라 계상한 부분으로 일반적으로 1주당 액면금액에 발행주식 총수를 곱하여 산정하며, 채권자를 위하여 회사가 보유해야 할 최소한의 담보액을 의미하는 자본계정은 무엇인가?

① 자본금   ② 자본잉여금

③ 이익잉여금   ④ 자본조정

해설 | 액면금액에 발행주식 수를 곱한 것으로 소유주가 채권자의 권리를 보호하기 위하여 확보해야 하는 최소한의 자본을 '자본금'이라 한다.

37 '자본금'에 대한 설명과 가장 거리가 먼 것은?

① 1주당 액면금액에 발행주식 총수를 곱하여 산출된다.

② 채권자를 위하여 최소한으로 보유해야 하는 담보액이다.

③ 법정자본이라고도 한다.

④ 불입자본이라고도 한다.

해설 | 불입자본은 발행주식 수와 발행가액의 곱이다. 발행가액은 액면금액과 주식발행초과금으로 구성되어, 액면금액은 자본금으로 주식발행초과금은 자본잉여금으로 들어간다.

38 다음 중 자본잉여금에 대한 설명으로 적절하지 않은 것은?

① 주식배당이나 무상증자의 경우에는 주식발행초과금이 발생한다.

② 자본잉여금은 결손금의 보전이나 자본금으로의 전입 이외에는 처분할 수 없다.

③ 자기주식처분손실은 자본조정에 속하지만 자기주식처분이익은 자본잉여금이 된다.

④ 채권자를 위해 회사가 보유해야 할 최소한의 담보액을 의미하는 것은 자본금이다.

해설 | 주식배당이나 무상증자의 경우에는 이익잉여금이나 자본잉여금을 자본금으로 전입할 때 액면금액으로 자본금에 전입이 일어나므로 주식발행초과금이 발생하지 않는다.

PART
01

PART
02

PART
03

PART
04

PART
05

PART
06

PART
07

39 다음은 계약자지분조정에 관한 설명이다. 옳지 않은 것은?

① 유배당 상품의 미실현손익을 계약자지분조정으로 배분하는 것을 말한다.

② 보험회사의 자산평가손익은 계약자의 몫과 주주의 몫으로 구분한다.

③ 계약자의 몫은 실현된 부분은 부채로 미실현된 부채는 자본으로 분류한다.

④ 현행감독회계규정상 부채항목에 속한다.

해설 | 현행감독회계규정상 <u>자본항목</u>에 속한다.

40 보험종목별로 비상위험준비금을 적립하는 보험에 해당하지 않는 것은? (비상위험준비금＝보유보험료 ×적립기준율×적립한도)

① 화재보험　　　　　　　　　② 자동차보험

③ 보증보험　　　　　　　　　④ 배상보험

해설 | 배상보험은 대상이 아니다. 예정사고율을 초과하는 거대위험에 대비하여 적립하는 준비금으로 손해보험에만 존재한다. → 손해보험 6개 종목 : 화재, 해상, 자동차, 보증, 특종, 수재보험

41 P생명보험회사의 손익계산서 정보가 보기와 같을 때, 당사의 영업이익은 얼마인가?

> 보험수익 80억원, 보험서비스비용 50억원, 투자수익 60억원, 투자비용 40억원, 영업외수익 60억원

① −10억원 ② 0원

③ +10억원 ④ +50억원

해설 | 영업이익에 영업외수익을 포함하지 않는다.
영업이익=보험수익 80억원−보험서비스비용 50억원+투자수익 60억원−투자비용 40억원＝+50억원

42 다음 중 보험수익에 해당하는 항목이 아닌 것은?

① 발생보험금 ② 위험조정변동

③ 보험계약마진 상각 ④ 보험취득현금흐름 상각

해설 | 발생보험금은 비용에 해당한다.

보험수익항목
• 예상보험금 : 당기에 발생할 것으로 예상한 보험금
• 사업비 : 예상손해조사비/예상계약유지비/예상투자관리비
• 위험조정변동
• 보험계약마진 상각 : 시간의 경과에 따라 배분하여 보험수익으로 인식
• 보험취득현금흐름 상각
• 손실요소배분액

43 다음 중 보험서비스비용에 해당하는 항목이 아닌 것은?

① 손실부담계약관련비용 ② 발생사고 요소 조정

③ 보험취득현금흐름 상각 ④ 예상보험금

해설 | 예상보험금은 보험수익에 해당한다.

보험서비스 비용 항목
• 발생보험금 : 당기에 실제로 발생한 보험금
• 사업비 : 발생손해조사비/발생계약유지비/발생투자관리비
• 손실부담계약관련비용(환입)
• 발생사고 요소 조정
• 보험취득현금흐름 상각
• 손실요소배분액

44 다음 중 일반 보험계약의 보험금융수익과 관련이 없는 것은?

① 보험금융이자수익
② 환율변동수익
③ 할인율변동수익
④ 유가증권이자수익

해설 | 유가증권이자수익은 별도의 이자수익항목으로 분류한다.

PART 01

45 재보험회계를 반영할 때(출재와 수재를 모두 영위하는 보험사로 가정함), '비용'으로 인식하는 것을 모두 고르면?

PART 02

> ⊙ 출재보험료
> ⓒ 출재보험수수료
> ⓜ 출재보험금
>
> ⓛ 수재보험료
> ⓔ 수재보험수수료
> ⓗ 수재보험금

PART 03

① ⊙, ⓒ, ⓜ
② ⓛ, ⓔ, ⓗ
③ ⊙, ⓔ, ⓗ
④ ⓛ, ⓒ, ⓜ

PART 04

해설 | 출재 및 수재 보험계약의 회계처리

PART 05

구분	보험료	보험금	사업비	자산/부채
출재의 경우	출재보험료 (출재사 비용)	출재보험금 (출재사 수익)	출재보험수수료 출재이익수수료 (출재사 수익)	재보험자산 (출재사 자산)
수재의 경우	수재보험료 (수재사 수익)	수재보험금 (수재사 비용)	수재보험수수료 수재이익수수료 (수재사 비용)	책임준비금 (수재사 부채)

PART 06

PART 07

46 다음 중 특별계정운용의 용도가 '운용손익의 투명한 배분'에 있는 것은?

① 변액연금
② 장기손해보험
③ 연금저축보험
④ 퇴직연금 원리금보장형

해설 | 변액보험, 퇴직연금 실적배당형은 납입보험료에 대한 운용손익을 전액 계약자에게 귀속시키기 위하여 특별계정을 운용한다.

47 별도로 작성된 '특별계정의 자산과 부채'를 재무상태표에 총액으로 기재하는 것은?

① 장기손해보험, 퇴직보험

② 퇴직연금 원리금보장형, 장기손해보험

③ 퇴직연금 실적배당형, 퇴직연금 원리금보장형

④ 변액보험, 퇴직연금 실적배당형

해설 | '특별계정의 자산과 부채'를 재무상태표에 총액으로 기재하는 보험항목은 운영의 투명성 확보를 목적으로 하는 변액보험과 퇴직연금 실적배당형이다.

48 다음의 경우 갑 보험사의 재무상태표에 총액으로 표시되는 특별계정자산과 특별계정부채는?

- 연금저축보험 특별계정(자산 30억원, 부채 20억원)
- 변액보험 특별계정(자산 50억원, 부채 30억원)

① 20억원, 10억원   ② 30억원, 20억원

③ 50억원, 30억원   ④ 80억원, 50억원

해설 | 연금저축보험 특별계정은 재무상태표에 특별계정자산과 특별계정부채로 인식하지 않고, 변액보험 특별계정만 재무상태표에 특별계정자산과 특별계정부채로 인식한다.

49 다음의 경우에 보험회사의 대주주가 발행한 주식을 매입할 수 있는 한도는 얼마인가?

- 보험회사 : 자기자본 2천억, 총자산 1조원
- 대주주인 회사 : 자기자본 5천억, 총자산 8천억

① 240억   ② 300억

③ 2,400억   ④ 3,000억

해설 | 대주주가 발행한 주식을 매입할 수 있는 한도=Min(2천억×60%, 1조원×3%)=<u>300억원</u>

50 보험회사가 그 대주주와의 거래를 하는 경우 금지대상에 해당하지 않는 것은?

① 대주주에게 자산을 무상으로 양도하는 것

② 대주주가 발행한 주식에 대하여 투자를 하는 것

③ 대주주가 타회사를 인수할 때 그 인수자금을 지원하는 것

④ 대주주와의 거래조건이 당해 보험회사에 현저하게 불리한 조건인 것

해설 | 대주주가 발행한 주식, 채권 등의 유가증권을 보험회사는 제한적으로 매입할 수 있다.
매입한도＝Min(자기자본×60%, 총자산×3%)

PART
01

PART
02

PART
03

PART
04

PART
05

PART
06

PART
07

MEMO

PART **06**

실전모의고사

합격으로 가는 하이패스
토마토패스

01 도로 상태가 좋지 않아 발생한 교통사고로 자동차가 파손되어 수리비를 지급하였다. 다음 중 위태(hazard)에 해당하는 것은?

① 도로 상태가 좋지 않은 것   ② 교통사고

③ 자동차 파손   ④ 수리비 지급

02 다음 중 인공위성 또는 아주 특수한 공장이나 구조물이 충족시키지 못하고 있는 보험가능요건은?

① 손실의 발생은 우연적이어야 하고 고의성이 없어야 한다.

② 상당수의 동질적 위험이 존재하여야 한다.

③ 담보하는 리스크가 합법적이어야 한다.

④ 손실은 확정적이고 측정이 가능해야 한다.

03 위험관리의 목적은 손해발생 전의 목적(pre−loss objectives)과 손해발생 후의 목적(post−loss objectives)으로 나누어 볼 수 있다. 다음 중 손해발생 전의 목적(pre−loss objectives)에 해당하는 것을 옳게 고른 것은?

> ⓐ 영업의 지속(continuity of operations)
> ⓑ 불안의 경감(reduction in anxiety)
> ⓒ 손실방지를 위한 각종 규정의 준수(meeting externally imposed obligation)
> ⓓ 수익의 안정(earning stability)
> ⓔ 지속적인 성장(continued growth)
> ⓕ 위험관리 기능을 수행함에 있어서 최소의 비용으로 최대의 효과 달성(economy)

① ⓐ, ⓓ, ⓔ   ② ⓐ, ⓒ, ⓔ

③ ⓑ, ⓒ, ⓕ   ④ ⓑ, ⓔ, ⓕ

04 다음의 보험관련 원칙 중 도덕적 위태(moral hazard)를 완화할 수 있는 원칙과 거리가 먼 것은?

① 수지상등의 원칙   ② 피보험이익의 원칙

③ 실손보상의 원칙   ④ 대위변제의 원칙

05 다음은 도덕적 위험의 방지대책이다. 계약체결 후의 대책에 해당하지 않는 것은?

① 위험유지의무 부여

② 위험 변경·증가 통지의무

③ 보험사고의 객관적 확정 효과

④ 고의·중과실손해에 대한 면책(손해보험)

06 다음 중 손실감소의 효과를 주목적으로 하는 위험관리방법은 무엇인가?

① 운전면허제도   ② 작업안전수칙

③ CCTV 설치   ④ 자동차 에어백

07 위험관리와 위험비용(risk cost)에 관한 설명으로 적절하지 못한 것은?

① 위험관리의 목표는 위험비용의 최소화에 두어야 한다.

② 일반적으로 손실통제비용과 기대손실비용은 서로 상반관계에 있다.

③ 위험을 감소시키게 되면 위험비용도 감소된다.

④ 간접손실이 직접손실보다 큰 경우가 종종 있다.

08 다음은 순수위험과 투기위험에 대한 설명이다. 옳지 않은 것은?

① 순수위험은 이익 가능성이 없고 손실 가능성만 있다.

② 투기위험은 손실 가능성과 이익 가능성이 함께 있다.

③ 순수위험은 범위를 한정할 수 없으나 투기위험은 범위를 한정할 수 있다.

④ 순수위험은 대수의 법칙을 적용하기 어려워 일반적으로 보험의 대상이 될 수 없다.

09 다음 중 자가보험(self-insurance)을 활용하는 이유로 옳지 않은 것은?

① 거래비용 절감　　　　　　　　② 손실통제비용 절감
③ 현금흐름 개선　　　　　　　　④ 보험인수 거절 위험관리

10 다음 중 손해보험경영의 3대원칙에 해당하지 않는 것은?

① 위험대량의 원칙　　　　　　　② 위험동질성의 원칙
③ 위험분산의 원칙　　　　　　　④ 위험다양화의 원칙

11 다음 중 보험요율 산정원칙에 해당하지 않는 것은?

① 충분성　　　　　　　　　　　② 비과도성
③ 투명성　　　　　　　　　　　④ 공평한 차별성(공정성)

12 다음 중 일반적으로 보험계약이 법적인 효력을 발휘하기 위하여 반드시 갖추어야 할 기본 요건으로 적절하지 않은 것은?

① 청약과 승낙(offer and acceptance)
② 급부(consideration)
③ 합법적인 계약목적(legal purpose)
④ 적법한 양식(legal form)

13 다음은 위험의 선택 및 역선택에 대한 설명이다. 옳지 않은 것은?

① 역선택은 정보의 비대칭에 의해 발생하는 비효율이다.
② 위험선택의 주체는 보험자이고, 역선택의 주체는 보험계약자이다.
③ 역선택으로 대수의 법칙이 무너져 선의의 보험계약자 및 보험자가 손해를 보게 된다.
④ 역선택은 보험계약자가 보험자에게 불리한 보험사고 발생 가능성이 높은 위험을 선택하여 보험에 가입하는 것을 말한다.

14 보험증권에 관한 설명으로 옳지 않은 것은? (다툼이 있는 경우 판례에 의함)

① 보험증권은 증거증권성이 인정된다.

② 보험증권은 보험계약자의 청구에 의하여 보험계약자에게 교부된다.

③ 보험증권에는 무효와 실권사유를 기재하여야 한다.

④ 보험증권이 멸실 또는 현저하게 훼손된 경우 보험계약자는 자신의 비용으로 증권의 재교부를 청구할 수 있다.

15 보험증권에 대한 설명으로 옳지 않은 것은?

① 보험증권을 멸실한 때에는 보험계약자는 자신의 비용부담으로 증권의 재교부를 청구할 수 있다.

② 보험료의 전부 또는 최초보험료의 지급이 있기 전까지 보험자는 증권의 교부를 거절할 수 있다.

③ 증권이 교부가 있은 날로부터 일정한 기간 내에 한하여 그 증권의 내용의 정부에 관한 이의를 할 수 있는데 그 기간은 1월을 내리지 못한다.

④ 보험자가 보험증권의 교부의무를 위반한 경우에 보험계약자는 보험계약 성립일로부터 3월 내에 보험계약을 취소할 수 있다.

16 보험계약에서 최대선의성의 원칙을 구현하기 위한 예로써 적절하지 않은 것은?

① 고지의무나 통지의무 위반 시 계약을 해지할 수 있도록 한 경우

② 사기로 인한 초과 · 중복보험 시 보험계약을 무효로 할 수 있도록 한 경우

③ 타 보험계약에서 취급하는 위험에 대하여 면책할 수 있도록 한 경우

④ 계약자 또는 피험자에게 손해발생 시 보험에 가입하지 않았을 경우에 요구되는 정도의 손해방지의무를 부과하는 경우

17 약관조항에 정확하게 합치되는 것은 아니지만 보통사람이라면 보상을 받을 것이라고 생각하는 보험사고와 관련하여 보험금분쟁이 발생하였을 때 적용할 수 있는 원칙으로 가장 적합한 것은?

① 수기문언 우선효력의 원칙   ② 합리적 기대의 원칙

③ 동종제한의 원칙   ④ 작성자 불이익의 원칙

PART 01

PART 02

PART 03

PART 04

PART 05

PART 06

PART 07

18 다음의 요건을 모두 충족하는 분쟁사건에 대해서는, 조정이 진행 중인 상황에서 조정안을 제시받기 전에는 어느 일방이 소(訴)를 제기할 수 없다. 빈칸에 들어갈 금액은?

> • 일반금융소비자가 신청한 사건일 것
> • 주장하는 권리나 이익의 가액이 (   ) 이하의 소액사건일 것

① 1천만원
② 2천만원
③ 3천만원
④ 4천만원

19 보험회사는 다음의 사유가 발생하면 5일 이내에 금융위원회에 보고해야 한다. 옳지 않은 것은?

① 상호나 명칭을 변경한 경우
② 본점의 영업을 중지하거나 재개한 경우
③ 최대주주 변경
④ 대주주의 의결권 있는 지분 중 1,000분의 1 이상이 변동된 경우

20 다음 설명 중 적절하지 않은 것은?

① 우리나라의 보험료산출기관은 보험개발원이다.
② 손해보험사는 제3자 보험금지급보장의무를 준수하기 위해 일정한 금액을 손해보험협회에 출연해야 한다.
③ 보험협회가 보험계약에 관한 사항을 비교, 공시하는 경우에는 대통령령으로 정하는 바에 따라 보험조사협의회를 구성해야 한다.
④ 금융위원회는 상호협정의 체결이나 변경 또는 폐지의 인가를 하거나 협정에 따를 것을 명하려면 공정거래위원회와 협의해야 한다.

21 다음은 타인을 위한 보험계약의 성립요건에 대한 설명이다. 옳지 않은 것은?

① 계약당사자 간에 명시적 또는 묵시적 합의가 있어야 한다.

② 불특정 타인을 위한 보험은 불가능하다.

③ 타인은 피보험자나 보험수익자와의 관계로 표시해도 무방하다.

④ 타인을 확정하는 것은 보험사고 발생 전에 결정해도 무방하다.

22 다음 중 소급보험과 승낙 전 보호제도에 대한 설명으로 옳지 않은 것은?

① 모두 보험계약이 성립하기 전 일정 시점부터 보험자의 책임이 개시된다.

② 소급보험은 당사자의 합의에 의하여 효력이 발생하나, 승낙 전 보호제도는 당사자의 합의에 관계없이 법률규정에 의하여 보호된다.

③ 소급보험은 보험계약이 성립되어야 적용되나, 승낙 전 보호제도는 보험계약이 성립되기 전 단계에서 적용되는 제도이다.

④ 소급보험에서는 청약일 이후에야 보험자의 책임이 개시되나, 승낙 전 보호제도에서는 보험자의 책임이 청약일 이전에 개시된다.

23 다음은 보험계약의 부활에 관한 설명이다. 올바른 것은?

① 해지예고부 최고약관에 의하여 보험계약이 무효 또는 실효되는 경우에는 보험계약의 부활을 청구할 수 없다.

② 보험자가 보험료 환급금을 반환한 경우에는 보험계약자는 환급의 날로부터 3년 내에 부활의 청약을 하여야 한다.

③ 보험계약의 부활은 당사자 간의 합의에 의하여 종전의 보험계약을 다시 회복시키는 특수한 계약이므로 종전계약의 해지시점부터 부활시점 사이에 발생한 사고에 대하여 보험자에게 보상책임이 인정된다.

④ 보험자는 보험계약부활의 청약과 함께 보험료 상당액의 전부 또는 일부의 지급을 받은 때에는 다른 약정이 없으면 30일 내에 납부의 통지를 발송하여야 한다.

24 다음은 고지의무에 관한 설명이다. 옳지 않은 것은?

① 고지의무자는 보험계약자와 피보험자이며, 대리인에 의하여 체결되는 경우 그 대리인도 포함한다.

② 통설은 고지의무의 법적 성질을 간접의무로 해석한다.

③ 보험자가 서면으로 질문한 사항은 중요한 사항으로 추정한다.

④ 판례는 일관하여 인보험에서 다른 보험자와의 보험계약의 존재 여부에 대하여 서면으로 질문하였더라도 고지의무의 대상이 아니라고 보았다.

25 다음의 빈칸을 순서대로 바르게 채운 것은?

> • 보험금청구권은 사고발생을 안 날로부터 (   )이며 이는 (   )에 해당된다.
> • 고지의무를 위반한 경우 보험계약체결일로부터 (   )이 지나면 보험계약을 해지할 수 없는데 이는 (   )에 해당된다.

① 2년 – 소멸시효 – 2년 – 제척기간   ② 3년 – 소멸시효 – 3년 – 제척기간

③ 3년 – 제척기간 – 3년 – 소멸시효   ④ 2년 – 제척기간 – 2년 – 소멸시효

26 재보험의 가장 오래된 유형으로 계약당사자 간의 합의에 의해 자유롭게 계약을 체결하고 출재 여부도 결정할 수 있는 보험은 무엇인가?

① 임의재보험   ② 특약재보험

③ 비례적 재보험   ④ 비비례적 재보험

27 다음은 보험계약의 해지에 대한 설명이다. 옳지 않은 것은?

① 보험사고가 발생하기 전에는 보험계약자는 언제든지 계약의 전부를 해지할 수는 있으나 일부만을 해지할 수는 없다.

② 타인을 위한 보험계약의 경우에는 보험계약자는 반드시 그 타인의 동의를 얻거나 보험증권을 소지해야만 그 계약을 해지할 수 있다.

③ 보험기간 중에 보험수익자의 중과실로 사고 위험이 현저하게 증가한 때 보험자는 계약을 해지할 수 있다.

④ 강행법규에 어긋나지 않는 한 약관상 계약 해지사유가 있는 때 보험자는 이를 근거로 해지할 수 있다.

28 다음 중 1개월 이내에 보험료의 증액을 청구하거나 보험계약을 해지할 수 있는 사유에 해당하는 것은?

① 위험유지의무를 위반한 경우

② 보험목적 양도 시 통지의무를 이행하지 않은 경우

③ 위험의 현저한 변경·증가 시의 통지의무를 이행하지 않은 경우

④ 선박미확정의 적하예정보험에서의 통지의무를 이행하지 않은 경우

PART
01

PART
02

PART
03

PART
04

PART
05

PART
06

PART
07

29 공장건물에 대하여 각 계약의 지급보험금 계산방식이 다르다고 가정할 때 다음 사항에 근거하여 지급보험금을 올바르게 계산한 것은?

- 보험가액 : 2천만원
- 보험가입금액 : A계약 1천만원, B계약 2천만원
- 손해액 : 600만원

① A – 200만원, B – 200만원　　　　② A – 200만원, B – 400만원

③ A – 400만원, B – 200만원　　　　④ A – 400만원, B – 400만원

30 '피보험자가 보험목적을 양도한 때에는 양수인은 보험계약의 권리와 의무를 승계한 것으로 추정한다.'는 상법 제679조가 충족되기 위한 요건으로 옳지 않은 것은?

① 양도 대상 보험목적은 물건에 한한다.

② 양도 당시 보험계약이 유효하게 존속하고 있어야 한다

③ 보험목적에 대한 채권적 양도가 있어야 한다.

④ 보험목적 양도 시 유상 또는 무상은 불문한다.

31 다음은 보험목적 양도 시 포괄승계가 추정되는 상법 제679조의 예외를 설명한 것이다. 옳지 않은 것은?

① 인보험은 양도할 수 없다.

② 전문직업배상책임보험은 양도할 수 없다.

③ 선박 양도 시 보험자가 사후 승낙을 하지 않으면 보험은 자동 종료된다.

④ 자동차 양도 시 양수인은 보험자의 승낙을 얻는 경우에 한하여 권리와 의무를 승계한다.

32 자동차보험에 대한 설명으로 옳지 않은 것은? (다툼이 있는 경우 판례에 의함)

① 보험자가 보험계약자의 대리인과 자동차보험계약을 체결하는 경우에는 그 대리인에게 보험약관을 설명함으로써 족하다.

② 피보험자가 보험기간 중에 자동차를 양도한 때에는 양수인은 보험자의 승낙을 얻은 경우에 한하여 보험계약으로 인하여 생긴 권리와 의무를 승계한다.

③ 보험자가 양수인으로부터 양수사실을 통지받은 때에는 지체 없이 낙부를 통지하여야 하고 통지받은 날부터 14일 내에 낙부의 통지가 없을 때에는 승낙한 것으로 본다.

④ 자동차보험계약의 보험자는 피보험자가 자동차를 소요, 사용 또는 관리하는 동안에 발생한 사고로 인하여 생긴 손해를 보상할 책임이 있다.

33 다음 중 예정보험에 관한 설명으로 적절하지 않은 것은?

① 예정보험은 보험계약을 체결할 당시에 보험증권에 기재할 보험계약의 내용의 일부가 확정되지 않은 보험계약으로서 아직 보험계약이 성립되지 않은 '보험계약의 예약'이며, 독립된 계약이 아니다.

② 예정보험에는 개별예정보험과 포괄예정보험이 있다.

③ 선박미확정의 적하예정보험은 예정보험 중 개별예정보험에 속한다.

④ 포괄예정적하보험을 체결해 두면 만약 보험계약자가 화물선적의 통지를 누락한 경우에도 보험계약자나 피보험자의 고의 또는 중과실이 없는 한 보험자는 책임을 부담하므로 무보험상태에 빠질 위험은 없다.

34 다음은 잔존물 대위와 관련된 내용이다. 옳지 않은 것은?

① 보험의 목적이 전부 멸실, 즉 전손되어야 한다.

② 보험금액의 전부를 지급하여야 한다.

③ 보험의 목적 전부가 멸실한 경우에 보험금액의 전부를 지급한 보험자는 그 목적에 대한 피보험자의 권리를 취득한다.

④ 잔존물대위는 피보험자의 보험의 목적에 대한 권리로서 보험금을 전부 지급하면 당연 보험자에게 권리가 귀속되는 것으로 소멸시효에 걸리는 권리이다.

35 다음은 책임보험에서 피해자 직접청구권에 대한 설명이다. 옳지 않은 것은?

① 제3자가 보험자에게 직접 보상을 청구한 경우에 보험자는 피보험자가 그 사고에 관하여 가지는 항변으로써 제3자에게 대항할 수 없다.

② 보험자는 피보험자가 책임을 질 사고로 인하여 생긴 손해에 대하여 제3자가 그 배상을 받기 전에는 보험금액의 전부 또는 일부를 피보험자에게 지급하지 못한다.

③ 보험자가 피해자로부터 보상청구를 받은 때에는 지체 없이 피보험자에게 이를 통지하여야 한다.

④ 피보험자는 보험자의 요구가 있을 때에는 필요한 서류, 증거의 제출, 증언 또는 증인의 출석에 협조할 의무가 있다.

36 다음은 보험계약의 무효에 관한 설명이다. 옳지 않은 것은?

① 사망을 보험사고로 한 보험계약의 경우 보험계약의 체결 당시를 기준하여 피보험자가 미성년자, 심신상실자, 심신박약자를 피보험자로 한 사망 보험은 무효이다.

② 타인의 사망보험에서 타인의 동의를 얻어야만 보험계약의 효력이 발생하므로 타인의 동의를 얻지 못한 경우 그 보험계약은 무효이다.

③ 보험계약자가 보험계약의 체결 시부터 아내를 살해하고 보험금을 취득할 목적으로 보험계약을 체결한 경우 선량한 풍속, 기타 사회질서에 반하여 무효이다.

④ 보험계약자, 피보험자, 보험자가 사고발생 사실을 알지 못하고 보험계약이 장래보험인 경우 보험계약 체결 전에 전손사고가 발생한 경우 피보험이익이 부존재하기 때문에 보험계약은 무효가 된다.

37 다음은 보험업의 허가에 대한 내용이다. 옳지 않은 것은?

① 보험업의 허가는 회사별 설립허가가 아닌 보험종목별 허가이다.

② 예비허가 신청을 받은 금융위는 2개월 이내에 심사하여 예비허가 여부를 통지하여야 한다.

③ 제3보험은 생명보험이나 손해보험의 보험종목 일부를 영위하는 보험회사도 겸영할 수 있다.

④ 연금저축, 퇴직연금은 '손해보험종목의 일부를 영위하는 보험회사', '제3보험만을 영위하는 보험회사'는 겸영할 수 없다.

PART
01

PART
02

PART
03

PART
04

PART
05

PART
06

PART
07

38 다음은 통신판매전문보험회사에 관한 설명이다. 옳지 않은 것은?

① 통신판매전문보험회사란 총 보험계약 건수 및 수입보험료의 100분의 90 이상을 전화, 우편, 컴퓨터통신 등 통신수단을 이용하여 모집하는 보험회사를 말한다.

② 통신판매전문보험회사는 법 규정을 정한 금액의 2분의 1에 상당하는 금액 이상을 자본금 또는 기금으로 납입함으로써 보험업을 시작할 수 있다.

③ 통신판매전문보험회사가 모집비율을 위반할 경우에는 그 비율을 충족할 때까지 통신수단 외의 방법으로 모집할 수 없다.

④ 모집비율의 산정기준 등 통신수단을 이용한 모집에 필요한 사항은 금융위원회가 정하여 고시한다.

39 보험업법상 주식회사의 조직변경 등에 관한 설명으로 옳지 않은 것은?

① 주식회사는 조직을 변경하여 상호회사가 될 수 있지만 상호회사는 주식회사로 조직변경을 할 수 없다.

② 주식회사는 조직변경을 결의할 때 보험계약자 총회를 갈음하는 기관에 관한 사항을 정할 수 있다.

③ 보험계약자 총회는 보험계약자 과반수의 출석과 그 의결권의 3분의 2 이상의 찬성으로 결의한다.

④ 주식회사가 조직변경을 한 경우에는 변경한 날부터 본점과 주된 사무소의 소재지에는 2주 이내에 지점과 종된 사무소에는 3주 이내에 주식회사는 해산등기를 하고 상호회사는 설립등기를 한다.

40 보험업법은 아래의 행위를 기존보험계약을 부당하게 소멸시키거나 소멸하게 하는 행위로 본다. 빈칸에 들어갈 내용을 순서대로 나열한 것은?

> 기존 보험계약이 소멸된 날로부터 (　　　) 이내에 새로운 보험계약을 청약하게 하거나, 새로운 보험계약을 청약하게 한 날로부터 (　　　) 이내에 기존 보험계약을 소멸하게 하는 경우로서, 해당 보험계약자 등에게 기존 보험계약과 새로운 보험계약의 보험기간 및 (　　　　　) 등 대통령령으로 정하는 중요한 사항을 비교하여 알리지 않은 경우

① 1개월, 1개월, 보험금액

② 2개월, 2개월, 보험목적

③ 3개월, 3개월, 보험회사의 면책사유

④ 6개월, 6개월, 예정이자율

41 언더라이팅의 4단계 절차를 순서대로 나열한 것은?

> 가. 건강진단에 의한 의학적 언더라이팅
> 나. 취급자에 의한 1차 언더라이팅
> 다. 계약적부 조사
> 라. 언더라이팅부서의 언더라이팅

① 가 → 나 → 다 → 라   ② 나 → 가 → 다 → 라

③ 나 → 가 → 라 → 다   ④ 다 → 가 → 다 → 라

42 다음은 언더라이팅에 대한 설명이다. 가장 적절하지 않은 것은?

① 보험의학은 임상의학에 비해 훨씬 엄격하게 적용된다.

② 계약적부조사는 피보험자 등이 청약서상에서 알린 내용을 검증하는 절차이다.

③ 계약의 적부조사는 모든 보험계약이 체결되기 전에 피보험자를 직접 방문하여 이루어진다.

④ 정보의 비대칭을 보완하는 가장 효과적인 수단은 모집자에 의한 최초 언더라이팅 단계이다.

43 언더라이팅의 결과분석 후에 요율을 수정하기로 하였다. 이와 관련하여 빈칸에 맞는 것은?

> 요율조정은 손해보험요율의 검증과 조정에 관한 규정 및 업계 단위 요율검증 통계에 따라, 손해율은 과거
> (   ) 평균치에 안전율을 감안하고, 사업비율은 과거 (   )의 실적률을 반영하여 요율을 조정한다.

① 3년, 1년   ② 3년, 2년

③ 5년, 1년   ④ 5년, 2년

44 다음은 화재보험의 계약을 인수할 때의 주요사항에 대한 설명이다. 옳지 않은 것은?

① LOL이 PML보다 낮게 책정되어야 보험료 절감효과가 있다.

② 대형계약 위주의 Package보험에서는 LOL을 설정하지 않는 경우가 드물다.

③ 전손발생 가능성이 낮고 분손발생이 확실시되는 경우 LOL을 설정할 수 있다.

④ PML을 설정함으로써 보험계약자는 보험료를 절감하고, 보험자는 책임지는 금액을 제한할 수 있게 된다.

PART 01

PART 02

PART 03

PART 04

PART 05

PART 06

PART 07

45 다음은 중복보험의 요건에 대한 설명이다. 옳지 않은 항목으로 묶인 것은?

> ㉠ 보험기간이 동일해야 한다.
> ㉡ 보험계약의 목적이 동일해야 한다.
> ㉢ 수인의 보험자와 하나의 계약을 체결해야 한다.
> ㉣ 보험가입금액의 합계가 보험가액보다 커야 한다.

① ㉠, ㉡   ② ㉠, ㉢

③ ㉠, ㉡, ㉢   ④ ㉠, ㉡, ㉢, ㉣

46 소손해면책 방법 중 종합공제 방식을 따를 경우 다음의 상황에서 보험자 책임액은 얼마인가?

> • 손해액 : 1차 10만원, 2차 20만원, 3차 70만원, 4차 100만원
> • 종합공제액 : 50만원

① 50만원   ② 100만원

③ 150만원   ④ 200만원

47 보험기간 중 손해액이 50만원이고 프랜차이즈 공제(franchise deductible)가 30만원인 경우 보험회사가 지불하여야 할 금액은 얼마인가?

① 80만원   ② 50만원

③ 30만원   ④ 0원

48 다음 중 보험료 산출의 3대 수리적 원리에 해당하지 않는 것은?

① 대수의 법칙   ② 수지상등의 원칙

③ 급부 · 반대급부의 원칙   ④ 이득금지의 원칙

49 다음은 보험요율 중 하나에 대한 설명이다. 무엇에 대한 설명인가?

> • 위험의 특수성을 반영하는 요율체계이다.
> • 기준요율을 기초로 정형화된 Check List에 따라 할인·할증을 부가한 요율제도이다.
> • 동일 특성의 보험목적에 동일 요율을 적용함으로써 공정성을 확보할 수 있다.

① 경험요율   ② 소급요율

③ 점검요율   ④ 고정요율

PART
01

PART
02

PART
03

PART
04

PART
05

PART
06

PART
07

50 이륜자동차 운전 중 상해부담보 특별약관상의 이륜자동차에 해당하지 않는 것은?

① 자동차관리법상 총배기량 또는 정격출력이 작은 이륜의 자동차

② 도로교통법에서 정한 원동기장치 자전거

③ 이륜인 자동차에 측차를 붙인 자동차

④ 전동기를 이용한 동력발생장치를 사용하는 삼륜 또는 사륜의 자동차

51 다음은 화재보험 요율적용을 위한 건물급수에 대한 설명이다. 옳지 않은 것은?

① 신축 중인 건물인 경우 공사완성 후 건물급수가 1급 또는 2급일 경우 2급을 적용한다.

② 일반건물의 2급구조란 지붕만 불연재료이고 기둥, 보, 바닥, 외벽이 내화구조인 건물을 말한다.

③ 일반형태의 건물에서 주요구조부 중 지붕만 불연재료이고, 나머지가 내화구조이면 2급을 적용한다.

④ 외벽이 50% 이상 결여된 무벽건물은 주요구조부가 내화구조이면 1급을 적용하고, 지붕을 제외한 주요구조부가 불연재료이면 2급을 적용하고, 기타는 3급을 적용한다.

52 「화재로 인한 재해보상과 보험가입에 관한 법률」 및 그 시행령에 규정된 내용으로 올바르지 않은 것은?

① 특수건물의 소유자는 화재로 인한 손해배상책임을 이행하기 위하여 손해보험회사가 운영하는 특약부(附) 화재보험에 가입하여야 한다.

② 현행 특수건물 소유자의 손해배상책임은 대인배상은 피해자 1인당 1억원, 대물배상은 1사고당 10억원을 한도액으로 한다.

③ 특수건물 소유자가 가입하여야 하는 화재보험의 보험 금액은 시가에 해당하는 금액으로 한다.

④ 특수건물 소유자는 건축물의 사용승인 준공인가일 또는 소유권을 취득한 날로부터 30일 이내에 특약부(附) 화재보험에 가입하여야 한다.

53 다음은 화재배상책임보험상에 보험회사의 의무에 대한 설명이다. 옳지 않은 것은?

① 계약체결여부의 신속한 결정

② 동보험 외의 타보험 가입강요 금지

③ 다중이용업주에 대한 보험계약 종료사실 통지

④ 소방방재청에 대한 보험계약 종료사실 통지

54 다음은 질병보험의 청약서 심사포인트에 대한 설명이다. 옳지 않은 것은?

① 최근 3개월 이내 진찰여부

② 최근 1년 이내 추가검사여부

③ 최근 3년 이내 10대 질병의 진찰 또는 검사여부

④ 최근 5년 이내 입원, 수술, 계속하여 7일 이상 치료, 30일 이상 투약여부

55 다음에 주어진 조건하에서 순보험료방식(pure premium method)에 따라 산출한 영업보험료는? (단, 예정이익률은 고려하지 않는다.)

> • 1년간 총발생손실액 : 300억원
> • 총계약 건수 : 50만건
> • 예정사업비율 : 40%

① 36,000원   ② 60,000원

③ 84,000원   ④ 100,000원

PART 01

PART 02

PART 03

PART 04

PART 05

PART 06

PART 07

56 다음은 자동차보험의 언더라이팅에 대한 설명이다. 옳지 않은 것은?

① 특별약관을 추가할 때 적용되는 요율은 특약요율이다.

② 가입자특성요율은 보험가입경력요율과 교통법규위반요율을 모두 반영한다.

③ 개별할인할증에 적용되는 사고내용별 점수에서, 대인사고와 자기신체사고, 물적사고가 중복될 경우 가장 높은 점수를 반영한다.

④ 우량할인 · 불량할증제도에서 단체할인할증의 대상이 되기 위해서는 1년간의 평균유효대수가 영업용은 10대, 업무용은 50대 이상이어야 한다.

57 다음은 자동차보험의 사고내용별 점수 계산 사례이다. 옳지 않은 것은?

① 자기신체사고 · 자동차상해 시 사망 및 부상등급과 관련 없이 1사고당 1점을 적용한다.

② 대인사고 시 버스와 교통사고가 나서 4명 사망, 5명이 부상한 사고라면 대인사고점수 중 가장 높은 점수인 4점을 적용한다.

③ 물적사고 시 사고로(물적사고 할증기준금액 200만원) 대물배상 100만원, 자차손해 110만원의 사고가 발생했다면 할증기준 200만원을 초과하였으므로 1점이다.

④ 대인사고와 물적사고 중복 시 교통사고로(물적사고 할증기준금액 200만원) 대물배상 100만원, 자차손해 150만원, 부상 14급 대인사고 50만원, 자동차상해 70만원의 사고점수는 '1점+1점= 2점'이다.

58 다음 중 재보험과 관련된 설명으로 옳지 않은 것은?

① 재보험은 원보험자의 보험영업이익 안정화에 도움이 된다.

② 임의재보험은 자동적 재보험 담보가 아니므로 재보험 처리가 지연될 수 있다.

③ 특약재보험에서는 재보험자가 원보험자의 개별 청약에 대하여 인수 여부를 결정한다.

④ 비비례적 재보험에서는 원보험 계약에서 발생하는 사고의 손실 규모를 기준으로 원보험자와 재보험자의 보상책임액이 결정된다.

59 다음 중 비례재보험(proportional reinsurance) 방식이 아닌 것은?

① quota share treaty

② surplus share treaty

③ facultative obligatory cover

④ excess of loss cover

60 갑보험회사는 아래와 같은 초과손해액재보험특약(Excess of Loss Reinsurance Treaty)을 체결하였다. 특약기간 중 사고일자를 달리하는 3건의 손해가 발생하였을 때 갑보험회사가 지급받을 재보험금의 합계액은?

1. 특약프로그램
  (1) 특약한도 US$ 1,000,000 in excess of US$ 500,000
  (2) 연간누적 자기부담금 : US$ 1,000,000
  (3) 손해기준 : e.e.l.(each and every loss)
2. 3건의 발생손해 내역
  A : US$ 750,000, B : US$ 1,000,000, C : US$ 1,200,000

① US$ 450,000

② US$ 950,000

③ US$ 1,450,000

④ US$ 1,950,000

61 다음 중 손해사정사의 업무에 해당하지 않는 것은?

① 손해발생사실 확인 ② 약관의 면·부책내용 확인
③ 보험금의 지급 ④ 보험금 산정

PART
01

PART
02

PART
03

PART
04

PART
05

PART
06

PART
07

62 다음 중 실손보상에 관한 설명으로 옳은 것은?

① 선의의 초과보험에서는 보험료와 보험금의 감액을 청구할 수 있는데 모두 소급적용이 된다.
② 병존보험은 중복보험이나 초과보험과 달리 보험금의 이중지급의 위험이 없으므로 통지의무가 부과되지 않는다.
③ 책임보험에서는 보험가액이 존재하지 않으므로 수 개의 책임보험에 가입한다고 해서 중복 보험이 되지는 않는다.
④ 기평가보험에서 기평가된 보험가액과 사고 시의 보험가액이 현저한 차이가 발생하지 않는 경우에는 피보험자는 실제 손해 이상의 이득을 얻을 수 있다.

63 다음 중 실손보상의 원칙(the principle of indemnity)의 예외에 해당되는 것과 거리가 먼 것은?

① 대체가격보험 ② 일부보험
③ 사망보험 ④ 기평가보험

64 다음의 공제 조항(deductible) 중에서 손실발생 시 피보험자의 부담이 없을 수 있는 것은?

① 프랜차이즈 공제(franchise deductible)
② 건강보험의 공동보험조항
③ 정액공제(straight deductible)
④ 총액공제(aggregate deductible)

65 열거위험담보계약(named-perils policy)과 포괄위험담보계약(all-risks policy)에 대한 다음 설명 중 옳지 않은 것은?

① 열거위험담보계약에서는 필요한 위험만을 선택하여 가입할 수 있다.

② 포괄위험담보계약에서는 다른 보험계약에서 담보된 위험이 중복 가입될 가능성이 있다.

③ 포괄위험담보계약이 열거위험담보계약보다 일반적으로 담보범위가 넓고 보험료가 비싸다.

④ 열거위험담보계약에서 보험자로부터 손해보상을 받기 위해서 피보험자는 손해의 발생사실만을 입증하면 된다.

66 다음의 손해보험에 관한 설명으로 옳지 않은 것은?

① 손해보험은 물건이나 재산상의 손해를 보상하는 측면에서 보상금액을 미리 정할 수 없는 부정 액보험의 성격을 가진다.

② 상법상 손해보험의 종류에는 화재보험, 운송보험, 해상보험, 책임보험, 재보험, 자동차보험, 보증보험이 있다.

③ 손해보험은 원칙적으로 재산상 손해를 보험금액의 한도 내에서 실제로 발생한 손해만을 보상하는 실손보상적 성질을 가진다.

④ 손해보험에서 피보험자는 보험의 객체로서 보험금 청구권을 가지는 자이다.

67 다음 중 타보험조항(other insurance clause)의 효과로 가장 거리가 먼 것은?

① 도덕적 위태 감소   ② 실손보상의 원칙 유지

③ 피보험이익의 원칙 유지   ④ 보험자 간 손해분담

68 다음 중 보험계약자에 의한 해지의 사유에 해당하는 것은 무엇인가?

① 보험회사가 파산하는 경우   ② 계속 보험료 부지급의 경우

③ 고지의무 위반의 경우   ④ 위험유지의무 위반의 경우

69 다음 중 취소의 사유로 묶인 것은?

> ㉠ 약관의 교부 · 설명의무 위반 시   ㉡ 사기계약의 경우
> ㉢ 사기로 인한 초과보험   ㉣ 보험사고의 객관적 확정의 효과

① ㉠, ㉡

② ㉠, ㉢

③ ㉡, ㉢

④ ㉡, ㉣

70 A와 B의 쌍방과실로 인한 손해액과 과실비율이 다음과 같을 때, 비교과실(comparative negligence)에 의한 순배상금액을 옳게 설명한 것은?

구분	손해액	과실비율
A	100만원	40%
B	200만원	60%

① A가 B에게 20만원을 지급한다.

② A가 B에게 80만원을 지급한다.

③ B가 A에게 20만원을 지급한다.

④ B가 A에게 80만원을 지급한다.

71 배상책임보험에서 담보하는 손해가 아닌 것은?

① 피보험자가 제3자에 대하여 법률상 손해배상책임을 짐으로써 입은 손해

② 피보험자가 사고발생통지를 지연하여 증가된 손해

③ 피보험자가 제3자의 소송에 대하여 방어활동을 함으로써 소요된 비용

④ 피보험자의 협조의무 이행에 따른 비용

PART 01
PART 02
PART 03
PART 04
PART 05
PART 06
PART 07

72 다음 중 배상책임보험의 사회적 기능과 역할을 확대시켜 주는 것을 모두 고르면?

> ㉠ 피해자 직접청구권제도 ㉡ 의무보험제도
> ㉢ 과실책임주의 ㉣ 보험자 대위제도
> ㉤ 무과실책임주의

① ㉠, ㉡, ㉤ ② ㉠, ㉢, ㉣

③ ㉡, ㉢, ㉣ ④ ㉡, ㉣, ㉤

73 다음은 보험금청구권의 상실조항(실권약관, Forfeiture Clause)에 대한 설명이다. 옳지 않은 것은?

① 판례는 보험금청구권조항에 대한 보험약관상의 설명의무를 이행해야 한다고 판시하였다.

② 판례는 보험금청구권의 상실조항은 해당 보험목적에 대해서만 적용된다고 판시하였다.

③ 보험금청구권의 상실은 보험금을 지급받을 수 없다는 점에서 면책사유나 고지의무 위반과 유사하다.

④ 보험계약 자체의 효력을 상실시키지 않는 측면에서 고지의무 위반과 다르고, 일단 발생된 권리가 상실된다는 측면에서 면책사유와도 다르다.

74 다음에 열거한 구상권 행사의 절차를 순서대로 바르게 배열한 것은?

> ⓐ 구상채권의 확보
> ⓑ 구상권 행사가치 존재 여부의 판단
> ⓒ 임의변제의 요청
> ⓓ 구상권 성립 여부의 확인
> ⓔ 소송의 제기, 구상청구금액 감액합의 또는 포기 여부의 판단과 결정

① ⓐ → ⓒ → ⓓ → ⓑ → ⓔ ② ⓑ → ⓓ → ⓒ → ⓐ → ⓔ

③ ⓒ → ⓔ → ⓑ → ⓓ → ⓐ ④ ⓓ → ⓑ → ⓐ → ⓒ → ⓔ

75 다음은 일부보험에서의 공동보험(Co-Insurance Ⅱ)에 대한 설명이다. 옳지 않은 것은?

① 피보험자로 하여금 일정금액 이상을 보험에 가입하도록 요구하는 조항을 말한다.

② 보상액은 손해액에 요구부보비율금액에 대한 보험금액의 비율을 곱하여 구한다.

③ 보험료 감소 효과, 손해발생 방지 효과, 요율의 형평성 유지를 기대할 수 있다.

④ 약정한 부보비율이 높으면 보험요율은 높아진다.

76 보험가액 2,000만원 및 보험금액 1,000만원의 일부보험에서 70%의 분손이 발생한 경우에 상법상 보험자가 보상하여야 할 금액은?

① 350만원

② 700만원

③ 1,000만원

④ 1,400만원

77 다음은 보험계약기간에 대한 설명이다. 올바른 것은?

① 보험계약기간은 보험기간과 반드시 일치한다.

② 보험기간이 보험계약기간보다 긴 보험을 예정보험이라 한다.

③ 보험회사의 책임이 시작되어 종료될 때까지의 기간을 말한다.

④ 보험회사의 승낙으로 보험계약이 성립해서 소멸할 때까지의 기간을 말한다.

78 다음은 중복보험과 병존보험에 대한 설명이다. 옳지 않은 것은?

① 각 계약의 보험금 합계가 보험가액을 초과하면 중복보험, 미달하면 병존보험이다.

② 중복보험은 통지의무를 부담하나 병존보험은 통지의무를 부담하지 않는다.

③ 중복보험은 연대비례주의를 적용하나 병존보험은 비례주의를 적용한다.

④ 공동보험Ⅰ과 병존보험은 중복보험과 달리 초과지급의 문제가 발생하지 않는다.

PART
01

PART
02

PART
03

PART
04

PART
05

PART
06

PART
07

79 다음의 설명 중 옳지 않은 것은?

① 기업휴지손해나 냉동냉장손해를 결과적 손해라 한다.

② 전손사고가 발생하면 체감주의, 전액주의를 막론하고 보험계약은 소멸한다.

③ 신용보험은 채무자의 단순한 채무불이행만 있어도 보험사고가 성립한다.

④ 보험가입 시 화재보험과 같이 전손위험이 낮은 경우에는 PML(최대추정손실)을 적용하고, 해상 보험과 같이 전손위험이 높은 경우는 MPL(최대가능손실)을 적용하는 것이 합리적이다.

80 다음은 신용보험과 보증보험을 설명한 것이다. 옳지 않은 것은?

① 두 보험의 보험계약자는 채무자이다.

② 두 보험의 피보험자는 채권자이다.

③ 신용보험은 자기를 위한 보험이고, 보증보험은 타인을 위한 보험이다.

④ 채무자의 사망 시 사망보험금으로 채무를 상환하는 보험은 신용생명보험이라 한다.

81 다음은 보험회계에 대한 특징을 설명한 것이다. 가장 거리가 먼 것은?

① 보험의 사회성과 공공성으로 인하여 보험회계는 보수적인 성향을 보이고 있다.

② 보험감독목적 회계정보제공의 기본목표는 지급여력 관련 재무정보의 제공에 있으므로 손익계산서보다 재무상태표를 더 중요시하는 경향이 있다.

③ 보험회계는 보험료가 먼저 수입되고 보험금은 보험사고의 발생여부에 따라 나중에 지급되기도 하고 지급되지 않을 수도 있는 사후 원가계산의 특성이 있다.

④ 보험회계는 일반기업과 달리 주주가 아닌 계약자에 대한 배당을 지급하는 계약자이익배당제도를 두고 있는데, 이를 위해 자본잉여금을 별도로 적립하도록 하고 있다.

82 다음 중 보험회사의 포괄손익계산서에서 볼 수 없는 것은?

① 매출총이익
② 영업외수익
③ 기타포괄손익누계액
④ 총포괄손익

83 다음 설명 중 가장 적절하지 않은 것은?

① 단순투자로 보유하는 지분증권은 금융상품의 인식과 측정기준(기업회계기준서 제1109호)에 따라 회계처리한다.

② 지분증권의 투자자가 공동지배력을 보유하고 있는 다른 기업을 공동기업이라 한다.

③ 유의적인 영향력을 보유하거나 공동지배력을 보유하는 경우에는 연결재무제표를 작성한다.

④ 종속기업을 보유하고 있다 하더라도 특정한 이유 때문에 종속기업을 연결하지 않고 자신만의 재무제표를 별도로 작성하는 재무제표를 별도재무제표라고 한다.

84 다음 중 금융자산에 해당하지 않는 것은?

① 다른 기업의 지분상품

② 거래상대방에게서 현금 등 금융자산을 수취할 권리

③ 잠재적으로 불리한 조건으로 거래상대방과 금융자산이나 금융부채를 교환하기로 한 계약상 권리

④ 기업이 자신의 지분상품으로 결제되거나 결제될 수 있는 계약으로서 수취할 자기지분상품의 수량이 변동 가능한 비파생상품

PART 01 / PART 02 / PART 03 / PART 04 / PART 05 / PART 06 / PART 07

85 기업회계기준서 제1109호상의 금융상품 중 '기타포괄 손익－공정가치측정 금융자산(지분상품)'에 대한 설명이다. 적절하지 않은 것은?

① 사업모형으로 분류할 때, 계약상 현금흐름 수취와 금융자산의 매도 모두를 목적으로 하는 금융상품이다.

② 해당 금융자산을 제거하거나 재분류할 때까지 공정가치로 측정하고 평가손익이 있을 경우 기타포괄손익으로 인식한다.

③ 해당 금융자산을 제거할 때에는 당기손익으로 처리하므로 이미 인식된 기타포괄손익누계액이 당기손익으로 재순환된다.

④ 모든 지분상품의 경우 손상차손의 대상이 아니므로 손상차손을 인식하지 않는다.

86 금융자산이 손상차손을 인식할 때 항상 전체기간 기대신용손실로 측정하는 경우가 아닌 것은?

① 신용위험수준이 낮은 경우

② 취득 시 신용이 손상되어 있는 금융자산의 경우

③ 유의적인 금융요소를 포함하지 않은 매출채권이나 계약자산

④ 리스채권에 대하여 전체기간 기대신용손실로 측정하는 것을 회계정책으로 선택한 경우

87 다음의 보험회사 운용자산 중 유가증권에 해당하는 것은?

① 콜론   ② 수익증권
③ 우편환   ④ 금전신탁

88 다음 중 보험계약의 핵심적인 요소에 해당하지 않는 것은?

① 미래불확실한 사건   ② 보험위험
③ 보험위험의 유의성   ④ 금융위험

89 신보험회계기준(IFRS17)상 보험계약 최초인식시점의 보험계약부채 구성요소에 대한 설명이다. 적절하지 않은 것은?

① 미래현금흐름 추정치는 현행가치이어야 하므로 미래에 대한 측정시점의 가정과 상황이 반영되어야 한다.

② 할인효과를 반영한 미래현금흐름 추정치를 최적추정부채라 하며, 최적추정부채의 산출 시 가장 중요한 것은 어떤 할인율을 적용하는가이다.

③ 비금융위험으로부터 발생하는 현금흐름의 불확실성을 보험자가 감수하는 것에 대한 대가로 보험자가 요구하는 보상이 할인효과이다.

④ 보험계약의 최초인식시점에서 양(+)의 이행현금흐름이 발생한다면 동 계약은 손실부담 계약이 되며, 이 경우 양(+)의 부분만큼 당기손실로 인식해야 한다.

PART 01

PART 02

PART 03

PART 04

PART 05

PART 06

PART 07

90 다음 중 책임준비금에 해당하는 항목이 아닌 것은?

① 보험계약부채   ② 재보험계약부채

③ 투자계약부채   ④ 특별계정부채

91 다음은 이익잉여금에 대한 설명이다. 옳지 않은 것은?

① 상법상 배당총액의 1/10 이상을 납입자본의 1/2에 달할 때까지 의무적으로 적립해야 하는 것은 기업합리화 적립금이다.

② 예정사고율을 초과하는 거대위험에 대비하여 적립하는 준비금은 비상위험준비금이다.

③ 회사의 정관이나 주총을 통해서 임의적으로 설정되는 적립금은 임의적립금이다.

④ 대손충당금적립액이 보험업감독규정에서 정한 바에 미달되는 경우 그 차액을 적립한 것은 대손준비금이다.

92 자본의 구성항목이 다음과 같은 경우에 자본잉여금은 얼마인가?

> 주식발행초과금 1,000, 자기주식처분이익 1,500, 감자차익 1,500, 재평가적립금 500, 자산재평가이익 8,000, 자기주식 1,200

① 4,500원   ② 5,700원

③ 12,500원   ④ 13,700원

93 다음 중 계약자지분조정의 세부항목이 아닌 것은?

① 재평가적립금
② 기타포괄손익 – 공정가치측정금융자산
③ 관계종속기업투자주식평가손익
④ 해외사업환산손익

94 기타포괄손익누계액 항목에 속하는 것을 옳게 연결한 것은?

> ㉠ 재평가잉여금
> ㉡ 상각후원가 측정 금융자산
> ㉢ 기타포괄손익–공정가치측정 금융자산 평가손익
> ㉣ 해외사업환산손익

① ㉠, ㉡, ㉢
② ㉡, ㉢, ㉣
③ ㉠, ㉢, ㉣
④ ㉠, ㉡, ㉣

95 다음 중 보험서비스비용 항목에 해당하지 않는 것은?

① 예상보험금
② 발생손해조사비
③ 손실부담계약관련비용(환입)
④ 발생사고요소조정

96 다음 중 보험회사 포괄손익계산서상의 투자비용으로 분류되는 항목은?

① 외환차손
② 재산관리비
③ 유형자산처분손실
④ 전기오류수정손실

97 다음은 재보험회계의 특징을 설명한 것이다. 옳지 않은 것은?

① 현금흐름측정 시 재보험계약과 원수보험계약의 추정치 사이에 차이가 발생할 수 있다.
② 보험계약의 최초인식시점이 일반보험과 상이하다.
③ 출재보험계약은 손실부담계약이 발생할 수 없다.
④ 출재보험계약에서 변동수수료 모형을 적용할 수 있다.

98 다음은 특별계정에 대한 설명이다. 옳지 않은 것은?

① 별도로 설정한 계정을 통해 운영함으로써 보험계약자 간 형평성과 경영투명성을 제고시키는 것이 장점이다.

② 일반계정과 특별계정 간의 자금이체 기한은 원칙적으로 이체사유발생일로부터 3영업일 이내에 이루어져야 한다.

③ 장기손해보험의 경우는 이체사유가 1일~15일 중에 발생한 경우 당월 말까지 이체하고, 이체사유가 16일~말일 중에 발생한 경우 다음달 15일까지 이체한다.

④ 재무상태표에 자산·부채의 총액을 별도로 표시하며 자산은 특별계정미지급금을, 부채는 특별계정미수금을 차감하는 형식으로 기재한다.

99 다음의 내용에 적합한 보험회사의 자산운용원칙은?

> 보험회사의 자산은 대부분 보험계약자가 선납한 보험료로 구성되며, 이것은 미래의 보험금을 원활히 지급하기 위한 법정적립금(legal reserve)의 형태로 보전되어야 한다. 따라서 보험회사의 자산운용에 있어서 이 원칙을 희생하는 다른 원칙의 추구는 의미가 없기 때문에 다른 어느 원칙보다 중요하다고 할 수 있다. 전통적으로 자산운용에 대한 정부의 감독·규제는 이 원칙에 초점이 맞추어져 왔다.

① 수익성   ② 공공성
③ 유동성   ④ 안정성

100 보험회사 자산운용에 있어서 자산운용의 금지 대상에 해당되지 않는 것은?

① 정치자금의 대출
② 비업무용부동산의 소유
③ 당해 보험회사의 대주주에 대한 신용공여
④ 대주주가 타회사에 출자하는 것을 지원하기 위한 신용공여

PART
01

PART
02

PART
03

PART
04

PART
05

PART
06

PART
07

01 다음 중 위험에 대한 설명으로 적절하지 않은 것은?

① 사고의 원인을 손인이라 한다.

② 위태가 현실화된 것이 사고이며, 사고의 결과는 손해이다.

③ 손해의 가능성을 새롭게 창조하거나 증가시키는 상태를 위태라고 한다.

④ 사고가 재산에 작용하여 가치의 감소나 소멸을 일으키는 것은 손해이다.

02 다음은 상법 제653조의 내용이다. 밑줄 친 내용과 가장 가까운 개념은?

> 보험기간 중에 보험계약자, 피보험자 또는 보험수익자의 <u>고의 또는 중대한 과실로 인하여 사고발생의 위험</u>
> <u>이 현저하게 변경 또는 증가된 때</u>에는 보험자는 그 사실을 안 날부터 1월 내에 보험료의 증액을 청구하거
> 나 계약을 해지할 수 있다.

① 위태(hazard)   ② 손인(peril)

③ 손실(loss)   ④ 불확실성(uncertainty)

03 도덕적 위험을 방지하기 위한 손해보험에서의 대책으로 틀린 것은?

① 초과보험에서의 보험금 감액 또는 무효화

② 일부보험에서의 비례주의

③ 피보험이익이 없는 계약의 무효화

④ 신구교환공제의 적용

04 다음 중 보험사기에 대한 설명으로 올바르지 않은 것은?

① 정신적 위태(morale hazard)와 구별된다.

② 우연한 사고와는 전혀 관계없다.

③ 적발 시 제재수준을 높이면 줄일 수 있다.

④ 조사활동 강화를 통해 줄일 수 있다.

05 다음 중 도덕적 위태(moral hazard)와 역선택(adverse selection)의 공통점에 해당하지 않는 것은?

① 정보비대칭이 원인이다.

② 피보험자의 위험특성 정보와 관련 있다.

③ 보험자에게 초과손해를 초래할 수 있다.

④ 보험사업의 안정성을 저해하게 된다.

06 다음은 보험에 대한 설명이다. (　　　)에 들어갈 단어를 순서대로 배열한 것은?

> 계약자의 입장에서 보면 보험은 (　　　) 제도이지만, 기술적인 측면에서 보면 보험은 다수의 위험단위를 집단화함으로써 개별 계약자의 손실에 대한 불확실성을 경감하는 (　　　) 제도이다.

① 위험통제, 위험전가　　　　　　② 위험전가, 위험결합

③ 위험분담, 위험전가　　　　　　④ 위험전가, 위험보유

07 다음 중 리스크의 결합(risk pooling)에 대한 설명으로 옳지 않은 것은?

① 결합된 리스크단체 안에서 발생하는 손해를 상호 분담함으로써 리스크가 분산된다.

② 리스크결합을 통해 1인당 평균손실을 실제손실로 대체하는 효과가 발생한다.

③ 각 개인은 상대적으로 적은 금액으로 리스크에 따른 큰 손실 발생에 대비할 수 있다.

④ 동질의 독립적인 리스크가 다수 결합될수록 객관적 리스크가 줄어들고 보험회사의 예측력은 높아진다.

PART
01

PART
02

PART
03

PART
04

PART
05

PART
06

PART
07

08 다음 중 손실의 발생 가능성과 발생 빈도를 줄이는 손실예방기법으로 적합하지 않은 것은?

① 음주단속
② 홍수에 대비한 댐설치
③ 자동차 에어백 장착
④ 휘발성 물질 주변에서의 금연

09 자가보험(self-insurance)에 대한 다음 설명 중 옳지 않은 것은?

① 보험자의 전문적인 위험관리서비스를 받을 수 있다.
② 부가보험료를 절감할 수 있어 위험비용을 낮출 수 있다.
③ 대수의 법칙에 의하여 미래손실을 비교적 정확하게 예측할 수 있는 경우에 활용된다.
④ 보험료가 사외로 유출되지 않아 유동성을 확보하고 투자이익을 얻을 수 있는 이점이 있다.

10 다음은 손해보험의 분류기준에 관한 설명이다. 빈칸에 들어갈 단어를 순서대로 연결한 것은?

> '물보험, 인보험'은 (   ), '실손보험(손해보험), 정액보험'은 (   )에 따른 분류이다.

① 보험의 목적 – 보험금 사정방법
② 보험금 사정방법 – 보험의 목적
③ 보험의 목적 – 보험계약법
④ 보험금 사정방법 – 보험업법

11 다음 중 피보험이익에 대한 설명으로 옳지 않은 것은?

① 보험의 목적이다.
② 피보험이익이 없는 손해보험계약은 무조건 무효가 된다.
③ 피보험이익을 평가한 가액은 손해보상에 있어서 법률상의 최고한도액이 된다.
④ 보험사고 발생 시 잃어버릴 염려가 있는 이익이다.

12 다음 중 사보험, 강제보험, 가계보험과 사보험, 임의보험, 기업보험을 연결한 것은 무엇인가?

① 산업재해보상보험 – 해상보험
② 자동차손해배상책임보험 – 해상보험
③ 해상보험 – 자동차손해배상책임보험
④ 해상보험 – 산업재해보상보험

13 다음은 보험증권 교부의무에 대한 내용이다. 적절하지 않은 것은?

① 보험증권 교부와 보험자의 책임개시와는 아무런 관련이 없다.

② 보험증권의 교부의무를 위반하더라도 위반 시 효과에 관한 상법상의 규정은 없다.

③ 보험계약의 당사자는 보험증권의 교부가 있는 날로부터 일정한 기간 내에 한하여 그 증권 내용의 정부에 관한 이의를 할 수 있음을 약정할 수 있고, 이 기간은 2주를 내리지 못한다.

④ 보험자는 보험계약이 성립하고 보험료의 납입이 있을 때에는 지체 없이 보험증권을 작성하여 보험계약자에게 교부해야 한다. 그러나 보험증권 자체가 하나의 증거증권일 뿐 유가증권은 아니기 때문에 그다지 중요하지 않다.

14 다음 중 보험약관의 교부 · 설명의무에 대한 설명으로 옳지 않은 것은?

① 보험약관의 교부 · 설명의무의 이행에 대한 입증책임은 보험계약자가 진다.

② 상법상 보험자가 보험계약을 체결할 때에는 보험계약자에게 약관을 교부하고 그 약관의 중요내용을 설명해야 한다.

③ 생명보험 표준약관상 보험자는 보험계약을 청약하는 때에 보험계약자에게 약관을 교부하고 그 약관의 중요내용을 설명해야 한다.

④ 보험계약자나 그 대리인이 이미 약관의 내용을 충분히 잘 알고 있는 경우는 보험자는 약관의 교부 · 설명의무를 이행하지 않아도 된다.

15 다음 중 보험계약의 부합계약성에 대한 설명으로 옳지 않은 것은?

① 보험계약 내용이 전적으로 보험자에 의하여 준비된다.

② 불특정 다수와 동일한 내용의 계약을 대량으로 체결하는 데 유리하다.

③ 계약내용의 정형화로 보험계약자 간의 형평성을 유지할 수 있다.

④ 계약내용이 모호할 경우 가급적이면 보험자에게 유리하게 해석한다.

PART
01

PART
02

PART
03

PART
04

PART
05

PART
06

PART
07

16 열거책임주의 방식의 보험증권에서 담보위험을 열거한 다음에 "기타 일체의 위험(all other perils)" 이라는 총괄적 문언(general words)을 부가한 경우, 이 부분에 대한 해석기준을 제시한 영국 판례의 해석원칙은?

① 통상적 의미의 해석원칙(rules as to "ordinary meaning")
② 동종제한의 원칙(principle of ejusdem generis)
③ 합리적인 기대의 원칙(doctrine of reasonable expectation)
④ 보험증권 전체로서의 해석원칙

17 다음은 금융위원회에 대한 설명이다. 옳지 않은 것은?

① 금융위원회는 금융위원회설치법에 의거 설립된 회의체 행정기관이다.
② 금융위원회는 금융감독업무를 수행하기 위해서 대통령 산하의 그 조직을 두고 있다.
③ 금융위원회는 9인의 위원으로 구성하되, 위원장 부위원장 각 1인과 나머지 위원으로 구성한다.
④ 금융위원회의 회의는 그 의결방법에 대하여 별도로 정한 경우를 제외하고는 재적위원 과반수의 출석과 출석위원 과반수의 찬성으로 의결한다.

18 다음의 빈칸에 들어갈 단어를 옳게 연결한 것은?

- 보험회사는 그 업무 및 재산상황에 대해서 (   )의 검사를 받아야 한다.
- 금융위원회의 조사업무를 효율적으로 수행하기 위해 금융위원회에 보건복지부 · 금융감독원 · 보험 관련 기관 및 단체 등으로 구성되는 (   )를 둘 수 있다.

① 금융위원회 – 보험조사협의회
② 금융감독원 – 보험조사협의회
③ 금융위원회 – 보험상품공시위원회
④ 금융감독원 – 보험상품공시위원회

19 보험업법 또는 보험업법에 따른 규정·명령 또는 지시를 위반한 경우의 제재조치 중에서 금융감독원이 직접 행사하는 조치는?

① 보험회사에 대한 주의·경고 또는 그 임직원에 대한 주의·경고·문책의 요구

② 해당 위반사항에 대한 시정명령

③ 임원의 해임권고·직무정지의 요구

④ 6개월 이내의 영업의 일부정지

20 다음은 선임계리사의 선임절차에 관한 설명이다. 빈칸에 들어갈 단어를 옳게 연결한 것은?

> 보험회사사 선임계리사를 <u>선임 또는 해임</u>하고자 하는 경우 <u>이사회 결의</u>를 거쳐야 하며, 선임 시에는
> (   )·해임 시에는 (   )를 각각 <u>금융위원회</u>에 해야 한다.

① 선임 후 보고, 해임 전 신고   ② 선임 후 신고, 해임 전 보고

③ 선임 전 보고, 해임 후 신고   ④ 선임 전 신고, 해임 후 보고

PART
01

PART
02

PART
03

PART
04

PART
05

PART
06

PART
07

21 다음은 승낙의제 등에 대한 설명이다. 가장 적절하지 않은 것은?

① 보험계약의 청약 후 보험자가 30일 내로 낙부의 통지를 발송하지 않으면 승낙을 한 것으로 간주한다.

② 부활계약의 청약 후 보험자가 30일 내로 낙부의 통지를 발송하지 않으면 승낙을 한 것으로 간주한다.

③ 자동차보험에서 자동차를 양수받은 양수인이 양수사실을 보험자에게 통지하였음에도 보험자의 낙부통지가 없을 경우, 통지일로부터 10일이 지나면 승낙한 것으로 간주한다.

④ 보험의 목적을 양도한 때에는 보험자에게 지체 없이 통지해야 하며, 양수인은 보험목적의 양수와 함께 보험계약상의 권리와 의무를 승계한 것으로 간주한다.

22 상법상 보험자가 청약을 받은 후 승낙 전 사고발생 시 보험자의 책임발생요건이 아닌 것은?

① 보험계약의 청약이 유효해야 한다.

② 보험료의 지급까지 요구되는 것은 아니다.

③ 보험자가 청약을 거절할 사유가 없어야 한다.

④ 인보험 진단계약의 경우, 진단을 받았어야 한다.

23 다음 중 자기의무 또는 간접의무로 분류되는 것을 모두 묶은 것은?

가. 고지의무	나. 위험변경 · 증가 시의 통지의무
다. 사고발생통지의무	

① 가   ② 가, 나

③ 나, 다   ④ 가, 나, 다

24 초과보험 여부를 판단하는 보험가액의 산정에 가장 부합하는 시기는 언제인가?

① 보험계약 청약 시   ② 보험계약 승낙 시

③ 보험사고 발생 시   ④ 평가가 필요한 때

25 고지의무 위반에 대하여 생명보험 실무상 보험자의 해지권 또는 취소권 행사가 가능한 경우로 적절하지 않은 것은?

① 보험자가 고지의무 위반 사실을 안 날로부터 1월 이내

② 보험금지급사유가 발생하지 않은 경우 책임개시일로부터 2년 이내

③ 계약을 체결한 날로부터 3년 이내

④ 뚜렷한 사기사실에 의해 보험계약이 성립되었음을 회사가 증명하는 경우에는 보장개시일로부터 10년 이내

26 다음 중 보험사고 발생 시 권리관계의 존부를 판단함에 있어서 보험자가 입증할 내용으로 적절하지 않은 것은?

① 보험사고 및 사고로 인한 손해발생사실

② 사기에 의한 초과, 중복보험 해당 여부

③ 고지의무 및 통지의무 위반 사실

④ 피보험자의 의무 위반으로 인하여 증가된 손해

27 다음의 중복보험에 관한 설명으로 옳은 것은? (다툼이 있는 경우 판례에 의함)

① 중복보험이 성립하려면 동일한 보험계약의 목적에 관하여 보험사고 및 피보험자, 그리고 보험기간이 완전히 일치하여야 한다.

② 중복보험계약을 체결한 수인의 보험자 중 그 1인에 대한 권리의 포기는 다른 보험자의 권리의무에 영향을 미친다.

③ 보험계약자가 통지의무를 게을리하였다는 사유만으로 사기로 인한 중복보험계약이 체결되었다고 추정되지 않는다.

④ 중복보험이 성립되면 각 보험자는 보험가액의 한도에서 연대 책임을 부담한다.

28 다음은 피보험이익에 대한 설명이다. 적절하지 않은 것은?

① 피보험이익은 경제적인 가치를 지니는 것으로서 금전으로 산정할 수 있어야 한다.

② 적법성은 당사자의 선의, 악의를 묻지 않고 객관적인 표준에 따라 결정되어야 한다.

③ 미술품이나 골동품의 가치는 객관적으로 평가될 수 없으므로 피보험이익을 가질 수 없다.

④ 피보험이익은 반드시 현존이익을 필요는 없고 장래의 이익이어도 좋지만, 보험사고 발생 시에는 확정될 수 있어야 한다.

PART
01

PART
02

PART
03

PART
04

PART
05

PART
06

PART
07

29 다음은 잔존물대위에 대한 설명이다. 적절하지 않은 것은?

① 보험자가 보험금액의 전부를 지급했을 때에만 대위권이 발생한다.

② 권리이전의 시기는 보험사고가 발생한 때가 아니라 보험금액을 전부 지급한 때이다.

③ 보험목적의 전부가 멸실해야 하며, 만일 잔존물에 금전적 가치가 조금이라도 남아 있는 경우는 전부멸실로 보지 않는다.

④ 목적물대위에서 보험자에게 이전되는 권리는 보험목적의 소유권 등 모든 권리를 포함하는데, 일부보험의 경우는 비례주의로 그 권리가 계산된다.

30 다음은 제3자에 대한 보험자대위(청구권대위)에 관한 설명이다. 옳지 않은 것은?

① 제3자는 피보험자에 대한 항변으로 보험자에 대하여 대항할 수 있다.

② 보험자가 제3자에 대한 청구권을 취득하기 위하여는 민법상 지명채권양도의 절차에 의한 대항요건을 갖추어야 한다.

③ 보험자는 지급한 보험금액의 한도 내에서 제3자에 대한 청구권을 대위한다.

④ 청구권대위가 일어난 후 제3자의 피보험자에 대한 변제는 원칙적으로 변제로서의 효력이 없다.

31 피보험자는 보험가액 1억원짜리 물건에 대해 보험가입금액을 6천만원으로 하는 화재보험에 가입하였는데, 제3자의 방화로 인해 1천만원의 손해가 발생하였다. 그리고 제3자의 손해배상자력이 700만원일 경우 보험자가 보험급 지급 후, 보험자가 대위취득할 수 있는 금액에 대한 설명으로 적절하지 않은 것은? (화재보험의 보험금지급에서 공동보험비율은 적용하지 않는 것으로 가정함)

① 절대설에 의하면 보험자가 대위권을 행사할 수 있는 금액은 600만원이다.

② 상대설에 의하면 보험자가 대위권을 행사할 수 있는 금액은 400만원이다.

③ 차액우선설에 의하면 보험자가 대위권을 행사할 수 있는 금액은 300만원이다.

④ 보험자 입장에서는 절대설이 가장 유리하고 차액우선설이 가장 불리하다.

32 다음 중 배상책임보험의 일반적 성질에 대한 설명으로 올바르지 않은 것은?

① 피보험자가 제3자에게 법률상 손해배상책임을 부담함으로써 입게 되는 피보험자의 직접손해를 보상하는 적극보험의 성질을 가진다.

② 보관자의 책임보험과 같이 보험자의 책임이 일정한 목적물에 생긴 손해로 제한된 경우를 제외하고는 원칙적으로 보험가액이라는 개념이 존재하지 않는다.

③ 피해자인 제3자는 보험금액의 한도 내에서 보험자에게 손해의 전보를 직접 청구할 수 있다.

④ 보험자는 피보험자가 그 사고에 관하여 가지는 항변으로써 피해자인 제3자에게 대항할 수 있다.

33 다음의 배상책임보험 중 성격이 다른 하나는?

① 가스배상책임보험
② 체육시설배상책임보험
③ 생산물배상책임보험
④ 원자력배상책임보험

34 다음 중 보험계약법상에 규정된 손해보험에 공통적으로 적용되는 보험자의 법정면책사유에 해당하지 않는 것은?

① 보험계약자 등의 고의 · 중과실로 인하여 발생한 사고로 인한 손해

② 전쟁 기타 변란으로 인하여 발생한 사고로 인한 손해

③ 천재지변으로 인한 손해

④ 보험목적의 성질, 하자 또는 자연소모로 인한 손해

35 상법상 인보험에 관한 설명으로 옳지 않은 것은?

① 인보험은 피보험자의 생명이나 신체에 관한 보험사고를 담보한다.

② 인보험은 생명보험, 상해보험, 질병보험으로 구분할 수 있다.

③ 인보험계약에 있어 보험금은 당사자 간의 약정에 따라 분할하여 지급할 수 있다.

④ 생명보험에는 중복보험 관한 규정이 존재한다.

PART 01
PART 02
PART 03
PART 04
PART 05
PART 06
PART 07

36 다음 중 계약이 '무효'가 되는 사례가 아닌 것은?

① 사기로 인한 초과보험이나 중복보험의 경우

② 15세 미만자를 피보험자로 하는 타인의 사망보험계약

③ 타인의 사망보험계약 체결 시에 피보험자의 동의를 받지 못한 경우

④ 이미 체결된 타인의 사망보험계약에서 피보험자가 서면동의를 철회할 경우

37 다음 중 보험업법 시행령에 따라 보험회사가 아닌 자와 보험계약을 체결할 수 있는 경우에 해당하는 것이 아닌 것은?

① 외국보험회사와 생명보험계약, 적하보험계약, 항공보험계약 등을 체결하는 경우

② 국내에서 취급되지 않는 보험종목을 외국보험회사와 체결하는 경우

③ 국내에서 취급되는 보험종목에 대해 2곳 이상의 보험회사로부터 거절되어 외국보험회사와 계약을 체결하는 경우

④ 기타 보험회사와 계약체결이 곤란한 경우로서 금융위원회의 승인을 받은 경우

38 다음은 외국보험회사 국내지점에 대한 설명이다. 옳지 않은 것은?

① 외국보험회사 국내지점의 대표자는 보험업법에 따른 보험회사의 임원이다.

② 외국보험회사 국내지점은 그 외국보험회사의 본점이 합병으로 인하여 소멸한 경우에는 그 사유가 발생한 날부터 7일 이내에 그 사실을 금융위원회에 알려야 한다.

③ 금융위원회는 외국보험회사의 본점이 휴업하거나 영업을 중지한 경우에는 청문을 거쳐 보험업을 허가를 취소할 수 있다.

④ 외국보험회사 국내지점은 대한민국에서 체결한 보험계약에 관하여 적립한 책임준비금 및 비상위험준비금에 상당하는 자산을 대한민국 또는 그 본점소재지 국가에서 보유하여야 한다.

39 다음은 주식회사와 상호회사의 특성에 관한 설명이다. 옳지 않은 것은?

> ㉠ 주식회사의 주주와 상호회사의 사원은 모두 회사채권자에 대하여 간접·유한책임을 진다.
> ㉡ 주식회사와 상호회사 모두 금전 이외의 출자는 금지된다.
> ㉢ 주식회사와 상호회사 모두 그 설립에 있어서 100인 이상의 사원을 필요로 한다.
> ㉣ 상호회사의 채무에 관한 사원의 책임은 보험료를 한도로 하며, 보험료 납입에 관하여 상계로써 회사에 대항할 수 있다.
> ㉤ 주식회사의 구성원은 주주이나, 상호회사의 구성원은 보험계약자인 사원이다.

① ㉠, ㉡, ㉢
② ㉡, ㉢, ㉣
③ ㉡, ㉣, ㉤
④ ㉠, ㉣, ㉤

40 다음 중 보험모집을 할 수 있는 자에 해당하는 사람은?

① 대표이사
② 사내이사
③ 사외이사
④ 감사

PART 01

PART 02

PART 03

PART 04

PART 05

PART 06

PART 07

41 다음 중 언더라이팅에 대한 설명으로 거리가 먼 것은?

① 전손 가능성이 매우 낮을 경우 LOL을 설정하여 보험계약자는 보험료를 절감하고 보험자 및 재보험자는 만일의 사고발생 시의 보상책임을 보험가입금액보다 훨씬 낮은 금액으로 제한할 수 있다.

② 적정금액의 Deductible을 설정하는 것은 보험계약자로서 위험관리에 만전을 기하겠다는 강한 의지의 표현이므로, 보험자는 이에 대하여 보험료 인하로 보상을 주게 된다.

③ 위험보유의 원칙에는 수익성원칙과 안전성원칙이 있는데, 무엇보다 중요한 것은 안전성 원칙이다.

④ 계약으로 인한 책임액의 과중상태를 방지하기 위하여 위험분산을 도모해야 하는데, 위험분산에는 공동보험에 의한 수직적 분산과 재보험에 의한 수평적 분산의 방법이 있다.

42 다음 중 계약적부에 대한 설명으로 거리가 먼 것은?

① 계약적부의 비용과 편익을 고려하여 모든 계약에 대해 방문조사를 하는 것은 아니다.

② 계약적부제도의 가장 큰 효과는 역선택 예방이며, 보험금 분쟁의 예방에도 기여한다.

③ 계약적부제도상 보험계약자 또는 피보험자가 청약서에 알린 사항이 사실과 다름이 확인되는 경우 보험계약은 취소가 된다.

④ 계약적부는 보험사 또는 보험사의 위임을 받은 외부조사업체가 피보험자를 직접 방문하여 보험계약자 또는 피보험자가 청약서에 작성한 적정성을 확인하는 제도이다.

43 다음 중 타인을 위한 보험계약으로 인정할 수 없는 것은?

① 임차인이 건물의 소유주를 피보험자로 하는 화재보험계약을 체결하는 것

② 아버지가 자기의 사망을 보험사고로 하는 생명보험계약을 체결하면서 자녀를 보험수익자로 정하는 것

③ 타인소유의 물건을 운송하는 자가 소유권자의 손해배상청구에 대비하기 위하여 보험에 가입하는 것

④ 창고업자가 자신이 보관하는 타인의 물건에 대하여 그 물건의 소유자를 피보험자로 하는 보험계약을 체결하는 것

44 아래는 홍길동이 동일한 피보험이익에 대하여 3개 보험사와 체결한 보험계약내역이다. 사고 발생 시 보험가액 12억 원, 손해액 6억 원일 때 독립책임분담액 방식을 적용하면 보험사별 보상금액은 각각 얼마인가?

> • 갑보험사 : 보험금액 2억원, 실손보상
> • 을보험사 : 보험금액 4억원, 비례보상
> • 병보험사 : 보험금액 6억원, 50% 요구부보조건부 실손보상

	갑	을	병
①	0.75억원	2.25억원	3억원
②	1억원	2억원	3억원
③	1.2억원	1.2억원	3.6억원
④	2억원	2억원	2억원

PART
01

PART
02

PART
03

PART
04

PART
05

PART
06

PART
07

45 다음은 화재보험과 배상책임보험의 특성을 비교한 것이다. 옳지 않은 것은?

	화재보험	배상책임보험
①	손해사고발생기준	손해배상청구기준
②	열거주의	포괄주의
③	보험가입금액 한도로 보상	보상한도액 한도로 보상
④	원칙적 실손보상	원칙적 비례보상

46 빈칸에 들어갈 단어를 순서대로 나열한 것은?

> • 사고횟수별 손해액이 '1차사고 1천만원, 2차사고 2천만원, 3차사고 3천만원, 4차사고 4천만원'이다.
> • 직접공제(공제금액 5천만원) 시의 보험자책임액은 (   )이다.
> • 종합공제(공제금액 5천만원) 시의 보험자책임액은 (   )이다.

① 0원, 0원 ② 0원, 5천만원

③ 5천만원, 0원 ④ 5천만원, 5천만원

47 손해액이 1,600만원, 공제액이 200만원, 보상비율이 120%일 때, 소멸성 공제에서의 보험자보상액은 얼마인가?

① 0원
② 1,400만원
③ 1,600만원
④ 1,680만원

48 다음은 보험의 요율에 대한 설명이다. 빈칸에 들어갈 단어를 순서대로 나열한 것은?

> 만약 손해발생결과를 당해 보험료에 바로 반영시키면 보험요율 산정의 3원칙 중 (   )을, 보험요율의 경영상 요건 중 (   )을 충족시킨다.

① 공정성, 적응성
② 공정성, 안정성
③ 적정성, 적응성
④ 적정성, 안정성

49 다음의 요율 종류에 해당하지 않는 것은?

> • 보험요율감독의 대표적인 형태이다.
> • 국민다수의 일상생활과 관련성이 높은 <u>화재보험, 자동차보험</u> 등에 적용되는 것이 일반적이다.

① 점검요율
② 제출 후 사용요율
③ 사용 후 제출요율
④ 사전인가요율

50 다음은 손해보험의 현행 요율체계에 대한 설명이다. 빈칸에 들어갈 단어를 순서대로 나열한 것은?

> 요율조정범위는 최소한의 요율안정성을 도모하기 위하여 (   )로 제한하고, 요율조정주기는 위험적용단위별로 요율조정요인이 (   ) 초과 시 매년 조정을 원칙으로 한다.

① ±25%, ±5%
② ±25%, ±10%
③ ±30%, ±5%
④ ±30%, ±10%

51 다음 중 보험료할증특약에 대한 설명으로 거리가 먼 것은?

① 체증성질병과 항상성질병을 대상으로 한다.

② 보험료할증을 적용하는 기간은 최대 5년까지이다.

③ 표준체보다 높은 보험료를 받고 표준체와 동일한 보험금을 지급한다.

④ 질병사망, 의료비, 일당 등의 담보를 대상으로 보험료할증을 적용한다.

PART
01

PART
02

PART
03

PART
04

PART
05

PART
06

PART
07

52 재물보험의 물건은 주택물건과 일반물건과 공장물건의 3가지로 분류되는데, 다음 중 주택물건에 해당하지 않는 것은?

① 주상복합건물에서의 주거용도 부분

② 주상복합아파트에서의 아파트 부대시설을 제외한 기타 복리 시설

③ 주택 내에서 평소에 하는 정도의 작업을 하는 농가 또는 어업자의 주택

④ 주택병용물건 중 내직이나 출장치료 정도로만 활용되는 교습소, 치료소, 접골원, 조산원

53 특수건물의 경우 의무적으로 신체 손해배상특약에 가입해야 하는데 이에 대한 보상한도를 잘못 설명한 것은?

① 부상 시는 상해등급(1~14급)에 따라 지급하되 최고한도는 3천만원이다.

② 후유장해 시는 장해등급(1~14급)에 따라 지급하되 최고한도는 1억 5천만원이다.

③ 화재로 인해 특수건물소유주의 종업원이 사망 또는 부상을 당한 경우는 동 특약에서 지급하지 않는다.

④ 사망 시 실제 손해액을 1억 5천만원을 한도로 지급하는데, 만일 사망 시 손해액이 1천만원일 경우 사망보험금으로 1천만원을 지급한다.

54 보기는 장기보험 언더라이팅 시 청약서 심사포인트를 나열한 것이다. 이 중에서 '상해보험'의 청약서 심사포인트에 해당하는 항목의 수는?

> 생활습관, 운전차량, 건물의 구조 및 건축연도, 영위업종, 피보험자의 직업 및 직무, 체격, 부업 및 취미생활, 최근 3개월 이내 진찰이나 검사 여부

① 3개

② 4개

③ 5개

④ 6개

55 A보험회사가 판매한 재산종합보험의 예정손해율은 50%였으나, 그 후 1년간의 실제손해율이 80%로 확인되었다. 이 상품에 대해 앞으로 적용할 요율의 조정율은 얼마인가? [보험료 조정은 손해율 방식(loss ratio method)을 따르고, 신뢰도계수(credibility factor)는 0.5를 적용한다.]

① 15% 인하　　　　　　　　　　　② 15% 인상

③ 30% 인하　　　　　　　　　　　④ 30% 인상

56 자동차보험 개별할인·할증의 평가대상 사고에 포함되는 '자기과실이 없는 사고'가 아닌 것은?

① 화재, 폭발, 낙뢰에 의한 자기차량손해 및 자기신체사고손해

② 태풍, 홍수, 해일 등 자연재해로 인한 자기차량손해, 자기신체사고손해

③ 주차가 허용된 장소에 주차 중 발생한 관리상 과실이 없는 자기차량손해사고

④ 날아온 물체, 떨어지는 물체 이외의 다른 물체와 충돌, 접촉, 전복 및 추락에 의해 발생한 화재나 폭발에 의한 자기차량손해 및 자기신체사고손해

57 다음의 경우에 자동차보험 갱신계약 체결 시 개별할인·할증에 반영되는 사고점수는 얼마인가?

> 1. 갱신계약이며 보험기간은 '2×20.7.1~2×21.7.1'(개별할인·할증 대상 계약, 물적사고 할증기준금액은 200만원)
> 2. 사고내용
>   (1) A사고 : 2×19년 5월에 발생한 사고로서 사망사고 1건, 부상4급 대인사고 1건, 대물배상 70만원과 자기차량손해 150만원인 물적사고 1건이 발생함
>   (2) B사고 : 2×20년 3월에 발생한 사고로서 대리운전자가 운전한 사고이며 부상 8급 대인 사고 1건과 자기신체손해(부상 8급) 사고 1건이 발생함
>   대리운전 사고는 대리운전업무 종사자가 소속업체를 위하여 사업자등록증상 명시된 대리운전 업무를 목적으로 피보험 자동차를 사용·관리하던 중에 발생한 사고에 해당됨
>   (3) C사고 : 2×20년 5월에 발생한 사고로서 부상 13급 대인사고 1건, 자기차량손해 150만원인 물적사고 1건이 발생함

① 5점　　　　　　　　　　　　　② 6점

③ 7점　　　　　　　　　　　　　④ 8점

58 다음 중 재보험의 기능에 대한 설명으로 옳지 않은 것은?

① 보험수익의 안정성 유지

② 인수능력의 증대

③ 보험사고의 경감

④ 재난적 사고의 보장

59 다음과 같이 초과손해액 특약재보험(excess of loss treaty cover)에 가입한 경우 하나의 보험사고로 인한 원수보험자의 지급보험금이 30억원일 때, 동 사고에 대해 재보험금 회수 후 출재사인 원수보험자가 부담하게 되는 순보유손해금액은 얼마인가?

> 90% of 20억원 in excess of 5억원 per occurrence

① 12억원

② 13억원

③ 17억원

④ 18억원

60 다음 중 재보험에 대한 설명으로 적절하지 않은 것은?

① 절차상의 차이에 따라 비례재보험과 비비례재보험으로 분류된다.

② 원보험자가 인수한 계약 중 미리 정한 조건에 부합되는 모든 계약에 대해 보험금액의 일정비율이 특약한도 내에서 재보험으로 처리되는 것은 비례재보험특약(Quota Share Treaty)이다.

③ 원보험자가 인수한 보험계약에 대하여 특약으로 미리 정해진 금액의 한도 내에서 매 계약별로 보유금액(line)을 결정한 후 그 초과액을 출재하는 방법은 초과액재보험특약(Surplus Treaty)이다.

④ 일정한 범주에 속하는 모든 보험계약에 대하여 일정기간의 누적손해율이 예정손해율을 초과하게 될 때 그 초과율에 해당하는 금액을 재보험으로 보상받는 방법은 초과손해율 재보험특약(Stop Loss Cover)이다.

PART
01

PART
02

PART
03

PART
04

PART
05

PART
06

PART
07

61 다음 손해사정업무 중 정산업무(adjustment)에 해당하지 않는 것은?

① 보험금 산출방법 결정　　　　　　　② 손해액 산정
③ 보험자 지급책임액 결정　　　　　　④ 구상권 행사

62 이득금지원칙을 실현하는 수단이 아닌 것은?

① 신구교환공제　　　　　　　　　　② 중복보험에서의 비례주의
③ 일부보험에서의 비례주의　　　　　④ 청구권 대위

63 다음 중 실손보상의 원칙에서의 실제현금가치(Actual Cash Value)에 대한 일반적인 계산식으로 옳은 것은?

① 보험가액 – 감가상각액　　　　　　② 보험금액 – 감가상각액
③ 보험가액 – 대체비용 – 감가상각액　④ 대체가격 – 감가상각액

64 다음 중 대체가격보험에 대한 설명으로 옳지 않은 것은?

① 신가보험이라고도 한다.
② 대체가격보험은 실손보상 원칙의 예외로써 이용되는 보험이다
③ 대체가격보험은 인위적인 사고유발이 우려되는 보험에 한해서 인정되고 있다.
④ 대체가격보험은 보험사고가 발생한 경우 감가상각을 하지 않고 피보험 목적물과 동종, 동형, 동질의 신품을 구입하는 데 소요되는 비용을 지급하는 보험이다.

65 피보험자 "갑"은 자신이 소유하고 있는 건물(가액 : 5억 5천만원)을 A, B, C 3개 보험회사에 각각 보험 가입금액 1억원, 3억원, 2억원의 화재보험계약에 가입하였고, 3건의 보험계약 모두에서 담보하는 화재사고로 인하여 전손이 발생하였다. 동 사고에 대하여 균일부담(contributions by equal shares) 방식에 의하면 A, B, C 보험자의 보상금액은 각각 얼마인가?

	A	B	C
①	1억원	3억원	1.5억원
②	1억원	2.5억원	2억원
③	0.5억원	3억원	2억원
④	1.5원	2억원	2억원

66 타보험조항 중 배상책임보험에 주로 사용되는 것은?

① 비례책임조항
② 책임한도분담조항
③ 균등액분담조항
④ 초과액타보험조항

67 다음 중 보험공제(insurance deductible)의 효과에 해당하지 않는 것은?

① 소액보상청구 방지
② 보험료 절감
③ 보험자 파산 방지
④ 손실통제동기 강화

68 소손해면책 방법 중 종합공제방식(종합공제액 : 40만원)을 따를 때 빈칸에 들어갈 금액은?

사고횟수	사고별 손해액	보험자 책임액	계약자 자기부담금
1차	10만원	0원	10만원
2차	20만원	0원	20만원
3차	40만원	A	B
4차	50만원	50만원	0원

	A	B
①	40만원	0원
②	30만원	10만원
③	20만원	20만원
④	40만원	40만원

PART 01
PART 02
PART 03
PART 04
PART 05
PART 06
PART 07

69 다음 중 보험자가 입증책임을 부담하는 것을 모두 고르면?

> ⓐ 위험 변경 · 증가 통지의무 위반　　ⓑ 고지의무 위반
> ⓒ 열거위험담보방식에서의 인과관계 입증　　ⓓ 보험사기

① ⓐ, ⓑ, ⓒ　　　　　　　　　　② ⓐ, ⓒ, ⓓ
③ ⓐ, ⓑ, ⓓ　　　　　　　　　　④ ⓑ, ⓒ, ⓓ

70 다음은 보험기간과 손해보상에 대한 학설 중 무엇에 대한 설명인가?

> 보험기간 중 손해를 입고, 보험기간 만료 이후에 걸쳐 발생한 손해를 보상해야 한다는 내용으로 통설로 인정되고 있다.

① 손해설　　　　　　　　　　② 이재설
③ 위험설　　　　　　　　　　④ 차액설

71 다음 중 손익상계에 해당하지 않는 것은?

① 산재보험금
② 공무원연금
③ 자동차보험의 상실수익액 계산 시 '현실소득액 – 생활비율'에서의 생활비율에 해당하는 금액
④ 상해보험금

72 사건발생기준 배상책임보험과 배상청구기준 배상책임보험에 대한 다음 설명 중 옳지 않은 것은?

① 사건발생기준 배상책임보험은 불법행위와 그 결과가 시간적으로 근접해 있을 때 적용이 용이하다.
② 배상청구기준 배상책임보험은 보험기간 중에 피보험자로부터 청구된 사고를 기준으로 배상책임을 결정한다.
③ 사건발생기준 배상책임보험은 장기성 배상책임(long – tail liability)의 특성을 갖는 전문직 배상책임보험 등에 적용된다.
④ 배상청구기준 배상책임보험에서는 보험급부 여부를 결정할 때 보험사고를 둘러싼 분쟁을 줄일 수 있다.

73 다음 중 보험자의 제3자에 대한 대위의 목적에 해당하지 않는 것은?

① 실손보상의 원칙 유지
② 최대선의의 원칙 유지
③ 이중보상 방지
④ 보험료 부당 인상 방지

74 다음 중 보험자의 면책사유가 아닌 것은?

① 자동차보험에서 지진으로 인한 자기차량 손해
② 상해보험에서 피보험자의 중과실로 인한 상해
③ 운송보험에서 운송보조자의 고의, 중과실로 인한 손해
④ 해상보험에서 도선료, 입항료 등 항해 중의 통상비용

PART 01
PART 02
PART 03
PART 04
PART 05
PART 06
PART 07

75 다음 중 합산비율에 대한 설명으로 적절하지 않은 것은?

① 합산비율이 100%를 초과할 경우 보험자의 언더라이팅이 만족스럽다고 할 수 있다.
② 사업비율 계산 시 현재 우리나라 보험사들은 경과보험료에 대한 발생경비의 비율로써 계산한다.
③ 합산비율은 자산운용 수익을 제외한 모든 보험기업의 경영에 관한 종합성과를 나타내는 지표로서 손해율과 사업비율을 합한 비율이다.
④ 손해율 계산 시 수입보험료에서 경과보험료와 미경과보험료의 구별 등을 고려하지 않는 경우는 현금주의방식에 의해서 손해율을 표시하는 것이라 할 수 있다.

76 아래 보험계약 사례에서 보험자가 지급하여야 할 보험금은 얼마인가?

한국화학(주)가 소유하는 화학공장에 공장화재보험을 가입했으며, 보험계약내용 및 발생손해액은 다음과 같다.
• 보험가입금액 : 18억원
• 가입당시 화학공장물건의 보험가액 : 24억원
• 발생손해액 : 8억원
• 화재사고 당시 화학공장물건 보험가액 : 30억원

① 4억 8,000만원
② 6억원
③ 6억 4,000만원
④ 8억원

77 다음 중 현실전손이 발생하는 경우에 대한 설명으로 적절하지 않은 것은?

① 보험목적물이 본래의 기능을 상실한 경우
② 보험의 목적에 지배력이 항구적 상실된 경우
③ 보험목적의 실질적인 멸실로서 완전히 파괴되어 복구가능성이 없는 상태
④ 보험목적의 가액을 초과하는 비용을 지출하지 않으면 현실전손을 면할 수 없는 경우

78 다음 중 보험금액의 체감주의와 전액주의를 적용하는 방식이 다른 하나는?

① 화재보험   ② 자동차보험
③ 해상보험   ④ 운송보험

79 PML(Probable Maximum Loss)과 MPL(Maximum Possible Loss)에 대한 설명으로 옳지 않은 것은?

① MPL은 최악의 시나리오를 가상하여 추정한 최대손해액을 말한다.
② 보험회사가 위험의 인수여부 및 조건을 결정하고, 보험료를 산출하는 기초로 사용하는 개념도 MPL이다.
③ EML(Estimated Maximum Loss)은 MPL과 동의어로 쓰기도 한다.
④ PML의 결정에는 손해액의 확률분포에 대한 위험관리자의 주관적인 선택이 개입된다.

80 다음 중 보증보험에 대한 설명으로 적절하지 않은 것은?

① 채무자가 보험계약자이고 채권자가 피보험자인 타인을 위한 보험이다.
② 채무자의 파산이나 근본적인 지급불능상태가 없더라도 단순한 채무불이행만 있어도 보험사고가 성립된다.
③ 횡령이나 배임, 절취 등의 불법행위도 담보한다.
④ 은행 등 금융기관은 채무자의 사망이나 장애 같은 불의의 사고로 채권이 부실화되는 경우를 막을 수 있어 신용대출의 폭을 넓힐 수 있게 된다.

81 IFRS17(신보험회계기준)에 대한 설명이다. 적절하지 않은 것은?

① 보험회계에 발생주의 도입을 의미한다.

② 시가반영을 강화하므로 기존회계대비 부채가 증가된다.

③ 영업보험료 전체를 수익으로 인식하는 것은 기존회계와 동일하다.

④ 다른 각국의 회계관행을 인정하지 않으므로 국제적인 비교가능성이 강화된다.

82 다음 설명 중 적절하지 않은 것은?

① 보험회계는 일반목적회계와 감독목적회계를 포함한다.

② 대손준비금을 별도로 적립하는 것은 감독목적회계에 따른 것이다.

③ 보험회계의 재무적 특성의 하나로 원가의 사후확정성이 있는데, 이러한 특성을 감안하여 책임준비금 제도를 두고 있다.

④ 자산과 부채에 대한 인식과 측정은 국제회계기준과 감독목적회계가 다르다.

83 다음 중 보험회사 재무상태표에 표시되는 정보가 아닌 것은?

① 납입자본금   ② 기타포괄손익누계액

③ 기타포괄손익   ④ 계약자지분조정

84 다음은 무엇에 대한 정의인가?

거래당사자 일방에게 금융자산을 발생시키고 동시에 다른 거래상대방에게 금융부채나 지분상품을 발생시키는 모든 계약을 말한다.

① 금융자산   ② 금융부채

③ 금융상품   ④ 지분상품

PART
01

PART
02

PART
03

PART
04

PART
05

PART
06

PART
07

85 다음 중 금융자산에 해당하지 않는 것은?

① 다른 기업의 지분상품

② 거래상대방에게서 현금 등 금융자산을 수취할 권리

③ 잠재적으로 유리한 조건으로 거래상대방과 금융자산이나 금융부채를 교환하기로 한 계약상 권리

④ 기업이 자신의 지분상품으로 결제되거나 결제될 수 있는 계약으로서 인도할 자기지분상품의 수량이 변동가능한 비파생상품

86 다음 중 20×3년 말 회사의 재무상태표에 표시될 FVOCI의 기타포괄손익누계액은 얼마인가?

- 회사는 20×2년 초 기타포괄손익–공정가치측정 금융자산을 취득하였다.
- 취득 시 공정가치는 100,000원이고, 취득관련수수료는 10,000이다.
- 20×2년 말 동 금융자산의 공정가치는 90,000원이다.
- 20×3년 말 동 금융자산의 공정가치는 150,000원이다.

① 20,000원   ② 30,000원

③ 40,000원   ④ 50,000원

87 다음의 설명에 해당하는 금융자산은? (기업회계기준서 제1109호)

- 상각후원가로 후속측정한다.
- 유효이자율로 할인한 현재가치로 측정한다.
- 손상차손을 인식하지만 대손충당금은 설정하지 않는다.

① FVPL   ② FVOCI(채무상품)

③ AC   ④ 대여금 및 수취채권

88 다음 중 금융자산의 손상에 대한 설명으로 올바르지 않은 것은?

① 신용이 손상되지 않은 경우 금융상품의 신용위험이 유의적으로 증가하지 않았다면 보고기간 말에 12개월 기대신용손실금액에 해당하는 금액으로 손실충당금을 측정한다.

② 상각후원가 측정 금융자산의 손상차손은 당기비용 처리하고 손실충당금을 설정한다.

③ 기타포괄손익 – 공정가치 측정 금융자산으로 분류되는 채무상품의 손상차손은 손실충당금을 설정하여 금융상품의 장부금액에서 차감하여 표시한다.

④ 상각후원가 측정 금융자산과 기타포괄손익 – 공정가치 측정 금융자산으로 분류되는 채무상품에 대해서 손상차손을 인식할 수 있다.

89 다음 중 비운용자산에 해당하지 않는 것은?

① 비품
② 연구비
③ 개발비
④ 소프트웨어

90 다음은 보험회사의 책임준비금에 대한 설명이다. 적절하지 않은 것은?

① 장기부채, 특별계정부채와 함께 보험회사 부채를 구성한다.

② 책임준비금은 보험계약부채, 재보험계약부채, 투자계약부채로 구분하여 표시한다.

③ 보험계약부채 및 재보험계약부채는 잔여보장요소와 발생사고요소를 나누어 표시한다.

④ 책임준비금은 보험회사의 지급능력 및 경영상태의 평가기준이 되며 당기손익을 결정에 영향을 미치는 중요한 요소가 된다.

91 다음 중 발생사고요소에 포함되는 항목을 모두 묶은 것은?

⊙ 최선추정
ⓒ 위험조정
ⓒ 보험계약마진

① ⊙, ⓒ
② ⓒ, ⓒ
③ ⊙, ⓒ
④ ⊙, ⓒ, ⓒ

PART 01
PART 02
PART 03
PART 04
PART 05
PART 06
PART 07

92 신보험회계기준(IFRS17)에 따른 보험계약부채의 4가지 구성요소 중 '보험계약마진(CSM)'에 대한 설명이다. 올바르지 않은 것은?

① 미래에 서비스를 제공함에 따라 인식하게 될 미실현이익을 의미한다.

② 부채계정에 속해있지만 장래에 이익으로 전환되므로, 지급여력비율계산 시 가용자본이 된다.

③ 양(+)의 이행현금흐름이 발생할 경우 동 금액이 손실로 인식되지 못하도록 한다.

④ 부(−)의 이행현금흐름이 발생할 경우 동 금액이 즉시 이익으로 인식되지 못하도록 한다.

93 신보험회계기준(IFRS17)에서 보험계약부채의 4가지 구성요소 중 '화폐의 시간가치와 금융위험을 반영한 조정액'은 무엇인가?

① 할인효과
② 위험조정
③ 이행현금흐름
④ 미래현금흐름의 추정치

94 신보험회계기준(IFRS17)의 보험계약측정모형에 대한 설명이다. 적절하지 않은 것은?

① 대부분의 계약은 3가지 모형 중 일반모형으로 측정한다.

② 보험의 보장기간이 1년 이하인 계약은 보험료배분모형으로 측정한다.

③ 보험료배분모형에서의 후속은 잔여보장부채와 발생사고부채 모두에 보험료배분모형을 적용한다.

④ 변동수수료모형은 보험자가 보장 및 자산관리서비스에 대한 대가를 받는 계약일 경우에 적용한다.

95 다음은 보험취득현금흐름에 대한 설명이다. 옳지 않은 것은?

① 보험계약집합의 판매, 인수심사 및 개시관련 원가에 생기는 현금흐름을 말한다.

② 보험계약집합을 인식하기 전에 그 집합과 관련하여 지급하거나 받은 모든 현금흐름은 자산이나 부채로 인식한다.

③ 보험료배분접근법을 적용하는 경우에도 보험취득현금흐름을 자산 또는 부채로 인식해야 한다.

④ 발생 시 자산이나 부채로 인식한 보험취득현금흐름은 보험계약마진의 크기에 영향을 준다.

96 다음 중 자본의 다른 분류(자본잉여금, 법정적립금 등)를 자본에 전입하여 자본금을 증가시키고 동 금액에 해당하는 신주를 발행하여 기존주주들에게 무상으로 교부하는 형태의 자본금 변동으로서 회계처리 없이 주식 수만 관리하는 것을 무엇이라 하는가?

① 유상증자　　　　　　　　　　　② 무상증자

③ 유상감자　　　　　　　　　　　④ 무상감자

PART
01

PART
02

PART
03

PART
04

PART
05

PART
06

PART
07

97 특별계정의 목적을 2가지로 구분할 경우, 그 목적이 수급권 보장이 아닌 것은?

① 변액보험　　　　　　　　　　　② 장기손해보험

③ 연금저축보험　　　　　　　　　④ 퇴직연금(원리금보장형)

98 다음의 경우 갑 보험사의 포괄손익계산서에 총액으로 표시되는 특별계정수익과 특별계정비용은?

- 연금저축보험 특별계정(자산 30억원, 부채 20억원)
- 변액보험 특별계정(자산 50억원, 부채 30억원)

① 0원, 0원　　　　　　　　　　　② 30억원, 20억원

③ 50억원, 30억원　　　　　　　　④ 80억원, 50억원

99 보험회사의 총자산은 1조원이고, 자기자본은 4천억원이라고 가정하면 다음의 빈칸에 알맞은 금액은?

- 대주주 및 자회사에 대한 신용공여한도는 (　　　　)이다.
- 대주주 및 자회사가 발행한 주식 및 채권에 투자할 수 있는 한도는 (　　　　)이다.

① 200억 – 300억　　　　　　　　② 200억 – 2,400억

③ 300억 – 1,600억　　　　　　　④ 1,600억 – 2,400억

100 다음은 특별계정의 자산운용에 대한 설명이다. 옳지 않은 것은?

① 보험료를 어음으로 수납할 수 없다.

② 보험계약자의 지시에 따라 자산을 운용하는 행위는 금지된다.

③ 보험회사는 특별계정자산으로 취득한 주식에 대해서는 의결권을 행사할 수 없다.

④ 매 분기 말 기준 200억원 이하의 특별계정은 일반계정에 포함하여 자산운용비율 적용한다.

PART 01 │ 손해보험이론 및 약관해설 [01~20]

01 다음의 상황에 대한 설명으로 옳지 않은 것은?

> 겨울 가뭄으로 삼림이 건조한 상태에서 등산객의 부주의로 화재가 발생하여 수십 년된 나무 수백 그루가 소실되었다.

① 삼림이 건조한 상태는 실체적 위태이다.

② 등산객의 부주의는 도덕적 위태이다.

③ 화재가 발생한 것은 손인(사고)에 해당한다.

④ 수십 년된 나무 수백 그루가 소실된 것은 재산손해가 발생한 것이다.

02 다음 중 도덕적 위태(moral hazard)를 유발하는 원인을 모두 고른 것은?

> ⓐ 부정직 ⓑ 무관심
> ⓒ 부주의 ⓓ 사기

① ⓐ, ⓑ

② ⓐ, ⓓ

③ ⓑ, ⓒ

④ ⓑ, ⓓ

03 다음은 보험사기방지 특별법에 대한 설명이다. 적절하지 않은 것은?

① 미수범도 처벌의 대상이 된다.

② 상습범에 대해서는 50% 가중 처벌한다.

③ 보험사기범에 대한 형량을 '10년 이하의 징역 또는 2,000만원 이하의 벌금형'으로 하여, 형법에 비해 형량을 강화하였다.

④ 보험회사에 대해서는 보험금의 지급지체, 거절, 삭감을 금지하고 위반 시 건당 최고 1천만원의 과태료를 부과한다.

04 다음 중 보험가입가능요건(Insurable Risk)에 해당하지 않는 것은?

① 합리적인 예측이 가능할 정도로 위험이 다수이고 동질적일 것

② 손실의 발생시기나 발생자체가 우연적일 것

③ 금전적인 가치로 측정할 수 있는 손실일 것

④ 발생확률이 낮고 손실의 심도가 크지 않을 것

05 다음 중 보험시장에서의 역선택(adverse selection)에 대한 설명으로 옳지 않은 것은?

① 사후적 정보의 비대칭으로 발생한다.

② 중고자동차시장(lemon market)의 문제로 비유된다.

③ 불량 위험체가 이익을 본다.

④ 역선택을 줄이기 위한 방법으로 고지의 의무 조항이 있다.

PART
01

PART
02

PART
03

PART
04

PART
05

PART
06

PART
07

06 위험관리의 목적은 손해발생 전의 목적(pre-loss objectives)과 손해발생 후의 목적(post-loss objectives)으로 나누어 볼 수 있다. 다음 중 손해발생 전의 목적(pre-loss objectives)에 해당하는 것을 옳게 고른 것은?

ⓐ 영업의 지속(continuity of operations)
ⓑ 불안의 경감(reduction in anxiety)
ⓒ 손실방지를 위한 각종 규정의 준수(meeting externally imposed obligation)
ⓓ 수익의 안정(earning stability)
ⓔ 지속적인 성장(continued growth)
ⓕ 위험관리 기능을 수행함에 있어서 최소의 비용으로 최대의 효과 달성(economy)

① ⓐ, ⓓ, ⓔ   ② ⓐ, ⓒ, ⓔ

③ ⓑ, ⓒ, ⓕ   ④ ⓑ, ⓔ, ⓕ

07 다음은 위험관리기법에 대한 설명이다. 옳지 않은 것은?

① 가장 완벽한 위험관리수단이지만 그에 따르는 비용이 수반되는 것은 위험회피이다.

② 손실통제는 사고예방까지 포함하는 개념이다.

③ 손실규모가 작고 손실빈도수 또한 적은 경우 가장 적합한 위험관리기법은 위험보유이다.

④ 컴퓨터에 저장되어 있는 중요한 문서가 삭제될까봐 USB에 따로 보관하는 것은 위험전가에 해당한다.

08 다음 중 홍수다발지역이며 피해규모도 큰 경우에 일반적으로 가장 적합한 위험관리방법은?

① 위험회피　　　　　　　　　　② 손실예방
③ 손실감소　　　　　　　　　　④ 위험전가

09 다음 중 피보험자의 손실통제를 제고하는 효과가 가장 큰 것은?

① 중복보험　　　　　　　　　　② 초과보험
③ 단체보험　　　　　　　　　　④ 일부보험

10 다음은 종속보험회사(Captive)에 대한 설명이다. 옳지 않은 것은?

① 캡티브는 일반보험회사에 비해서 보험료를 절감할 수 있다.

② 순수 캡티브는 어떤 단체 또는 협회 회원들이 공통적으로 가지는 위험을 담보하는 캡티브이다.

③ 이익 캡티브는 모기업의 위험뿐만 아니라 다른 기업들의 위험도 담보하여 단일기업체로서 이익 추구를 목적으로 하는 캡티브이다.

④ 캡티브는 재보험자와 직거래를 할 수 있으므로 실질적으로 재보험료에 지불되는 비용을 절감할 수 있다.

11 보험가입가능 위험의 요건에 '손실발생이 시간적·장소적으로 명확하고, 손실측정이 가능해야 한다.'는 것이 포함되어 있다. 이에 대한 이유로 가장 거리가 먼 것은?

① 사후적 손실측정의 용이성 ② 사전적 보험료 산출의 용이성

③ 합리적인 손실보상의 용이성 ④ 대수의 법칙 적용 가능성

12 다음은 보험계약에 대한 설명이다. 빈칸에 알맞은 것은?

> 보험자에게 약관의 교부·설명의무(상법 제638조의 3)가 부과되고 또 보험계약자 등의 불이익변경금지의
> 원칙(상법 제663조)이 적용되는 이유는, 보험계약이 (　　　　　)이기 때문이다.

① 불요식 낙성계약 ② 유상 쌍무계약

③ 부합계약 ④ 계속계약

13 다음 중 보험증권의 법적 성질과 가장 거리가 먼 것은?

① 불요식증권성 ② 증거증권성

③ 면책증권성 ④ 유가증권성

14 다음은 보험증권의 교부의무에 대한 설명이다. 적절하지 않은 것은?

① 보험자는 보험계약이 성립한 때에는 지체 없이 보험증권을 작성하여 교부해야 한다.

② 보험계약자가 보험료의 전부 또는 최초의 보험료를 지급하지 아니한 때에는 보험증권을 교부하지 않아도 된다.

③ 보험자가 보험증권의 교부의무 위반 시에는 보험계약자는 보험계약성립일로부터 3개월 이내에 해당 계약을 취소할 수 있다.

④ 보험증권에 관한 이의를 제기할 수 있는 기간을 보험증권의 교부가 있는 날로부터 2주일 이내로 정한 약관조항은 무효가 된다.

PART
01

PART
02

PART
03

PART
04

PART
05

PART
06

PART
07

15 다음의 내용에 해당하는 약관은?

> 보통보험약관을 변경하거나 추가 또는 배제하는 약정을 할 때 사용되는 약관이다.

① 보통보험약관   ② 부가약관
③ 특별보통보험약관   ④ 특별보험약관

16 다음은 약관규제법상의 약관해석원칙에 대한 설명이다. 적절하지 않은 것은?

① 고객에 따라 다르게 해석되어서는 아니 된다.
② 약관은 신의성실의 원칙에 따라 공정하게 해석되어야 한다.
③ 약관의 뜻이 명백하지 아니한 경우에는 고객에게 유리하게 해석되어야 한다.
④ 약관에서 정하고 있는 사항에 관하여 사업자와 고객이 약관의 내용과 다르게 합의한 사항이 있을 때에는, 약관에서 정하고 있는 사항을 우선으로 하여 해석해야 한다.

17 다음의 빈칸에 들어갈 단어를 순서대로 연결한 것은?

> • 금융위원회는 (　　　　) 소속하의 회의체 의결기관이다.
> • 금융분쟁조정위원회는 위원장 1인을 포함하여 (　　　　) 이내의 위원으로 구성하며, 매 회의 시에는 조정위원장 1인을 포함하여 (　　　　)의 위원으로 구성한다.

① 대통령 – 20인 – 7~11인   ② 대통령 – 35인 – 6~10인
③ 국무총리 – 20인 – 7~11인   ④ 국무총리 – 35인 – 6~10인

18 다음 중 증권선물위원회의 소관업무에 해당하는 것은?

① 금융에 관한 정책 및 제도에 관한 사항
② 자본시장의 불공정거래 조사
③ 자본시장의 관리 · 감독 및 감시 등에 관한 사항
④ 금융기관의 업무 및 재산상황에 대한 검사

19 다음은 기초서류에 관한 설명이다. 옳지 않은 것은?

① 기초서류는 사업방법서, 보험약관, 보험료 및 책임준비금산출방법서를 말한다.

② 새로운 상품을 도입하거나 기타 기초서류의 작성 · 변경에 대한 신고의무에 해당될 경우 시행예정일 30일 전까지 미리 금융위원회에 신고해야 한다.

③ 기초서류 중 '보험료 및 책임준비금산출방법서'에 대해서는 기초서류 신고 시 보험개발원 또는 보험계리업자의 검증확인서를 받도록 할 수 있다.

④ 금융위는 기초서류의 변경 시 보험계약자의 이익보호에 필요하다고 인정되는 경우도 이미 체결된 계약에 대해서 장래에 그 효력이 미치도록 할 수 없다.

20 다음은 보험계리사의 업무에 대한 설명이다. 옳지 않은 것은?

① 순보험요율의 산출 · 검증 및 제공에 관한 사항

② 기초서류의 작성에 관한 사항

③ 잉여금의 배분처리 및 보험계약자 배당금의 배분에 관한 사항

④ 책임준비금, 비상위험준비금 등 준비금의 적립과 준비금에 해당하는 자산의 적정성에 관한 사항

PART
01

PART
02

PART
03

PART
04

PART
05

PART
06

PART
07

21 보험계약체결에 관한 설명으로 올바른 것은?

① 승낙 이후 보험증권 교부가 없으면 보험계약은 성립되지 않는다.

② 구술에 의한 보험계약 체결은 불가능하다.

③ 청약과 승낙의 의사의 합치가 없어도 보험계약이 성립한다.

④ 보험료 납부 전에도 보험사고 발생 시 보험금을 지급하기로 하는 당사자의 특약은 유효하다.

22 다음은 낙부통지의 성립요건에 대한 내용이다. 빈칸에 들어갈 단어를 순서대로 나열한 것은?

보험자는 보험계약자로부터 보험계약의 청약과 함께 보험료 상당액의 전부 또는 일부의 지급을 받은 때에는 다른 약정이 없으면 (　　　　) 이내에 그 상대방에 대하여 낙부의 통지(　　　　　　　　　).

① 30일 – 를 발송해야 한다.

② 1개월 – 를 발송해야 한다.

③ 30일 – 가 도달하도록 해야 한다.

④ 1개월 – 가 도달하도록 해야 한다.

23 다음 중 고지의무에 관한 설명으로 옳은 것은? (다툼이 있는 경우 판례에 의함)

① 질문표에 성실하게 응답하기만 하면 현행 상법상 충분한 고지의무 이행이 된다.

② 보험설계사는 고지를 수령할 권한이 있다.

③ 최근 개정된 상법은 고지의무를 수동화하면서 "서면으로 질문한 사항은 중요한 사항으로 추정한다"는 규정을 삭제하였다.

④ 계약청약 후 승낙 이전에 발생한 중요사항도 고지 대상이 된다.

24 다음은 고지의무 위반 시의 보험자의 해지권에 대한 설명이다. 빈칸에 들어갈 단어를 순서대로 나열한 것은?

> 보험자가 고지의무 위반의 사실을 안 날로부터 1월, 계약을 체결한 날로부터 (　　　)이 경과하면 보험계약을 해지할 수 없다. 그리고 이 기간은 (　　　)이다.

① 2년, 소멸시효　　　　　　　　② 2년, 제척기간

③ 3년, 소멸시효　　　　　　　　④ 3년, 제척기간

PART
01

PART
02

PART
03

PART
04

PART
05

PART
06

PART
07

25 상법상 보험계약자 등의 고지의무와 통지의무를 비교한 것이다. 옳지 않은 것은?

	구분	고지의무	통지의무
①	의무자	보험계약자, 피보험자	보험계약자, 피보험자, 보험수익자
②	의무이행시기	보험계약 당시	보험계약기간 동안
③	의무이행방법	질문표를 작성한다.	반드시 서면으로 통지하여야 한다.
④	의무위반의 효과	보험자는 위반사실을 안 날로 1월 내, 계약체결일로부터 3년 내에 계약을 해지할 수 있다.	위험변경·증가 통지의무의 위반의 경우에는 보험자는 그 사실을 안 후 1월 내에 한하여 계약을 해지할 수 있다.

26 다음은 위험유지의무 위반에 대한 설명이다. 옳지 않은 것은?

① 위험유지의무를 부담하는 자는 보험계약자, 피보험자, 그리고 보험수익자이다.

② 위험의 현저한 변경 또는 증가 시에는 통지의무가 부과되지만 위험유지의무 위반에는 사전에 부과되는 통지의무는 없다.

③ 고의나 중과실로 위험이 증가된 경우, 바로 위험유지의무 위반이 된다.

④ 동 의무 위반 시 보험자는 그 사실을 안 날로부터 1개월 내로 계약을 해지할 수 있다.

27 다음 중 계약의 해지 대상이 아닌 경우로 묶인 것은?

> ㉠ 중복보험 통지의무의 위반　　　　　㉡ 병존보험 통지의무의 위반
> ㉢ 사고발생통지의무의 위반　　　　　㉣ 선박미확정의 적하예정보험에서의 통지의무

① ㉠, ㉡, ㉢　　　　　　　　　　　　② ㉠, ㉡, ㉣
③ ㉠, ㉢, ㉣　　　　　　　　　　　　④ ㉡, ㉢, ㉣

28 다음은 피보험이익의 요건에 대한 설명이다. 적절하지 않은 것은?

① 경제적인 가치를 지닌 것으로서 금전으로 산정할 수 있는 이익이어야 한다.

② 선량한 풍속 기타의 사회질서에 반하지 않는 적법한 것이어야 한다.

③ 반드시 현존의 이익일 필요는 없고 장래의 이익이어도 좋지만 보험사고 발생 시에는 확정될 수 있는 이익이어야 한다.

④ 손해의 보상을 목적으로 하는 것이므로 손해의 전제로서 피보험자는 보험의 목적에 대하여 어떠한 이익을 가지고 있어야 한다.

29 초과보험에 관한 설명으로 올바른 것은?

① 초과보험의 계약은 언제나 무효이다.

② 초과보험계약은 보험금액이 보험가액을 초과하는 부분만 무효이다.

③ 초과보험에 대한 보험계약자의 보험료감액청구는 장래에 대하여만 그 효력이 있다.

④ 보험기간 중에 물가가 하락하여 피보험이익의 가액이 현저하게 감소한 경우에도 초과보험이 되지 아니한다.

30 다음은 초과 · 중복보험에 대한 설명이다. 적절한 것은?

① 보험계약이 하나인 경우 보험가입금액이 보험가액을 초과하면 초과보험이라 한다.

② 우리나라에서는 중복보험의 체결시점이 동시 또는 이시를 구분하지 않고, 각자의 보험금액 한도에서 연대책임을 진다.

③ 개별보험자의 보상책임은 각 보험자의 보험금액에 비례하는 비례주의를 택한다.

④ 배상책임보험은 보험가액이 없으므로 아무리 많은 책임보험에 가입하더라도 중복보험의 개념은 성립하지 않는다.

31 다음은 '보험위부'와 '보험목적에 관한 보험대위'에 대한 설명이다. 옳지 않은 것은?

① 보험위부는 무조건이어야 하며, 형성권이다.

② 보험자가 위부를 승인하지 않으면 보험계약자가 위부 원인을 증명하여야 한다.

③ 보험자의 보험목적에 대한 보험대위는 손해보험 일반에 적용되는 것이지만 보험위부는 특약이 없는 한 해상보험에서만 인정된다.

④ 보험목적에 대한 보험대위를 하기 위해서는 보험의 목적의 전부가 멸실하여 보험자가 보험금액의 전부를 지급하는 것만으로 족하지만 보험위부를 하기 위해서는 상법규정상의 위부의 원인이 존재하여야 하며 위부의 통지를 하여야 한다.

32 다음 중 청구권대위에 대한 설명으로 거리가 먼 것은?

① 청구권대위의 요건은 '먼저 손해가 제3자의 행위로 생겨난 것, 보험자가 보험금을 지급할 것'의 두 가지이다.

② 청구권대위의 요건을 갖춘 경우 보험계약자 또는 피보험자가 제3자에 대해 가지는 권리는 보험자에게 당연히 이전되므로, 민법상 채권양도의 절차가 필요 없다.

③ 청구권대위의 대상이 되는 보험계약자나 피보험자의 권리가, 그와 생계를 같이하는 가족에 대한 것인 경우 보험자는 그 권리를 취득하지 못한다.

④ 인보험에서는 모든 경우에 있어서 청구권대위가 인정되지 않는다.

33 상법상 보험목적에 관한 보험대위(잔존물대위)의 경우에 보험자가 피보험자의 권리를 취득하는 시기는?

① 보험사고가 발생한 때 　　　　② 보험사고발생 사실을 통지받은 때

③ 피보험자가 보험금을 청구한 때 　　　　④ 보험금액 전부를 지급한 때

34 다음 중 배상책임보험의 사회적 기능과 역할을 확대시켜 주는 주요 제도가 아닌 것은?

① 보험자 대위제도 　　　　② 피해자 직접 청구권

③ 의무보험제도 　　　　④ 무과실 책임주의

PART
01

PART
02

PART
03

PART
04

PART
05

PART
06

PART
07

35 다음은 배상책임보험에 대한 설명이다. 옳지 않은 것으로 묶인 것은?

> ㉠ 사고피해자를 보호하는 사회적 기능이 있다.
> ㉡ 제3자인 피해자도 보험금을 청구할 수 있다.
> ㉢ 초과보험이나 일부보험인 경우가 종종 발생한다.
> ㉣ 과실이 없으면 책임도 없다는 과실책임주의를 채택하고 있다.

① ㉠, ㉡

② ㉡, ㉢

③ ㉢, ㉣

④ ㉠, ㉣

36 다음 중 보험자의 보상책임이 면제되는 경우에 해당되지 않는 것은?

① 보험목적물의 고유하자

② 상해보험에서 피보험자의 중과실

③ 화재보험에서 피보험자의 고의

④ 보험목적물의 자연소모

37 다음은 보험업의 허가에 대한 설명이다. 가장 거리가 먼 것은?

① 보험업의 허가를 받을 수 있는 자는 주식회사, 상호회사, 외국보험회사이다.

② 보험업을 경영하려는 자는 보험종목별로 금융위원회의 허가를 받아야 한다.

③ 생명보험업 또는 손해보험업에 해당하는 보험업의 전부에 대하여 금융위의 허가를 받은 자는, 해당 생명보험 또는 손해보험의 종목으로 신설되는 보험종목에 대한 허가를 받은 것으로 본다.

④ 보험회사는 200억원 이상의 자본금 또는 기금을 납입함으로써 보험업을 시작할 수 있으며, 다만 보험종목의 일부만을 취급하려는 경우에는 50억원 이상의 범위에서 자본금 또는 기금의 액수를 다르게 정할 수 있다.

38 전화 · 우편 · 컴퓨터통신 등 통신수단을 이용하여 대통령령으로 정하는 바에 따라 모집을 하는 보험회사가 해상보험을 영위하기 위해서 필요한 최소한의 자본금 또는 기금은 얼마인가?

① 300억원

② 150억원

③ 100억원

④ 50억원

39 손해보험업의 보험종목 전부를 취급하는 손해보험회사가 질병사망을 담보하는 제3보험상품을 개발하는 경우에 이 상품이 갖추어야 할 요건으로 올바르지 않은 것은?

① 질병사망을 주계약(보통약관)에서 보장할 것

② 보험만기는 80세 이하일 것

③ 보험금액의 한도는 개인당 2억원 이내일 것

④ 만기환급금은 납입보험료 합계액의 범위 이내일 것

40 보험업법 및 동법 시행령상 보험대리점과 보험중개사의 등록 시 영업보증금에 관한 설명으로 옳지 않은 것은?

① 개인인 보험대리점의 경우 1억원 범위 내

② 법인인 보험대리점의 경우 3억원 범위 내

③ 개인인 보험대리점의 경우 1억원 이상

④ 법인인 보험대리점의 경우 5억원 이상

41 다음은 상해·질병보험에서 언더라이터가 판단근거로 활용해야 할 위험의 종류에 대한 설명이다. 옳지 않은 것은?

① 직업이나 직무는 대표적인 환경적 위험에 속한다.

② 신체적 위험에 영향을 주는 요소로서 가족력도 파악해야 한다.

③ 운전여부 및 운전차량, 거주지위험, 취미도 환경적 위험의 근거가 된다.

④ 과거 보험실적, 재무상태, 보험가입목적, 납입보험료의 적정성은 도덕적 위험의 근거가 된다.

42 다음 중 언더라이팅의 평가 및 수정단계(SEE단계)의 업무에 해당하지 않는 것은?

① 보험요율 수정   ② UW매뉴얼 수정

③ 계약조건의 수정   ④ (원)보험사업에 대한 평가

43 다음 중 타인을 위한 보험계약이 아닌 것은?

① 임차인이 임대인을 피보험자로 하는 화재보험에 가입한 경우

② 수탁자가 물건소유자를 피보험자로 하는 창고물건 화재보험에 가입한 경우

③ 운송업자가 화주를 피보험자로 하는 운송보험에 가입한 경우

④ 임차인이 임차자배상책임보험에 가입한 경우

44 다음은 보험가입금액(Total Sum Insured)에 대한 설명이다. 옳지 않은 것은?

① 약정상 최고보상 한도액을 말한다.

② 비례보상의 법리가 적용된다.

③ 손해사고발생 시 매 사고당 보험가액을 한도로 보상한다.

④ 화재보험은 보험자의 책임한도를 반드시 보상한도액이 아닌 보험가입금액으로 해야 한다.

45 다음 중 사고발생기준(occurrence basis) 배상책임보험에 대한 설명으로 옳지 않은 것은?

① 보험기간 중에 발생한 사고를 기준으로 보험자의 보상 책임을 정하는 방식이다.

② 보험사고가 보험기간에 발생하면 보험기간이 종료한 후에 손해배상 청구를 하였더라도 보험금 청구권이 소멸되지 않는 한 보험자는 보험금 지급책임을 진다.

③ 화재보험, 자동차손해배상책임보험 등에 적합한 방식이라 할 수 있다.

④ 보험급부의 여부를 결정할 때 보험사고의 파악을 둘러싼 분쟁을 회피할 수 있다.

PART
01

PART
02

PART
03

PART
04

PART
05

PART
06

PART
07

46 국문 화재보험계약에서 보험사고 발생 시 보험자가 보상하는 다음의 비용손해 중 재물손해 보험금과의 합계가 보험가입금액을 초과하더라도 지급하는 비용이 아닌 것은?

① 손해방지비용   ② 잔존물제거비용

③ 대위권보전비용   ④ 잔존물보전비용

47 다음 중 보험목적의 양도에 대한 설명으로 옳지 않은 것은?

① 보험목적은 동산, 부동산 등 특정된 물건이어야 한다.

② 보험목적의 양도는 매매계약과 같은 채권행위로 충분하다.

③ 보험목적 양도 시 양도인 또는 양수인은 보험자에게 그 사실을 지체 없이 알려야 한다.

④ 자동차보험의 보험목적 양도 시 보험자의 승낙을 얻은 경우에 한하여 보험계약상의 지위가 양수인에게 승계된다.

48 손실조정계수 1.05인 소멸성 공제조항을 포함하고 있는 보험계약에서 손해액 2,100만원 이상부터 공제(deductible)가 소멸되도록 하기 위해서는 공제금액을 얼마로 설정해야 하는가?

① 50만원   ② 100만원

③ 150만원   ④ 200만원

49 다음은 보험요율산정 시 경영상의 요건에 대한 설명이다. 옳지 않은 것은?

① 보험료가 빈번하게 변동한다면 소비자의 불신을 초래한다는 것은 안정성에 해당한다.

② 예정률과 실제율 간의 괴리발생 시 요율조정으로 적절한 균형을 유지한다는 것은 적응성에 해당한다.

③ 보험판매원과 소비자가 상품의 가격을 쉽게 이해하도록 산정한다는 것은 단순성으로 적응성과 상충되는 개념에 해당한다.

④ 사행계약을 유발하거나 사행성으로 인한 사고 및 손해를 방지하는 요율체계로 촉진되어야 한다는 것은 손해확대방지성에 해당한다.

50 다음은 성과에 따라 구분한 요율 중 하나에 대한 설명이다. 무엇에 대한 설명인가?

> • 보험기간 동안에 손해발생 결과를 당해 보험료에 바로 반영시키는 방식이다.
> • 요율의 안전성보다는 적응성 및 공정성에 초점을 두고 있다.

① 경험요율   ② 소급요율

③ 점검요율   ④ 예정요율

51 다음은 건강진단제도에 대한 설명이다. 적절하지 않은 것은?

① 건강진단제도는 모집자에 의한 1차 언더라이팅에서 확보한 고지내용을 확인하고 건강에 대한 추가발견도 할 수 있는 적극적인 언더라이팅 과정이다.

② 피보험자의 연령이 높고 보험금액이 클수록 보다 정밀한 건강진단의 언더라이팅이 요구된다.

③ 무진단보험 도입의 주목적은 비용절감에 있다고 할 수 있다.

④ 보험사에 고용된 사의나 촉탁의를 통한 진단은 간호사에 의한 진단보다 신뢰성이 높고 비용도 상대적으로 적게 든다는 장점이 있다.

52 언더라이팅의 대상으로서 신체적 위험의 유형을 잘못 연결한 것은?

① 체감성 위험 : 외상

② 체증성 위험 : 고혈압

③ 체증성 위험 : 위궤양, 위염 등 염증성 질환

④ 항상성 위험 : 시력 및 청력장애, 류마티스, 담석증

53 다음 중 특수건물화재보험의 가입대상 물건이 아닌 것은?

① 바닥면적의 합계가 3,000㎡인 도시철도역사

② 연면적의 합계가 2,000㎡인 공장 또는 공연장

③ 바닥면적의 합계가 2,000㎡인 학원, 노래연습장

④ 연면적의 합계가 1,000㎡인 국유건물 및 공유건물

54 청약서 심사포인트 중 '상해보험'에 해당하지 않는 것은?

① 피보험자의 직업 및 직무   ② 운전차량

③ 부업 및 취미생활   ④ 생활습관

55 다음은 자동차보험 요율에 대한 설명이다. 옳지 않은 것은?

① 보험개발원에서 산출하며 금융감독원장에게 신고하여 수리받은 순보험료는 참조순보험료이다.

② 보험계약자가 최종적으로 지불하는 보험료는 적용보험료이다.

③ 기명피보험자의 보험가입경력과 교통법규위반경력을 반영하는 요율은 특약요율이다.

④ 자동차구조나 운행실태가 동종차종과 상이함으로써 발생하는 특별위험에 대해 적용하는 요율은 특별요율이다.

56 자동차보험 요율 중에서 우량할인 · 불량할증 적용기준에 대한 설명 중 옳지 않은 것은?

① 단체할인 · 할증은 영업용 자동차보험만 적용한다.

② 단체할인 · 할증 평가대상기간은 역년기준 3년으로 한다.

③ 우량할인 및 불량할증은 개별할인 · 할증과 단체할인할증으로 구분한다.

④ 단체할인 · 할증은 평가대상기간의 수정순손해율 실적에 따라 그 적용율이 달라진다.

PART 01

PART 02

PART 03

PART 04

PART 05

PART 06

PART 07

57 다음은 자동차보험 개별할인·할증 평가내용의 사고내용별 점수에 대한 설명이다. 잘못된 것은?

① 대인사고의 경우에는 사망사고 및 부상의 경우 상해등급별 건당 점수가 정해져 있다.

② 대인사고, 자기신체사고·자동차상해, 물적사고가 중복될 경우에는 이를 구분하여 합산한다.

③ 하나의 대인사고에서 피해자가 복수인 경우에는 각 피해자별 점수를 합산한다.

④ 사고기록 점수는 매 건별 사고의 내용별 점수를 합산하여 결정하는 것을 기본으로 한다.

58 다음은 재보험에 관한 설명이다. 적절하지 않은 것은?

① 재보험은 원보험계약의 효력에 영향을 미친다.

② 재보험을 이용하여 원보험회사는 인수능력을 제고할 수 있다.

③ 재보험은 원보험이 손해보험이든 생명보험이든 손해보험의 성질을 가진다.

④ 재보험을 이용하여 원보험회사는 최대가능손실(maximum possible loss)을 획정할 수도 있다.

59 20 line의 surplus특약(surplus reinsurance treaty)을 운영하고 있는 보험회사가 보험가입금액이 각각 US$ 200,000인 A와 B 2개의 계약을 인수하였다. A와 B에 대한 보유금액이 아래와 같을 때 동 특약에서의 출재금액은 각각 얼마인가? [단, 특약한도액(treaty limit)은 US$ 200,000이며, 특약한도액을 초과하는 부분에 대하여는 별도의 임의재보험방식으로 출재하는 것으로 가정한다.]

구분	A계약	B계약
보험가입금액	US$ 200,000	US$ 200,000
보유액(retention)	US$ 20,000	US$ 8,000
특약출재금액	( )	( )

① A계약 : US$ 200,000, B계약 : US$ 200,000

② A계약 : US$ 180,000, B계약 : US$ 200,000

③ A계약 : US$ 180,000, B계약 : US$ 192,000

④ A계약 : US$ 180,000, B계약 : US$ 160,000

60 다음은 초과손해율재보험(Stop Loss Cover)에 대한 설명이다. 옳지 않은 것은?

① 손해율로 layering을 한다.

② 위험기간이 짧은 short - tail 종목에 보다 적합하다.

③ 비례적 재보험(proportional Reinsurance) 방식이다.

④ 아직 경험률이 증명되지 않은 신상품이나 손해의 양태가 어떠한 방향으로 발전할지에 대한 예측이 쉽지 않은 농작물재해보험에 주로 사용된다.

PART
01

PART
02

PART
03

PART
04

PART
05

PART
06

PART
07

61 손해사정사의 금지행위와 가장 거리가 먼 것은?

① 보험금지급을 요건으로 합의를 요구하는 행위

② 충분한 조사를 하지 않고 손해액을 산정하는 행위

③ 손해사정과 관련 없는 서류나 정보를 요청함으로써 손해사정을 지연하는 행위

④ 자기와 이해관계를 가진 자가 모집한 보험계약에 대해서 손해사정을 하지 않는 행위

62 다음 중 신구교환공제 대한 설명으로 적절하지 않은 것은?

① 화재보험에서 건물의 일부를 신재료로 수리하였을 경우 그 수리로 인하여 건물 전체의 가치가 현저히 증가한 경우에 한하여 신구교환차익을 공제한다.

② 기관기계보험에서 사고 직전까지 가동이 유지되는 한 신품교환에 의해 가치가 증가하였다 하여도 신구교환차익을 공제하지 않는다. 단, 이러한 보험은 보험기간 중 보험가입금액을 신품대체가격으로 유지하여야 한다.

③ 선박보험에서 선박을 수리하였을 경우는 공동해손정산을 제외하고는 신구교환차익을 공제하지 않는다.

④ 자동차보험에서 자기차량손해담보로 자동차를 수리할 경우 현실적으로 어느 정도 가치가 증가하였는지 판정이 곤란하기 때문에 부품의 종류를 구분하지 않고 신구교환공제를 적용하지 않는다.

63 다음 중 실손보상의 원칙(이득금지의 원칙)에서 이득의 기준이 되는 것은?

① 보험금액   ② 보험가입금액

③ 보험가액   ④ 보상한도금액

64 피보험자 갑이 동일한 피보험이익에 대하여 A, B 두 보험회사에 각각 보험금액 2,000만원, 8,000만원의 보험계약을 체결하고, 보험기간 중 6,000만원의 손해가 발생하였다. 다음 중 초과부담조항(excess insurance clause)을 적용했을 때 B보험회사의 손실부담액은 얼마인가? (단, A보험회사가 1차 보험자이다.)

① 2,000만원   ② 4,000만원

③ 6,000만원   ④ 8,000만원

65 다음 중 대기기간(waiting period)에 대한 설명으로 적절하지 않은 것은?

① 정보의 비대칭과 관련이 있다.

② 보험금 지급에 영향을 미친다.

③ 장애소득보험 등에서 주로 적용된다.

④ 대기기간 경과 후에는 보험금 지급이 중지된다.

66 다음은 열거위험담보계약에 대한 설명이다. 옳지 않은 것은?

① 존재여부조차 알 수 없는 위험까지 담보하는 대가로 비싼 보험료를 내야 한다.

② 약관에 열거된 사항이 아니면 보험자는 보상책임이 없다.

③ 포괄담보계약에 비해서 보상범위가 좁다.

④ 열거담보계약에서의 입증책임은 피보험자에게 있다.

67 다음은 보험기간과 관련된 손해보상에 대한 학설이다. 적절한 것은?

① 보험의 목적에 보험사고가 발생한 경우 보험기간의 만료시점까지의 현실적 손해를 분리해서 보상한다는 설은 위험설이다.

② 보험기간 만료 전에 보험사고로 인한 손해가 일부 발생한 경우, 그 사고의 불가피한 경과로써 보험기간의 만료 후에 생긴 것이라도 보험자가 보상해야 한다는 설은 이재설이다.

③ 보험자가 부담하는 원인이 보험기간 만료 전에 발생하고 그 당연한 결과로 보험의 목적에 만기 후에 손해가 발생하더라도 보험자가 보상해야 한다는 설은 손해설이다.

④ 보험자의 책임이 가장 큰 것은 이재설이다.

68 다음 중 과실상계에 대한 내용으로 적절하지 않은 것은?

① 채무불이행이나 불법행위에서 채권자에게 과실이 있는 때에 손해배상의 책임 및 그 금액을 정함에 그 과실을 참작하는 것을 말한다.

② 과실상계를 하기 위해서는 채무불이행이나 불법행위가 있어야 하며, 그에 관하여 채권자의 과실이 있어야 한다.

③ 채권자의 과실은 채무불이행이나 불법행위 자체에 관한 것뿐만 아니라, 일단 채무불이행이나 불법행위가 성립한 후에 손해의 발생이나 그 확대에 관한 것도 포함하는 것으로 본다.

④ 불법행위로 인하여 손해와 더불어 이득이 생겼는데 피해자에게도 과실이 있는 경우, 먼저 산정된 손해액에서 이득을 공제한 후에 과실상계를 하는 것이 확립된 판례의 태도이다.

PART
01

PART
02

PART
03

PART
04

PART
05

PART
06

PART
07

69 다음 중 손해배상책임액의 산정과 관련하여 아래 사례에 해당되는 것은?

> • 주최 측에서 체재비 전액을 부담하기로 한 공연 계약이 공연단의 귀책사유로 취소된 경우 공연단이 부담하는 채무불이행으로 인한 손해배상액은 주최 측이 입은 손해액에서 지급을 면한 체재비를 공제하여야 한다.
> • 불법행위로 타인을 사망케 한 경우의 손해배상액은 피해자가 입은 손해액에서 피해자가 지출을 면하게 된 장래의 생활비를 공제하여야 한다.

① 손익상계   ② 과실상계
③ 배상액의 경감   ④ 사정변경

70 다음 중 단일책임주의와 교차책임주의와 관련한 설명으로 거리가 먼 것은?

① 쌍방의 손해액을 합산한 금액에 쌍방의 과실비율을 곱하여 자기분담금을 산출한 후, 자기손해액을 공제하고 차액만을 보상하는 방식을 교차책임주의라고 한다.
② 해상보험의 경우 충돌약관에 의한 교차책임주의에 의해서 운영되고 있다.
③ 쌍방이 배상책임보험에 부보된 경우에는 교차책임주의가 합리적인데, 이것은 손해실적의 정확화 등으로 비추어 보아 당연한 것이라 할 수 있다.
④ 선박이 동일인의 소유인 경우 단일책임주의를 적용하면 일부 손해를 보상받지 못할 수도 있고 손해실적이 올바로 반영되지 않기 때문이다.

71 다음 중 대위의 원칙(the principle of subrogation)을 적용하는 이유로 옳지 않은 것은?

① 피보험자의 손실통제활동을 유도한다.
② 피보험자 책임이 없는 손해로 인한 보험료 인상을 방지한다.
③ 이중보상을 방지한다.
④ 과실 책임이 있는 자에게 배상책임을 지운다.

72 다음은 보험약관상 면책사유가 필요한 이유에 대한 설명이다. 옳지 않은 것은?

① 고의적 사고 유발, 도덕적 위험의 방지
② 전쟁 등 보험경영상 담보하기 어려운 위험
③ 손해율 경감을 통한 보험요율의 적정성 유지
④ 이중담보방지를 통한 보험료부담 경감

73 손해율 산정방식 중 경과손해율(incurred-to-earned basis loss ratio)에 해당하는 것은?

① 지급보험금/경과보험료   ③ 지급보험금/수입보험료

② 발생손해액/경과보험료   ④ 발생손해액/수입보험료

74 다음 중 요구부보율 조건이 적용되는 계약조항은?

① 자동차보험의 정액공제조항   ② 적하보험의 프랜차이즈공제조항

③ 건강보험의 공동보험조항   ④ 화재보험의 공동보험조항

75 보험가액이 10,000원인 물건의 사고발생확률과 손해액이 아래 표와 같다. 이때 보험가입금액을 4,000원으로 하고 80% 공동보험조항이 첨부된 경우 이 물건의 영업보험료는? (단, 예정사업비율은 20%이며, 예정이익율은 고려하지 않는다. 순보험료는 기대보험금으로 한다.)

손해액	0원	2,000원	5,000원	10,000원
확률	0.85	0.1	0.04	0.01

① 100원   ② 240원

③ 300원   ④ 312.5원

76 다음 전문직배상책임보험(professional liability insurance)의 종류 중 그 분류기준이 나머지 셋과 다른 것은?

① 의사(doctors)배상책임보험

② 공인회계사(certified public accountants)배상책임보험

③ 신탁자(fiduciaries)배상책임보험

④ 정보처리업자(data processors)배상책임보험

PART 01

PART 02

PART 03

PART 04

PART 05

PART 06

PART 07

77 다음 중 '전손(Total Loss)'에 대한 설명으로 옳지 않은 것은?

① 전부보험과 일부보험 모두 보험금액을 전액 보상한다.

② 전손이란 재물보험에서 보험사고의 발생으로 피보험이익이 전부 멸실된 경우를 말한다.

③ 보험의 목적을 회복하는 데 드는 비용이 회복한 후에 가액을 초과하는 경우 현실전손이 된다.

④ 전손사고가 발생하면, 보험금액의 복원주의를 채택하고 있는 경우에도 보험계약은 사고 발생 시에 종료된다.

78 다음 중 보험계약자에 의한 청구복원의 요건으로서 가장 거리가 먼 것은?

① 보험금액의 자동복원조항이 없어야 한다.

② 보험계약자의 청구와 보험자의 승인이 있어야 한다.

③ 보험의 목적에 대한 수리나 복구 여부와 관계없이 보험가액이 회복되어야 한다.

④ 보험계약자가 복원되는 보험금액에 대하여 잔존보험기간에 해당하는 보험료를 납입해야 한다.

79 다음의 설명에 가장 적합한 것은?

> 손해방지 경감시설이나 장치가 기구가 제대로 작동하고 이를 사용하는 요원들이 예정대로 활동한다고 할 경우에 예상되는 한 위험의 발생으로부터 입을 수 있는 최고손실액을 말하며 대체로 전재산가치의 백분율로 표시한다.

① PML(Probable Maximum Loss)
② MPL(Maximum Possible Loss)
③ AS(Amount Subject)
④ PS(Percentage Subject)

80 다음 중 보증보험에 대한 설명으로 옳지 않은 것은?

① 대위변제가 목적이다.

② 채권자인 제3자를 위한 계약이다.

③ 보험계약자 임의로 계약을 해지할 수 없다.

④ 인위적인 보험사고에는 보험금을 지급하지 않는다.

81 다음은 재무상태표에 대한 설명이다. 옳지 않은 것은?

① 일정 기간 동안 기업의 자산, 부채, 자본의 변동을 나타내는 동태적 재무제표이다.

② 자산·부채에 대한 인식과 측정은 감독목적회계와 일반회계의 차이는 없다.

③ 자산은 과거 사건의 결과로 기업이 통제하고 있고 미래 경제적 효익이 기업에 유입될 것으로 기대하는 자원이다.

④ 부채는 과거 사건에 의해 발생하였으며 경제적 효익을 갖는 자원이 기업으로부터 유출될 것에 대한 이행이 기대되는 현재의 의무이다.

82 현금흐름표의 활동 중 비영업자산(유형자산 등)의 취득, 보유, 처분과 관련된 활동은 무엇인가?

① 영업활동   ② 투자활동

③ 재무활동   ④ 비현금거래

83 다음 중 금융상품에 대한 설명으로 가장 올바르지 않은 것은?

① 금융상품은 정기예금·적금과 같은 정형화된 상품뿐만 아니라 다른 기업의 지분상품·거래상대방에게서 현금 등 금융자산을 수취할 계약상 권리 등을 포함하는 포괄적인 개념이다.

② 매입채무와 미지급금은 금융부채에 해당하지 않는다.

③ 한국채택국제회계기준은 금융상품을 보유자에게 금융자산을 생기게 하고 상대방에게 금융부채나 지분상품을 생기게 하는 모든 계약으로 정의하였다.

④ 보험회사의 금융자산의 종류에는 현금 및 현금성자산, 유가증권(지분상품 및 채무상품), 대출채권, 임차보증금 등이 있다.

84 K-IFRS 제1109호의 금융상품의 인식과 측정에 대한 설명이다. 가장 적절하지 않은 것은?

① 종전과 달리 3가지로 분류한 금융자산 간의 이동의 요건이 엄격해졌다.

② 금융자산의 분류를 계약상 현금흐름과 사업모형에 따라 3가지로 분류한다.

③ 기타포괄손익 공정가치 측정 금융자산 중 지분상품은 재순환이 금지된다.

④ 객관적인 증거가 있을 때만 손상차손을 인식하던 종전기준을 더욱 엄격하게 적용한다.

PART 01

PART 02

PART 03

PART 04

PART 05

PART 06

PART 07

85 한국채택국제회계기준서 제1109호에 근거할 때, 다음은 어떤 금융자산으로 분류되는가?

> 계약상 현금흐름을 수취하기 위해 보유하며, 특정일에 원금과 원금잔액에 대한 이자가 지급된다.

① 매도가능증권
② 상각후원가 측정 금융자산
③ 당기손익 – 공정가치 측정 금융자산
④ 기타포괄손익 – 공정가치 측정 금융자산

86 다음 중 손상을 인식하는 금융자산으로 묶인 것은? (한국채택국제회계기준서 제1109호 기준)

> 가. 당기손익 공정가치 측정 금융자산
> 나. 기타포괄손익 공정가치 측정 금융자산(채무상품)
> 다. 기타포괄손익 공정가치 측정 금융자산(지분상품)
> 라. 상각후원가 측정 금융자산

① 가, 나   ② 나, 다
③ 나, 라   ④ 가, 라

87 다음은 금융부채의 최초측정과 후속측정과 관한 설명이다. 적절하지 않은 것은?

① 금융부채는 최초인식 시 공정가치로 인식하도록 규정하고 있다.
② 당기손익 – 공정가치 측정 금융부채는 공정가치로 후속측정을 한다.
③ 상각후원가 측정 금융부채는 유효이자율법에 따라 이자비용을 인식한다.
④ 당기손익 – 공정가치 측정 금융부채의 거래원가는 최초 인식하는 공정가치에서 차감하여 측정한다.

88 다음 중 책임준비금의 세부항목에 해당하지 않는 것은?

① 지급준비금   ② 보험계약부채

③ 재보험계약부채   ④ 투자계약부채

89 다음은 IFRS 17에서 보험계약을 최초 인식할 경우 보험계약부채의 4가지 구성요소에 대한 설명이다. 옳지 않은 것은?

① '미래현금흐름의 추정치'는 보험계약집합의 모든 미래현금흐름의 현재가치 추정치를 말하는데, 중립적이고 명시적으로 추정하는 것이 원칙이다.

② 미래현금흐름 추정치에 추가하여 화폐의 시간가치 변동이나 금융위험의 변동이 있을 경우 적절한 할인율로 할인하는 것이 '할인효과'이다.

③ 미래현금의 기대흐름이 평균기대치와 다른 불확실성에 노출될 경우 이를 부담한 대가로 보험자가 보험계약자에게 추가로 요구하는 부채를 위험조정이라 하며, IFRS 17에서는 위험조정에 대한 산출방식을 제시하고 있다.

④ 보험계약의 최초인식시점에서 양(+)의 이행현금흐름이 발생한다면 해당금액은 즉시 당기손실로 인식해야 한다.

90 신보험회계기준(IFRS17)에서 보험계약부채의 후속측정방식에 대한 설명이다. 올바르지 않은 것은?

① 보험계약부채를 최초인식 시에는 발생사고부채는 0(제로)이다.

② 매 기간 말 보험계약부채의 장부금액은 잔여보장부채와 발생사고부채의 합이다.

③ 잔여보장부채는 미래현금흐름에 대한 추정치, 할인효과, 위험조정, 보험계약마진(CSM)로 구성된다.

④ 발생사고부채는 미래현금흐름에 대한 추정치, 할인효과, 위험조정, 보험계약마진(CSM)로 구성된다.

PART
01

PART
02

PART
03

PART
04

PART
05

PART
06

PART
07

91 다음은 변동수수료접근법의 적용요건에 대한 설명이다. 옳지 않은 것은?

① 일반모형의 측정결과와 중요한 차이가 없이 잔여보장부채를 측정할 것으로 기대된다.

② 계약조건에 보험계약자가 기초항목집단의 일정 몫에 참여한다는 것이 명시되어 있다.

③ 보험계약자에게 기초항목에서 발생하는 공정가치 이익 중 상당한 몫에 해당하는 금액을 지급할 것으로 예상한다.

④ 보험계약자에게 지급될 금액의 변동분 중 상당한 비율이 기초항목의 공정가치변동에 따라 변동될 것으로 예상한다.

92 보험계약마진을 최초로 인식·측정하는 데 고려하는 요소가 아닌 것은?

① 보험계약마진의 부리이자

② 이행현금흐름 금액의 최초인식

③ 최초인식시점에 집합 내 계약에서 생기는 모든 현금흐름

④ 보험취득현금흐름에 대해 인식한 자산 또는 부채의 최초인식시점의 제거

93 다음 중 상환우선주에 대한 설명으로 적절하지 않은 것은?

① 상환우선주도 상법상의 자본이다.

② 상환가능성이 100%라고 한다면 전액을 금융부채로 분류한다.

③ 상환우선주를 발행하면 부채비율(부채/자본)이 항상 감소한다.

④ 한국채택국제회계기준하에서 상환우선주는 경제적인 실질에 따라서 분류해야 한다.

94 다음 중 기업합리화적립금에 관한 설명으로 적절한 것은?

① 당기배당액의 10% 이상의 금액을 자본의 1/2에 달할 때까지 적립해야 하는 금액을 말한다.

② 기업이 조세특례제한법의 규정에 의해 세액공제나 소득공제를 받은 경우 해당액은 배당금지급 등의 처분을 못하고 내부유보를 의무화하는데, 이때의 적립금을 말한다.

③ 예측 불가능한 위험으로 인한 보험영업상의 손실을 보전하기 위해 적립하는 금액이다.

④ 보유자산에 대한 대손충당금 적립액이 일정 금액에 미달하는 경우 그 차액을 적립하는 금액이다.

95 다음 중 자본의 구성항목 중 하나인 자본조정계정에 속하는 계정과목이 아닌 것은?

① 자기주식
② 주식할인발행차금
③ 자기주식처분손실
④ 자기주식처분이익

96 다음은 보험회사 포괄손익계산서의 구성요소인 수익과 비용의 계상기준에 대한 설명이다. 적절하지 않은 것은?

① 모든 수익과 비용은 현금의 유·출입이 발생한 기간에 정당하게 배분되도록 처리한다.
② 실현주의회계란 발생주의 적용의 원칙으로서 수익은 실현한 시기에 인식하라는 기준이다.
③ 발생주의회계란 기업실체의 경제적 거래나 사건에 대해 관련된 수익과 비용을 그 현금유출입이 있는 기간이 아니라 당해 거래나 사건이 발생한 기간에 인식하는 것을 말한다.
④ 수익과 비용은 총액에 의하여 기재함을 원칙으로 하고 수익항목과 비용항목을 직접 상계함으로써 그 전부 또는 일부를 손익계산서에서 제외하여서는 아니 된다.

97 다음 중 출재보험계약집합의 인식에 대한 설명으로 적절한 것은?

① (보장기간 시작시점, 첫 보험료 지급시점, 손실부담계약이 되는 시점) 중 늦은 날
② (보장기간 시작시점, 첫 보험료 지급시점, 손실부담계약이 되는 시점) 중 빠른 날
③ (보장기간 시작시점, 손실부담 원수보험계약 인식 시점) 중 늦은 날
④ (보장기간 시작시점, 손실부담 원수보험계약 인식 시점) 중 빠른 날

98 다음은 특별계정의 재무제표 표시 방법에 대한 설명이다. 적절한 것은?

① 변액보험계약은 자산·부채의 총액을 재무상태표에 별도로 표시한다.
② 퇴직보험계약은 자산·부채의 총액을 재무상태표에 별도로 표시한다.
③ 변액보험계약은 수익·비용의 총액을 포괄손익계산서에 별도로 표시한다.
④ 퇴직보험계약은 수익·비용의 총액을 포괄손익계산서에 별도로 표시한다.

PART 01
PART 02
PART 03
PART 04
PART 05
PART 06
PART 07

99 보험회사의 자산운용 4원칙 중 손해보험회사에 특히 중요한 원칙은 어느 것인가?

    ① 안정성의 원칙   ② 유동성의 원칙

    ③ 수익성의 원칙   ④ 공공성의 원칙

100 보험사의 총자산은 2조원이고, 특별계정자산이 1조원이라고 가정할 때, 일반계정과 특별계정의 업무용부동산의 소유한도 금액은?

    ① 5,000억 − 1,500억   ② 5,000억 − 1,000억

    ③ 2,500억 − 1,500억   ④ 2,500억 − 1,000억

실전모의고사
정답 및 해설

합격으로 가는 하이패스
토마토패스

실전모의고사 정답 및 해설

01	02	03	04	05	06	07	08	09	10
①	②	③	①	③	④	③	④	②	④
11	12	13	14	15	16	17	18	19	20
③	④	③	②	④	③	②	②	④	③
21	22	23	24	25	26	27	28	29	30
②	④	④	④	②	①	①	①	②	③
31	32	33	34	35	36	37	38	39	40
③	③	①	④	①	①	③	②	③	④
41	42	43	44	45	46	47	48	49	50
③	③	③	④	②	③	②	④	③	①
51	52	53	54	55	56	57	58	59	60
④	②	①	③	③	④	④	③	④	①
61	62	63	64	65	66	67	68	69	70
③	④	②	①	④	③	③	①	①	③
71	72	73	74	75	76	77	78	79	80
②	①	①	④	④	②	④	②	③	①
81	82	83	84	85	86	87	88	89	90
④	③	③	③	③	②	④	③	④	④
91	92	93	94	95	96	97	98	99	100
①	①	④	③	①	②	④	②	④	③

▎PART 01 ┆ 손해보험이론 및 약관해설 [01~20]

01
정답 | ①

① 도로 상태가 좋지 않은 것 → 위태(Hazard)
② 교통사고 → 손인(Peril)
③ 자동차 파손 → 손해(Loss)
④ 수리비 지급 → 손해(Loss)

02
정답 | ②

상당수의 동질적 위험이 존재하지 않으므로 대수의 법칙이 성립되기 어렵다.

03
정답 | ③

'불안의 경감, 손실방지를 위한 각종 규정의 준수, 위험관리 기능을 수행함에 있어서 최소의 비용으로 최대의 효과 달성'이 손해발생 전의 목적에 해당된다.

위험관리의 목적

손실발생 전의 목적	손실발생 후의 목적
• 경제적 목표 달성 • 불안의 경감 • 의무규정의 충족	• 존속 • 영업의 가능성 • 수익의 가능성 • 지속적인 성장 • 사회적 책임의 수행

04
정답 | ①

수지상등의 원칙은 보험사의 수입보험료총액과 사고 시 지급하는 지급보험금총액이 같아져야 하는 원리로서 손해보험의 원리에 해당하지만, 도덕적 위태를 완화시키는 것과는 무관하다. 나머지는 도덕적 위태를 완화할 수 있는 원칙들이다.

05
정답 | ③

보험사고의 객관적 확정 효과(이미 발생 또는 발생할 수 없는 계약을 무효화한다)는 계약체결 시 대책에 해당한다.

계약체결 시 대책	계약체결 후의 대책

• 보험계약의 승낙제도계약
  심사 강화
• 보험인수요건 강화
• 보험사고의 객관적 확정 효
  과 이미 발생 또는 발생할
  수 없는 계약을 무효화
• 고지의무 부여
	• 위험 변경·증가 통지의무
	• 위험유지의무 부여
	• 고의·중과실손해에 대한
	  면책(손해보험)

06
정답 | ④

자동차 에어백은 사후적인 손실감소가 주목적이고, 나머지는 사전적인 손실예방이 주목적이다.

07
정답 | ③

위험을 감소시키게 되면 손실통제비용이 증가하고 기대손실비용은 감소할 수 있으므로 항상 위험비용이 감소되는 것은 아니다.

08
정답 | ④

순수위험은 대수의 법칙을 적용하기 쉽지만, 투기위험은 적용하기 어려워 일반적으로 보험의 대상이 될 수 없다.

순수위험과 투기위험

순수위험	투기위험
대수의 법칙이 적용된다.	대수의 법칙이 적용되기 어렵다.
이익 가능성이 없고 손실 가능성만 있다.	손실 가능성과 이익 가능성이 함께 있다.
위험이 사회 전반에 미친다.	위험이 일부 사람에게만 미친다.
범위를 한정할 수 없다.	범위를 한정할 수 있다.
전조 없이 우발적으로 발생한다.	통상전조를 수반한다.
위험을 제어하기 어렵다.	제어가 가능하다.

※ 공통점 : 위험발생에 대한 불확실성을 가지고 있다.

09
정답 | ②

위험관리 관심이 높아 사고예방효과는 크지만 손실통제비용은 늘어난다.

10
정답 | ④

위험다양화의 원칙은 손해보험경영의 3대원칙에 해당하지 않는다.

손해보험경영의 3대원칙

위험대량의 원칙	대수의 법칙상 가능한 한 많은 계약을 모집함
위험동질성의 원칙	위험이 동질적인 계약을 많이 모아야 함
위험분산의 원칙	위험의 종류나 지역적인 분포가 편중되지 않아야 함 예 재보험(수직적 분산), 공동보험 Ⅰ (수평적 분산), 지역적 인수제한 등

11
정답 | ③

투명성은 보험요율산정의 3원칙에 해당되지 않는다.

보험요율산정의 기본 3원칙

공정성	보험요율은 만인에게 공평하고 올바른 위험률을 반영해야 함
적정성 (충분성)	보험자 입장에서, 보험료는 보험사업의 영속성이 유지되기에 충분해야 함
비과도성	보험소비자 입장에서, 보험요율은 공평타당하고 지나치게 높아서는 안 됨

12
정답 | ④

보험계약은 당사자의 의사표시의 합치만으로 성립하고, 다른 형식을 요하는 것이 아니므로 불요식 낙성계약이라 한다. 따라서, 적법한 양식(legal form)이 요구되지 않는다.

13
정답 | ③

역선택으로 수지상등의 법칙이 무너져 선의의 보험계약자 및 보험자가 손해를 보게 된다.

14
정답 | ②

보험자는 보험계약이 성립한 때에는 지체 없이 보험증권을 작성하여 보험계약자에게 교부하여야 한다(상법 제640조 제1항). 즉 보험증권은 보험계약이 성립된 이후에 발생하는 증권으로 보험계약자의 청구여부에 관계없이 교부하여야 한다.

15
정답 | ④

보험계약은 요식계약이 아니라 불요식 낙성계약이다. 즉 보험증권을 교부하는 것은 법률상의 요건이 아니기 때문에 법률효과는 없게 된다. 참고로, 보험자가 보험약관의 교부, 설명의무를 위반한 경우에 보험계약자는 보험계약 성립일로부터 3월 내에 보험계약을 취소할 수 있다(상법 제638조의3 제2항).

16
정답 | ③

고의 · 중과실 사고로 인한 손해에 대하여 면책할 수 있도록 한 경우이다.

최대선의성의 원칙

• 정의 : 보험계약 시 보험의 당사자에게 다른 일반계약보다 더 높은 정직성과 선의 또는 신의성실을 요구한다.
• 고지의무, 계약체결 후 위험변경 · 증가의 통지의무, 손해방지경감의무, 사기로 인한 초과 · 중복보험 시 보험계약의 무효 규정, 고의 · 중과실 면책에서 최대선의성의 원칙이 요구된다.

17
정답 | ②

합리적 기대의 원칙은 전문가가 아닌 보통의 평균적인 시민이 이해하는 바와 같이 해석하는 원칙이다.

PART 01

PART 02

PART 03

PART 04

PART 05

PART 06

PART 07

18   정답 | ②

소액분쟁사건의 특례로서 주장하는 권리나 이익의 가액이 <u>2천만원</u> 이하의 소액사건에 적용한다.

19   정답 | ④

대주주의 의결권 있는 지분 중 <u>100분의 1 이상</u>이 변동된 경우이다.

사유발생일로부터 5일 이내 보고사항
- 상호나 명칭을 변경한 경우
- 본점의 영업을 중지하거나 재개한 경우
- 최대주주 변경
- 대주주의 의결권 있는 지분 중 100분의 1 이상이 변동된 경우
- 보험회사의 업무수행에 중대한 영향을 미치는 경우

20   정답 | ③

보험협회가 보험계약에 관한 사항을 비교, 공시하는 경우에는 대통령령으로 정하는 바에 따라 <u>보험상품공시위원회</u>를 구성해야 한다.
- 보험상품공시위원회 : 보험협회가 실시하는 <u>비교공시</u>에 관한 중요사항을 심의·의결하는 기관
- 보험조사협의회 : 금융위가 조사업무를 효율적으로 수행하기 위해 금융위 산하에 '보건복지부, 금융감독원 등의 단체로 구성되는 보험조사협의회'를 설치

PART 02   보험법 [21~40]

21   정답 | ②

불특정 타인을 위한 보험도 가능하다. 예를 들어, 보험수익자를 특정인이 아닌 '법정상속인'으로 표시하는 것도 가능하다.

22   정답 | ④

소급보험은 당사자의 합의에 의하여 보험계약체결 전의 어느 시점부터 보험자의 책임이 개시되는 보험이고, 승낙 전 보호제도는 청약과 함께 최초보험료를 지급받은 경우 보험자가 승낙 전에 발생한 사고에 대하여 그 청약을 거절할 사유가 없는 한 보험계약상의 책임을 지는 제도이다. 단, 승낙 전 보호제도에서는 보험자의 책임이 청약일 이전으로 소급되지 않는다.

23   정답 | ④

상법 제638조의2 제1항의 내용이다.

---

① 해지예고부 최고약관에 의하여 보험계약이 무효 또는 실효되는 경우에도 보험계약의 부활을 청구할 수 있<u>다</u>.
② 보험자가 보험계약자에게 보험료 환급금을 반환한 경우에는 보험관계가 완전히 종료하기 때문에 보험계약의 부활을 청구할 수 <u>없다</u>.
③ 종전 계약의 해지시점부터 부활 시점 사이에 발생한 사고에 대하여는 보험자가 책임을 지지 <u>않는다</u>.

24   정답 | ④

판례는 '다른 보험회사와 동종의 보험계약을 체결하고 있는 사실'을 중요한 사항의 사례로 인정하고 있으므로 고지의무의 대상이라고 보았다.

25   정답 | ②

- 제척기간은 권리의 <u>존속기간</u>으로서, 존속기간 내에 권리를 행사하지 않으면 권리가 소멸된다.
- 소멸시효는 권리의 <u>행사기간</u>으로서, 행사기간 내에 권리를 행사하지 않으면 권리가 소멸된다.

26   정답 | ①

임의재보험에 대한 설명이다. 원보험자가 자유롭게 계약을 체결하고 계약별로 출재사의 보유한도 및 출재금액을 임의로 조정하여 결정하는 방법이다.

27   정답 | ①

보험사고가 발생하기 전에 보험계약자는 언제든지 계약의 전부 또는 일부를 해지할 수 있다. 그러나 타인을 위한 보험계약의 경우에 보험계약자는 그 타인의 동의를 얻지 아니하거나 보험증권을 소지하지 아니하면 그 계약을 해지하지 못한다(상법 제649조 제1항).

28   정답 | ①

통지의무 위반의 효과

1개월 이내에 보험료 증액 또는 계약해지 ○	• 위험유지의무 위반 • 위험의 현저한 변경·증가 시의 통지의무 이행
1개월 이내에 계약해지 ○	• 위험의 현저한 변경·증가 시의 통지의무 불이행 • 보험목적양도 시의 통지의무 불이행 • 선박미확정의 적하예정보험에서의 통지의무 불이행
계약해지 ✕ **암기** 중병사	• 중복보험에서의 통지의무 불이행 • 병존보험에서의 통지의무 불이행 • 사고발생의 통지의무 불이행

29 정답 | ②

- 각 계약의 지급보험금 계산방식이 다르므로 각각의 독립책임액을 먼저 구한다.
  - A : 600만원×(1천만원/2천만원)=300만원
  - B : 전부보험이므로 600만원
- 각각의 지급보험금은 독립책임액 비례방식으로 최종 보험금액을 구한다.
  - A : 600만원×[300만원/(300만원+600만원)]=200만원
  - B : 600만원×[600만원/(300만원+600만원)]=400만원

30 정답 | ③

물권적 양도가 있어야 한다. 보험목적의 양도란 보험목적의 소유권이전을 뜻하므로 매매계약과 같은 채권행위만으로는 불충분하고 소유권이 양수인에게 이전되어야 비로소 양도로 본다.

31 정답 | ③

선박보험은 선박이 양도된 때 보험자의 동의(사전동의)가 없으면 보험계약은 종료한다(상법 제703조의2).

32 정답 | ③

보험자가 양수인으로부터 양수사실을 통지받은 때에는 지체 없이 낙부를 통지하여야 하고, 통지받은 날부터 10일 내에 낙부의 통지가 없을 때에는 승낙한 것으로 본다(상법 제726조의 1 제2항).

33 정답 | ①

예정보험은 보험계약의 예약이 아니라 '독립된 계약'으로 본다. 만약, 선박미확정의 적하예정보험에서 통지의무를 해태한 때에는 보험자는 그 사실을 안 날로부터 1개월 이내에 계약을 해지할 수 있다.

34 정답 | ④

잔존물대위는 소멸시효에 걸리는 권리가 아니다. 보험자대위에 의해 보험자가 행사하는 권리는 본래 피보험자의 권리를 그대로 이전받아 대위 취득하는 것이므로 그 권리의 성격은 본래 피보험자가 가졌던 그 권리의 내용과 성격에 따라 결정된다.

35 정답 | ①

제3자는 피보험자가 책임을 질 사고로 입은 손해에 대하여 보험금액의 한도 내에서 보험자에게 직접 보상을 청구할 수 있으며 제3자의 직접청구권이 인정되더라도 보험자는 피보험자가 그 사고에 관하여 가지는 항변으로써 제3자에게 대항할 수 있다(상법 제724조 제2항).

36 정답 | ①

사망을 보험사고로 한 보험계약에서 피보험자의 자격을 제한하고 있다. 보험계약의 체결 당시를 기준하여 피보험자가 15세 미만자, 심신상실자, 심신박약자를 피보험자로 한 사망보험은 무효이다.

37 정답 | ③

제3보험은 생명보험이나 손해보험의 보험종목 전부를 영위하는 보험회사만 경영할 수 있다.

38 정답 | ②

통신판매전문보험회사는 법 규정을 정한 금액의 3분의 2에 상당하는 금액 이상을 자본금 또는 기금으로 납입함으로써 보험업을 시작할 수 있다.

39 정답 | ③

보험계약자 총회는 보험계약자 과반수의 출석과 그 의결권의 4분의 3 이상의 찬성으로 결의한다.

40 정답 | ④

규정을 위반하여 기존 보험계약을 소멸시킨 경우 그 보험계약이 소멸한 날로부터 6개월 이내에 소멸된 보험계약의 부활을 청구하고 새로운 보험계약은 취소할 수 있다.

▐ PART 03　손해보험 언더라이팅 [41~60]

41 정답 | ③

취급자에 의한 1차 언더라이팅 → 건강진단에 의한 의학적 언더라이팅 → 언더라이팅부서의 언더라이팅 → 계약적부조사

42 정답 | ③

모든 계약에 대해 전부 방문하는 것은 아니다. 비용의 문제로 텔레-언더라이팅으로 대체하기도 한다.

43 정답 | ③

원수손해율 및 원수사업비율을 검토한 후 보험요율의 인하 또는 인상 조정을 하는데, 보험요율조정은 손해율은 과거 5년간, 사업비율은 과거 1년간의 실적률을 반영한 요율조정공식을 사용한다.

PART 01
PART 02
PART 03
PART 04
PART 05
PART 06
PART 07

44
정답 | ④

LOL을 설정함으로써 보험계약자는 보험료를 절감하고, 보험자는 책임지는 금액을 제한할 수 있게 된다.

45
정답 | ②

㉠ 보험기간이 중복되는 기간이 있으면 된다.
㉢ 수 개의 보험계약을 수인의 보험자와 체결해야 한다.

46
정답 | ③

• 1차 10만원, 2차 20만원, 3차 20만원은 종합공제액(50만원)에 해당한다.
• 보험자 책임액은 3차 50만원과 4차 100만원을 합한 150만원이다.

47
정답 | ②

손해액이 공제액 이하이면 계약자가 전액 부담, 손해액이 공제액을 초과하면 전액을 보험자가 부담하는 방식이다. 손해액 50만원이 프랜차이즈 공제액 30만원을 초과하므로 보험자가 전액 부담한다.

48
정답 | ④

이득금지의 원칙은 손해보험의 원리이지만 보험료 산출의 3대 수리적 원리에 해당되지 않는다.

보험료산출의 3대 수리적 원리

대수의 법칙	위험발생확률을 측정하고 위험을 수치화할 수 있게 함
수지상등의 원칙	총보험료의 현재가치=순보험금의 현재가치
급부 · 반대급부의 원칙	개인이 부담하는 총보험료의 현재가치=지급받는 순보험금의 현재가치

49
정답 | ③

성과기준에 의해 경험요율, 소급요율, 점검요율(예정요율)로 구분하며, 이 중 점검요율에 대한 설명이다

50
정답 | ①

자동차관리법상 총배기량 또는 정격출력의 크기와 상관없이 1인 또는 2인을 운송하기 적합한 이륜의 자동차이다.

이륜자동차의 정의
• 자동차관리법상 총배기량 또는 정격출력의 크기와 상관없이 1인 또는 2인을 운송하기 적합한 이륜의 자동차 및 유사한 구조로 되어 있는 자동차를 말하며, 도로교통법에서 정한 원동기장치 자전거를 포함

• 유사한 구조의 자동차
  – 이륜인 자동차에 측차를 붙인 자동차
  – 내연기관을 이용한 동력발생장치를 사용하고, 조향장치의 조작방식, 동력전달방식 또는 냉각방식 등이 이륜차와 유사한 삼륜 또는 사륜의 자동차
  – 전동기를 이용한 동력발생장치를 사용하는 삼륜 또는 사륜의 자동차

51
정답 | ④

'외벽이 50% 이상 결여된 건물'에 대해서는 건물구조급수의 적용이 일반기준과 다르다. 외벽이 50% 이상 결여된 무벽건물은 주요구조부가 내화구조이면 1급을 적용하고, 지붕을 제외한 주요구조부가 불연재료이면 2급을 적용하고, 기타는 4급을 적용한다.

52
정답 | ②

현행 특수건물 소유자의 손해배상책임은 대인배상은 피해자 1인당 사망 및 후유장해는 1억 5천만원, 부상은 3천만원, 대물배상은 1사고당 10억 원을 한도액으로 한다.

53
정답 | ①

계약체결 여부의 신속한 결정이 아니라 '계약체결거부 금지'이다.

54
정답 | ③

최근 5년 이내 10대 질병의 진찰 또는 검사 여부이다.

질병보험의 청약서 심사포인트
• 최근 3개월 이내 진찰 여부
• 최근 1년 이내 추가검사 여부
• 최근 5년 이내 10대 질병의 진찰 또는 검사 여부
• 최근 5년 이내 입원, 수술, 계속하여 7일 이상 치료, 30일 이상 투약 여부
• 생활습관/체격

55
정답 | ④

• 순보험료=총발생손실액/총계약 건수=300억원/50만건 =60,000원
• 영업보험료=순보험료/(1-예정사업비율)=100,000원

56
정답 | ③

대인사고, 자기신체사고, 물적사고가 중복될 경우에는 점수를 합산하고, 같은 대인사고에서 피해자가 복수일 경우는 사고점수가 가장 높은 피해자의 사고내용을 반영한다.

57 정답 | ④

대인사고와 물적사고 중복 시 교통사고로(물적사고 할증기준금액 200만원) 대물배상 100원, 자차손해 150만원, 부상 14급 대인사고 50만원, 자동차상해 70만원의 사고점수는 '1점(물적사고)+1점(대인사고)+1점(자동차상해)=3점'이다.

58 정답 | ③

재보험자가 원보험자의 개별 청약에 대하여 인수 여부를 결정하는 것은 <u>임의재보험</u>이다.

59 정답 | ④

excess of loss cover는 출재·수재에 비례성이 없는 비비례적재보험에 해당한다.

비례적재보험 (출재·수재에 비례성○)	비비례적재보험 (출재·수재에 비례성×)

• Quota Share Treaty
• Surplus Treaty
• Com. Q&S
• 의무적 임의재보험 특약
  (facultative obligatory
  cover)
	• XOL(Excess of Loss cover)
	• Stop Loss cover

60 정답 | ①

• US$ 500,000을 초과한 추가 US$ 1,000,000까지 특약한도가 설정되어 있으므로 각각 A : US$ 250,000, B : US$ 500,000, C : US$ 700,000이 특약지급대상금액이 된다.
• 초과손해액재보험특약(Excess of Loss Reinsurance Treaty)은 <u>연간누적자기부담금을 초과하는</u> 금액에 대하여 재보험금을 지급한다.
• 지급받을 재보험금=(250,000+500,000+700,000)-1,000,000=<u>US$ 450,000</u>

▶ **PART 04** 손해보험 손해사정 [61~80]

61 정답 | ③

보험금의 지급은 보험회사의 업무이다.

손해사정사 업무(보험업법 제188조)
1) 손해발생 사실의 확인
2) 보험약관 및 관계법규 적용의 적정성 판단
3) 손해액 및 보험금의 산정(→ 보험금의 지급이나, 보상한도설정은 아님)

4) 1)~3)까지의 업무와 관련한 서류의 작성·제출의 대행
5) 1)~3)까지의 업무의 수행과 관련한 보험회사에 대한 의견진술

62 정답 | ④

기평가보험에서 기평가된 보험가액과 사고 시의 보험가액이 현저하게 차이가 날 경우에는 이득금지 원칙이 지켜지지만, 현저하게 차이가 나지 않는 경우에는 이득이 발생할 수 있다.

① 계약자의 보험료감액청구는 장래에 대해서만, 보험자의 보험금감액청구는 소급하여 적용된다.
② 병존보험의 경우 물가하락으로 중복보험이 될 수 있으므로 통지의무가 부과된다.
③ 수 개의 책임보험에 가입할 경우 중복보험의 규정을 준용한다(특별규정).

63 정답 | ②

이득금지의 원칙(실손보상의 원칙)의 적용 예외인 경우
• 신가(新價)보험(재조달가액보험, 대체가격보험 또는 복원보험)
• 보험금액이 보험가액을 현저하게 초과하지 않는 기평가보험
• 보험가액불변경주의
• 생명보험 → 사람의 생명, 신체는 보험가액이 없으므로 이득금지의 원칙이 적용될 수 없음

64 정답 | ①

<u>프랜차이즈 공제</u>는 손해액이 공제액 이하이면 계약자가 전액부담, 손해액이 공제액을 초과하면 전액을 보험자가 부담하는 방식이므로, 손해액이 프랜차이즈 공제액을 초과하는 경우 <u>피보험자의 부담은 없다.</u>

65 정답 | ④

열거위험담보계약에서 보험자로부터 손해보상을 받기 위해서 피보험자가 <u>열거된 담보로부터의 손해임</u>을 입증해야 한다.

66 정답 | ④

피보험자란 손해보험에서 피보험 이익의 주체로서 보험사고의 발생 시 손해의 보상을 받을 권리가 있는 자를 말하고 인보험에서는 생명이나 신체에 관하여 보험에 붙여진 자를 말한다.
① 상법 제639조(타인을 위한 보험)
② 상법 제650조(보험계약의 부활)
③ 상법 제658조(보험금액의 지급)

PART
01

PART
02

PART
03

PART
04

PART
05

PART
06

PART
07

67 정답 | ③

타보험조항은 둘 이상의 보험계약이 <u>동일한 손해를 부담하</u>는 경우에 보험자 간에 분담여부 및 보상방법 등을 정해놓은 약관 조항을 말하며, 목적은 <u>실손보상의 원칙을 지키기</u> 위한 것이다. 또한, 고의적인 중복 보험의 체결(<u>도덕적 위태</u>)의 유인이 없어진다.

68 정답 | ①

• 보험계약자에 의한 해지 : 사고발생 전에는 언제든지/사고발생 후에도 보험금액이 감액되지 않는 경우/보험자 파산 시
• 보험자에 의한 해지 : 계속 보험료 부지급/고지의무 위반/위험의 현저한 변경증가의 통지의무 위반/위험의 현저한 변경증가의 통지이행/위험유지의무 위반

69 정답 | ①

㉠ 약관의 교부·설명의무 위반 시 → 계약자는 계약성립 후 3개월 이내에 취소 가능
㉡ 사기계약의 경우 → 보험자는 계약일로부터 5년 이내 (안 날로부터 1개월)에 취소 가능
㉢, ㉣은 무효의 사유

70 정답 | ①

교차책임주의에 의한 순배상금액을 구하면 된다.
• A부담액=200×0.4=80만원
• B부담액=100×0.6=60만원
• A의 배상책임액=80-60=<u>20만원</u> 지급

71 정답 | ②

피보험자가 사고발생통지를 게을리하여 손해가 증가된 경우 보험자는 그 증가된 손해를 보상할 책임이 없다(상법 제722조).

72 정답 | ①

㉢ 과실책임주의는 민법의 기본 원리이나 배상책임보험의 사회적 기능 확대를 위하여 무과실 책임주의로 전환되었고, ㉣ 보험자 대위제도는 이득금지의 원칙의 실현을 위한 것이다. 나머지는 배상책임보험의 사회적 기능과 역할을 확대시켜주는 것들이다.

73 정답 | ①

판례는 보험금청구권조항에 대한 보험약관상의 설명의무는 없다고 판시하였다.

74 정답 | ④

구상권 행사의 절차
구상권 성립 여부 및 행사가치를 판단 → 채권을 확보 → 임의 변제 요청 → 소송제기 또는 구상권 포기 여부 등 결정

75 정답 | ④

약정한 부보비율이 높으면 보상액은 작아지고, 이에 따른 보험요율도 낮아진다.

76 정답 | ②

• 손해액 : 2,000만원(보험가액)×70%=1,400만원
• 상법상 비례보상하므로 1,400만원×(1,000만원/2,000만원)=700만원
• 만약 일부보험에서 실손보상특약에 가입했다면 보험금은 1,000만원

77 정답 | ④

① 보험회사의 승낙으로 보험계약이 성립(보험계약기간)한 경우에 최초보험료를 납입하지 않는다면 보험자의 책임이 개시(보험기간)되지 않는다.
② 보험기간이 보험계약기간보다 긴 보험을 소급보험이라 하고, 보험기간이 보험계약기간보다 짧은 보험을 예정보험이라 한다.
③ 보험회사의 책임이 시작되어 종료될 때까지의 기간을 보험기간이라 한다.

78 정답 | ②

중복보험과 병존보험 모두 통지의무를 부담한다. 시장가치의 변동으로 병존보험이 중복보험이 될 수도 있으므로 병존보험도 통지의무를 부담한다.

79 정답 | ③

보증보험은 채무자의 단순한 채무불이행만 있어도 보험사고가 성립한다. 반면에, 신용보험은 채무자의 파산, 사망, 지급불능 등을 담보한다.

80 정답 | ①

신용보험의 보험계약자는 채권자이고, 보증보험의 보험계약자는 채무자이다.

신용보험과 보증보험

구분	신용보험	보증보험
보험계약자	채권자	채무자
피보험자	채권자	채권자

구분	신용보험	보증보험
성격	자기를 위한 보험	타인을 위한 보험
보상범위	채무자의 파산, 지급불능을 담보	개별적인 채무불이행&횡령·배임·절취 등 불법행위도 담보

※ 신용생명보험 → 채무자의 사망 시 사망보험금으로 채무를 상환하는 보험

PART 05 | 보험회계 및 자산운용 [81~100]

81   정답 | ④

보험회계는 일반기업과 달리 주주가 아닌 계약자에 대한 배당을 지급하는 계약자이익배당제도를 두고 있는데, 실현된 이익은 부채(책임준비금의 보험계약부채) 항목으로, 미실현된 것은 자본의 계약자 지분조정이라는 별도의 항목으로 표시한다.

82   정답 | ③

기타포괄손익누계액은 재무상태표의 자본에 표시되는 계정이다. 나머지는 포괄손익계산서 계정이다.

83   정답 | ③

유의적인 영향력을 보유하거나 공동지배력을 보유하는 경우에는 지분법으로 회계처리를 하고, 50%를 초과하는 지분을 보유할 때 연결재무제표를 작성한다.

84   정답 | ③

잠재적으로 유리한 조건으로 거래상대방과 금융자산이나 금융부채를 교환하기로 한 계약상 권리이다.

85   정답 | ③

해당 금융자산(지분상품)을 제거할 때에는 기타포괄손익누계액이 당기손익을 왜곡할 우려가 있으므로 당기손익으로 재순환되지 않고 이익잉여금으로 대체된다.

86   정답 | ①

신용위험수준이 낮은 경우에는 신용위험이 유의적으로 증가하지 않았다고 볼 수 있다. 따라서, 항상 12개월 기대신용손실로 측정한다.

87   정답 | ②

수익증권, 외화표시증권, 주식, 채권은 유가증권이다. 우편환, 금전신탁은 현금 및 예치금이고, 콜론은 대출채권이다.

88   정답 | ④

금융위험을 제외한 나머지가 보험계약의 핵심적인 3요소(미래불확실한 사건, 보험위험, 보험위험의 유의성)이다.

89   정답 | ③

비금융위험으로부터 발생하는 현금흐름의 불확실성을 보험자가 감수하는 것에 대한 대가로 보험자가 요구하는 보상이 위험조정이다.

90   정답 | ④

부채는 책임준비금, 기타부채, 특별계정부채로 구분된다. 또한, 책임준비금은 보험계약부채, 재보험계약부채, 투자계약부채로 구성된다.

91   정답 | ①

상법상 배당총액의 1/10 이상을 납입자본의 1/2에 달할 때까지 의무적으로 적립해야 하는 것은 이익준비금이다.

92   정답 | ①

- 자본잉여금=주식발행초과금 1,000+자기주식처분이익 1,500+감자차익 1,500+재평가적립금 500=4,500
- 자산재평가이익은 '기타포괄손익누계액'의 항목이며, 자기주식은 '자본조정'의 항목이다.

93   정답 | ④

해외사업환산손익를 제외한 항목(재평가적립금, 기타포괄손익-공정가치측정금융자산, 관계종속기업투자주식평가손익)이 계약자지분조정의 세부항목이다.

94   정답 | ③

상각후원가 측정 금융자산은 자산항목이며 유가증권에 해당된다. 나머지는 손익계산서의 기타포괄손익에 해당되며 결국에는 재무상태의 자본항목인 기타포괄손익누계액에 기록된다.

95   정답 | ①

예상보험금은 보험수익 항목이고, 나머지는 보험서비스 비용항목이다.

PART 01
PART 02
PART 03
PART 04
PART 05
PART 06
PART 07

96   정답 | ②

재산관리비는 유가증권, 대출채권, 부동산 등의 관리비용으로 투자비용항목에 속한다. 나머지는 영업외손실에 해당한다.

97   정답 | ④

출재보험계약은 직접 참가특성이 없으므로 변동수수료 모형을 적용할 수 없다.

98   정답 | ②

일반계정과 특별계정 간의 자금이체 기한은 원칙적으로 이체사유발생일로부터 <u>5영업일</u> 이내에 이루어져야 한다.

99   정답 | ④

인정성에 대한 설명이다. <u>안정성</u>의 원칙은 보험회사 자산운용의 원칙 중 가장 먼저 지켜져야 할 것으로서 자산운용과 관련된 위험을 적절히 통제할 수 있을 때 지켜진다.

100   정답 | ③

당해 보험회사의 대주주에 대한 신용공여는 금지대상이 아니라 제한된 범위 내에서 허용하고 있다.
신용공여 한도= Min(자기자본의 40%, 총자산의 2%)

실전모의고사 정답 및 해설

제 **2** 회

01	02	03	04	05	06	07	08	09	10
①	①	②	②	②	②	②	③	①	①
11	12	13	14	15	16	17	18	19	20
①	②	③	①	④	②	②	②	①	①
21	22	23	24	25	26	27	28	29	30
④	②	②	④	④	①	③	③	③	②
31	32	33	34	35	36	37	38	39	40
②	①	③	③	④	④	③	④	②	②
41	42	43	44	45	46	47	48	49	50
④	③	③	④	②	③	①	①	①	①
51	52	53	54	55	56	57	58	59	60
②	②	④	①	④	④	③	①	④	②
61	62	63	64	65	66	67	68	69	70
②	③	④	③	②	③	②	②	③	④
71	72	73	74	75	76	77	78	79	80
④	③	②	②	①	①	④	①	②	④
81	82	83	84	85	86	87	88	89	90
③	②	③	③	④	③	③	③	②	①
91	92	93	94	95	96	97	98	99	100
①	③	②	③	③	②	①	①	①	④

PART 01 | 손해보험이론 및 약관해설 [01~20]

01   정답 | ①

손인이란 손해의 원인으로서 화재, 폭풍우 등을 말하여, 일반적으로 '사고'와 동일하게 사용되고 있다.

02   정답 | ①

위태(hazard)는 특정사고로부터 발생될 수 있는 손해가능성을 새로이 만들거나 증가시키는 상태를 말하는데, 고의 또는 중대한 과실로 인하여 사고발생의 위험이 현저하게 변경 또는 증가된 때는 위태의 정의에 부합한다.

03   정답 | ②

일부보험에서의 비례주의는 보험계약의 형평성 측면을 강조한 것이고, 이득금지의 원칙과는 관계없다.

손해보험의 대책(이득금지 원칙 실현)
- 선의 초과보험의 보험금 감액
- 사기의 초과·중복보험 무효화
- 피보험이익이 없는 계약은 무효
- 중복보험의 연대비례주의 및 통지의무 부여
- 수 개의 책임보험에서 중복보험규정 준용
- 기평가보험에서 사고발생 시의 가액 적용
- 보험자대위 및 신구교환공제

04   정답 | ②

보험사기는 적은 보험료를 내고 우연한 사고로 거액의 보험금을 받을 수 있는 보험의 사행계약성 때문에 일어난다는 특징이 있다.

05   정답 | ②

피보험자의 위험특성 정보는 역선택과 관련이 있다. 보험자는 피보험자의 위험특성 정보를 잘 모르기 때문에 정보비대칭으로 인한 역선택이 발생된다.

06   정답 | ②

보험계약자는 보험료를 지급하고 자신의 위험을 보험자에게 전가하고, 보험자는 전가받은 위험을 결합한다. 개개인이 전가한 위험을 전체적으로 결합해서 대수의 법칙에 입각한 위험에 대해 보상이 가능해지는데, 이것은 실제손실을 평균손실로 대체하는 것이다.

07   정답 | ②

리스크결합을 통해 1인당 실제손실을 평균손실로 대체하는 효과가 발생한다.

08   정답 | ③

자동차 에어백 장착은 보험사고 후 손실의 발생을 감소시키기 위한 방법이다.

PART 01

PART 02

PART 03

PART 04

PART 05

PART 06

PART 07

09
정답 | ①

보험자의 전문적인 위험관리서비스를 받을 수 없는 것이 자가보험의 단점이다.

자가보험의 장단점

장점	단점
• 보험가입 시의 부가보험료 절감 • 보험료의 유보로 유동성과 투자이익에 도움 • 위험관리 관심이 높아 사고예방효과 • 보험사에서 거절하는 위험도 관리 가능	• 사고율 예측이 어긋나거나 예상하지 못한 대형사고가 발생할 경우 재정적 위험에 직면 • 보험가입 시 얻을 수 있는 혜택을 상실(안전점검 등)

10
정답 | ①

손해보험의 분류

분류기준	분류
보험금의 지급 및 사정방법	손해보험, 정액보험
보험의 목적	물보험, 인보험
보험계약법	손해보험, 인보험
보험업법	손해보험, 생명보험, 제3보험

11
정답 | ①

• 보험의 목적 → 보험사고발생의 객체가 되는 물건 또는 재산
• 보험계약의 목적 → 피보험이익
• 보험가액 → 피보험이익의 평가액

12
정답 | ②

자동차손해배상책임보험–해상보험에 대한 설명이다. 산업재해보상보험은 공보험이며 강제보험이다.

13
정답 | ③

보험계약 당사자는 보험증권의 교부가 있는 날로부터 일정한 기간 내에 한하여 그 증권 내용의 정부에 관한 이의를 할 수 있음을 약정할 수 있다. 이 기간은 1월을 내리지 못한다(상법 제641조). → 즉, 이의를 제기할 수 있는 기간을 1개월 이상으로 하여야 한다.

14
정답 | ①

약관의 교부·설명의무 의무자는 보험자, 보험대리점, 보험설계사, 보험중개사이고, 입증책임자도 보험자이다.

15
정답 | ④

작성자불이익의 원칙에 따라 계약 내용이 모호할 경우 가급적이면 보험계약자에게 유리하게 해석한다.

16
정답 | ②

동종제한의 원칙(principle of ejusdem generis)은 총괄적 문언해석을 앞에 나열된 것과 동종 유사한 것으로 제한한다는 원칙이다.

17
정답 | ②

국무총리 산하의 회의체 행정기관으로서 금융기관에 대한 실질적 최고감독기구이다. 또한, 금융감독원의 상위기간으로 금융감독원을 지시, 감독하는 업무를 맡고 있다.

18
정답 | ②

• 금융감독원의 업무
  - 금융기관의 업무 및 재산상황에 대한 검사
  - 검사결과에 따른 제재
  - 금융위원회 및 소속기관에 대한 업무지원
• 보험조사협의회의 업무
  - 금융위원회의 조사업무를 효율적으로 수행
  - 15인 이내의 위원으로 구성하고 위원 임기는 3년
  - 재적위원 과반수 출석&출석위원 과반수의 찬성으로 의결

19
정답 | ①

①은 금융위원회의 위임을 받아 금융감독원장이 직접 행사하는 조치이며, ②, ③, ④는 금융위원회가 조치하는 사항이다.

금융위원회의 금융회사에 대한 제재

보험업법 등의 규정·명령·지시를 위반한 경우	부정한 방법으로 보험업의 허가를 받은 경우
• 6개월 이내의 영업의 일부정지 • 해당 위반행위에 대한 시정명령 • 임원의 해임권고·직무정지 • 회사에 대한 주의·경고 또는 그 임직원에 대한 주의·경고·문책의 요구 → 금융감독원장의 업무	• 6개월 이내의 영업의 전부 정지 • 청문을 거쳐 보험업의 허가 취소

20
정답 | ①

선임계리사의 선임 또는 해임은 이사회의결을 거친 다음 금융위원회에 보고 또는 신고해야 한다. → 선임 후 보고, 해임 전 신고

21 정답 Ⅰ ④

보험의 목적을 양도한 때에는 보험자에게 지체 없이 통지해야 하며, 양수인은 보험목적의 양수와 함께 보험계약상의 권리와 의무를 승계한 것으로 추정한다.

22 정답 Ⅰ ②

보험료의 전부 또는 일부가 지급되어야 한다.

23 정답 Ⅰ ②

고지의무와 위험변경·증가 시의 통지의무는 보험계약자가 계약해지에 대한 불이익을 받지 않기 위하여 이행해야 할 의무(자기의무 또는 간접의무)이다. 그러나, 사고발생통지의무는 불이익을 받지 않기 위하여 이행해야 할 의무가 아닌 보험금청구를 위한 전제조건인 동시에 보험자에 대한 진정의무라고 할 수 있다.

24 정답 Ⅰ ④

평가가 필요한 때란 계약체결 시 또는 계약체결 이후 물가변동이 있는 경우를 말한다.

25 정답 Ⅰ ④

뚜렷한 사기사실에 의해 보험계약이 성립되었음을 회사가 증명하는 경우에는 보장개시일로부터 5년 이내이다. 상법 3년, 민법 10년을 고려할 때 5년은 절충설에 가깝다.

26 정답 Ⅰ ①

보험사고 및 사고로 인한 손해발생사실의 입증책임은 입증을 통해 편익을 취할 수 있는 피보험자가 입증을 해야 하고, 나머지는 보험자가 입증함으로써 책임을 면할 수 있는 내용들이다.

27 정답 Ⅰ ③

① 동일한 보험계약의 목적에 관하여 보험사고 및 피보험자, 그리고 보험기간이 동일하거나 중복되어야 하며, 완전히 일치하여야 하는 것은 아니다.
② 중복보험계약을 체결한 수인의 보험자 중 그 1인에 대한 권리의 포기는 다른 보험자의 권리의무에 영향을 미치지 않는다(상법 제673조).
④ 각 보험자는 각자의 보험금액의 한도에서 연대책임을 진다(상법 제672조 제1항).

28 정답 Ⅰ ③

미술품이나 골동품의 가치도 그것이 객관적인 표준에 의하여 평가할 수 있는 것이면 피보험이익이 될 수 있지만 한 집안의 가보 등 개인적인 특수가치만 있는 것은 피보험이익이 될 수 없다.

29 정답 Ⅰ ③

현행상법은 '잔존물에 약간의 가치가 남아 있어도 무시할 수 있을 정도'라면 전부멸실로 간주한다.

30 정답 Ⅰ ②

상법 제682조(제3자에 대한 보험대위)의 규정은 "손해가 제3자의 행위로 인하여 발생한 경우에 보험금을 지급한 보험자는 그 지급한 금액의 한도에서 그 제3자에 대한 보험계약자 또는 피보험자의 권리를 취득한다"라고 규정하고 있다. 따라서 손해가 제3자에 의하여 발생하고 보험금을 지급한 보험자는 피보험자의 권리를 해하지 않는 범위 내에서 법률상 당연히 피보험자의 권리를 취득하게 되어 있다.

31 정답 Ⅰ ②

일부보험의 대위권 행사범위에 대한 3가지 학설
• 절대설(보험자 우선설) : 보험자는 보험금을 지급한 한도 내에서 우선적 대위권을 행사할 수 있다. 600만원 전액 가능하다.
• 상대설(청구권비례설) : 보험금액의 보험가액에 대한 비율에 따른다. 700만원×6천만원/1억원=420만원
• 차액설(피보험자 우선설) : 피보험자의 손해를 우선 보전해주고 남은 금액에 대하여 보험자가 대위권을 행사한다. 700만원−(1천만원−600만원)=300만원

32 정답 Ⅰ ①

피보험자가 제3자에게 법률상 손해배상책임을 부담함으로써 입게 되는 피보험자의 간접손해를 보상하는 소극보험의 성질을 가진다.

33 정답 Ⅰ ③

• 정부는 사고피해자가 빈발하는 자동차사고와 1회의 사고로 다수의 피해자가 발생할 수 있는 화재, 폭발사고 등에 대하여 피해자보호를 위해 배상책임보험가입을 의무화하고 있다.
• 의무보험으로는 자동차손해배상책임보험, 가스배상책임보험, 체육시설배상책임보험, 특수건물신체배상책임보험 및 원자력배상책임보험 등이 있다.

PART
01

PART
02

PART
03

PART
04

PART
05

PART
06

PART
07

34 정답 | ③

천재지변으로 인한 손해는 약관에서만 면책사유에 해당한다.
① 보험계약자 등의 고의 · 중과실로 인하여 발생한 사고로 인한 손해(상법 제659조 : 보험자의 면책사유)
② 전쟁 기타 변란으로 인하여 발생한 사고로 인한 손해(상법 제660조 : 전쟁위험 등으로 인한 면책)
④ 보험목적의 성질, 하자 또는 자연소모로 인한 손해(상법 제678조 : 보험자의 면책사유)

35 정답 | ④

생명보험에는 피보험이익이 인정되지 않기 때문에 초과, 중복, 일부보험 문제가 발생하지 않는다.

36 정답 | ④

이미 체결된 타인의 사망보험계약에서 피보험자가 서면동의를 철회할 경우에는 해지가 되며, 해지환급금을 지급한다.

37 정답 | ③

국내에서 취급되는 보험종목에 대해 3곳 이상의 보험회사로부터 거절되어 외국보험회사와 계약을 체결하는 경우

38 정답 | ④

외국보험회사 국내지점은 대한민국에서 체결한 보험계약에 관하여 적립한 책임준비금 및 비상위험준비금에 상당하는 자산을 대한민국에서 보유해야 한다.

39 정답 | ②

ⓒ 상호회사는 금전 이외의 출자는 금지되나, 주식회사는 금전 이외의 출자도 가능하다.
ⓒ 상호회사는 그 설립에 있어서 100인 이상의 사원을 필요로 하지만, 주식회사는 인원의 제한은 없다.
ⓔ 상호회사의 채무에 관한 사원의 책임은 보험료를 한도로 하며, 보험료 납입에 관하여 상계로써 회사에 대항할 수 없다.

40 정답 | ②

보험모집을 할 수 있는 자

모집을 할 수 있는 자	모집을 할 수 없는 자
• 판매조직 : 보험설계사, 보험대리점, 보험중개사 • 보험회사 임직원(영업직원, 일반직원 모두 포함)	• 보험회사 임직원 중 모집 불가인 자 • 대표이사, 사외이사, 감사, 감사위원

PART 03 손해보험 언더라이팅 [41~60]

41 정답 | ④

계약으로 인한 책임액의 과중상태를 방지하기 위하여 위험분산을 도모해야 하는데, 위험분산에는 공동보험에 의한 수평적 분산과 재보험에 의한 수직적 분산의 방법이 있다.

42 정답 | ③

계약적부제도상 보험계약자 또는 피보험자가 청약서에 알린 사항이 사실과 다름이 확인되는 경우 보험계약은 해지가 되거나 계약조건을 변경하여 인수한다.

43 정답 | ③

배상책임보험은 자기를 위한 보험의 형태가 된다.
타인을 위한 보험계약
• 손해보험의 경우 타인을 위한 보험 → 보험계약자≠피보험자
• 생명보험의 경우 타인을 위한 보험 → 보험계약자≠보험수익자

44 정답 | ③

• 독립책임액
  – 갑 : 6억원×(2억원/12억원)=1억원, 실손보상이므로 한도 내에서 전액 보상하므로 2억원
  – 을 : 6억원×(4억원/12억원)=2억원
  – 병 : 6억원×[6억원/(12억원×0.5)]=6억원
• 각 보험사의 지급보험금
  – 갑 : 6억원×[2억원/(2억원+2억원+6억원)]=1.2억원
  – 을 : 6억원×[2억원/(2억원+2억원+6억원)]=1.2억원
  – 병 : 6억원×[6억원/(2억원+2억원+6억원)]=3.6억원

45 정답 | ④

화재보험은 원칙적 비례보상이며, 배상책임보험은 원칙적 실손보상이다.

46 정답 | ②

• 직접공제(정액공제)는 매 사고마다 공제 금액을 차감하여 지급하는데, 사례의 경우 매 회차 손해액이 5천만원을 초과하지 않으므로 보험자책임액은 0원이다.
• 종합공제(참여공제)의 경우 누적손해액을 기준으로 공제 금액을 제외하고 지급하므로, 보험자책임액은 5천만원[=누적금액(1억원)−공제(5천만원)]이다.

47　정답 | ③

- (손해액−공제액)×보상비율=보험자 부담액
- (1,600만원−200만원)×1.2=<u>1,680만원</u>

실손해액을 초과하므로 보험자는 1,600만원을 보상한다.

48　정답 | ①

<u>적정성(충분성)</u>은 보험자 입장에서 보험료는 보험사업의 영속성이 유지되기에 충분해야 한다는 것이고, <u>안정성</u>은 보험료가 빈번하게 변동한다면 소비자의 불신을 초래할 수 있다는 것이다.

49　정답 | ①

국민생활과 연관도가 높은 보험(화재보험, 자동차 보험 등)에 사용하는 요율을 인가요율이라 하며, 사전인가요율, 사용 후 제출요율, 제출 후 사용요율 등이 있다.

50　정답 | ①

제시된 원칙과 달리 자동차보험의 경우에는 예외적으로 <u>±25%</u>의 제한을 적용하지 않고 요율을 조정한다.

51　정답 | ②

할증특약은 전 보험기간에 걸쳐 적용된다. 단, 보험금 감액특약에서 보험금감액기간은 계약 후 5년 이내로 한다.

52　정답 | ②

①, ③, ④는 주택물건, ②은 일반 물건이다.

일반물건 적용대상
- 아파트 단지 내 상가
- 주상복합아파트 상업용도 부분
- 주상복합아파트 복리시설(→ 어린이놀이터, 유치원, 피트니스센터, 탁구장, 공용세탁소 등)
- 주차장(주거 및 상업 공동으로 사용)

53　정답 | ④

사망 시 실제 손해액을 1억 5천만원을 한도로 지급하는데, 만일 사망 시 손해액이 1천만원일 경우 사망보험금으로 <u>2천만원</u>을 지급한다.

대인손해			대물손해
사망	부상	후유장해	
최고 <u>1억 5천만원</u> (최저 <u>2천만원</u> 보장)	최고 <u>3천만원</u> (상해 1~14급)	최고 <u>1억 5천만원</u> (장해 1~14급)	1사고당 10억원

54　정답 | ①

'상해보험'의 청약서 심사포인트로는 피보험자의 직업 및 직무, 운전차량, 부업 및 취미생활 등이 있다.

55　정답 | ④

손해율 방식에 따른 보험료 조정계산은 다음과 같다.
- (실제손해율−예정손해율)/예정손해율×신뢰도 계수 =(80%−50%)/50%×0.5=<u>30%</u> 인상
- 차기에 적용할 예정손해율=50%+(50%×30%)=65%

56　정답 | ④

화재, 폭발, 낙뢰에 의한 자기차량손해 및 자기신체사고손해는 인정되지만, 날아온 물체, 떨어지는 물체 이외의 다른 물체와의 충돌, 접촉, 전복 및 추락에 의해 발생한 화재나 폭발은 제외한다.

평가대상사고에 포함되는 <u>자기과실이 없는</u> 사고
- 주차가 허용된 장소에서 주차 중 발생한 관리상 과실이 없는 자기차량손해사고('가해자불명 자기차량손해사고'라고 함)
- 화재, 폭발, 낙뢰에 의한 자기차량손해 및 자기신체사고손해(단, 날아온 물체, 떨어지는 물체 이외의 다른 물체와의 충돌, 접촉, 전복 및 추락에 의해 발생한 화재나 폭발은 제외)
- 태풍, 홍수, 해일 등 자연재해로 인한 자기차량손해, 자기신체사고손해
- 무보험자동차에 의한 상해담보 사고
- 기타 보험회사가 자기과실이 없다고 판단하는 사고

57　정답 | ①

- A사고는 전전계약 기간에 발생하고, B사고와 C사고는 전계약 기간에 발생하였다.
- 평가대상기간은 전전계약의 보험기간 만료일 3개월 전에서 전계약의 보험기간 만료일 3개월 전(2x19.4.1~2x20.3.31)이므로 A사고와 B사고가 해당된다. 그러나, 대리운전 사고는 제외되므로 A사고만 해당된다.
- A사고의 평가점수는 '사망(4점, 대인사고중복 시 최고점수 반영)+물적사고 할증기준 초과(1점)=<u>5점</u>'이다.

58　정답 | ③

보험사고의 경감은 재보험의 기능과 무관하다.

재보험의 기능
- 원보험사의 보험계약 인수능력의 증대
- 대형이재손실로부터의 실적보호
- 보험경영의 안정성 도모
- 보험회사의 재무구조 개선
- 미경과보험료적립금 경감
- 전문적 자문과 서비스 제공

PART
01

PART
02

PART
03

PART
04

PART
05

PART
06

PART
07

59 　　　　　　　　　　　　　　　정답 | ①

- 초과손해액 특약재보험은 위험당 또는 사고당 사고손해액을 기준으로 원수보험사와 재보험사간의 책임을 분할하여 출재사의 보유손해액과 재보험자의 책임한도액을 약정하는 방식이다.
- 재보험자는 사고당 5억원을 초과하는 20억원의 90%(18억원)를 부담한다.
- 출재사(원수보험사)부담액=30억원−18억원(재보험자부담액)=12억원

60 　　　　　　　　　　　　　　　정답 | ①

절차상의 차이에 따라 임의재보험과 특약재보험으로 분류하고, 보험료 배분과 책임분담 방법에 따라 비례적재보험과 비비례적재보험으로 구분한다.

PART 04　　손해보험 손해사정 [61~80]

61 　　　　　　　　　　　　　　　정답 | ②

손해사정사 업무는 보험사고를 조사하여 보험자의 보상책임 여부와 손해액을 결정하는 과정인 검정업무와 보험금 결정과정인 정산업무(제3자에 대한 구상권 행사 포함)가 있다.

검정업무(survey)	정산업무(Adjustment)
• 사고접수 • 보험계약사항의 확인 • 현장조사 및 사고사실 확인 • 손해액 산정 • 구상관계조사	• 보험가액 결정 • 보상한도의 결정(→ 설정과 다름) • 보험금 산출방법의 결정 • 지급보험금 결정과 합의 • 구상권대위

62 　　　　　　　　　　　　　　　정답 | ③

일부보험에서의 비례주의는 보험금지급의 형평성을 유지하기 위한 제도이다. 나머지는 손해보험의 기본원리인 이득금지의 원칙을 실현하기 위한 제도이다.

63 　　　　　　　　　　　　　　　정답 | ④

실제현금가치(시가액)는 '보험사고 발생 시 손해가 발생한 때와 곳의 가액'으로서 '재조달가액(대체가격)−감가상각액'으로 정의된다.

64 　　　　　　　　　　　　　　　정답 | ③

대체가격보험은 기계보험과 같이 오로지 가동유지를 목적으로 하는 보험으로 인위적인 사고 유발이 그다지 우려되지 않는 보험에 한해서 인정되고 있다.

65 　　　　　　　　　　　　　　　정답 | ②

타보험조항의 균등액분담조항은 가장 낮은 책임한도부터 순차적으로 균등하게 분담하는 방식이다.
- A보험사 부담액 : 1억원
- B보험사 부담액 : 1억원+1억원+0.5억원=2.5억원
- C보험사 부담액 : 1억원+1억원=2억원

66 　　　　　　　　　　　　　　　정답 | ③

배상책임보험에서는 타보험조항에서 가장 낮은 책임한도부터 순차적으로 균등하게 분담하는 방식인 균등액분담조항을 주로 사용한다.

67 　　　　　　　　　　　　　　　정답 | ③

보험공제는 보험사고가 발생할 경우 보험가입자로 하여금 일정금액까지 손실을 부담하도록 하는 제도이다. 소손해 처리에 따른 비용과 시간의 절감, 보험료 절감, 보험계약자의 주의력 집중, 보험계약자의 경상비용으로 부담가능 등의 보험공제의 효과가 있다.

68 　　　　　　　　　　　　　　　정답 | ②

- 보험계약자는 3차 사고에서 10만원을 부담하며, 누적적으로 40만원까지 부담한다.
- 보험자는 40만원의 종합공제액을 초과하는 금액 30만원을 부담해야 한다.
- 4차부터는 계약자가 자기부담금 40만원을 모두 부담했으므로 보험자가 전액 부담하게 된다.

69 　　　　　　　　　　　　　　　정답 | ③

열거위험담보계약에서 손해가 열거위험으로 인해 발생했다는 것을 입증해야 하는 책임자는 보험금을 받기를 원하는 보험자가 아닌 피보험자이다.

70 　　　　　　　　　　　　　　　정답 | ②

보험기간과 손해보상에 대한 학설은 손해설, 이재설, 위험설이 있다.
① 손해설은 보험기간 중 발생한 현실적 손해만 보상한다는 학설이다.
③ 위험설은 보험기간 중 보험목적에 손인이 발생하고, 그 이후 손해가 발생한 경우 이를 보상해야 한다는 학설이다.

71 　　　　　　　　　　　　　　　정답 | ④

손해를 발생시킨 동일한 원인에 의하여 이익도 얻은 때에는 손해에서 그 이익을 공제하는 것을 손익상계라고 한다. 단, 손익상계 대상은 산재보험금, 공무원연금 등이 대상이며 개인적으로 가입한 생명보험금, 상해보험금은 대상이 아니다.

72

사고일자 확인이 어렵거나, 사고일자와 피해자의 손해가 현실화되는 기간이 긴 long-tail의 특성을 갖는 경우 배상청구기준을 담보기준으로 한다.

73

최대선의의 원칙이란 보험계약은 당사자 간의 최대선의를 요한다는 것이다. 보험계약의 사행계약화를 방지하고 정보 불균형으로 인한 역선택을 막는다는 의미에서 이 원칙이 중요시된다.

74

상해보험을 포함한 인보험에서 피보험자의 고의에 의한 상해는 면책이지만, 중과실로 인한 상해는 부책이다.

75

합산비율은 손해율과 사업비율을 합한 비율로 100%를 초과할 경우 보험자의 언더라이팅이 만족스럽다고 할 수 없다.

76

• 보험가입금액이 보험가액보다 작을 경우 화재사고 발생 당시 보험가액을 기준으로 보험가입금액 한도 내에서 비례보상한다.
• 지급보험금=손해액×(보험가입금액/보험가액)
=8억원×(18억/30억)=4억 8천만원

77

보험목적의 가액을 초과하는 비용을 지출하지 않으면 현실 전손을 면할 수 없는 경우는 추정전손으로 위부가 가능하다.

78

화재보험은 체감주의를, 자동차보험, 해상보험, 운송보험 등은 전액주의를 적용한다.

79

보험회사가 위험의 인수여부 및 조건을 결정하고, 보험료를 산출하는 기초로 사용하는 개념도 PML이다.

80

은행 등 금융기관은 채무자의 사망이나 장애 같은 불의의 사고로 채권이 부실화되는 경우를 막을 수 있어 신용대출의 폭을 넓힐 수 있는 것은 신용보험의 장점이다.

PART 05 　 보험회계 및 자산운용 [81~100]

81

초기보험료를 수익으로 인식하지 않고 부채로 인식하므로 수익은 감소하고 부채는 증가하게 된다.

82

자산과 부채에 대한 인식과 측정은 국제회계기준과 감독목적회계가 다를 이유가 없다.

83

기타포괄손익누계액은 재무상태표 계정이고, 기타포괄손익은 포괄손익계산서 계정이다.

84

금융상품에 대한 정의이다. 금융자산은 금융상품의 취득자 입장에서 인식되는 항목, 금융부채는 채무상품의 발행자 입장에서 인식될 수 있는 항목, 지분상품은 자산에서 모든 부채를 차감한 후의 잔여지분을 나타내는 모든 계약을 말한다.

85

금융부채에 대한 설명이다. 인도할 자기지분상품이 아니라 수취할 자기지분상품이다.

86

• 20×2년 말 당기손실=20×2년 말 공정가치-취득원가
=90,000-(100,000+10,000)=20,000원
• 20×3년 말 기타포괄손익누계액=20×3년 말 공정가치
-20×2년말 공정가치=150,000-90,000=60,000원
(20,000은 당기이익, 40,000은 기타포괄이익)

87

AC(상각후원가 측정 금융자산)에 대한 설명이다. FVPL과 FVOCI는 후속평가를 공정가치로 평가하며, 손상손실을 인식하지만 대손충당금은 설정하지 않는 것으로 보아 대여금 및 수취채권은 아니다.

88

상각후원가 측정 금융자산의 손상차손은 당기비용 처리하고 손실충당금을 설정하지만, 기타포괄손익-공정가치 측정 금융자산으로 분류되는 채무상품의 손상차손은 기타포괄손익으로 인식한다.

PART
01

PART
02

PART
03

PART
04

PART
05

PART
06

PART
07

89 　　　　　　　　　　　　　　정답 | ②

연구비는 무조건 당기에 비용처리한다. 개발비는 일정한 요건을 충족하면 무형자산으로 인식한다. 연구비와 개발비를 구분하기 어려운 경우 보수적 회계에 의해 연구비로 본다. 비품은 유형자산에, 개발비와 소프트웨어는 무형자산에 해당한다.

90 　　　　　　　　　　　　　　정답 | ①

보험회사 부채는 책임준비금, 기타부채, 특별계정부채로 구성된다.

91 　　　　　　　　　　　　　　정답 | ①

발생사고요소에는 잔여보장요소와 달리 '보험계약마진'이 빠진 최선추정과 위험조정만 있다.

92 　　　　　　　　　　　　　　정답 | ③

양의 이행현금흐름(=보험지출의 현재가치−보험료수입)은 보수주의 회계적용으로 당기에 즉시 비용으로 인식한다.

93 　　　　　　　　　　　　　　정답 | ②

할인효과에 대한 설명이다. 미래현금흐름의 추정치와 할인효과를 합쳐서 최선추정부채라고 하며, 위험조정은 '비금융위험을 반영한 조정액'이다.

94 　　　　　　　　　　　　　　정답 | ③

보험료배분모형은 간소화된 측정모형으로 잔여보장요소의 측정 시에만 적용하며 이미 사고가 발생한 발생사고 요소에 대해서는 적용할 수 없다.

95 　　　　　　　　　　　　　　정답 | ③

보험료배분접근법을 적용하는 경우에 집합 내 각 계약의 보장기간이 1년을 초과하지 않아 보험취득현금흐름 발생 시 비용처리할 수 있다.

96 　　　　　　　　　　　　　　정답 | ②

무상증자에 대한 설명이다. 반면, 유상증자는 주식의 발행과 함께 기업의 순자산이 실질적으로 증가되는 형태의 자본금 변동을 말한다.

97 　　　　　　　　　　　　　　정답 | ①

변액보험과 퇴직연금(실적배당형)은 그 목적이 '투명한 운용손익배분'에 있다.

98 　　　　　　　　　　　　　　정답 | ①

어떤 보험계약도 포괄손익계산서에 총액으로 특별계정수익과 특별계정비용을 인식하지 않고, 일반계정과 계정과목을 합산하여 인식한다.

99 　　　　　　　　　　　　　　정답 | ①

• 신용공여한도=MIN(4천억×40%, 1조원×2%)=200억
　암기 신용402

• 증권투자한도=MIN(4천억×60%, 1조원×3%)=300억
　암기 증권603

100 　　　　　　　　　　　　　　정답 | ④

매 분기 말 기준 300억원 이하의 특별계정은 일반계정에 포함하여 자산운용비율 적용한다.

실전모의고사 정답 및 해설

01	02	03	04	05	06	07	08	09	10
②	②	③	④	①	③	④	①	④	②
11	12	13	14	15	16	17	18	19	20
④	③	①	③	④	④	④	②	④	①
21	22	23	24	25	26	27	28	29	30
④	①	④	④	③	④	①	④	③	④
31	32	33	34	35	36	37	38	39	40
②	④	④	①	③	②	④	③	①	④
41	42	43	44	45	46	47	48	49	50
④	④	③	④	④	②	②	③	②	②
51	52	53	54	55	56	57	58	59	60
④	②	④	④	③	①	③	①	④	③
61	62	63	64	65	66	67	68	69	70
④	④	③	②	④	①	②	④	①	①
71	72	73	74	75	76	77	78	79	80
①	③	①	④	①	③	①	④	①	④
81	82	83	84	85	86	87	88	89	90
①	②	②	④	②	④	③	①	③	④
91	92	93	94	95	96	97	98	99	100
①	①	③	②	④	①	③	①	②	①

▶ PART 01   손해보험이론 및 약관해설 [01~20]

01   정답 | ②

등산객의 부주의는 정신적 위태이며, 고의성이 있는 도덕적
위태와는 구분된다.

02   정답 | ②

도덕적 위태는 보험제도를 부정적으로 악용하여 보험금 사
기를 목적으로 손실의 발생을 고의적으로 증가시키는 심리
상태를 말한다. ⓑ 무관심, ⓒ 부주의는 '정신적 위태'를 유
발하는 원인이다.

03   정답 | ③

보험사기범에 대한 형량을 '10년 이하의 징역 또는 5,000만
원 이하의 벌금형(형법은 2,000만원)'으로 하여, 형법에 비
해 형량을 강화하였다.

04   정답 | ④

발생확률이 낮고 손실의 심도가 크지 않다면 위험을 자체보
유하는 전략이 유효하며, 보험(발생확률이 낮고 손실의 심
도가 커야 효용가치가 있음)을 통해 위험을 전가할 필요는
없다.

05   정답 | ①

사전적 정보의 비대칭으로 발생한다.

중고자동차시장(lemon market) 이론
정보의 비대칭이 존재하는 시장에서는 도리어 품질이 낮은
상품이 선택되는 가격왜곡현상, 곧 역선택이 이루어져 전체
시장이 붕괴될 수 있다는 이론이다.

06   정답 | ③

위험관리의 목적

손실발생 전의 목적	손실발생 후의 목적
• 경제적 목표 달성 • 불안의 경감 • 의무규정의 충족	• 존속 • 영업의 가능성 • 수익의 가능성 • 지속적인 성장 • 사회적 책임의 수행

07   정답 | ④

컴퓨터에 저장되어 있는 중요한 문서가 삭제될까봐 USB에
따로 보관하는 것은 위험분리에 해당한다. 위험분리는 복제
와 격리로 구분한다.
• 복제 : 컴퓨터 디스크 등의 자료를 복사하여 별도의 장소
  에 보관함으로써 손실을 줄이는 것
• 격리 : 위험물질이나 보관물품을 격리수용하는 방법

PART 01

PART 02

PART 03

PART 04

PART 05

PART 06

PART 07

08
정답 | ①

홍수다발지역이며 피해규모도 큰 경우에 일반적으로 안전한 지역으로 이전시킴으로써 그 위험을 회피할 수 있다.

09
정답 | ④

일부보험은 사고발생 시 일부 손해를 보험계약자가 부담하기 때문에 사고발생 가능성을 줄이는 위험예방과 사고발생 시 손실의 규모를 감소시키는 효과가 있는데, 이러한 손실통제활동은 보험자 입장에서는 보험금을 감소시키고, 보험계약자 입장에서는 보험료 부담을 덜어준다.

10
정답 | ②

어떤 단체 또는 협회 회원들이 공통적으로 가지는 위험을 담보하는 캡티브는 '단체 캡티브'이다.

캡티브 보험사(종속보험회사)의 장점
- 보험가입 시의 부가보험료를 절감
- 다른 기업 위험인수로 이익창출에 도움
- 용이한 재보험가입 및 재보험료 절감
- 보험사에서 거절하는 위험도 관리 가능
- 타국 소재 물건의 보험가입 가능

11
정답 | ④

대수의 법칙 적용 가능성과 관계있는 보험가입가능 위험의 요건은 '다수의 동질적 위험'이다.

12
정답 | ③

부합계약이란 계약당사자 일방이 만들어 놓은 계약조건에 상대방은 따를 수밖에 없는 계약이므로, 보험자에게 약관의 교부설명의 의무가 주어지는 것이다.

13
정답 | ①

엄격하지 않은 요식증권이다.

보험증권의 법적 성질

요식증권성	• 그 요식성은 어음, 수표에 있어서와 같이 엄격한 것은 아님 • 증권에 법정사항의 기재를 생략하여도 보험증권의 효력에 영향이 없음 • 보험계약은 불요식이지만, 보험증권은 요식증권임
증거증권성	• 증권의 기재가 계약성립, 내용에 대한 추정력을 갖지만 확정적 유효는 아님
면책증권성	• 고의 · 중과실 없는 한 증권제시자에게 보험금지급 시 보험자책임 면함
유가증권성	• 해상 · 적하보험에서만 제한적으로 인정된다는 일부긍정설이 통설

14
정답 | ③

보험자가 보험증권의 교부의무 위반 시에는 증거증권에 불과하므로 교부의무를 위반한다 해도 계약의 성립이나 효력에는 영향을 미치지 않는다.

15
정답 | ④

특별보험약관에 대한 설명이다.

보험약관의 종류

보통보험약관	미리 정해진 일반적이고 표준적인 계약조항
특별보통보험약관	보통보험약관에 보충적으로 세부적인 약관을 필요로 하는 경우
특별보험약관	보통보험약관의 내용을 변경 · 추가 또는 배제하는 약정을 하는 경우

16
정답 | ④

개별약정우선의 원칙을 적용한다.

약관규제법상의 원칙

개별약정우선의 원칙	사업자와 고객이 달리 합의한 사항은 약관에 우선함
신의성실의 원칙	약관은 신의성실에 따라 공정하게 해석되어야 함
통일적해석의 원칙	고객에 따라 다르게 해석되어서는 아니 됨
작성자불이익의 원칙	불명확한 경우 고객에게 유리하게 해석됨(최종적 해석원칙)

17
정답 | ④

- 금융위원회는 국무총리 소속 하의 회의체 의결기관이며, 9인으로 구성되어 있다.
- 금융분쟁조정위원회는 위원장 1인을 포함하여 35인 이내의 위원으로 구성되며, 매 회의 시에는 조정위원장 1인을 포함하여 '6~10인'의 위원으로 구성한다.

18
정답 | ②

자본시장의 불공정거래 조사가 증권선물위원회의 업무이다.

금융위원회, 증권선물위원회, 금융감독원의 소관업무

금융위원회	• 금융정책 및 제도에 관한 사항 • 금융기관 설립, 합병 등의 인허가에 관한 사항 • 자본시장 관리 · 감독에 관한 사항 • 금융기관 감독 · 검사 · 제재에 관한 사항

증권선물 위원회	• 자본시장의 불공정거래 조사 • 기업회계기준, 회계감리에 관한 업무 • 금융위 소관 사무인 시장 관리 · 감독에 대한 사전심의 • 금융위로부터 위임받은 업무
금융 감독원	• 금융기관의 업무 및 재산상황에 대한 검사 • 검사결과에 따른 제재 • 금융위원회 및 소속기관에 대한 업무지원

19 정답 l ④

금융위는 기초서류의 변경 시 보험계약자의 이익보호에 필요하다고 인정되는 경우 이미 체결된 계약에 대해서도 장래에 그 효력이 미치도록 할 수 있다.

20 정답 l ①

순보험요율의 산출 · 검증 및 제공에 관한 사항은 <u>보험료산출기관(보험개발원)</u>의 업무이다.

▶ **PART 02** 보험법 [21~40]

21 정답 l ④

보험료 납부 전에도 보험사고 발생 시 보험금을 지급하기로 하는 당사자의 특약은 보험계약자에게 유리한 특약이므로 유효하다(**에** 소급보험).

① 보험증권이란 보험계약이 성립한 후 보험계약의 내용을 증명하기 위하여 보험자가 발행하는 것으로 보험계약 당사자 쌍방의 편리를 위한 것이지 증권의 발행, 교부가 계약의 성립요건은 아니다.

② 청약의 의사표시는 특별한 형식을 요하지 않으며 구두든 서면이든 청약의 효력에는 차이가 없다. 청약에 대한 승낙도 특별한 형식이 없으며 명시적이든 묵시적이든 유효하다(실무에서는 청약서의 작성을 통해 보험계약의 청약이 이루어짐).

③ 보험계약은 보험계약자의 청약과 보험회사의 승낙의 합치로 이루어진다.

22 정답 l ①

낙부통지의무의 발송주의 : 30일 이내로 낙부의 통지를 발송해야 효력이 발생한다.

23 정답 l ④

① 현재 질문표에 기재된 사항은 보험계약상 중요한 사항으로 추정하는 정도의 효력이 부여되고 있으므로 현행 상법상 충분한 고지 의무가 이행되었다고 볼 수 없다.

② 보험설계사는 원칙적으로 보험료 수령권한도 없다고 보는 것이 통설이고, 판례의 입장이다.

③ 상법은 "보험자가 서면으로 질문한 사항을 중요한 사항으로 추정한다"라고 규정하고 있다(상법 제651조의2).

24 정답 l ④

소멸시효(권리행사와 소멸에 대한 쌍방의 신뢰를 보호하는 것이 목적)는 권리의 행사기간으로서 행사기간 내에 권리를 행사하지 않으면 권리가 소멸되는 반면, 제척기간(권리의무관계를 조속히 확정하는 것이 목적)은 권리의 존속기간으로서 존속기간 내에 권리를 행사하지 않으면 권리가 소멸된다. 따라서 제시된 문제의 보험자는 권리의무관계를 조속히 확정하기 위하여 정하여진 기간에 해지를 해야 하는 것이다.

25 정답 l ③

통지의무를 이행하는 방법은 <u>서면 또는 구두</u>로 가능하다.

26 정답 l ④

위험유지의무를 위반한 경우 보험자는 그 사실을 안 날로부터 1개월 내로 <u>보험료의 증액</u>을 청구하거나 <u>계약을 해지</u>할 수 있다.

27 정답 l ①

중복보험 통지의무의 위반, 병존보험 통지의무의 위반, 사고발생통지의무의 위반은 해지의 대상이 아니다. 단, 선박미확정의 적하예정보험에서의 통지의무를 해태한 때에는 보험자는 그 사실을 안 날로부터 1월 내에 계약을 해지할 수 있다(상법 제704조).

28 정답 l ④

손해의 보상을 목적으로 하는 것이므로 손해의 전제로서 피보험자는 보험의 목적에 대하여 어떠한 이익을 가지고 있어야 한다는 것은 피보험이익의 의의에 대한 설명이다. 피보험이익의 요건은 경제성, 적법성, 확정성이다.

29 정답 l ③

보험료불가분의 원칙에 따라 보험료의 감액은 장래에 대하여만 그 효력이 있다(상법 제669조).

①, ② 초과보험의 경우 상법은 초과보험을 당연 무효로 하지 않는다. 단, 사기로 인하여 체결된 때에는 초과한 부분뿐만 아니라 그 계약 전부를 무효로 한다.

④ 보험기간 중에 물가가 하락하여 피보험이익의 가액이 현저하게 감소한 경우에도 초과보험이 된다.

PART
01

PART
02

PART
03

PART
04

PART
05

PART
06

PART
07

30 정답 | ④

수 개의 배상책임보험에 가입한 경우 중복보험의 규정을 준용한다.

31 정답 | ②

보험자가 위부를 승인하지 아니한 때에는 <u>피보험자</u>는 위부의 원인을 증명하지 아니하면 보험금액의 지급을 청구하지 못한다(상법 제717조).

① (상법 제714조 제1항)

③ 보험자대위는 "보험자가 보험금을 지급 후 피보험자 또는 보험계약자가 보험의 목적 또는 제3자에 대하여 가지는 법률상의 권리를 취득하는 것(상법 제681조, 제682조)으로 손해보험에서만 인정한다. 반면 보험위부는 피보험자가 보험목적에 대한 모든 권리를 보험자에게 위부하고 보험자에 대하여 보험금액의 전부를 청구할 수 있는 <u>해상보험 특유의 제도</u>이다.

④ (상법 제681조, 상법 제713조)

32 정답 | ④

상해보험에서 청구권 대위가 제한적으로 인정된다.

인보험의 예외
• 인보험에서는 <u>피보험이익</u>을 인정하지 않는다(→ 예외 없음).
• 인보험에서 <u>청구권대위, 손해방지의무</u>가 금지되나, 상해보험에서 예외적으로 인정된다.

33 정답 | ④

<u>보험금액 전부를 지급한 때</u> 피보험자의 권리를 취득한다.

34 정답 | ①

배상책임보험의 사회적 기능과 역할을 확대시켜주는 주요 제도에는 피해자 직접 청구권, 의무보험제도, 무과실 책임주의의 등장이 있다. 보험자 대위제도는 이득금지의 원칙을 실현하는 방식 중 하나이다.

35 정답 | ③

ⓒ 배상책임보험에서는 보험가액이 존재하지 않으므로 초과/중복/일부보험의 개념이 없다.
ⓔ 배상책임보험은 과실여부와 관계없이 책임을 지는 무과실책임주의를 채택하고 있다.

36 정답 | ②

상해보험에서 피보험자의 중과실에 대하여 보험자는 보상책임이 있다.

중과실로 인한 보험사고
• 일반적인 손해보험계약 → 고의, 중과실사고에 대해서 모두 면책이다.
• 사망보험계약(생명보험, 상해보험) → 중과실사고에 대하여 보상한다.

37 정답 | ④

보험회사는 <u>300억원</u> 이상의 자본금 또는 기금을 납입함으로써 보험업을 시작할 수 있으며, 다만 보험종목의 일부만을 취급하려는 경우에는 <u>50억원</u> 이상의 범위에서 자본금 또는 기금의 액수를 다르게 정할 수 있다.

38 정답 | ③

• 해상보험 150억원×2/3=100억원
• 통신수단을 이용하며 모집하는 보험회사는 '보험업법 제9조 제1항'에서 요구하는 자본금 또는 기금의 <u>3분의 2 이상</u>의 금액을 납입하면 된다.

39 정답 | ①

손해보험은 질병사망을 특약에서 보장한다.

질병사망보장 특약의 요건
• 보험만기는 80세 이하일 것
• 보험금액의 한도는 개인당 <u>2억원</u> 이내일 것
• 만기 시에 지급하는 환급금은 납입보험료 합계액의 범위 내일 것

40 정답 | ④

보험중개사의 영업보증금은 개인은 1억원 이상, 법인은 3억원 이상이며, 구체적인 금액은 보험회사의 영업규모를 고려하여 <u>총리령</u>으로 정한다(보험업법 시행령 제37조 제1항).

PART 03 손해보험 언더라이팅 [41~60]

41 정답 | ④

과거 보험실적(계약, 사고), 재무상태, 사행성, 보험가입목적, 납입보험료의 적정성 등은 재정적 위험에 속한다.

42 정답 | ③

계약조건의 수정은 언더라이팅의 집행(DO단계)의 조건부 인수에서 행하는 업무이다.

언더라이팅의 평가 및 수정단계(SEE단계)의 업무
• 언더라이팅 평가 : (원)보험사업에 대한 평가, 영업수지 평가

- 언더라이팅(UW)의 수정 : 영업정책 수정, UW매뉴얼 수정, 보험요율 수정

43
정답 | ④

임차인이 임차자배상책임보험에 가입한 경우는 자신이 배상책임을 지게 되는 경우를 대비한 책임보험으로 '자기를 위한 보험계약'이다. 나머지는 타인을 위한 보험계약이다.

44
정답 | ③

손해사고발생 시 매 사고당 보험가액을 한도로 보상하는 것은 보상한도액(limit of liability)에 대한 설명이다.

45
정답 | ④

사고일자 확인이 어렵거나, 사고일자와 피해자의 손해가 현실화되는 기간이 긴 long-tail의 특성을 갖는 경우 배상청구기준을 담보기준으로 한다.

담보기준

사고발생 기준증권	보험기간 중 사고가 발생한 것을 조건으로 보상 예 화재보험, 상해보험, 자동차보험 등 대부분의 보험종목
배상청구 기준증권	'보험기간 이전의 일정시점부터 보험기간만기 이전에 발생한 사고'에 대하여 '보험기간 중' 배상청구가 제기된 것을 조건으로 보상 예 의사배상책임보험, 회계사배상책임보험 등
사고발견 기준증권	보험기간 중 사고(손해)가 발견된 것을 조건으로 보상 예 금융기관종합보험, 일부 범죄보험 등

46
정답 | ②

보상하는 손해의 보상한도

잔존물제거비용 (→ 한도 내 지급이어야 함)	손해방지비용 등 (→ 한도 초과 지급이 가능)
(보험금+잔존물제거비용) ≤보험가입금액	(보험금+손해방지비용) ≥보험가입금액

47
정답 | ②

보험목적의 양도는 매매계약과 같은 채권행위로 불충분하며, 소유권이 양수인에게 이전되어야 비로소 양도로 보게 된다.
③ 상법 제679조 제2항
④ 상법 제726조의4

48
정답 | ②

- 보험자가 전액 부담하려면, '[(손해액-공제금액)×조정계수]=손해액'이 성립해야 한다.
- (2,100만원-공제금액)×1.05=2,100만원, 공제금액=100만원

49
정답 | ③

보험판매원과 소비자가 상품의 가격을 쉽게 이해하도록 산정한다는 것은 단순성으로 옳은 설명이지만, 적응성과 상충되는 개념은 안정성이다.

50
정답 | ②

소급요율은 경험요율의 일종이나, 보험기간 동안의 손해발생결과를 당해 보험료에 바로 반영시키는 방식이다. 또한, 요율의 안전성보다는 적응성 및 공정성에 초점을 두지만, 경험요율에 비해서 복잡하므로 시간과 비용이 소요되는 단점이 있다.

51
정답 | ④

보험사에 고용된 사의나 촉탁의를 통한 진단은 간호사에 의한 진단보다 신뢰성이 높지만 비용이 상대적으로 많이 든다는 단점이 있다. 반면, 간호사에 의한 진단은 비용은 적게 드나 신뢰도가 상대적으로 낮다.

52
정답 | ③

위궤양, 위염 등 염증성 질환은 체감성 위험이다.
- 체증성 위험 : 고혈압, 당뇨, 비만, 단백뇨, 정신병, 동맥경화증
- 항상성 위험 : 시력 및 청력장애, 만성기관지염, 류마티스관절염, 신경통, 담석증
- 체감성 위험 : 위궤양, 십이지궤양, 위염 등 염증성질환, 외상 등

53
정답 | ②

공장, 공연장, 종합병원 등은 연면적 3,000m^2 이상이다.

가입대상 특수건물

16층 이상의 아파트, 11층 이상의 건물, 실내사격장	
바닥면적 3,000m^2 이상	숙박업, 대규모점포, 도시철도역사 알기 숙대역
연면적 3,000m^2 이상	공장, 병원, 학교, 방송국, 공연장, 농수산물도매시장, 관광숙박업
바닥면적 2,000m^2 이상	학원, 게임제공업, 음식점, 노래연습장, 유흥주점, 목욕장, 영화상영관
연면적 1,000m^2 이상	국유건물, 공유건물

PART 01
PART 02
PART 03
PART 04
PART 05
PART 06
PART 07

54
정답 | ④

생활습관 또는 체격은 질병보험의 청약서 심사포인트에 해당한다.

55
정답 | ③

기명피보험자의 보험가입경력과 교통법규위반경력을 반영하는 요율은 가입자특성요율이다. 특약요율은 특별약관을 첨부하여 체결하는 보험계약에 대하여 적용하는 요율이다.

56
정답 | ①

영업용자동차는 평가대상기간 최종 1년간 유효대수 10대 이상, 업무용자동차보험은 평가대상기간 최종 1년간 유효대수 50대 이상인 경우가 적용대상이다.

57
정답 | ③

대인사고, 자기신체사고, 자동차상해, 물적 사고가 중복되어 사고점수가 중복될 경우에는 이를 구분하여 합산하는 것을 원칙으로 하되, 대인사고의 피해자가 복수인 경우에는 가장 점수가 높은 피해자의 내용만 적용한다.

58
정답 | ①

재보험 계약은 법률상 독립된 별개의 계약으로 원보험계약의 효력에 영향을 미치지 않는다. 따라서, 원보험회사는 원보험료의 지급이 없음을 이유로 재보험료의 지급을 거절할 수 없다.

59
정답 | ④

- A계약
  - 보유액(line)=US$ 20,000, 특약출재금액한도=20×20,000=US$ 400,000
  - 보유액(line)=US$ 20,000, 특약출재금액=US$ 180,000
- B계약
  - 보유액(line)=US$ 8,000, 특약출재금액한도=20×8,000=US$ 160,000
  - 보유액(line)=US$ 8,000, 특약출재금액=US$ 160,000, 초과 US$ 32,000은 보험사가 지급한다.

60
정답 | ③

출재 · 수재에 비례성이 없는 비비례적 재보험(Non-proportional Reinsurance) 방식이다.

61
정답 | ④

자기 또는 자기와 이해관계를 가진 자의 보험사고에 대해 손해사정을 하는 행위이다.

보험업감독규정상 독립손해사정사의 부당행위금지의무

- 고의로 진실을 숨기거나 거짓으로 손해사정을 하는 행위
- 업무상 알게 된 보험계약자 등의 개인정보를 누설하는 행위
- 타인으로 하여금 자기 명의로 손해사정업무를 하게 하는 행위
- 정당한 사유 없이 손해사정업무를 지연하거나 또는 충분한 조사 없이 손해액 또는 보험금을 산정하는 행위
- 보험사 또는 보험계약자에게 중복되는 서류나, 손해사정과 관련 없는 서류요청으로 손해사정을 지연하는 행위
- 보험금지급을 요건으로 합의서를 작성하거나 합의를 요구하는 행위
- 자기 또는 자기와 이해관계를 가진 자의 보험사고에 대해 손해사정을 하는 행위

62
정답 | ④

자동차 수리의 경우 엔진, 미션 등 자동차 가격에 영향을 주는 지정된 부품이 아니면 신구교환 공제를 적용하지 않는다. 즉, 자동차 가격에 영향을 주는 엔진, 미션 등 주요부품의 교환은 신구교환공제를 한다.

63
정답 | ③

보험자가 보상할 손해액은 보험가액(피보험이익의 평가액)을 기준으로 하며, 보험가액은 그 손해가 발생한 때와 곳의 가액으로 산정한다(→ 손해가 발생한 때는 손해 발생 직전을 의미). 단, 당사자 간에 다른 약정이 있는 경우 그 신품가액에 의하여 손해액을 산정할 수 있다.

64
정답 | ②

- A보험회사가 1차 보험자이므로 보험금액 2,000만원으로 우선 부담한다.
- 나머지는 B보험사가 초과부담조항에 따라 4,000만원을 부담한다.

65
정답 | ④

대기기간은 공제의 한 종류이며, 일정 기간이 경과한 후부터 비로소 보험금을 지급하는 방식으로, 정보 비대칭에 따른 문제 개선, 보험금 지급을 제한, 역선택 감소 등의 기대효과가 있다. 장애소득보험은 상해 또는 질병으로 취업불능 상태가 되었을 때 피보험자의 사고 전 소득의 일정비율을 보상하는 보험인데 일정기간의 면책기간을 두고 있다.

66

정답 | ①

①은 포괄위험담보계약의 단점에 대한 설명이다. 열거위험담보는 약관에 명시된 담보에 한해서 보상을 하며, 포괄위험담보는 면책담보로 명시된 것을 제외한 모든 위험에 대해서 보상한다.

67

정답 | ②

① 보험의 목적에 보험사고가 발생한 경우 보험기간의 만료시점까지의 현실적 손해를 분리해서 보상한다는 설은 <u>손해설</u>이다.
③ 보험자가 부담하는 원인이 보험기간 만료 전에 발생하고 그 당연한 결과로 보험의 목적에 만기 후에 손해가 발생하더라도 보험자가 보상해야 한다는 설은 <u>위험설</u>이다.
④ 보험자의 책임이 가장 큰 것은 <u>위험설</u>이다.

68

정답 | ④

불법행위로 인하여 손해와 더불어 이득이 생겼는데 피해자에게도 과실이 있는 경우, 먼저 과실상계를 한 후 손해액에서 이득을 공제하는 것이다(자동차보험의 경우는 손익상계 후 과실상계).

69

정답 | ①

손해를 발생시킨 동일한 원인에 의하여 이익도 얻은 때에는 손해에서 그 이익을 공제하는 것으로서 이를 <u>손익상계</u>라 한다.

70

정답 | ①

쌍방의 손해액을 합산한 금액에 쌍방의 과실비율을 곱하여 자기분담금을 산출한 후, 자기손해액을 공제하고 차액만을 보상하는 방식을 <u>단일책임주의</u>라고 한다. 반면, 각자가 서로 상대방의 손해액에 자기의 과실비율을 곱하여 산출된 금액을 쌍방이 교차하여 배상책임을 부담하는 방식을 <u>교차책임주의</u>라고 한다.

71

정답 | ①

피보험자의 손실통제활동을 유도하는 것은 <u>소손해 면책제도</u>이다.

72

정답 | ③

손해율을 낮추어서 보험요율을 적정하게 유지하는 것은 <u>구상권 행사의 기대효과</u>이다.

면책사유가 필요한 이유

도덕적위험의 방지	보험사고가 보험계약자, 피보험자, 보험수익자의 고의로 발생/서류의 위·변조 등에 의한 부당한 보험금 청구 등을 방지
보험경영상 담보불가	한 번의 사고로 손해의 규모가 너무 큰 사고(전쟁, 방사능 위험 등)
보험불가능위험	보험의 성질상 보험불가능 위험(자연마모, 감가상각 등)
이중담보의 방지	담보범위의 중복을 피하여 최선의 담보범위를 제공
보험료 부담경감	면책사항이 많을수록 불필요한 부보를 하지 않게 되어 보험료 인하효과

73

정답 | ①

경과손해율(incurred-to-earned basis loss ratio)은 <u>발생주의 회계</u>에 근거한 수익인 경과보험료 대비 그 기간 내에 지급된 보험금이다.

74

정답 | ④

일부보험에서의 공동보험조항(부보비율조건부 실손보상)은 피보험자로 하여금 일정금액 이상을 보험에 가입하도록 요구하는 조항을 말하며, 화재보험에 적용한다.

75

정답 | ③

- 보험금산정
  - $2,000 \times [4,000/(10,000 \times 0.8)] = \underline{1,000}$원
  - $5,000 \times [4,000/(10,000 \times 0.8)] = 2,500$원
  - $10,000 \times [4,000/(10,000 \times 0.8)] = 5,000$원(→ 가입금액 한도로 <u>4,000원</u>을 적용)
- 기대보험금(순보험료) : $1,000 \times 0.1 + 2,500 \times 0.04 + 4,000 \times 0.01 = \underline{240}$원
- 영업보험료=순보험료/(1-사업비율)=240/(1-0.2)=<u>300</u>원

76

정답 | ①

의사(doctors)배상책임보험은 비행배상책임보험이고, 나머지는 하자배상책임보험이다.

전문직배상책임보험(professional liability insurance)의 종류

- 비행배상책임보험 : 사람의 신체에 대한 전문직 위험을 담보 → 의사, 미용사 등
- 하자배상책임보험 : 신체 이외의 경제적 손해를 담보 → 변호사, 설계사, 공인회계사 등

77

정답 | ③

보험의 목적을 회복하는 데 드는 비용이 회복한 후에 가액을 초과하는 경우 <u>추정전손</u>이 된다.

PART 01
PART 02
PART 03
PART 04
PART 05
PART 06
PART 07

78 정답 | ③

보험의 목적이 수리나 복구로 <u>보험가액이 회복</u>되어야 한다.

보험계약자에 의한 청구복원의 요건

- 보험의 목적이 수리나 복구로 <u>보험가액이 회복</u>되어야 한다.
- 보험계약자가 복원되는 보험가입금액에 대해 <u>잔존보험기간에 해당하는 보험료</u>를 납입해야 한다.
- 보험계약자의 청구와 <u>보험자의 승인</u>이 있어야 한다.

79 정답 | ①

PML(Probable Maximum Loss)의 정의이다.
② MPL(Maximum Possible Loss) : 손해방지 경감시설이나 장치나 기구가 제대로 작동하지 않고 이를 사용하는 요원들이 예정대로 활동하지 못할 경우 일어날 수 있는 최대손실액
③ AS(Amount Subject) : MPL을 금액으로 표시할 경우
④ PS(Percentage Subject) : MPL을 백분율로 표시할 경우

80 정답 | ④

단순한 채무불이행뿐만 아니라 횡령·배임·절취 등 불법행위도 담보한다. 즉, 인위적인 보험사고에도 보험금을 지급한다.

◤ **PART 05** 보험회계 및 자산운용 [81~100]

81 정답 | ①

보고기간 말 현재 기업의 자산, 부채, 자본을 나타내는 정태적 재무제표이다.

82 정답 | ②

투자활동에 대한 설명이다.

83 정답 | ②

매입채무와 미지급금은 미래에 현금 등과 같은 금융자산을 지급해야 할 의무이므로 금융부채에 해당한다.

84 정답 | ④

신용등급변동의 경우 종전기준으로는 손상차손을 인식하지 않으나, 신 기준으로는 인식하므로 손상차손의 인식기준이 완화되었다. 신 기준에서는 대손충당금이 점진적으로 증가하므로 충격을 완화하게 된다.

85 정답 | ②

이자를 수취하기 위한 것으로 보아 상각후원가 측정 금융자산(AC)에 대한 설명이다.

86 정답 | ③

상각후원가 측정 금융자산과 기타포괄손익 공정가치측정 금융자산(채무상품)이 주로 채권으로 구성되어 있는 금융상품으로 손상을 인식(당기손익 반영)하는 금융자산이 된다.

87 정답 | ④

당기손익–공정가치 측정 금융부채의 거래원가는 당기에 비용화한다. 상각후원가 측정 금융부채는 공정가치에서 차감하여 측정한다. 즉, 거래원가는 '자산=지급금액+거래원가, 부채=수취금액–거래원가'로 처리한다.

88 정답 | ①

부채로서 책임준비금은 보험계약부채, 재보험계약부채, 투자계약부채(보험계약의 정의를 충족하지 못하여 투자계약으로 분류된 계약)로 구분된다.

89 정답 | ③

미래현금의 기대흐름이 평균기대치와 다른 불확실성에 노출될 경우 이를 부담한 대가로 보험자가 보험계약자에게 추가로 요구하는 부채를 위험조정이라 하며, IFRS 17에서는 위험조정에 대한 산출방식을 <u>제시하고 있지 않다.</u>

90 정답 | ④

이미 보험사고가 발생하여 지급되는 금액으로서 발생사고부채의 장부금액에는 보험계약마진이 없다.

91 정답 | ①

일반모형의 측정결과와 중요한 차이가 없이 잔여보장부채를 측정할 것으로 기대된다는 것은 보험료배분접근법의 적용요건에 해당한다.

92 정답 | ①

보험계약마진의 부리이자는 후속변동의 경우 장부금액의 변동요소에 해당한다.

93 정답 | ③

상환우선주가 부채로 분류되는지 또는 자본으로 분류되는지에 따라 다르다.

94　　　　　　　　　　　　　정답 | ②

① 이익준비금, ③ 비상위험준비금, ④ 대손준비금

95　　　　　　　　　　　　　정답 | ④

자본조정은 <u>임시적으로</u> 존재하는 계정들의 집합이다. 자기주식처분이익은 기타자본잉여금 항목이며, 자기주식처분손실이 발생하면 일차적으로 상계한다.

96　　　　　　　　　　　　　정답 | ①

모든 수익과 비용은 현금의 유·출입이 발생한 기간에 정당하게 배분되도록 처리하는 것은 현금주의 회계이며, 발생주의를 근간으로 하는 회계에 위배된다.

97　　　　　　　　　　　　　정답 | ③

(보장기간 시작시점, 첫 보험료 지급시점, 손실부담계약이 되는 시점) 중 빠른 날은 원수보험계약의 인식시점에 해당하며, 재보험계약에 있어서는 (보장기간 시작시점, 손실부담 원수보험계약의 인식시점) 중 늦은 날로 원수보험계약과 다르게 적용한다.

98　　　　　　　　　　　　　정답 | ①

변액보험계약과 퇴직연금 실적배당형은 자산·부채의 총액을 재무상태표에 별도로 표시한다. 단, 포괄손익계산서상에는 별도로 표시하지 않는다.

99　　　　　　　　　　　　　정답 | ②

단기 보험계약이 많고, 현금흐름의 불규칙 정도가 큰 손해보험에서 강조되는 것은 유동성의 원칙이다.

100　　　　　　　　　　　　　정답 | ①

업무용부동산의 소유한도는 '<u>총자산의 25%, 특별계정의 15%</u>'이다. 외국부동산의 경우는 '<u>총자산의 50%, 특별계정의 50%</u>'이다.

PART
01

PART
02

PART
03

PART
04

PART
05

PART
06

PART
07

MEMO

MEMO

MEMO

MEMO

MEMO

01 증권경제전문 토마토TV가 만든 교육브랜드

토마토패스는 24시간 증권경제 방송 토마토TV · 인터넷 종합언론사 뉴스토마토 등을 계열사로
보유한 토마토그룹에서 출발한 금융전문 교육브랜드 입니다.
경제 ·금융· 증권 분야에서 쌓은 경험과 전략을 바탕으로 최고의 금융교육 서비스를 제공하고 있으며
현재 무역 · 회계 · 부동산 자격증 분야로 영역을 확장하여 괄목할만한 성과를 내고 있습니다.

뉴스토마토	Tomato tv	토마토증권통	e Tomato
www.newstomato.com	tv.etomato.com	stocktong.io	www.etomato.com
싱싱한 정보, 건강한 뉴스	24시간 증권경제 전문방송	가장 쉽고 빠른 증권투자!	맛있는 증권정보

02 차별화된 고품질 방송강의

토마토 TV의 방송제작 장비 및 인력을 활용하여 다른 업체와는 차별화된 고품질 방송강의를 선보입니다.
터치스크린을 이용한 전자칠판, 핵심내용을 알기 쉽게 정리한 강의 PPT,
선명한 강의 화질 등 으로 수험생들의 학습능력 향상과 수강 편의를 제공해 드립니다.

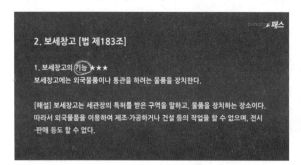 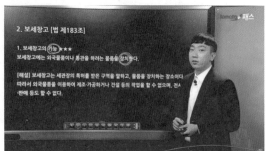

03 최신 출제경향을 반영한 효율적 학습구성

토마토패스에서는 해당 자격증의 특징에 맞는 커리큘럼을 구성합니다.
기본서의 자세한 해설을 통해 꼼꼼한 이해를 돕는 정규이론반(기본서 해설강의) · 핵심이론을 배우고
실전문제에 바로 적용해보는 이론 + 문제풀이 종합형 핵심종합반 · 실전감각을 익히는
출제 예상 문제풀이반 · 시험 직전 휘발성 강한 핵심 항목만 훑어주는 마무리특강까지!
여러분의 합격을 위해 최대한의 효율을 추구하겠습니다.

정규이론반   핵심종합반   문제풀이반   마무리특강

04 가장 빠른 1:1 수강생 학습 지원

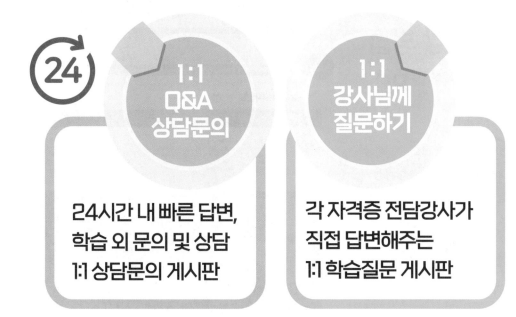

토마토패스에서는 가장 빠른 학습지원 및 피드백을 위해 다음과 같이 1:1 게시판을 운영하고 있습니다.
· Q&A 상담문의 (1:1) ㅣ 학습 외 문의 및 상담 게시판, 24시간 이내 조치 후 답변을 원칙으로 함 (영업일 기준)
· 강사님께 질문하기(1:1) ㅣ 학습 질문이 생기면 즉시 활용 가능, 각 자격증 전담강사가 직접 답변하는 시스템
이 외 자격증 별 강사님과 함께하는 오픈카톡 스터디, 네이버 카페 운영 등 수강생 편리에 최적화된
수강 환경 제공을 위해 최선을 다하고 있습니다.

05 100% 리얼 후기로 인증하는 수강생 만족도

2020 하반기 수강후기 별점 기준 (100으로 환산)

토마토패스는 결제한 과목에 대해서만 수강후기를 작성할 수 있으며,
합격후기의 경우 합격증 첨부 방식을 통해 100% 실제 구매자 및 합격자의 후기를 받고 있습니다.
합격선배들의 생생한 수강후기와 만족도를 토마토패스 홈페이지 수강후기 게시판에서 만나보세요!
또한 푸짐한 상품이 준비된 합격후기 작성 이벤트가 상시로 진행되고 있으니,
지금 이 교재로 공부하고 계신 예비합격자분들의 합격 스토리도 들려주시기 바랍니다.

강의 수강 방법
PC

www.tomatopass.com ▼

02 회원가입 후 자격증 선택

· 회원가입시 본인명의 휴대폰 번호와 비밀번호 등록
· 자격증은 홈페이지 중앙 카테고리 별로 분류되어 있음

03 원하는 과정 선택 후 '자세히 보기' 클릭

04 상세안내 확인 후 '수강신청' 클릭하여 결제

· 결제방식 [무통장입금(가상계좌) / 실시간 계좌이체 / 카드 결제] 선택 가능

05 결제 후 '나의 강의실' 입장

06 '학습하기' 클릭

07 강좌 '재생' 클릭

· IMG Tech 사의 Zone player 설치 필수
· 재생 버튼 클릭시 설치 창 자동 팝업

강의 수강 방법
모바일

탭 · 아이패드 · 아이폰 · 안드로이드 가능

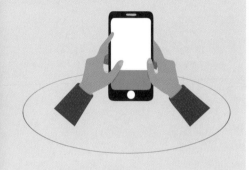

01 토마토패스 모바일 페이지 접속

WEB · 안드로이드 인터넷, ios safari에서
www.tomatopass.com 으로 접속하거나

 Samsung Internet (삼성 인터넷)

 Safari (사파리)

APP · 구글 플레이 스토어 혹은 App store에서
합격통 혹은 토마토패스 검색 후 설치

 Google Play Store

 앱스토어   **tomato 패스** 합격통

02 존플레이어 설치 (버전 1.0)

· 구글 플레이 스토어 혹은 App store에서 '존플레이어' 검색 후 버전 1.0 으로 설치
(***2.0 다운로드시 호환 불가)

03 토마토패스로 접속 후 로그인

04 좌측 👤아이콘 클릭 후
'나의 강의실' 클릭

05 강좌 '재생' 버튼 클릭

· **기능소개**
과정공지사항 : 해당 과정 공지사항 확인
강사님께 질문하기 : 1:1 학습질문 게시판
Q&A 상담문의 : 1:1 학습외 질문 게시판
재생 : 스트리밍, 데이터 소요량 높음, 수강 최적화
다운로드 : 기기 내 저장, 강좌 수강 시 데이터 소요량 적음
PDF : 강의 PPT 다운로드 가능

👤 **토마토패스** ≡

| 금융투자자격증 | 은행/보험자격증 | FPSB/국제자격증 | 회계/세무 |

나의 강의실

| 과정공지사항 | 강사님께 질문하기 |
| 학습자료실 | Q&A 상담문의 |

과정명	증권투자권유대행인 핵심종합반	
수강기간	2021-08-23 ~ 2022-08-23	
최초 수강일	2021-08-23	최근 수강일	2021-09-09
진도율	77.0%	

강의명	재생	다운로드	진도율	PDF
1강 금융투자상품01	▶	⬇	0%	📄
2강 금융투자상품02	▶	⬇	100%	📄
3강 금융투자상품03	▶	⬇	100%	📄
4강 유가증권시장, 코스닥시장01	▶	⬇	94%	📄
5강 유가증권시장, 코스닥시장02	▶	⬇	71%	📄
6강 유가증권시장, 코스닥시장03	▶	⬇	0%	📄
7강 채권시장01	▶	⬇	96%	📄
8강 채권시장02	▶	⬇	0%	📄
9강 기타 증권시장	▶	⬇	93%	📄

토마토패스
보험심사역 FINAL 핵심정리+실전모의고사 [공통부문]
──

초 판 발 행	2017년 03월 15일	
개정7판2쇄	2025년 02월 10일	
편 저 자	신현철	
발 행 인	정용수	
발 행 처	(주)예문아카이브	
주 소	서울시 마포구 동교로 18길 10 2층	
T E L	02) 2038-7597	
F A X	031) 955-0660	
등 록 번 호	제2016-000240호	
정 가	33,000원	

I S B N   979-11-6386-251-2   [13320]